LONELY PLANETS

1000 EINMALIGE ERLEBNISSE EUROPA

EINMALIGES EUROPA

WO LEBEN EUROPAS WILDE TIERE? WO GIBT ES DIE SCHÖNSTE STREET ART UND WELCHE STADTVIERTEL SIND SO RICHTIG ANGESAGT? WO GEHT'S MYSTISCH ZU, WO UNTERIRDISCH, WO IST MAN WEG VON ALLEM UND WO MITTENDRIN? VON GRÖNLAND BIS GIBRALTAR, VON PORTUGAL BIS IN DEN KAUKASUS – 1000 GANZ BESONDERE ERLEBNISSE ZUM STAUNEN, NACHDENKEN, AUSPROBIEREN, WEITERSAGEN.

INHALT

FLORIAN

COOLE NEIGHBOUR-HOODS

MANCHE STADTVIERTEL SIND ANGESAGTER ALS ANDERE. HIER SPIELT IN EUROPAS STÄDTEN DIE MUSIK, FINDEN DIE HIPPEN PARTYS STATT, WERDEN DIE TRENDS GESETZT.

01 GRÜNERLØKKA, OSLO, NORWEGEN

Früher war das zentrale Viertel am Ostufer des Akerselva ein Industriegebiet, in dem sich eher Schichtarbeiter als Kreative tummelten. Die Zeiten haben sich geändert: Heute verdrängen unzählige Kunstgalerien, Retro- und Secondhand-Läden, gemütliche Cafés und trendige Bars die Fabriken. Zur Einstimmung schaut man am besten mal in der Galleri Markveien oder der Galleri 69 vorbei, die hauptsächlich Arbeiten lokaler Künstler ausstellen. Auf dem Marktplatz Birkelunden gibt es regelmäßig Live-Musik. Und sonntags ist Markttag.

www.visitoslo.com/en

Nicht nur, wenn der Christopher Street Day gefeiert wird, ist in Chueca jede Menge los.

02 MARIAHILF, WIEN, ÖSTERREICH

Mode, Cafés, Kneipen, Haus des Meeres, Wiener Naschmarkt oder Raimund Theater – wem in Mariahilf, dem 6. Wiener Bezirk, die Ideen ausgehen, dem ist nicht zu helfen. Umso erstaunlicher, dass der bunte Stadtbezirk mit seinen engen Gassen und Passagen der zweitkleinste der insgesamt 23 Wiener Bezirke ist. Menschen aus 123 Nationen leben hier, Kunst, Kultur und eine lebendige Gastroszene sind integraler Bestandteil des Lebensgefühls. Auch Klassisch geht, denn natürlich lassen sich nicht nur Traditionalisten gerne in den einzigartigen Wiener Kaffeehäusern nieder. Schon allein der jahrhundertealte Wiener Naschmarkt ist eine Reise wert. Zwischen seinen mehr als 120 Ständen – von Gemüse bis Fisch, von nah bis fern – warten köstliche Entdeckungstouren.

www.wien.gv.at

03 BELLEVILLE, PARIS, FRANKREICH

Von hier aus ist der Eiffelturm an dunstigen Tagen nur eine Ahnung am Horizont über der Stadt. Besonders schön zu sehen ist er vom Parc de Belleville aus – Paris liegt nah und doch so fern. Denn hier im Nordosten der Stadt geht es wirklich kosmopolitisch zu. Hier teilen sich nicht nur 80 Nationen die Häuser über den Gassen und lauschigen Innenhöfen, hier geht es auch quer durch Religion und Gesellschaftsschicht: Juden, Moslems und Christen, Studenten, Künstler und linksliberale Kreative, die sich allesamt in den Halal-Metzgereien, koscheren Restaurants, authentischen Boulangerien, hippen Cafés und Bars treffen. Längst ist das entspannte Lebensgefühl von Belleville mit seinem alternativen Nightlife und der Street-Art an vielen Häuserwänden Sehnsuchtsort vieler Pariser – und die Gentrifizierung im Viertel, in dem die Chanson-Sängerin Edith Piaf geboren wurde, wohl nur noch eine Frage der Zeit.

de.parisinfo.com

04 HAGA, GÖTEBORG, SCHWEDEN

Haga ist der älteste Stadtteil in Göteborg, mit Häusern, die teilweise noch aus dem 18. Jh. stammen. Die meisten Gebäude haben einen Steinsockel und sind im oberen Teil aus Holz gebaut, wie es dem Stil ihrer Entstehungszeit entsprach. Bekannt ist das Viertel auch für seine vielen Cafés und Restaurants, und man sollte es nicht versäumen, zum Kaffee eine Zimtschnecke zu bestellen. Haga ist auch ein ausgezeichneter Ort, um zu shoppen: Neben Antiquitäten-Läden und Secondhand-Geschäften finden nicht nur die Touristen ein reichhaltiges Angebot an Schuhen, Schmuck und Büchern.

www.goteborg.com/en

05 CHUECA, MADRID, SPANIEN

Schon in der farbenfrohen Metro-Station weiß man, dass obendrüber Chueca liegt, das bunteste Party-Viertel Madrids. Die Regenbogenfarben setzen sich auch in den Straßen rund um die Plaza de Chueca fort: Der kleine Stadtteil, der in den 1980ern eine No-Go-Area voller Prostitution und (Drogen-)Kriminalität war, ist fest in der Hand der LGBT-Gemeinde. Hier finden sich die exotischsten Modeboutiquen der Stadt, aber auch Bars und Cafés, Plätze und Gassen, die den Charme des frühen 20. Jhs. atmen. Wo tagsüber noch gemütlich flaniert wird, explodiert nachts die Lebensfreude, begleitet von tief empfundener Toleranz. Ob homo oder hetero, von dort oder von ganz weit weg, im nächtlichen Feiertaumel verschwinden trennende Schranken. Selbst die Ampeln gehen mit der Zeit – und zeigen gleichgeschlechtliche Ampelfrauen und -männer.

www.esmadrid.com/de/die-stadtviertel-madrids/chueca

Neues (Nacht-)Leben für eine ehemalige Bahnstation in Warschaus Stadtteil Powiśle.

06 PRAGA & POWIŚLE , WARSCHAU, POLEN

Verrucht? Das war einmal: Heute gehört Praga – zusammen mit dem Nachbarbezirk Powiśle – zu den angesagtesten Vierteln der polnischen Hauptstadt. Weil der Bezirk im Zweiten Weltkrieg kaum zerstört wurde, mischen sich hier Neu und Alt: bröckelnde Hausfassaden auf der einen, frisch renovierte Häuser auf der anderen Straßenseite. Atmosphärischer Verfall trifft auf alternative Kunst- und Modeszene. In den Hinterhöfen und schönen Gründerzeithäusern gibt es jede Menge gemütliche Cafés und hippe Lokale zu entdecken und Secondhand-Läden zu durchstöbern, dazu die Nächte in den coolsten Clubs (des Landes?). Die Wodkafabrik Koneser ist zum Kulturzentrum mutiert, die Fabryka Trzciny eine tolle Konzert-Location.

warsawtour.pl/de

07 LANGSTRASSE, ZÜRICH, SCHWEIZ

Zürichs lebhafte Multi-Kulti-Bummelmeile ist streng genommen ein kompletter Distrikt, mit etwas mehr Abstand betrachtet aber eher Lebenseinstellung. In alternativen Bars, beliebten Clubs und Restaurants wird hier das gute Leben zelebriert – feucht und fröhlich und rund um die Uhr. Das frühere Rotlichtmilieu hat sich heute zu Zürichs beliebtestem Ausgehviertel entwickelt. Zum Langstrassenfest alle zwei Jahre strömen Hunderttausende Besucher aus ganz Europa in die Stadt, zudem sorgt am Kanzleiareal jeden Sommer ein Open-Air-Kino für Unterhaltung.

www.zuerich.com

08 GLOCKENBACHVIERTEL, MÜNCHEN, DEUTSCHLAND

„Do san mir dahoam!" Toll, wer das von sich behaupten kann, nachdem er oder sie im angesagten Glockenbachviertel in München eine bezahlbare Heimat gefunden hat. Es ist aber auch zu schön hier! Kneipen mit Kultstatus, Bars und angesagte Mischungen aus Restaurant und Tanzlokal lassen die Szenegänger strömen. Daneben hat das Glockenbachviertel, das zum Stadtbezirk Ludwigsvorstadt-Isarvorstadt gehört, noch einige andere attraktive Seiten zu bieten. Wer es ein paar

Takte ruhiger mag, kann im Alten Südfriedhof das Vogelgezwitscher genießen oder die schönen Fassaden in der Hans-Sachs-Straße studieren. Hinter einer von ihnen wohnte Queen-Sänger Freddie Mercury in den wilden 1980er-Jahren für kurze Zeit. Die Bewohnerschaft ist nach wie vor bunt und facettenreich, allerdings macht sich die Gentrifizierung auch im Glockenbachviertel schleichend breit.

www.muenchen.de

09 KALAMAJA, TALLINN, ESTLAND

Ursprünglich als Industriedistrikt gegründet, ist der Stadtteil Kalamaja dank der Ansiedlung von Bars, Galerien und Restaurants zu einer ganz neuen Identität gelangt. Heute gilt der Stadtteil als trendiges Szeneviertel, das die besten Eigenschaften von Historie und Moderne in sich vereint. Besonderes Flair versprüht der Holzhäuserbezirk, der ehemals für die Fabrikarbeiter erbaut wurde. Wegen der außergewöhnlichen Bauweise sind die historischen Unterkünfte auch unter der Bezeichnung „Tallinner Häuser" bekannt.

www.visitestonia.com/de

10 SHOREDITCH, LONDON, ENGLAND

Die Graffiti-Botschaft an der Wand bringt eine Nacht in Londons alternativem Ausgehviertel auf den Punkt: „Let's adore and endure each other" steht hier auf dem alten, schmutzigen Backsteinhaus

Sieht echt gemütlich aus: Auszeit vom Alltag in El Born.

11 EL BORN, BARCELONA, SPANIEN

Sant Pere, Santa Caterina i la Ribera. Nie gehört? Klar, dieser (große) Teil der Altstadt von Barcelona ist ja auch unter einem anderen Namen weltberühmt: El Born. Trotz seiner Bekanntheit ist das Viertel ein Muss für alle, die die Hauptstadt Kataloniens besuchen. Nicht nur, weil hier die Kathedrale des Meeres, die Santa Maria del Mar, alles überstrahlt und das Picasso-Museum die Geburt eines Genies dokumentiert. Sondern weil in den mittelalterlichen Gassen die Kreativität wild-romantische Blüten treibt – obwohl nie ein Strahl Sonne in die geheimnisvollen Ecken fällt. Nur ein paar Schritte abseits der mondänen Promenade Passeig del Born warten Vintage-Läden und Designer-Boutiquen, abgedrehte Galerien und schräge Werkstätten, gemütliche Cafés und authentische Tapas-Bars darauf, entdeckt zu werden.

www.barcelonaturisme.com/wv3/en

an der Ecke Great Eastern und Shoreditch Street geschrieben. Während man in den frühen Abendstunden noch voller Faszination auf die schräg gekleideten, cool-unkonventionellen Pub-Besucher blickt, gerät man viele Stunden später selbst unweigerlich in den (Cocktail-)Strudel der Nacht.

shoreditch.com

12 KARAKÖY, ISTANBUL, TÜRKEI

Karaköy ist eines der ältesten Viertel von Istanbul und ein eindrucksvolles Spiegelbild für die bewegte Geschichte dieser Stadt. Griechische, russische und jüdische Einflüsse bestimmen das architektonische Stadtbild und es ist vor allem dieser kulturelle Mix, der Karaköy zu etwas Besonderem macht. Doch auch das moderne Leben hat in Karaköy seinen Platz gefunden. Das gilt vor allem für das künstlerische Angebot und die große Auswahl an Cafés und Restaurants mit ausgezeichneten nationalen und internationalen Gerichten.

howtoistanbul.com

13 PSIRRÍ, ATHEN, GRIECHENLAND

Wenn es schon lange dunkel ist, pulst um den historischen Fisch- und Fleischmarkt Varvakios Agora herum das studentische Nachtleben: Im Szeneviertel Psirrí reiht sich Taverne an Bar an Club. Aber auch bei Tageslicht versprüht das Viertel seinen Charme, mit seinen vielen Cafés und Boutiquen. Ringsum säumen schöne Häuser aus dem 19. Jh. die Straßen – die etwas lädierten erhöhen nur noch den Charme-Faktor –, und auf Athens zentralem Markt gibt es nichts, was es nicht gibt: Fisch, Fleisch, Obst, Gemüse, eine kulinarische Entdeckungsreise, die auch noch preiswert ist. Dabei ging es in Psirrí nicht immer so harmonisch zu: Neben Kleingewerbe dominierte hier das Rotlichtmilieu. Aber diese Zeiten sind längst vorbei.

www.athen.citysam.de

14 VESTERBRO, KOPENHAGEN, DÄNEMARK

Das Studenten- und Kneipenviertel Vesterbro westlich des Zentrums bietet einen einladenden Kontrast zur City: Die schicken Villen entlang des Flussufers und die überlaufenen Fußgängerzonen gehen hier in schlichtere, aber niveauvolle Ausgehmeilen über, in denen vor allem Kopenhagens jüngere Bevölkerung das Leben mit all seinen Genüssen zelebriert. Am belebtesten ist der Værnedamsvej mit seinen unzähligen Bars und Restaurants. Nicht verpassen: Ein Smørrebrød vom schicken, traditionsreichen Ol & Brod in der Viktoriagade.

www.visitcopenhagen.com/copenhagen/hipster-vesterbro

15 HET EILANDJE, ANTWERPEN, BELGIEN

Wo die Stadt in den zweitgrößten Hafen Europas übergeht, liegt das Antwerpener Het Eilandje, das Alte Hafenviertel. Raue Zeiten hat es hinter sich, aber das ist Geschichte. Neue Wohnhäuser, Restaurants und Attraktionen schießen aus dem Boden und die Zukunft sieht schon jetzt ziemlich hip aus. Da ist zum Beispiel die neueste architektonische Perle, das Hafenhaus der Architektin Zaha Hadid. Im MAS wiederum, dem Museum am Strom, gibt es innen Stadtgeschichte(n) und von oben einen tollen Blick. Das neue Red Star Line Museum erzählt von den Auswanderern, die von hier auf die Reise über den großen Teich aufbrachen. Frische Luft gefällig? Der Park Spoor Nord bietet sich an: Bäume, Wiesen, ein Basketballfeld, Abenteuerspielplätze, Skateboard-Parcours – da müsste jeder etwas finden.

www.visitantwerpen.be

16 MIERA IELA, RIGA, LETTLAND

Nur wenige Gehminuten vom Stadtzentrum entfernt befindet sich die Miera iela, das kreative Viertel von Riga. Noch bis vor Kurzem verirrten sich nur wenige Touristen in diesen in die Jahre gekommenen Stadtteil. Doch die Ansiedlung von Galerien, schicken Bars und Szenerestaurants hat aus dem Viertel an der Miera-Straße innerhalb weniger Jahre einen Bezirk mit besonderem Flair und zahlreichen Kunstveranstaltungen gemacht. Inzwischen gilt es als buntes Hipsterviertel, das man bei einem Aufenthalt in Riga unbedingt besuchen sollte.

www.liveriga.com/de

17 WEITLINGKIEZ, BERLIN, DEUTSCHLAND

Weitlingkiez? Ist das nicht wie ein Synonym für Plattenbau, Rassismus und Fremdenfeindlichkeit? Noch aus DDR-Zeiten und bis in die ersten Jahre des 21. Jhs. hatte das Quartier im Bezirk Lichtenberg den Ruf, eine Hochburg der Neonazis zu sein. Doch die Zeiten ändern sich, auch dank vieler engagierter Bürger. Das Viertel hat sich den Schmutz der Vergangenheit von den Wänden geputzt. Statt Döner gibt's heute Pad Thai und vegane Burger, und immer mehr Karrierestarter und Familien lassen sich in dem Viertel östlich des Zentrums nieder. Zum Einstimmen schaut man am besten mal in der Bar Zum Schwalbenschwanz vorbei, wo vom Pubquiz bis zur Live-Musik eigentlich immer was geboten wird.

www.visitberlin.de

18 ERZSÉBETVÁROS, BUDAPEST, UNGARN

Obwohl erst Mitte des 19. Jhs. errichtet, hat der VII. Budapester Bezirk schon einiges gesehen – und nicht nur Gutes. Ursprünglich bildete der Stadtteil Erzsébetváros (deutsch: Elisabethstadt, nach Kaiserin Elisabeth von Österreich-Ungarn) das Zentrum der jüdischen Gemeinde der Stadt. Während des Zweiten Weltkriegs waren hier im Ghetto rund 60 000 Menschen eingesperrt. Im Erzsébetváros von heute sind jüdische Kultur und Geschichte allgegenwärtig, und eine junge Szene hat jetzt schon legendäre Orte wie die Sirály Bar eröffnet. Ein origineller Trend entstand in leerstehenden Häusern: Zwischen den Flohmarktmöbeln der „Ruin Bars" lässt es sich herrlich feiern. Das hat sich herumgesprochen – und zwar so sehr, dass sich die Nachtschwärmer zuweilen zum ganz großen Schwarm versammeln.

www.budapest.com

19 DE PIJP, AMSTERDAM, NIEDERLANDE

Das einstige Arbeiterviertel De Pijp hat sich in den letzten Jahren zu einem pulsierenden Szeneviertel gemausert, das inzwischen Einheimische und Touristen gleichermaßen in seinen Bann zieht. Gleichzeitig ist De Pijp zu einem Schmelztiegel zahlreicher Kulturen geworden, was sich nicht zuletzt auch im exotischen Speisenangebot der vielen internationalen Restaurants widerspiegelt. Zentrum des Viertels ist der Albert Cuypmarkt, der von Montag bis Samstag geöffnet hat. Hier gibt's neben Obst und Gemüse auch allerlei Dinge des täglichen Gebrauchs zu kaufen.

www.iamsterdam.com/de

So bunt wie seine Häuser ist das Leben im angesagten Stadtviertel Stoneybatter.

20 STONEYBATTER, DUBLIN, IRLAND

Spice Girls anyone? Wer die Vorzeige-Girlgroup der 1990er kennt, kann sich sicher auch noch an ihren Hit „Stop" erinnern – das dazugehörige Video wurde in Stoneybatter gedreht. Klassische Ziegelhäuser, bunte Türen, *working class people* und dazwischen wie Fremdkörper die bunten Pop-Paradiesvögel. Längst ist Stoneybatter – wie das direkt benachbarte Smithfield – kein Arbeiterviertel mehr, sondern eins der angesagtesten Dublins. Das allerdings geschickt Hip(ster)ness und authentische Herzlichkeit kombiniert, in unzähligen Bars und Pubs, Cafés und Restaurants, aber auch in so wunderbaren Locations wie dem Kino The Light House oder dem Buchladen von Lilliput Press, einem der kleinsten Verlagshäuser Irlands. Berühmt ist die Old-Jameson-Whiskey-Destille mit ihren Tastings. Und der Phoenix Park: Über die Wiesen des größten europäischen Stadtparks ziehen große Hirschrudel.

www.visitdublin.com

FASZINATION AM FIRMAMENT

„KEINE WISSENSCHAFT IMPONIERT DER MENGE SO SEHR WIE DIE ASTRONOMIE", STELLTE SCHON ARTHUR SCHOPENHAUER FEST. MANCHERORTS SORGT DIE PERFEKTE DUNKELHEIT NOCH IMMER FÜR STAUNEN.

21 GALLOWAY FOREST PARK, SCHOTTLAND

Wer nach dem perfekten Drehort für eine schweißtreibende Ganovenjagd durch finstere Wälder sucht, ist hier genau richtig. Und wer einfach nur mal so richtig tief ins Firmament blicken will, der sollte den Besuch in diesem beliebten Waldpark auch nicht auslassen. Seit 2009 gilt Galloway als „Dark Sky Park", ein Status, der den Ort vor künstlicher Lichtverschmutzung schützt. Im Scottish Dark Sky Observatory kann man den Sternenhimmel durch Teleskope in der 5 Meter hohen Kuppel bestaunen. Aber ohne Sehhilfe ist's auch schon ganz schön beeindruckend!

scottishdarkskyobservatory.co.uk

22 LAURENTIUS-NACHT IN ROVINJ, KROATIEN

Als Verwalter des Kirchenvermögens wurde Laurentius 258 dazu aufgefordert, den Schatz an den römischen Kaiser auszuzahlen. Er präsentierte dem Kaiser den „wahren Schatz der Kirche": eine Gruppe von Armen, Kranken, Witwen und Waisen – wofür Laurentius hingerichtet wurde. Seine Tränen – so will es die Legende – sieht man an seinem Todestag bis heute fallen: ein Sternschnuppenhagel, der jedes Jahr um den 13. August rund um die Welt bewundert wird. In Rovinj wird die „Laurentiusnacht" besonders zelebriert: Die ganze Stadt schaltet dann ihre Lichter aus, um den Meteorstrom der Perseiden zu bewundern.

www.rovinj.com

23 STERNENPARK HAVELLAND, DEUTSCHLAND

Die Erde ist umspannt von einer mal in Lila, mal in Grün strahlenden Hülle: Airglow oder Nachthimmelsleuchten wird von Sauerstoffatomen in der Atmosphäre erzeugt. Hier, an einem der dunkelsten Orte Deutschlands, kann man in dunklen Nächten das Phänomen bewundern. Der Sternenpark bietet kuschelige Ferienwohnungen mit Seeblick und Liegestühlen, von denen aus der Alltag mindestens so weit weg erscheint wie die Milchstraße.

sternenpark-havelland.de

24 NORDLICHTER BEOBACHTEN, ISLAND

Für die Wikinger waren die Nordlichter Reflektionen der in Rüstungen gekleideten Walküren – doch dann beraubte die Wissenschaft die Aurora borealis ihres magischen Charakters. Nicht aber ihrer Faszination: In Island erstrahlt sie zwischen September und April in vielen Nächten – vorausgesetzt der Mond und künstliche Lichtquellen stören die Dunkelheit nicht zu sehr und der Himmel wird nicht von Wolken bedeckt. Der isländische Wetterdienst bietet sogar eine Vorhersage für die Aussicht.

en.vedur.is/weather/forecasts/aurora

25 STERNENWEG GROSSMUGL, ÖSTERREICH

Sternenhimmel über Großstädten? Eher Fehlanzeige. Das kleine Groß-

Nicht immer ist der Himmel über dem Observatorio del Teide auf 2400 Meter Meereshöhe klar.

26 OBSERVATORIO DEL TEIDE, TENERIFFA, SPANIEN

Jahrzehntelang vermuteten Astronomen, dass es da oben am Firmament doch noch etwas anderes geben müsste: Himmelskörper, die größer sind als Planeten, aber nicht groß genug, um ausreichend Energie freizusetzen, damit sie wie unsere Sonne strahlen. Erst 1995 lieferte das Teide-Observatorium auf dem 3718 Meter hohen Pico del Teide auf Teneriffa den Beweis: Durch das Sonnenteleskop blickten Forscher das erste Mal auf einen „Braunen Zwerg" – heute Teide 1 genannt. Auf einer Führung durch das Observatorium kann man den, nun ja, ganz schön großen Zwerg – grob 20 bis 50 Mal so groß wie Jupiter – bewundern. Weil auch auf der Kanareninsel durch die wachsende Besiedlung die Lichtverschmutzung voranschreitet, hat sich das Observatorium auf die Sonnenbeobachtung spezialisiert.

www.iac.es

mugl, nur 30 Fahrtminuten von Wien entfernt, wollte den Nachthimmel auch für die vom Kunstlicht geblendeten Großstädter zugänglich machen und eröffnete 2014 einen astronomischen Themenpfad. Der Sternenweg erstreckt sich über 1,5 Kilometer und ist mit Infotafeln ausgestattet, die die Faszination des Himmels auf den Boden holen. Das Konzept schaffte es sogar bis nach Tennessee. Heute nennt sich der 1500-Seelen-Ort stolz „Großmugl an der Milchstraße".

sternenweg-grossmugl.at

29 NORDLAPPLAND, FINNLAND

Der Weihnachtsmann hätte sich kaum einen schöneren Winkel für seine Geschenkewerkstatt aussuchen können. Zwischen November und März schlummert der Norden Lapplands friedlich unter einer tiefen Schneeschicht. Darüber erstrahlt in vielen Nächten die Aurora borealis. Grellgrün, rot und violett schillert das Nordlicht an der sternenbestickten Leinwand des Himmels. Am besten bucht man für den Aufenthalt ein Iglu mit Glasdach.

www.visitfinland.com/de/artikel/auf-der-jagd-nach-den-nordlichtern

27 LIPARISCHE INSELN, ITALIEN

Quattrocchi – „vier Augen" – heißt einer der berühmtesten Aussichtspunkte auf Lipari, dem größten Eiland der Inselgruppe nördlich von Sizilien. So viele Augen benötigt es auch mindestens, um die spektakuläre Aussicht ganz aufnehmen zu können. Und nicht nur tagsüber: Nachts erstrahlt die Milchstraße über den malerischen Klippen und dem türkisfarbenen Meer – vorausgesetzt natürlich, die beiden umliegenden aktiven Vulkane schlummern rauchlos vor sich hin.

www.italia.it

28 DARK SKY PARK, ZSELIC, UNGARN

In Europa wird die Finsternis heute in 19 Dark Sky Parks vor Kunstlicht geschützt – vertikale Naturschutzgebiete, die uns den Blick in die Sterne bewahren sollen. Im Zselic Dark Sky Park im Süden Ungarns sind die Milchstraße und das Zodiakallicht in klaren Nächten schon mit dem bloßen Auge zu bestaunen. Für alle, die tiefer ins Firmament blicken wollen, stehen auch Teleskope parat.

zselicicsillagpark.hu

30 BRECON-BEACON-NATIONALPARK, ENGLAND

Das perfekte Urlaubsziel für Hobby-Astronomen mit Spaß an Outdoor-Aktivitäten: Der walisische Nationalpark bietet bei Tag Gelegenheit zum Wandern, Mountainbikefahren, Reiten, Klettern, Drachenfliegen und Kanufahren. Wenn die Dunkelheit über Berge, Bäche und Moore hereinbricht, beginnt das Entertainment von oben. Der Park ist als Dark Sky Reserve vor zu viel künstlichem Lichteinfluss geschützt. In Meteoritennächten oder zu sonstigen galaktischen Events werden die Teleskope aufgebaut.

www.visitwales.com

31 SKINAKAS OBSERVATORIUM, KRETA, GRIECHENLAND

Am Fuß des 2500 Meter hohen Psiloritis im Zentrum Kretas brachte eine besorgte Mutter einst in einer dunklen Höhle ihr Baby zur Welt. Angeblich – so der Mythos – wollte sie ihren Kleinen davor bewahren, vom machtbesessenen Vater getötet zu werden. So wuchs der kleine Zeus in der Obhut der Nymphen auf. Heute überwacht er den Himmel, der vom Observatorium auf 1760 Meter Höhe besonders beeindruckend ist. Im Sommer können die Teleskope oft auch von Besuchern genutzt werden.

creti.co/blog/skinakas-observatory-crete

32 EURO SPACE CENTER, BELGIEN

Die Wunder der Galaxis als Spaßprogramm für die ganze Familie! Im Euro Space Center, 130 Kilometer südlich von Brüssel, fliegen Besucher mit Apollo 11 zum Mond, tauchen in die Geschichte der Welt-

Verschneiter Wald mit Disco-Beleuchtung: Nordlichter in Finnland.

raumforschung ab und bestaunen im Planetarium Milchstraße und Andromedanebel. Absolutes Highlight ist der Spaziergang über den Mars oder den Mond, bei dem die Gravitation und landschaftliche Umgebung u. a. mit Augmented-Reality-Brille imitiert wird. Aber keine Sorge – die Temperatur bleibt erdgleich.

www.eurospacecenter.be

33 KERRY INTERNATIONAL DARK SKY RESERVE, IRLAND

Im Südwesten Irlands liegt das County Kerry, eine idyllische Küstenregion, gespickt mit kleinen Buchten, vorgelagerten Inseln, grünen Berghügeln und ... sonst nicht viel. Aber genau das macht den Reiz aus: Das Kerry Reserve ist weltweit eines von nur vier Dark Sky Reserves mit Goldstatus und das einzige auf der Nordhalbkugel. Besonders schön ist das Sternenerlebnis an einem der zahllosen Strände, wenn sich das Firmament im Wasser spiegelt.

kerrydarksky.com

34 PLANETENWEG VADUZ, LIECHTENSTEIN

Rund 4,5 Milliarden Kilometer liegen zwischen Sonne und Neptun. Der Planetenweg Vaduz reduziert sie auf überschaubare 5 Kilometer

 Der Blick über dem Pic du Midi geht ins Unendliche

35 PIC DU MIDI, FRANKREICH

Vom 2877 Meter hohen Gipfel des Pic du Midi blickt man an klaren Tagen über die gesamte 300 Kilometer lange Kette der Pyrenäen und weite Teile Frankreichs. Wenn dann die Nacht hereinbricht, liegt über den Köpfen der vielen Besucher ein blendendes Firmament, das der niedrige Luftdruck noch heller erstrahlen lässt. Das Observatorium auf dem Pic du Midi beherbergt ein imposantes Planetarium und das größte Spiegelteleskop Frankreichs.

picdumidi.com

in – kosmisch seltener – mehr oder minder geradliniger Anordnung. So liegt zwischen Erde und Mars nichts weiter als ein gemütlicher Spaziergang entlang des Rheins mit Blick auf die Schweizer Alpen. Und noch etwas hat der Planetenweg der echten Weltraumreise voraus: Entlang des Pfads liegen Bänke und Picknicktische, von denen aus man die Schönheit unseres Planeten ganz entspannt bewundern kann.

tourismus.li

36 GROSSGLOCKNER, ÖSTERREICH

Wer in Europa Jungfrau, Kassiopeia oder Stier sehen will, zieht am besten hinauf in die Berge. In den Alpen hat so manches Skigebiet seine düstere Lage erfolgreich vermarktet: An der Bergstation Schareck im Nationalpark Hohe Tauern stehen für Gäste vier Teleskope bereit, die klaren Blick auf die Planeten bieten. Das Großglocknerhaus in Heiligenblut bietet sogar nächtliche Touren an.

www.alpenvereinaktiv.com/de/bewirtschaftete-huette/glocknerhaus

37 STARLIGHT ROOM, AMPEZZANER DOLOMITEN, ITALIEN

Eine Hütte der wahrhaft unkonventionellen Art: Der „Starlight Room" ist ein beheizter Holzschlitten mit Glasdach auf 2055 Metern Höhe in den Dolomiten. So kann man vom Bett aus die Enrosadira bestaunen, das spektakuläre Schauspiel, das die Berggipfel zu Sonnenuntergang in feuriges Rot taucht. Nachts räkelt sich dann die Milchstraße über der kuscheligen Glaskabine – der helle Wahnsinn in perfekter Finsternis.

www.rifugiocolgallina.com

38 WALDSEILGARTEN HÖLLSCHLUCHT, ÖSTERREICH

Sternegucken mit Kick. Tagsüber klettert man im Hochseilpark, nachts hängt man im „Hotel der 1000 Sterne" ab – in einem Zelt im Baum. Oder in 1000 bis 2000 Meter Höhe im Fels – bestens gesichert, natürlich. Für zusätzlichen Rausch sorgt der ungestörte Blick ins All.

www.waldseilgarten-hoellschlucht.de

39 ALQUEVA DARK SKY ROUTE, PORTUGAL

Der Süden Portugals bietet tagsüber eigentlich schon genug: traumhafte Strände, perfekte Surfwellen, dramatische Klippen und rund 300 Sonnentage im Jahr. Und die Nächte? Ganz schön klar – sogar noch nach dem einen oder anderen Glas Vinho Verde. Der Himmel spielt dann Planetarium und bietet rund um den Alqueva-Stausee einen unglaublichen Blick ins Firmament. Damit das so bleibt, wird die Region streng vor Lichtverschmutzung geschützt.

www.visitportugal.com/en/node/73796

40 ALPINE ASTROVILLAGE LÜSTAILAS, SCHWEIZ

Tagsüber lernst du auf 1900 Meter Höhe in den östlichen Schweizer Alpen in Workshops Astrofotografie und Sternbeobachtung, nachts darfst du die neuen Kenntnisse am klaren Himmel anwenden. Übernachten kann man in den gemütlichen Chalets der Sternwarte, sollte aber vorgewarnt sein: Wenn am Firmament etwas Besonderes aufstrahlt (also eigentlich immer), holen einen die Kursleiter schon mal in den ganz, ganz frühen Morgenstunden aus den warmen, gemütlichen Federn.

www.alpineastrovillage.net

KONTINENT DER KUNST

SEIT JAHRHUNDERTEN HABEN MALER UND BILDENDE KÜNSTLER IN EUROPA MEISTERLICHES GESCHAFFEN. IHRE WERKE FINDEN SICH ÜBERALL AUF DEM KONTINENT.

41 MONA LISA, PARIS, FRANKREICH

Lisa del Giocondo erblickte schon im Jahre 1479 das Licht der Welt – trotzdem dürfte sie ihr ominöses Lächeln in mehr Smartphone-Linsen geworfen haben als die meisten Promis der Gegenwart. Als frisch vermählte Gattin eines florentinischen Seidenhändlers saß sie Leonardo Da Vinci Anfang des 16. Jhs. Modell und verhalf der Künstlerikone zu einem seiner berühmtesten Werke. Heute verfolgt die Mona Lisa mit ihrem eindringlichen Blick eine Heerschaar von Touristen, die sich alltäglich an ihrem vom Panzerglas geschützten Abbild im Louvre vorbeischieben. Als Ikone der Renaissance verklärt, musste die dünne Leinwand im Laufe der Jahrhunderte einiges ertragen und galt mehrere Jahre lang als gestohlen.

www.louvre.fr

 Selfie mit der Ikone: Besucherandrang im Louvre vor der Mona Lisa.

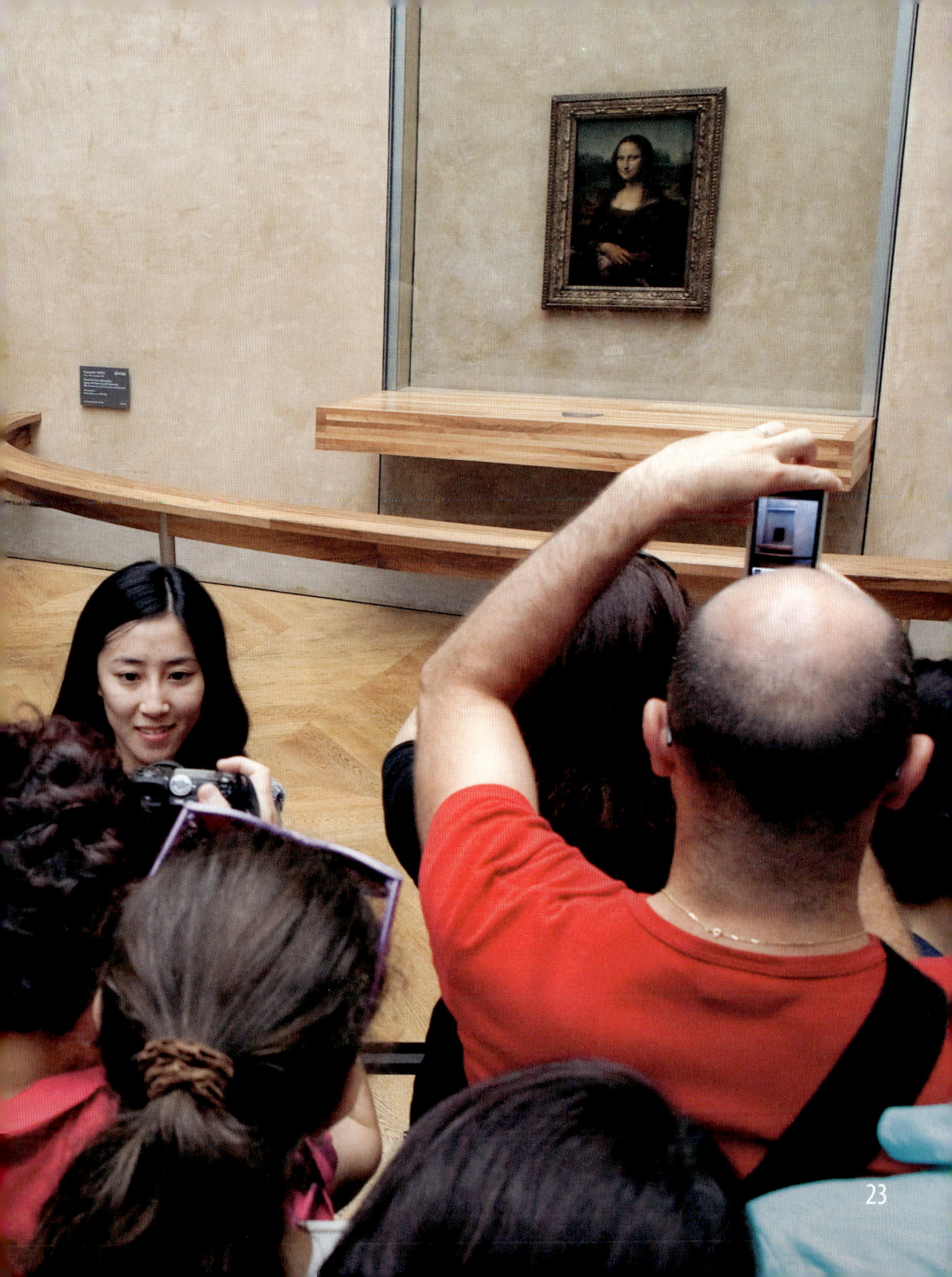

42 HOCHALTAR VON VEIT STOSS, KRAKAU, POLEN

Die Marienkirche in Krakau ist eine der schönsten gotischen Kirchen Polens. Ihr Prunkstück ist der Hochaltar des Künstlers Veit Stoß, den der Bildhauer aus Horb am Neckar nach 12 Jahren Arbeit 1496 fertigstellte. Der monumentale Altar ist gut 11 Meter breit und 13 Meter hoch und besteht aus fünf Einzelelementen, die mit aufwendigen Holzschnitzereien verziert sind. Für die größten Figuren verwendete Stoß Baumstämme mit einem Alter von mehreren hundert Jahren.

mariacki.com

43 SONNENBLUMEN, AMSTERDAM, NIEDERLANDE

Hätte jemand dem oft verzweifelt abgebrannten Maler Vincent Van Gogh prophezeit, dass eines seiner Gemälde einmal über 82 Millionen Dollar kosten würde – er hätte ihn für komplett verrückt erklärt. Seine beiden „Sonnenblumen"-Gemälde – eines davon hängt im Van Gogh Museum in Amsterdam – hatte er in Vorfreude auf den Besuch von Künstlerkollege Gauguin gemalt. Für den niederländischen Künstler, der zu den Begründern der modernen Malerei zählt, standen Sonnenblumen für Freundschaft. Leider zerplatzte der Traum eines „Ateliers des Südens" mit Gauguin: Zuerst war das Ohr, dann der Franzose weg.

www.vangoghmuseum.nl

44 DER KUSS, WIEN, ÖSTERREICH

Ein Mann und eine Frau, in inniger Umarmung auf einer Blumenwiese – ein Motiv im Dutzend. Nimmt man aber einen Hintergrund aus glänzendem Blattgold und die floralen Muster auf der Robe der Frau dazu, entsteht sofort ein Bild im Kopf: „Der Kuss", eines der bekanntesten Werke des Jugendstils und vielleicht das berühmteste Gemälde Österreichs, gilt als der Höhepunkt von Gustav Klimts (1862–1918) „Goldener Periode". Seit 1908 ist das Bild im Schloss Belvedere zu sehen. Die prächtige barocke Schlossanlage ist selbst eine der größten Sehenswürdigkeiten Wiens.

www.belvedere.at

45 WANDERER ÜBER DEM NEBELMEER, HAMBURG, DEUTSCHLAND

Ist er auf dem Gipfel des Lebens angekommen, schaut er in die Zukunft oder einfach nur in die Ferne? Caspar David Friedrichs „Wanderer über dem Nebelmeer" gibt uns keine Antwort, er dreht uns den Rücken zu. Das um 1817 entstandene Gemälde ist der Star in der Hamburger Kunsthalle und verkörpert wie kein anderes die Romantik, eine Epoche, in der sich in allen Kunstformen Fantasie, Gefühle, Leidenschaft und Aufbruch ins Ungewisse der Denkweise des traditionellen Nachahmens entgegenstellten.

www.hamburger-kunsthalle.de

Weltberühmter Fingerzeig: Michelangelos Werk an der Decke der Sixtinischen Kapelle.

46 DIE ERSCHAFFUNG ADAMS, SIXTINISCHE KAPELLE, VATIKANSTADT

„Eine Figur, die in ihrer Schönheit […] so erscheint, als sei sie vom ersten und höchsten Schöpfer selbst erschaffen worden, nicht aber durch den Pinsel […] eines sterblichen Menschen", beschrieb ein Künstlerbiograf aus dem 16. Jh. das wohl bekannteste Deckenfresko der Welt. Dabei macht die viel diskutierte Lücke zwischen den Fingern von Gott und Adam darauf aufmerksam, dass dem Künstler Michelangelo nichts ferner lag als Selbstvergötterung. Wer das gewaltige Wunderwerk bestaunen möchte, sollte unbedingt im Voraus buchen: Die Wartezeit vor dem Eingang der Sixtinischen Kapelle beträgt 2 bis 3 Stunden.

www.vaticantickets.org

 Wer erkennt ihn? Experten nehmen an, dass Rembrandt sich selbst im Hintergrund der „Nachtwache“ porträtiert hat.

47 DER SCHREI, OSLO, NORWEGEN

Alle Werke, die sich nach seinem Tod noch in seinem Besitz befanden, hat der norwegische Maler Edvard Munch der Stadt Oslo hinterlassen. Darunter war auch „Der Schrei“, das aus vier Einzelgemälden besteht. Ein Großteil der Kunstwerke ist heute im Edvard Munch Museum zu besichtigen, „Der Schrei“ jedoch im neuen Nationalmuseum, das 2020 eröffnet wird.

nasjonalmuseet.no

48 DER TANZ, ST. PETERSBURG, RUSSLAND

Wer beide Versionen des Bildes „Der Tanz“ von Henri Matisse im Original sehen will, muss um die halbe Welt reisen. Die frühere Fassung von 1909 hängt im MoMa in New York, die spätere Version in der Eremitage in St. Petersburg. Wer sich für sie entscheidet, erlebt eins der bedeutendsten und größten Kunstmuseen der Welt. Und dann ist da ja auch noch die prachtvolle Stadt an der Newa …

www.hermitagemuseum.org

49 WOLGATREIDLER, ST. PETERSBURG, RUSSLAND

Das Russische Museum in St. Petersburg beherbergt die größte Sammlung russischer Kunst, darunter auch „Die Wolgatreidler“ des Malers Ilja Repin. Das Ende des 19. Jhs. entstandene Werk beeindruckt neben den malerischen Aspekten auch durch seine Größe im Panoramaformat. Darüber hinaus gelang es Repin mit dem Gemälde, die Aufmerksamkeit seiner Zeitgenossen auf die schwierigen Lebensumstände der Treidler zu lenken.

en.rusmuseum.ru

50 SEEROSEN, PARIS, FRANKREICH

Eins ist sicher: Monet liebte Seerosen. Rund 250 Ölgemälde hat ihnen der französische Maler gewidmet, in allen Stimmungen und Schattierungen. Seine Inspirationsquelle war der 1893 angelegte Wassergarten auf seinem Landsitz in Giverny. Eines der impressionistischen Kunstwerke des Magiers der Farben ist im Musée d'Orsay zu bewundern.

www.musee-orsay.fr

51 DIE BÜRGER VON CALAIS, CALAIS, FRANKREICH

Die Stadtväter von Calais hatten sich ein triumphaleres Werk gewünscht als jene Plastik des Bildhauers Auguste Rodin, die 1895 enthüllt wurde: sechs verzweifelte Männer, die den Tod vor Augen haben. Schließlich sollte „Die Bürger von Calais“ an eine heldenhafte Episode des Hundertjährigen Kriegs erinnern. Heute gilt das Denkmal als eines der wichtigsten Werke Rodins. Das Original steht vor dem Alten Rathaus der nordfranzösischen Hafenstadt.

www.calais.fr

52 DIE NACHTWACHE, AMSTERDAM, NIEDERLANDE

Zu Lebzeiten war Rembrandt van Rijn kein Ruhm vergönnt, doch umso größer ist sein Ansehen heute. Sein berühmtestes Gemälde „Die Nachtwache“ von 1642 zeigt die Amsterdamer Bürgerwehr in einzigartiger Leuchtkraft, die durch die vielen Jahrzehnte allerdings allmählich ihres Glanzes beraubt wird. Deshalb wird das Kunstwerk ab 2019 in aller Öffentlichkeit im Rijksmuseum restauriert.

www.rijksmuseum.nl

53 DAS ABENDMAHL, MAILAND, ITALIEN

Der Angriff kam von oben, aber das Wunder von noch höher – ein Zeichen Gottes. Am 16. August 1943 zerstörte ein englischer Bomber das Kloster Santa Maria delle Grazie. Unversehrt aber blieb sein größter Schatz: Leonardo Da Vincis „Abendmahl". Man kann das 9 auf 4 Meter große Meisterwerk auf einer geführten Tour bestaunen (reservieren!).

www.italia.it

54 DIE NACHT, BERN, SCHWEIZ

Das Kunstmuseum in Bern genießt aufgrund seiner zahlreichen Werke weltweit einen ausgezeichneten Ruf. Zu sehen ist auch das bekannteste Werk des Schweizers Ferdinand Hodler: Es zeigt ihn, wie er vom Geist der Nacht aus dem Schlaf gerissen wird. Hodler zählt zu den bekanntesten Schweizer Malern des 19. Jhs.

www.kunstmuseumbern.ch

55 DAS MÄDCHEN MIT DEM PERLENOHRRING, DEN HAAG, NIEDERLANDE

Wer ist sie, die da so fragend-keck den Betrachter mustert? Es ist nicht bekannt, wen Jan Vermeer van Delft auf seinem Gemälde von 1665 verewigte. Und doch ist die junge Frau weltbekannt: Ein Film und ein Buch erzählen ihre (fiktive) Geschichte. Vermeers berühmtestes Werk hängt im Mauritshuis, neben denen von Rembrandt, Rubens oder Frans Hals.

www.mauritshuis.nl

56 SIGNAL-STATUE, PÉCS, UNGARN

Victor Vasarely ist als Vater der Op-Art-Bewegung bekannt, die in den 1960er-Jahren mit geometrischen Formen, Mustern und Farben überraschende optische Effekte erzeugte. Eines seiner bekanntesten Kunstwerke steht seit 1977 vor der Paulinerkirche in seiner Geburtsstadt Pécs.

www.iranypecs.hu

57 TEATRE-MUSEU DALÍ, FIGUERES, SPANIEN

Ein Taxi voller Schaufensterpuppen, in dem es regnet. Ein Turm, verziert mit riesigen Eiern. Ein Museum, in dessen Keller der Gründer unter einer unscheinbaren Grabplatte ruht. Der hieß Salvador Dalí – und ein Besuch des ehemaligen Theaters ist wie eine Reise in den Geist des Genies mit der unverkennbaren künstlerischen Handschrift. Das perfekte Gegenstück zum Badeurlaub an der nahen Costa Brava.

www.salvador-dali.org

58 REITERSTANDBILD FRIEDRICHS DES GROSSEN, BERLIN, DEUTSCHLAND

Der entschlossene, siegessichere Ausdruck der 13 Meter hohen Statue von Christian Daniel Rauch (1851) scheint den gewissenhaft-skeptischen Charakter von König Friedrich II. von Preußen nicht ganz zu reflektieren. Aber so zelebrieren die Berliner ihren „Alten Fritz" unter den Linden nun mal: schlagfertig und imponierend, sicher und zukunftsweisend.

www.berlinstadtservice.de

59 GUERNICA, MADRID, SPANIEN

Die Bomben auf die baskische Stadt Guernica während des Spanischen Bürgerkrieges 1937 waren reiner Terror an der Zivilbevölkerung. Picasso, überzeugter Anhänger der liberalen Kräfte in Spanien, konnte „sich nicht gleichgültig verhalten". Das Gemälde spiegelt das Entsetzen und die Hilflosigkeit der Einwohner. Erst 1981, nach der Demokratisierung des Landes, kam das Gemälde zurück nach Spanien. Es hängt in Madrid im Museo Reina Sofia und mahnt die Betrachter vor Terror und Unmenschlichkeit.

www.museoreinasofia.es

60 SONNENAUFGANG MIT SEEUNGEHEUERN, LONDON, ENGLAND

Kein anderer seiner Zeitgenossen konnte das Licht so auf der Leinwand einfangen, wie Joseph Mallord William Turner es tat. Er inszenierte in Stürmen gefangene Segelschiffe, dramatisch beleuchtete Fischerboote, aber auch die Industrialisierung in England. Zu sehen sind viele seiner Werke in der Tate Britain in London.

www.tate.org.uk

Im Teatre-Museu Dalí wird es ganz schön surreal.

KONTINENT DER KUNST

HÖHEPUNKTE MIT PRIMA AUSSICHT

DER BLICK VON OBEN BIETET NEUE PERSPEKTIVEN. MAL BRAUCHT'S DAFÜR GUTE KONDITION, MAL NUR DAS ENTSCHEIDENDE „GEWUSST WO".

61 NATIONALPARK LLOGARA, ALBANIEN

Die dichten Bergwälder, die hier an der Adria im Südwesten Albaniens unter Naturschutz stehen, zählen zu Europas letzten Geheimtipps. Schon die Anfahrt über den 1027 Meter hohen Llogara-Pass ist die Reise wert: Die Straße schlängelt sich durch dichte Kiefern- und Tannenwälder – bis die sich plötzlich lichten und die türkisblaue Adria vor der Windschutzscheibe auftaucht.

www.albanian-riviera.net/llogara

62 MONTE BRÉ, SCHWEIZ

Der bewaldete Monte Bré, der sich wie ein Schutzwall vor den Stadttoren Luganos erhebt, soll der sonnenverwöhnteste Ort der Schweiz sein. Von seiner Spitze blickt man an den vielen klaren Tagen nicht nur über die Stadt, sondern auch über den Lago di Lugano und bis weit in die Alpen hinein. Eine Standseilbahn bringt Besucher ab Cassarate zum Gipfel, wo zwei gemütliche Restaurants mit Sonnenterrasse warten.

www.luganoregion.com

63 5FINGERS, ÖSTERREICH

Wie eine Hand mit gespreizten Fingern ragt diese Aussichtsplattform 400 Meter über den Abgrund in die Berglandschaft am Dachstein. Wer sich bis zur Fingerspitze vorwagt, muss sich auf den ein oder anderen Schwindelanfall gefasst machen. Die 5fingers erreicht man auf einer etwa 20-minütigen Wanderung von der Bergstation Krippenstein aus. Die Plattform ist bis Mitternacht beleuchtet und wirkt auch aus der Ferne atemberaubend.

dachstein-salzkammergut.com

64 MIRADOR DEL FITO, SPANIEN

Es gibt sie, die Treppe zum Himmel! So simpel ihr Design, so überragend ihr Anblick: Die kleine runde Aussichtsplattform – bequem über 16 Stufen zu erreichen – bietet einen fantastischen Ausblick über die weißen Gipfel der Picos de Europa im hohen Norden Spaniens und bis hinaus auf den Golf von Biskaya. In der autonomen Region Asturien gelegen, ist die Plattform von Bilbao aus in etwa 2,5 Stunden mit dem Auto zu erreichen.

www.turismoasturias.es/de

65 BASTEI, ELBSANDSTEINGEBIRGE, DEUTSCHLAND

Schwer zu sagen, was spektakulärer ist: der Blick von oder zu diesem Felsen in der Sächsischen Schweiz hinter der alten Sandsteinbrücke mit ihren sieben Bögen. Auf jeden Fall sorgt die Aussicht seit vielen Generationen für Staunen. Schon seit 1812 werden Besucher hier gastronomisch versorgt, wobei sich der Speiseplan von damals (Brot, Butter, Branntwein) inzwischen glücklicherweise stark verfeinert hat. Die Logenplätze sind schön wie je.

www.saechsische-schweiz.de/region/highlights/bastei.html

Aussicht mit Fluss: Blick von der Bastei auf die Elbe im Nationalpark Sächsische Schweiz.

66 CABO GIRÃO, MADEIRA, PORTUGAL

„Kap der Umkehr“ bedeutet dieser Name – aber mal ehrlich: Man kann sich mit dem Umkehren ruhig etwas Zeit lassen. Immerhin ist die Steilküste im Süden von Madeira mit bis zu 589 Metern Europas höchste Klippe und die zweithöchste weltweit. Von der Aussichtsplattform geht der Blick in die saphirblaue Unendlichkeit des Atlantiks. Und unter den Füßen … auweia! – liegt nichts als der tiefe Abgrund, von der Glasscheibe mal abgesehen.

www.madeira-web.com

67 MIRADOR ROC DEL QUER, ANDORRA

Tag für Tag sitzt der namenlose Grübler mehrere hundert Meter über den grünen Tälern der Pyrenäen an der Kante seiner Aussichtsplattform. Worüber er wohl nachdenkt? Vielleicht will uns die Skulptur in Canillo inmitten des Zwergstaats Andorra aber nur eins sagen: dass es manchmal nur darum geht, die Füße über dem Abgrund baumeln zu lassen, in die Berge zu schauen und die überwältigende Schönheit der Umgebung zu feiern.

visitandorra.com/en

68 BAUMWIPFELPFAD SCHWARZWALD, DEUTSCHLAND

Eine 55 Meter lange Rutschbahn bietet nicht jeder Wald. Aber Moment – wir sind doch wegen der

Aussicht hier. Also erst mal weiter die spiralförmige Aufstiegsrampe entlang bis auf knapp 40 Meter Höhe. Ahh, da ist er, der Blick über den Schwarzwald bis ins Rheintal und zur Schwäbischen Alb. Der Aussichtsturm ist das Highlight des gut 600 Meter langen Baumwipfelpfads, der Wald und Tiere vor allem jungen Besuchern näherbringt. Aber genug gelernt – ab auf die Rutschbahn!

www.baumwipfelpfad-schwarzwald.de

69 SÄNTIS, SCHWEIZ

Es dürfte schwer sein, einen weiteren Ort zu finden, von dem aus man über sechs Länder blickt. Vom 2500 Meter hohen Säntis – dem höchsten Gipfel der Ostschweiz – genießt man an klaren Tagen die Aussicht über die Schweiz, Deutschland, Österreich, Liechtenstein, Frankreich und Italien. Und damit nicht genug der Superlative: Auf dem Säntis wurden die höchste Schneehöhe und die meisten Blitzeinschläge der Schweiz ermittelt (bei Unwetter also lieber die Käserei unten im Tal besuchen). Eine neue Erlebniswelt auf dem Gipfel ist dem extremen Wetter gewidmet.

saentisbahn.ch

70 DACHSTEIN, SKYWALK, ÖSTERREICH

Vom höchsten Berg der Steiermark schauen Wanderer an klaren Tagen bis nach Tschechien und Slowenien. Für den Kick sorgt die Treppe ins Nichts – ein Glaspodest, das über 14 Stufen hinab in den weiten freien Raum zwischen den Bergen rund 400 Meter über dem Fels führt. Nicht ganz ohne ist auch der Spaziergang über die Hängebrücke, ein hundert Meter langer Nerventest mit – zugegeben – echt unvergesslicher Aussicht. Sofern man es schafft, sich kurz zu entspannen und den Moment zu genießen.

www.derdachstein.at

71 CLIFFS OF MOHER, IRLAND

Ist die Erde vielleicht doch eine Scheibe? Hier, an den vertikal in den

Alles rund: César Manriques futuristischer Aussichtspunkt wurde ohne rechte Winkel gebaut.

72 MIRADOR DEL RIO, LANZAROTE, SPANIEN

Hier wird die Aussicht zur architektonischen Kunst. Wer nämlich das Café mit seinen Panoramafenstern betritt, meint zunächst, er stünde in einer schicken Kunstgalerie mit atemberaubenden Landschaftsbildern an der Wand. Aber Moment mal – wandert die Wolke auf dem Bild da drüben nicht gerade? Genau! 475 Meter über dem Meeresspiegel blickt man von diesem imposanten Bauwerk eines lanzarotenischen Künstlers über die Steilküste des Famaramassivs hinweg auf die Meerenge Río und darüber hinaus zu weiteren Kanareninseln. Auch die Aussichtsplattform im Freien darf man natürlich nicht auslassen.

turismolanzarote.com/de/sehenswertes/cact-lanzarote/mirador-del-rio

Atlantik abfallenden Felsklippen, muss ihr Ende erreicht sein – vor den 120 bis 214 Meter hohen Klippen nichts als die endlose Weite des Atlantiks, der irgendwann in den Himmel übergeht. Besonders imposant ist die Aussicht bei Sonnenuntergang, wenn der Himmel pinkfeuerrot-goldgelb erstrahlt. Kein Wunder, dass die Cliffs of Moher ein Besuchermagnet Irlands sind.

www.cliffsofmoher.ie

73 METEORA, GRIECHENLAND

Archäologen gehen davon aus, dass die einzigartige Felslandschaft im zentralen Griechenland schon vor zigtausend Jahren heiß begehrtes Grundstücksland war. Vor einer Höhle fanden sie eine Steinmauer, die beachtliche 23 000 Jahre alt sein soll. Die 24 Klöster, die sich auf die Felsen quetschen, kamen erst ab dem 11. Jh. dazu. Die Mönche und Pilger konnten die Gotteshäuser damals nur über Strickleitern erreichen und diese – so will es die Legende – wurden erst dann ausgetauscht, wenn das Seil gerissen war. Aber keine Sorge, heute führen Treppen hoch zu einer der imposantesten und aussichtsreichsten UNESCO-Weltkulturerbestätten.

www.visitmeteora.travel

74 ALPSPIX, ZUGSPITZE, DEUTSCHLAND

Deutschlands höchster Gipfel liegt zwischen Himmel und Hölle(ntal). Ähnlich ist auch die Gefühlslage auf der Aussichtsplattform AlpsiX auf rund 2050 Metern, wenn die Emotionen zwischen Höhenrausch und Abgrundpanik hin- und herspringen. Die beiden etwa 13 Meter über den Fels hinaus in die Bergwelt hineinragenden Stahlterrassen lagern wie ein X übereinander und bieten Aussicht auf die Zugspitze, die Alpspitz-Nordwand und über das Höllental in der Tiefe. Hoch gelangt man mit der Alpspitz-Bergbahn ab Garmisch-Partenkirchen.

www.alpspitze.org

76 STEGASTEIN, AURLANDFJORD, NORWEGEN

Ja, du kannst natürlich auch die Arme ausbreiten. Dann verstärkt sich das Gefühl, du würdest im Himmel über dem malerischen Aurlandfjord dahinschweben. 650 Meter unter dir: das ruhige, unergründliche Wasser im 17 Kilometer langen Seitenarm des weltberühmten Sognefjords, umgeben von mächtigen Felsmassiven, die unverrückbar seinen Lauf bestimmen. Vielleicht bist du vor dem Besuch der Aussichtsplattform mit der Flåmbahn gefahren, der „faszinierendsten Bahnstrecke der Welt" ? Falls nein: unbedingt nachholen! Aber erst noch ein bisschen klare Höhenluft unter die Flügel lassen …

www.visitflam.com/de/activities/stegastein-viewpoint

75 SELJALANDSFOSS, ISLAND

Hier ist es vor allem die Aussicht von gaaanz unten, die so unvergesslich ist. Nicht weit von der Route 1 entfernt stürzt sich der Fluss Seljalandsá 66 Meter in die Tiefe hinab. Ein imposantes (und lautes) Naturschauspiel ist der Wasserfall schon aus der Ferne, noch beeindruckender aber ist der Ausblick von hinten. Durch den tosenden Wasserstrom blickt man auf das verschleierte Land. Wer in einer klaren Nacht anreist, mag hinter dem Strom die Polarlichter entdecken – hoffentlich sind die Kamerabatterien aufgeladen, denn so schnell kommt man hier dann auch nicht wieder weg.

guidetoiceland.is

77 RIGI KULM, SCHWEIZ

Wen bei diesem atemberaubenden Blick über Seen, Berge, das Schweizer Mittelland bis hin zum Schwarzwald ein plötzlicher Drang nach künstlerischer Selbstverwirklichung überkommt, ist damit nicht allein. Es existieren eine ganze Reihe historischer Aquarelle, die die praktisch unveränderte Landschaft festgehalten haben. Dazu kommen literarische Beschreibungen wie die von Mark Twain oder Goethe, die hier beide ebenfalls schon staunend vom Berg blickten. Eine Zahnradbahn bringt heutige Besucher von Vitznau und Arth-Goldau nach Rigi Kulm auf 1800 Meter. Dienstags ist die Fahrt sogar kostenlos …

www.rigi.ch

78 DOLNI MORAVA SKYWALK, TSCHECHIEN

Stezka v oblacích – „Pfad in den Wolken" heißt die 2016 eröffnete Holzkonstruktion im Norden Tschechiens unweit des Berges Králický Sněžník. Wie eine Achterbahn für Fußgänger windet sich die 710 Meter lange Brücke in den Himmel. Von oben bietet sich ein herrlicher Ausblick über den Marchfluss und das Riesengebirge. Aber man kommt nicht allein wegen der Aussicht hierher: Wer das in 50 Meter Höhe gespannte Netz betritt, sollte schwindelfrei sein. Und für Adrenalinrausch sorgt auch die 100 Meter lange Rutschbahn mit gelegentlichen Fenstern für den Ausblick.

www.dolnimorava.cz/en/the-sky-walk

Der Aussichtspunkt Stegastein liegt an der „Schneestraße", der Norwegischen Landschaftsroute von Aurland nach Lærdal.

79 PYRAMIDENKOGEL, ÖSTERREICH

Hört man „Holzturm", denkt man vielleicht an das nie vollendete Baumhaus im Garten aus Kindheitstagen. Architektonische Meisterwerke mit Weltrekordcharakter kommen einem – optimistisch betrachtet – eher selten in den Sinn. Die Konstruktion auf dem 851 Meter hohen Pyramidenkogel in Kärnten gilt als höchster hölzerner Aussichtsturm der Welt (wobei die Ellipsen tatsächlich aus Stahl sind): ein 100 Meter hohes, verdrehtes Konstrukt mit mehreren Aussichtsplattformen, von denen man über Seen und Berge blickt. Hoch geht's die 441 Stufen zu Fuß und runter auf der 120 Meter langen Rutschbahn. Keine Sorge, alternativ steht auch ein Aufzug bereit.

www.pyramidenkogel.info

80 AUSSICHTSPLATTFORM SPHINX, SCHWEIZ

Tagsüber blickt man von der Aussichtsplattform des Sphinx-Observatoriums bei schönem Wetter bis nach Deutschland, Frankreich und Italien. Aber so richtig weitsichtig wird der Ausblick erst, wenn die Sonne hinter den Berner Alpen verschwindet und sich die gewaltige Sternenkuppel des Firmaments über dem Jungfraujoch spannt. Das Observatorium ist Teil einer internationalen Forschungsstation und kann besucht werden. Hoch geht's im Lift, den man am besten nicht mit vollem Magen betritt: In gerade mal 25 Sekunden wird man hier 108 Meter in die Höhe – nun ja – geschossen.

www.jungfrau.ch

HÖHEPUNKTE MIT PRIMA AUSSICHT

BRÄUCHE ZUM SCHAUEN & STAUNEN

IN BULGARIEN LANDEN EIER AN HÄUSERWÄNDEN, IN ENGLAND VERSPEIST MAN BRENNNESSELN UM DIE WETTE UND IN DER TÜRKEI RINGEN KAMELE MITEINANDER – SO FEIERT EUROPA.

Schwerkraft? Woher denn – die Menschentürme in Katalonien sind architektonische Meisterleistungen.

81 GUY FAWKES CARNIVAL, ENGLAND

Am 5. November 1605 wollte Guy Fawkes den König von England mitsamt dem Parlament in die Luft jagen. Die Geschichte weiß: Dazu kam es nicht. Seither feiert das Land am 5. November das Scheitern der Verschwörer, mit Feuerwerk, Straßenumzügen und dem Verbrennen von Guy-Fawkes-Puppen. In Wells, Glastonbury oder Bridgewater ziehen die Paraden an unterschiedlichen Novembertagen durch die Straßen.

www.somersetlive.co.uk

82 TROPHÉE DES PLAGES, FRANKREICH

Was tun, wenn am Strand mal wieder Ebbe ist? Pferderennen! Seit 1886 strömen im Frühling alljährlich Tausende ins Watt am Strand von Jullouville, um die Rennen um die Trophée des Plages auf dem 2 Kilometer langen Rundkurs zu verfolgen. Wer gewonnen hat, ist schwer zu erkennen: Jockeys und Pferde sind über und über mit Schlick bedeckt. Zusatzkitzel ist, neben den Wetteinsätzen, die auflaufende Flut.

meinfrankreich.com/jullouville_wattrennen

83 EIERSCHLACHT, BULGARIEN

In Bulgarien geht's zu Ostern schmissig zu. Denn hier gilt: Nach dem Bemalen (meistens rot) geht's den Eiern nach der Messe am Ostersonntag an die Schale – wenn sie mit Schmackes an Kirch- und Hauswänden landen. Familien, die sich ansonsten zugeneigt sind, bewerfen sich gegenseitig. Dabei gilt die Regel: Eier, die heil bleiben, stehen für Erfolg und Gesundheit fürs ganze Jahr.

www.bulgarieninside.com

84 ST. PATRICKS DAY, IRLAND

Der „Paddy's Day“ am 17. März – dem Todestag Bischof Patricks – ist eine kuriose Mischung aus religiösem Feiertag und Marketinggag der großen Bierbrauereien. Heute ist es schwer zu glauben, dass irische Familien bis in die 1980er-Jahre den Tag in der Kirche verbrachten. Patrick soll immerhin das Christentum nach Irland gebracht haben; was könnte da schon näherliegen, als dies mit einem (oder ganz vielen Gläsern) Guinness zu feiern? Das machen die Iren auf so ansteckende Weise, dass am St. Patricks Day heute praktisch rund um die Welt Bierkrüge gehoben werden.

www.ireland.com

85 CASTELLS, SPANIEN

Schon beim Hinschauen wird einem ganz anders. *Castells*, Burgen, heißen die Menschentürme, die in vielen Städten Kataloniens bei Volksfesten oder zu Feiertagen errichtet werden. Bis zu zehn Ebenen hoch können die Konstruktionen sein, die wohl in Tänzen des 17. und 18. Jhs. ihren Ursprung haben. In der Stadt Valls wurden 1801 die ersten Menschentürme gebaut, in Tarragona treten jedes Jahr mehr als 40 Guppen, *colles castelleres*, gegeneinander an. Unfälle gibt es übrigens nur ganz selten.

eng.concursdecastells.cat, katalonien-tourismus.de

86 EL SILBO, LA GOMERA, SPANIEN

Wanderer, kommst du nach La Gomera, dann halte nicht nach exotischen Vögeln Ausschau. Die Triller und Pfeiflaute, die du womöglich hörst, sind eine Sprache: Mit El Silbo verständigen sich die Einheimischen im bergigen Gelände über Schluchten und Wälder hinweg. Was klingt wie ein mächtig großer Kanarienvogel, ist mindestens 500 Jahre alt, von der UNESCO als Weltkulturerbe geschützt und wird in der Schule unterrichtet.

www.gomeralive.de/la-gomera/el-silbo

87 KARNEVAL IN MAASTRICHT, NIEDERLANDE

„Alaaf" auf Holländisch? Klar, auch in den Niederlanden müssen die bösen Geister vertrieben werden. Vastelaovend heißt der Karneval in Maastricht, zu dem jedes Jahr im Februar die Straßen für die kostümierte Feiermeute freigeräumt werden. Vastelaovend ist immerhin das größte Event des Jahres in Maastricht. Vielleicht muss es sechs Wochen vor Ostern ja nicht immer Köln sein …

www.gemeentemaastricht.nl

88 BÄRENTANZ IN DER REGION MOLDAU, RUMÄNIEN

Wo anderswo die Böller krachen, tanzen im Trotus-Tal in Siebenbürgen die Bären am Silvesterabend, und dann gleich noch weiter am ersten und zweiten Neujahrstag. In etlichen Orten entlang des Tals, zum Beispiel in Darmanesti oder Comanesti, hüllen sich große und kleine Bewohner nach jahrhunderter alter Tradition in Bärenfelle. Aber auch andere Verkleidungen oder Masken spielen bei den Prozessionen eine Rolle. So repräsentieren die Antlitze alter Leute das alte, die von Brautleuten oder Ärzten das neue Jahr.

www.turism-darmanesti.ro

89 UP HELLY AA, SCHOTTLAND

Wenn man auf den Shetland-Inseln Wikingern in vollem Ornat und Feierlaune begegnet, ist mit großer Wahrscheinlichkeit das Festival Up Helly Aa in vollem Gange. Seit 1880 steht in Lerwick der letzte Dienstag im Januar ganz im Zeichen des Verkleidens, Feierns und Trinkens. Der Höhepunkt des Festivals ist ein von Schlachtgesängen begleiteter Fackelumzug zum Meer, wo ein prachtvoll geschmücktes Wikingerlangschiff unter lautem Gejohle in Brand gesetzt wird – ganz in der Tradition alter Wikingerbegräbnisse.

www.uphellyaa.org

90 ÖLRINGKAMPF, TÜRKEI

Der Ölringkampf gilt in der Türkei als Nationalsport und ist einer der ältesten dokumentierten Sportwettkämpfe überhaupt. Die Kämpfer sind nur mit einer Lederhose bekleidet und werden von oben bis unten mit Olivenöl eingerieben. Also eine sehr glitschige Angelegenheit. Gewonnen hat, wer die Schultern des Gegners auf den Boden drückt oder den hochgehobenen Gegner drei Schritte weit trägt.

www.goturkeytourism.com/about-turkey/oil-wrestling-sport-in-turkey.html

91 WM IM BRENNNESSEL-ESSEN, ENGLAND

Das haben sie nun davon: Weil zwei englische Bauern darüber stritten, wer den längsten – nun ja – Brennnesselstängel auf seinem Feld hat, treffen sich seit 1997 einmal im Jahr Hunderte Zuschauer im Pub Bottle Inn im kleinen Ort Marshwood. Die jährliche Weltmeisterschaft im Brennnessel-Essen ist längst zur großen Party geworden. Für die Teilnehmer bleibt es allerdings so hart wie eh und je: Der Sieger von 2018 verputzte rund 30 Meter Nesselfutter, dazu das eine oder andere Insekt (gegessen wird, was auf den Tisch kommt). Wenigstens darf mit Bier nachgespült werden.

www.bottleinn.co.uk

Nur noch dieses eine Blättchen: Brennnesseln zu essen ist eine echte Herausforderung.

92 LA POURCAILHADE, FRANKREICH

Wer mal so richtig die Sau rauslassen will, sollte an der Pourcailhade in Trie-sur-Baïse teilnehmen, einem Zentrum der französischen Schweineproduktion. Skurriler Höhepunkt des Festes ist die französische Meisterschaft im Schweineschreien. Auf einer Bühne grunzen, brüllen und quieken die Teilnehmer um die Wette. Bisher ist es allerdings noch keinem ausländischen Teilnehmer gelungen, den Sieg davonzutragen.

triesurbaise.com

93 KAMELRINGEN, TÜRKEI

Wer den anderen abdrängt, in die Knie zwingt oder zum Schreien bringt, hat gewonnen. Die Rede ist von einer jahrhundertealten Tradition: dem Kamelringen, das im Winter in Westanatolien, in der Marmara- und der Ägäisregion bei kunterbunten, volksfestartigen Wettkämpfen stattfindet. Die Kombattanten wurden extra dafür gezüchtet und werden liebevoll umhegt – auch wenn Tierschützer das anders sehen.

www.gateofturkey.com

94 FRAUENTRAGEN, FINNLAND

Frauentragen? Klingt erfrischend bequem für die Dame. Nicht wirk-

BRÄUCHE ZUM SCHAUEN & STAUNEN

Ja, sind wir denn schon in Brasilien? Ein Hauch Tropen beim Karneval im dänischen Aalborg.

95 KARNEVAL IN AALBORG, DÄNEMARK

Der Karneval in Aalborg ist so eine Art Faschings-WM. Es geht nicht nur darum, feucht, fröhlich und farbenfroh zu feiern, sondern feuchter, fröhlicher und farbenfroher als alle anderen. Zu Sambarhythmen ziehen Ende Mai Zigtausende kostümierte Menschen die Straßen der dänischen Hafenstadt entlang, dazu kommen Massen von Zuschauern aus aller Welt. Das Event gipfelt im International Carnival, bei dem Faschingskünstler sämtlicher Kontinente um den Titel als beste Karnevalsgruppe des Jahres konkurrieren.

www.aalborgkarneval.dk

lich, denn die zu tragende Frau muss laut Reglement mindestens 49 Kilo auf die Waage bringen. Da sackt dann schon der ein oder andere Möchtegern-Herkules auf dem Parcours über Sand, Kies und durch Wassergräben in die Knie und seine Partnerin geht auf Tauchgang oder bekommt Beinkrämpfe. Aber eines ist klar: Auch die Lachmuskeln kommen gehörig ins Schwitzen!

www.nordisch.info

96 ROMERÍA DE SANTA MARTE DE RIBARTEME, SPANIEN

Am 29. Juli zieht alljährlich eine bizarre Prozession durch das galizische As Neves. Einer Statue der Heiligen Martha, der Schutzheiligen des Ortes und als Schwester des Lazarus Symbol für die Auferstehung von den Toten, folgt ein Zug mit Dutzenden offenen Särgen, in denen lebende Menschen liegen. Sie alle wollen sich dafür bedanken, dass die Heilige sie vor dem sicheren Tod gerettet hat. Klingt gruselig, aber den härteren Part haben im Zweifel Familie und Freunde: Sie tragen den Sarg durch den Ort.

santamartaderibarteme.org

97 ŚMIGUS-DYNGUS, POLEN

Ostermontag in Polen – und die hübschesten Mädchen bekommen einen Eimer Wasser übergeschüttet. Der jahrhundertealte Brauch soll entweder an die Taufe des polnischen Königs Mieszko I. im Jahre 966 erinnern oder ist als Reinigungsritual heidnischen Ursprungs. Heute ist es jedenfalls eine wilde Wasserschlacht, bei der kein Auge, auch kein männliches, trocken bleibt.

98 KANARISCHER RINGKAMPF, SPANIEN

Die Lucha Canaria soll ein Erbe der Urbevölkerung sein. Sicher ist, dass der Kanarische Ringkampf Sportart Nummer 1 auf der Inselgruppe ist, mit ein paar Tausend Ringern in rund hundert Vereinen. Gekämpft wird auf Sand, Ziel ist es, den Gegner aus dem Gleichgewicht zu bringen. Über allem aber steht Fairness und Respekt. Profi-Kämpfe kann man auch mal im Lokalfernsehen erleben.

www.grancanaria.com

99 BERNISCH-KANTONALES JODLERFEST, SCHWEIZ

Wann, wo und warum das Jodeln erfunden wurde (Tiere herbeirufen? Pure Lebensfreude?), weiß niemand. Unstrittig ist, dass das Jodeln in der Schweiz als bedeutendes Brauchtum gepflegt wird. Eine der wichtigsten Veranstaltungen ist das Jodlerfest, an dem immer an einem anderen Ort über 2000 aktive Jodlerinnen und Jodler teilnehmen. Drei Tage lang präsentieren sie auf mehreren Bühnen ihre Künste und erfreuen damit Zehntausende Zuschauer.

www.bkjv.ch

 Der Sommer ist bald vorbei: schmucke Kühe beim Almabtrieb im Allgäu.

100 VIEHSCHEID, DEUTSCHLAND

Wenn die Allgäuer Landwirte im Herbst ihre Rinder wiedersehen, nachdem diese den Sommer auf den saftigen Weiden in den Bergen verbracht haben, entspricht das in etwa Omas euphorischem Empfang ihrer Enkelkinder: Da wird Essen für ganze Dörfer gekocht und die halbe Nachbarschaft eingeladen. In 32 Ortschaften entlang der Alpen warten Mitte September die Bauern auf das Glockengeläut ihrer Herden. Gefeiert wird das „kuhle" Wiedersehen in Bierzelten und auf Jahrmärkten – natürlich in Lederhosen und Dirndl.

www.allgaeu-viehscheid.de

BRÄUCHE ZUM SCHAUEN & STAUNEN

JANZ WEIT DRAUSSEN

„JWD" (ODER „JOTTWEDE") IST DIE SCHERZHAFTE ABKÜRZUNG FÜR „GANZ WEIT DRAUSSEN", ALSO FÜR: ABGELEGEN. IN DER PAMPA. ODER DER WALACHEI, UM IN EUROPA ZU BLEIBEN. EINSAME LANDSTRICHE FINDEN SICH ÜBERALL, VON RUSSLAND BIS NACH ITALIEN.

101 LEMMENJOKI-NATIONALPARK, FINNLAND

Wege? Gibt's im Lemmenjoki-Nationalpark im Norden Finnlands, im Vergleich zu seiner Größe, nur ganz wenige. Dafür Kiefern, Birken und Fichten, Elche, Steinadler und Braunbären. Und unberührte Natur auf einer Fläche größer als Luxemburg. Wer das Schutzgebiet zu Fuß erkunden will, kann sich für einen oder gleich mehrere Tage in die Wildnis aufmachen. 60 Kilometer lang sind die Trails durch die wilden Weiten. Ein bisschen Erfahrung mit dem großen Draußen sollte man dafür aber schon mitbringen.

www.nationalparks.fi/en/lemmenjokinp

Der weite Himmel über der Allee: Wolkenspiele über Masuren.

102 MASUREN, POLEN

Genaue Grenzen hat die bildschöne Region um die Masurische Seenplatte nicht, und so ungefähr sollte man es auch mit der Urlaubsplanung halten. Die idyllische Seenlandschaft mit ihren Wäldern und Wiesen ist die perfekte Kulisse fürs Einfach-mal-nichts-tun. Wer davon genug hat, mietet sich ein Fahrrad oder Paddelboot. Oder besucht eins der hübschen Städtchen namens Lötzen (Giżycko), Nikolaiken (Mikołajki) oder Johannisburg (Pisz). Die Masuren liegen übrigens im ehemaligen Ostpreußen, daher sind die deutschen Spuren noch immer sichtbar.

www.polen.travel/de/regionen

103 FÄRÖER, DÄNEMARK

Wer sich zu den Färöer aufmacht, will in grandiose Landschaften und wilde Wetterstimmungen eintauchen, will über Berg und Tal wandern und Seevögel beobachten, die sich an der gigantischen Steilküste eingerichtet haben. Am besten besucht man die rund 50 000 Nachfahren der wilden Wikinger mit dem Campingbus, nachdem man per Schiff oder Flugzeug auf die Inseln im Nordmeer gelangt ist.

www.visitfaroeislands.com

104 WESTFJORDE, ISLAND

Man kann sich gut vorstellen, dass bei einem der wilden Winterstürme die Verbindung dieses abgelegenen Islandtraums aus Fjorden, Wasserfällen und Bergen zum Rest der Insel gekappt werden könnte. In der größten Stadt Ísafjörður leben 4000 Menschen, Dörfer und Läden sind dünn gesät in der dramatisch-einsamen Landschaft. Apropos Schneesturm: Die Westfjorde sind definitiv kein Winterziel – und keines für Island-Neulinge.

de.visiticeland.com

105 HINTERES LAUTERBRUNNENTAL, SCHWEIZ

Ein Fleckchen Erde im Berner Oberland, das noch immer so aussehen dürfte wie vor ein paar Hundert Jahren. Steinböcke und Gemsen springen über Felsen, Wasserfälle rauschen, Vögel zwitschern an glasklaren Quellen und Bächen. Das Berghotel Obernsteinberg verfügt weder über Duschen noch Strom, Kerzen sind die einzige Beleuchtung und das Essen wird von Eseln den Berg hochgeschleppt.

www.stechelberg.ch

106 ALBANISCHE ALPEN, ALBANIEN

Mit ihren Gletscherseen, schroffen Gipfeln und grünen Tälern zählen die albanischen Alpen zu den beeindruckendsten Gebirgskulissen Europas. Auf dem Wegenetz aus teils jahrhundertealten Hirtenpfaden trifft man nur selten auf andere Wanderer – und man sollte gut zu Fuß sein: Tagestouren mit bis zu 1000 Höhenmetern sind nicht selten. Dafür erlebt man traditionelle Gastfreundschaft und verputzt deftiges, gesundes Essen.

albania.al/destination/20/alpet

107 EL HIERRO, SPANIEN

Hallo, ist hier jemand? Die Schönheit der kargen Vulkaninsel ist herrlich urtümlich. Es gibt viel, was es nicht gibt: weiße Sandstrände, Direktflüge zum Festland, Shoppingzentren, Golfplätze, Kinos. Dafür jede Menge Ruhe und Weitblick, traumhafte Wanderwege und Tauchplätze, Wälder, Felslandschaften, türkisfarbenes Wasser, Ferienwohnungen, kleine Hotels und private Fincas. Wenn das nicht verlockend klingt!

www.hallokanarischeinseln.com/el-hierro

In den Julischen Alpen ist das Gebirge in der Mitte Europas noch einsam und ursprünglich.

108 JULISCHE ALPEN, SLOWENIEN

Schroff geht es zu in diesem Gebirgsteil der Südlichen Kalkalpen, die fast ausschließlich zum Triglav-Nationalpark gehören. Sloweniens einziges Schutzgebiet dieser Art bietet Natur pur für alle, die die Vertikale lieben: Wanderwege und Klettersteige führen durch grüne Gletschertäler hinauf bis zu den Almwiesen und kristallklaren Bergseen. Ein gewisser Rummel herrscht vor allem rund um den Ort Bled mit seinem herrlichen See und um den Triglav, den mit 2864 Metern höchsten Berg Sloweniens. In vielen anderen Ecken des Nationalparks findest du dagegen Ruhe und Einsamkeit – was in den Alpen selten geworden ist. Lass dir nicht die Chance entgehen, in einer der vielen Hofwirtschaften slowenisch zu schlemmen.

www.slovenia.info/de

109 NOWAJA SEMLJA, RUSSLAND

Kälte, Sturm, Regen. Perfektes Juli-Urlaubswetter für die Inselgruppe südlich von Spitzbergen in der Barentssee. Am einfachsten erreicht man das drittgrößte Naturschutzgebiet Europas mit seinen Gletschern und der außergewöhnlichen Tierwelt bei einer Kreuzfahrt durchs Polarmeer. Im Winter 2018 machte die Hauptsiedlung Beluschja Guba wegen einer Invasion von Eisbären Schlagzeilen. Das Wetter im Winter: Kälte, Sturm, Schnee.

Keine Internetpräsenz

110 NATIONALPARK HAINICH, DEUTSCHLAND

Zwischen Weimar und Göttingen liegt ein uralter Wald, in dem noch die Natur allein den Ton angibt. Ziel ist es, einen Lebensraum für die vielen seltenen Tiere in dieser Buchenlandschaft zu schaffen. Den 130 Quadratkilometer großen Park genießt man von unten und oben: Entlang des Baumkronenpfads erlebst du die Natur aus der Vogelperspektive.

www.nationalpark-hainich.de

111 NATURPARK ZLATNI PYASATSI, BULGARIEN

Der Goldstrand am Schwarzen Meer wird schon mal als „Ballermann am Balkan" bezeichnet. Ganz anders geht es im nur wenige Kilometer entfernten kleinsten Nationalpark Bulgariens zu: Hier verlieren sich Partyklänge im Rauschen der Buchen und Eichen. Es wird gewandert statt gefeiert – und gestaunt. Über die atemberaubenden Ausblicke aufs Meer und das Aladzha-Kloster im südwestlichen Teil des Parks.

www.parkzlatnipiasaci.com

112 KASTELORIZO, GRIECHENLAND

Fast könnte man von Kastelorizo zur Türkei hinüberschwimmen. Aber warum sollte man? Auf der östlichsten Insel Griechenlands ist es doch viel zu schön! Das hatten schon die Macher des Oscar-prämierten Films „Mediterraneo" begriffen, die den atmosphärisch-kleinen Hafen mit den bunten Häusern und die Insel mit dem tiefblauen Meer, einer faszinierenden Grotte und einer uralten Geschichte zum Star machten.

www.visitgreece.gr

113 NEUKALEDONIEN, FRANKREICH

Neukaledonien ist dir beim letzten Bretagne-Urlaub gar nicht untergekommen? Kein Wunder, die Insel liegt ja auch schlappe 18000 Kilometer Luftlinie vom Mutterland entfernt, nächster großer Nachbar: Australien. Die Südsee gehört eben doch zu Europa, mit allem Drum und Dran: Lagunen, Mangroven, Traumstrände. Wer nach Neukaledonien will, muss mehr als einen Tag reisen. Dafür erwartet ihn Idylle fast ohne Touristen – und Preise wie in Paris.

www.newcaledonia.travel

Shoppen in Svolvaer: So sehen Supermärkte in Norrland aus.

114 ÄUSSERE HEBRIDEN, SCHOTTLAND

Am gleißend weißen Strand von Harris, einer der Hauptinseln der Äußeren Hebriden vor der Westküste Schottlands, muss man nicht im Sand nach verborgenen Schätzen buddeln. Der Schatz sind die Inseln selbst: dünn besiedelt, baumlos, voll wütender Stürme und kühler Tage selbst im Sommer – und gerade deshalb so faszinierend. Da freut man sich über den Pullover aus handgewebtem Harris-Tweed, der nur auf den Äußeren Hebriden hergestellt werden darf.

www.visitouterhebrides.co.uk/

115 BORDSCHOMI-CHARAGAULI-NATIONALPARK, GEORGIEN

Ob Georgien nun zu Europa oder Asien gehört, ist nicht geklärt. Klar ist allerdings, dass Reisen in das Land östlich des Schwarzen Meeres immer einfacher werden. Der Nationalpark liegt im Kleinen Kaukasus, erreicht eine Höhe von bis zu 2600 Metern und seine herrlich unberührte Natur ist von Wanderwegen durchzogen.

www.borjomi-kharagauli-np.ge

116 SLAWONIEN, KROATIEN

Slawonien liegt im Nordosten Kroatiens, weitab der Strände, und hat sich seine Ursprünglichkeit bewahrt. Flussauen und dichte Eichenwälder zwischen Hügeln und Bergen verleihen der Region ein abwechslungsreiches und landschaftlich einmaliges Gesicht. Hier sind es vor allem die Menschen, denen zu begegnen sich lohnt. Ein kulinarisches Highlight ist das traditionelle Fischgulasch.

croatia.hr/de-DE

117 GRÖNLAND, DÄNEMARK

Geografisch gehört die Insel im Polarmeer zu Nordamerika, politisch aber ist sie europäisch, als autonomer Bestandteil Dänemarks. Ein Abenteuerland, zu 85 Prozent bedeckt von Eis, in dem Du Kajak fahren, wandern, fotografieren, die Inuit-Kultur kennenlernen oder Hundeschlitten- und Skilanglauftouren machen kannst. Oder einfach nur „jwd" bist.

visitgreenland.com/de

118 POLONINY-NATIONALPARK, SLOWAKEI

Kanada, nimm das! Im größten zusammenhängenden Gebiet naturnaher Buchen- und Tannenwälder kannst du den inneren Trapper von der Leine lassen. Aber nur gucken, nicht erlegen: Wölfe, Wisente, Wildkatzen, Luchse streifen durch eine Welt vor unserer Zeit.

slovakia.travel/de/nationalpark-poloniny

119 CERBĂL, RUMÄNIEN

Mitten im mythenumwobenen Siebenbürgen (oder: Transsilvanien – Dracula!) liegt die kleine Gemeinde, in der die Uhren langsamer ticken. Moderne? Fehlanzeige. Stattdessen stößt man zwischen den steilen Felswänden der Karpaten auf Kunsthandwerksgeschäfte, auskunftsfreudige Anwohner und alte Gaststätten, die lokale Spezialitäten servieren.

www.turistintransilvania.com

120 NORRLAND, SCHWEDEN

In einer der am dünnsten besiedelten Regionen Europas finden zivilisationsmüde Großstädter genau die Ruhe, von der sie in überfüllten Pendlerzügen oder im Dauerstau immer träumen. Zwölf der 28 schwedischen Nationalparks liegen in Norrland und locken Trecker und Wanderer im Sommer oder Langläufer im Winter. Eishotels betten abenteuerlustige Gäste auf dicke Felllager, und ganz oben, in Lappland, leben die Samen, Europas nördlichste Urbevölkerung, nach wie vor mit ihren Rentierherden.

www.visitsweden.de

DIE GEHEIMEN STARS UNTER DEN STÄDTEN

NACH PARIS, LONDON, ROM ODER BERLIN? FAHREN ALLE! SARAJEVO, THESSALONIKI, MARSEILLE ODER UTRECHT? SIND PRIMA ALTERNATIVEN FÜR DIE GUT SORTIERTE BUCKET LIST.

121 THESSALONIKI, GRIECHENLAND

Zweitgrößte Stadt des Landes mit der größten Uni: In Saloniki ist jede Menge los. Die farbigen Häuschen im Ladadika-Viertel stecken voller Bars und Cafés, in den vielen Clubs wird gefeiert bis in den Morgen. Eine frische Meeresbrise wartet dann an der alten und neuen Waterfront. Und vom berühmten weißen Turm sieht der Sonnenuntergang erstklassig aus. Kultur in Form von Kirchen, Moscheen, Palastresten und Museen gibt's in der mehr als 2000 Jahre alten Stadt natürlich auch jede Menge. Wer Ruhe braucht, geht in die Oberstadt – oder an einen der nahen Traumstrände der Halbinsel Chalkidiki.

thessaloniki.travel/de

122 GÖTEBORG, SCHWEDEN

„Läppstift", Lippenstift, so lautet der Spitzname des weiß-roten Turms Skanskaskrapan, von dem man sich einen prima ersten Eindruck von Schwedens zweitgrößter Stadt machen kann – für die auch Abendgarderobe ins Gepäck gehört: Göteborg ist berühmt für seine (Gourmet-)Restaurantszene. Leger dagegen geht's im Vergnügungspark Liseberg zu und einen Thrill anderer Art verspricht eine Tour mit einem der flachen Paddan-Boote, die sich auf den Kanälen unter niedrigen Brücken durchmogeln. Wer genug hat vom Bummeln durch den Stadtteil Haga, genießt per Fähre Sommertage auf romantischen Schäreninseln.

www.goteborg.com

123 ASCOLI PICENO, ITALIEN

Kaum ein italienischer Platz zelebriert *la dolce vita* so gut wie die Piazza Arringo in Ascoli Piceno, einer geschichtsschwangeren Kleinstadt 200 Kilometer nördlich von Rom. Zwischen den Mauerbögen des Rathauses und der alten Kathedrale werden Pizzen geschmaust, Limoncello gekippt und noch immer kostümreich das Mittelalter zelebriert. Im Caffè Meletti sollte man unbedingt mal die Toilette benutzen: Hier finden sich Mauerteile aus römischer Zeit.

www.le-marche.com/Marche/html/ascopic.html

124 GRAZ, ÖSTERREICH

Historische Häuser und Gassen neben futuristischen Gebäuden und Bürokomplexen. Der Spagat zwischen Geschichte und Moderne ist in Graz so gelungen, dass die Hauptstadt der Steiermark 2011 zur „City of Design" gekürt wurde – als eine von nur zehn Städten weltweit. Das zeigt sich dann auch beim Shopping: Freunde ausgefallener Stücke werden in den vielen Läden rund ums Kunsthaus im Lend- und im Jakominiviertel fündig. Auch ein Ausflug per Seilbahn auf den Schöckl, den Grazer Hausberg, darf nicht fehlen.

www.graztourismus.at/de

125 BRESLAU, POLEN

Ja, ist denn schon Wochenende? Die Breslauer gehen gerne aus, auch dienstags oder mitt-

Entspanntes Nachtleben unterm Minarett bietet Sarajevo.

126 SARAJEVO, BOSNIEN-HERZEGOWINA

Es ist nicht so lange her, da kamen aus dieser Stadt nur Horrormeldungen. Vor 23 Jahren hatte der Schrecken ein Ende, aber vergessen ist er noch nicht: Die Spuren des dreijährigen Bosnienkrieges sind noch immer sichtbar. Einschlaglöcher von Granaten auf Straßen zum Beispiel, die mit rotem Harz ausgegossen wurden. Aber die Stadt am Fluss Miljacka hat sich aufgerappelt. Heute schlendern Touristen durch die pittoresken Altstadtgassen, Muezzins rufen von den Minaretten und überall wird Leckeres zum Schlemmen angeboten. Apropos Moscheen: Davon gibt es in Sarajevo rund 200, mehr als im iranischen Teheran.

www.bhtourism.ba

wochs. Gut, das mag daran liegen, dass viele von ihnen Studenten sind, und so ist im Uni-Viertel zwischen der Oder und dem von wunderbar restaurierten Häusern gesäumten Marktplatz Party angesagt. Breslau ist eine Stadt zum Flanieren, mit mehr als 100 Brücken über die vielen Nebenarme der Oder, romantischen Gässchen und spektakulären Bauten zwischen Gotik und Barock. Und 300 Zwergen. Wie bitte? Richtig gelesen: Die über die Stadt verteilten Skulpturen erinnern an Protestaktionen Oppositioneller aus den 1980er-Jahren.

www.wroclaw.pl/de

127 PORTO, PORTUGAL

Atmosphärische Gässchen, prachtvolle Brücken, der Atlantik direkt vor der Haustür – in der Küstenstadt im Nordwesten klappt genießen ganz vorzüglich. Das liegt nicht nur am Exportartikel Nr. 1, dem Portwein. Auch bieten Meer und der Fluss Douro die Grundlage für köstliche Schlemmereien. Vom Flussufer zieht sich das Altstadtviertel Ribeira bis auf die Hügel hinauf und bezaubert mit seinen mittelalterlich anmutenden Sträßchen, Plätzen und Häusern. Wird es dunkel, dann leuchtet die Altstadt in allen Farben und die Zeit der Nachtschwärmer beginnt.

www.portugal-reiseinfo.de

128 TIRANA, ALBANIEN

Hand aufs Herz: Wo liegt noch mal Tirana? Weil Albanien während der kommunistischen Diktatur so abgeschottet war, sind das kleine Balkanland und seine Hauptstadt wohl noch nicht im (touristischen) Gedächtnis verankert. Ein Fehler: Tirana ist jung und voller Dynamik, im Viertel Blloku – wo früher die Partei-Elite lebte – spürt man die Energie in den angesagten Bars, Cafés und ausgefallen-spannenden Läden. Und wer zusammen mit den Einheimischen beim Xhiro, dem allabendlichen Spaziergang, über den Skanderberg- Platz flaniert, wird Tirana so schnell nicht wieder vergessen.

www.visit-tirana.com

129 MALMÖ, SCHWEDEN

Der weltweit erste verdrehte Wolkenkratzer – das größte Gebäude in ganz Skandinavien – ist hier an der Grenze zu Dänemark eine echte Show. So ganz überzeugt sind die Schweden von diesem spielerischen Experiment eines spanischen Architekten zwar nicht, aber die Besucher aus dem Ausland kommen in Scharen, um mal einen Blick auf den gewundenen Betonriesen (Turning Torso) zu werfen. Das Kontrastprogramm findet man in der Gamla Staden (Altstadt) mit ihren gut erhaltenen Fachwerkhäusern, dem alten Rathaus und idyllischen Stadtgärten.

www.malmocity.se

130 CARDIFF, ENGLAND

Das Leben ist mit dem weithin sichtbaren Wales Millennium Centre oder der Welsh National Opera zurückgekehrt ins Hafenviertel der größten Stadt von Wales. Bekannt ist sie auch für ihre bunte Musikszene und -shops, die zu den ältesten der Welt gehören sollen. Auch im Streaming-Zeitalter geht dort hauptsächlich Vinyl über die Ladentheken. Wer dem Trubel der Stadt entfliehen will, kann den botanischen Garten im Roath Park Conservatory oder das St Fagan's National Museum besuchen.

www.visitcardiff.com

131 SALAMANCA, SPANIEN

Man nennt sie auch die Stadt des Denkens und Wissens. Aber weder das eine noch das andere ist erforderlich, um in den vollen Genuss ihrer prächtigen Bauwerke, kunstgespickten Kathedralen und lebendigen Gastronomie zu kommen. Die Hauptstadt der autonomen Region Castilla y León beheimatet die älteste Universität Spaniens – ein Vermächtnis aus dem frühen 13. Jh., dem es gleichzeitig zu verdanken ist, dass die Stadt ihr jugendliches Gesicht bis heute nicht verloren hat. Bis zu 40 000 spanische und internationale Studenten sorgen vor allem an der geschäftigen Plaza Major für Leben rund um die Uhr. Vamos!

www.salamanca.es

Skyline mit Drehwurm: der Turning Torso in Malmö.

DIE GEHEIMEN
STARS UNTER DEN
STÄDTEN

Ganz nah am Himmel: die Basilika Notre-Dame-de-la-Garde auf dem gleichnamigen Berg über Marseille.

132 MARSEILLE, FRANKREICH

Die zweitgrößte Stadt Frankreichs ist eine pulsierende Metropole, der man ihr Alter von 26 Jahrhunderten nicht anmerkt. Zeitreisen bieten vor allem die bezaubernde Altstadt und der alte Hafen – dessen Cafés und Fischrestaurants allerdings ganz heutig sind. Nicht verpassen: die Basilika Notre-Dame-de-la-Garde hoch über der Stadt und das mediterrane Flair auf der Promenade La Corniche, mit Blick auf die Klippen und das Frioul-Archipel.

www.marseille-tourisme.com/al/

133 TRIEST, ITALIEN

Wie eine Art Markenzeichen hängt Triest am Schaftabschluss des italienischen Stiefels. Im Südwesten wird die Stadt von der Adriaküste umschlossen, in allen anderen Himmelsrichtungen liegt die slowenische Grenze, was Triest zu einer kulturell uneindeutigen und daher umso interessanteren Identität verholfen hat. Das Leben spielt sich vor allem am imposanten Hafen ab, wo prächtige Jachten, Ausflugsschiffe und Fischerboote um den Platz kämpfen.

www.turismofvg.it/Ort/Triest

134 BRÜGGE, BELGIEN

Wer weit zurück ins Mittelalter reisen möchte, steigt dafür entweder in die Zeitmaschine oder – etwas einfacher noch – in den Zug nach Brügge. In keiner anderen Hauptstadt Europas überlebten die mittelalterlichen Gebäude, geschichtsträchtigen Grachten und alten Kirchen so unversehrt zwei Weltkriege wie in der belgischen Kapitale. Die historischen und kulturellen Highlights genießt man am besten zu ein paar „Brugsche Swaentjes“, der offiziellen Stadtpraline, deren Rezept streng geheim gehalten wird.

www.visitbruges.be

135 SOFIA, BULGARIEN

Über Sofia, die Hauptstadt Bulgariens, sind schon einige Stürme hinweggefegt im Lauf von Tausenden Jahren. Bereits seit der Jungsteinzeit um circa 6500 v. Chr. wuchsen die

DIE GEHEIMEN STARS UNTER DEN STÄDTEN

Siedlungen rund um das heutige Sofia. Spuren davon sind noch zu sehen: etwa die Überreste der kaiserlichen Residenz von Konstantin dem Großen, römischer Kaiser um 324 n. Chr. Das Gebirgsmassiv Witoscha in der Nachbarschaft strebt 2000 Meter in die Höhe, in der Stadt unten versprüht der Frauenmarkt südlichen Charme. Hier hatten einmal nur weibliche Händlerinnen das Sagen, inzwischen sind auch Männer erlaubt.

www.bulgarien.info

136 UTRECHT, NIEDERLANDE

Mit seinen idyllischen Grachten, historischen Gebäuden und kleinen Cafés ist Utrecht ein idealer Ort, um die Seele baumeln zu lassen. Wer mag, findet in der Stadt fast täglich einen Markt zum Bummeln – darunter auch Spezialmärkte für Stoffe oder Blumen. Lebensmittel und exotische Produkte aus allen Teilen der Welt kauft man am besten in der bunten Kanaalstraat. Eines der sichtbarsten Wahrzeichen der Stadt ist der Domturm, der zugleich auch der höchste Kirchturm der Niederlande ist. Wer seine 465 Stufen erklimmt, dem eröffnet sich eine spektakuläre Aussicht über die Stadt Utrecht.

www.besuch-utrecht.de

137 PÉCS, UNGARN

Im Süden Ungarns, nahe der kroatischen Grenze, liegt eine der schönsten Städte des Landes. Von den Römern gegründet und fast 150 Jahre unter türkischer Besatzung, hat sich in Pécs eine einzigartige Architektur entwickelt – ein Mix der Kulturen, für den stellvertretend die Kathedrale steht, die hoch über dem zentralen Platz Szent thront. Im 16. Jh. als Moschee errichtet, dient das historische Gebäude mit seiner runden Kuppel heute als katholische Kirche. Darüber hinaus ist die sonnenverwöhnte Region auch für ihren Weinanbau bekannt.

www.iranypecs.hu/de

138 SPLIT, KROATIEN

Funde alter Steinwerkzeuge deuten darauf hin, dass am Ort der zweitgrößten Stadt Kroatiens schon vor etwa 50 000 Jahren Menschen lebten. Sie hätten sich auch schwer getan, ein schöneres Örtchen zu finden. Alte Kathedralen, historische Festungsmauern, Marktplätze, Restaurants, Bars und der imposante Diokletianpalast prägen heute das Bild der inoffiziellen Hauptstadt Dalmatiens. Die Leinwand dahinter ist noch immer dieselbe: die dramatische Küstenlandschaft und das türkis glitzernde Wasser der Adria.

visitsplit.com

139 BRATISLAVA, SLOWAKEI

Mittlerweile ist der Spitzname „Partyslava" auch schon gut abgehangen. Aber er trifft immer noch zu auf die slowakische Hauptstadt. Nachts wird die schnuckelige, autofreie Altstadt zur Partyzone mit vielen Bars und Clubs, in denen DJs von überallher auflegen. Wer nicht zum Abtanzen kommt, findet in den verträumten Gässchen unterhalb der Burg Bratislava jede Menge Atmosphäre und Kultur. Und selbst mit einem UFO kann die Stadt an der Donau aufwarten: Einer der Pylone der „Brücke des Slowakischen Nationalaufstands" trägt wie ein Sahnehäubchen eine futuristische Aussichtsplattform.

www.visitbratislava.com/de

140 TIMISOARA, RUMÄNIEN

Timisoara, Temeswar, Temeschwar, Temesvar: Die Liste der Schreibweisen ginge noch weiter, aber dann wäre kein Platz mehr, um über die Stadt ganz im Westen Rumäniens zu berichten. Und das wäre schade, schließlich locken Wiener Jugendstilarchitektur oder rumänische Spezialitäten, wie sie in der angesagten Casa Bunicii serviert werden. 2021 wird Timisoara europäische Kulturhauptstadt – und spätestens dann wird's Zeit, in die 300 000 Einwohner zählende, lebendige Uni-Stadt zu reisen.

www.temeswar.info

Ob Timisoara, Temeswar oder Temeschwar: Die Uni-Stadt lockt in jeder Schreibweise mit viel Flair.

HOTSPOTS FÜR WARM-BADER

BESONDERS SPEKTAKULÄR IST ES NATÜRLICH, WENN MAN SICH MITTEN IM SCHNEE IM HEISSEN WASSER AALT. ABER AUCH SONST BIETEN WARME QUELLEN JEDE MENGE ENTSPANNUNG.

141 BAGNI DI PETRIOLO, SIENA, ITALIEN

Man kann sich gut vorstellen, wie sich in dieser Therme einst römische Feldherren im 43° C heißen Wasser in den Steinbecken suhlten. Vielleicht trugen sie Lorbeerkränze im Haar, in jedem Fall badete hier der Römer von Welt aber mit dem Weinkrug in der Hand. Noch immer fühlt sich ein Bad in der mittlerweile herausgeputzten Therme ausgesprochen hoheitlich an – als ob Körper und Seele endlich die majestätische Behandlung erhielten, die sie sich doch so redlich im stressigen Alltag verdienen. Zum Angebot in den Thermen im Val di Merse zählen natürlich auch ein großes therapeutisches Programm und, nicht zu vergessen, ein Restaurant mit leckerem Essen.

www.termedipetriolo.it

142 HOT POTS IN ISLAND

Wer in Island Urlaub macht, muss sich nicht in ein teures Hotel mit Whirlpool einmieten. Die Natur kann hier Wellness besser! In den heißen Quellen, die über den ganzen Inselstaat hinweg in der freien Wildnis entspringen, kann man guten Gewissens baden gehen. Manche davon sind nichts als ein Loch im Boden, andere wurden zu wahren Wellness-Oasen ausgebaut. Am bekanntesten ist die Blue Lagoon, ein kobaltblaues Wunderdampfbad zwischen Lavafeldern und (schneebedeckten) Bergen. Naturbelassener und kaum besucht sind dagegen die Secret Lagoon oder das Seljavallalaug.

hotpoticeland.com

143 THERMAE BATH, BATH, ENGLAND

Schon die Römer wussten vor rund 2000 Jahren: Im schönen Bath lässt sich's gut baden. Und das ist auch heute so, die heißen Quellen an den Ufern des Avon sprudeln unverdrossen. Die Thermen der alten Römer verströmen nach wie vor antiken Charme, sie wurden erweitert und bieten heute in den Thermae Bath Spa Badekultur vom Feinsten.

www.thermaebathspa.com

Wo der Schneegipfel über Badende staunt: Entspannen in Islands heißen Quellen.

144 TERMAS DO CARAPACHO, AZOREN, PORTUGAL

Es dampft und brodelt an allen Ecken und Enden. Auf den Azoreninseln São Miguel und Graciosa haben Menschen den unterirdischen Vulkanismus vielerorts auf angenehme Weise nutzbar gemacht. Mitten in der urwaldähnlichen Natur bieten zahlreiche angelegte Naturpools die Möglichkeit für ein Bad im 40° C warmen Thermalwasser, dem heilende Kräfte zugesprochen werden. Eine besonders eindrucksvolle Badekulisse findet sich in den Termas do Carapacho auf Graciosa. Am Fuß einer 200 Meter hohen Steilklippe haben Badegäste die Wahl zwischen einem Sprung ins warme Quellwasser oder das daneben liegende Naturschwimmbad – mit direkter Verbindung zum Atlantik.

www.visitazores.com

145 TERMA BANIA, HOHE TATRA, POLEN

Wer sagt denn, dass es in Thermalbädern immer ruhig und voll gesundem Ernst zugehen muss? Eingebettet in eine pastorale Landschaft am Fuß der Hohen Tatra, zeigt Terma bania schon von Weitem: Hier wird's auch mal bunt. 14 Schwimmbecken, mehr als 300 wilde Rutschen-Meter – darunter ein Exemplar mit dem vielsagenden Namen „Turbo" – und Geysire, Karussells, Kaskaden und (Wasser-) Kanonen an jeder Ecke sorgen für Spaß. Klassische Ruhezonen mit entspannendem Bergblick gibt's natürlich auch. Und alles wird versorgt mit mineralreichem Thermalwasser aus 2500 Meter Tiefe.

www.termabania.pl/en

146 CIELÉO, BARÈGES, FRANKREICH

Schon mal im Himmel gebadet? Nicht ganz in den Wolken, aber immerhin auf 1250 Meter Höhe liegt das höchste Thermalbad Frankreichs, Cieléo (*ciel*, zu Deutsch „Himmel"). An Wasser beziehungsweise heißen Quellen mangelt es in den Hautes-Pyrénées nicht, und so kam es, dass im kleinen Dörfchen Barèges schon vor ein paar Jahrhunderten verletzte

Wie in der eigenen Badewanne: in den Sinterterrassen der Bagni di Saturnia.

Soldaten behandelt wurden. Heute lässt sich im Whirlpool oder dem Hamam herrlich entspannen, Fontänen, Wasserdüsen, Schlammpackungen oder Hydromassage-Wannen – hier bleiben keine Wünsche offen. Und wer genug gebadet hat, findet gute Luft und feinstes Pyrenäen-Bergpanorama gleich vor der Haustür.

www.cieleo-bareges.com

147 YRJÖNKATU-SCHWIMMHALLE, HELSINKI, FINNLAND

Im Charme der 1930er-Jahre lädt die altehrwürdige Schwimmhalle im Zentrum von Helsinki zum Bade. Dank aufwendiger Restaurierung ist der Original-Look bis heute erhalten geblieben: Die Schwimmhalle, jahrzehntelang Finnlands einzige öffentliche, ist ein wunderbares Beispiel für den Klassizismus. In den oberen Etagen finden sich mehrere Saunen und Ruheräume. Früher badete man hier ausschließlich nackt, heute kann man selbst entscheiden. Streng nimmt man aber nach wie vor die Geschlechtertrennung: Männer und Frauen haben an verschiedenen Wochentagen Zutritt.

www.visitfinland.com/de

148 THERMOPYLEN, LAMIA, GRIECHENLAND

Thermopylen … Thermopylen … da war doch was … Richtig, Erinnerung an den Geschichtsunterricht: Hier stemmte sich der spartanische König Leonidas 480 v. Chr. mit 300 Soldaten heldenhaft der Übermacht eines persischen Heeres entgegen. Heute wird der Ort seinem Namen „Heiße Pforten“ eher gerecht: Die Thermalquellen sind frei zugänglich, sprudeln mit rund 40° C Temperatur aus der griechischen Erde – und riechen reichlich unheroisch nach faulen Eiern.

www.thermalsprings.gr

149 FRIEDRICHSBAD, BADEN-BADEN, DEUTSCHLAND

Der Tagesablauf im mehr als 140 Jahre alten Badehaus sieht in etwa so aus: erst Regendusche mit Thermalwasser, dann meditative Ruhepause auf den erwärmten Holzliegen, später Seifenbürstenmassage, Abtauchen im Thermaldampfbad, Crememassage, Thermalsprudelbad. Und dann noch mal von vorne. Zeit ist im Friedrichsbad keine maßgebende Einheit und wirkt vom Dampfbad aus eher wie das diktierende Druckmittel einer absurden Welt da draußen. Das antike Ambiente im palastartigen Renaissance-Gebäude mit seinen handbemalten Kacheln macht das Erlebnis noch zeitloser.

visit.baden-baden.de

150 BAGNI DI SATURNIA, TOSKANA, ITALIEN

Selbst Dante, italienischer Dichter, Philosoph und Verfasser der „Göttlichen Komödie“, soll sich hier schon wohlgefühlt haben. Das Adjektiv „göttlich“ passt ebenfalls perfekt auf die heißen Schwefelquellen von Saturnia in der Maremma. Das Wasser stürzt von oben herab und sammelt sich weiter unten in terrassenartig angeordneten Sinterbecken. Hier lässt sich genüsslich im heilsamen Schwefelwasser liegen, nur der Geruchssinn rebelliert beleidigt gegen vorbeiziehende Schwefelschwaden. Dafür bleibt der Geldbeutel verschont: Hier ist alles umsonst und draußen. Somit gibt es auch keine Öffnungszeiten, Baden geht rund um die Uhr. Nur eine Regel gilt: Menschen mit labilem Kreislauf sollten nicht länger als 20 Minuten im heißen Wasser lümmeln, sonst schwinden ihnen womöglich die Sinne.

www.toskavista.de/toskana-tipps/toskana-ausflugsziele/terme-di-saturnia.html

Mondän geht auch: Das Gellértbad in Budapest ist mehr als hundert Jahre alt.

151 GELLÉRTBAD, BUDAPEST, UNGARN

Was wäre Budapest ohne das berühmte Kurhotel Gellért samt dem gleichnamigen Bad? Prächtiger Wiener Jugendstil entführt in eine andere Welt, in die seit 1918 die Gäste eintauchen können, und das im wahrsten Sinne des Wortes. Thermal- und Dampfbäder, 13 unterschiedliche Schwimmbecken, drinnen und draußen, eines macht sogar Wellen, und das alles mit nachweislich ausgezeichnetem Thermalwasser. Dazu Saunen und Sprudelbad und noch allerlei mehr, das den Tag in einem der berühmtesten Bäder Europas höchst unterhaltsam und wohltuend verstreichen lässt.

www.danubiushotels.com/de/unsere-hotels-budapest/danubius-hotel-gellert

152 POLICHNITOS, INSEL LESBOS, GRIECHENLAND

Tiefenentspannen in einer bemerkenswerten Landschaft. Die Luft ist erfüllt von einem leicht schwefeligen Geruch und das Vulkangestein rund um die heißen Quellen von Polichnitos leuchtet in auffallenden Gelb- und Rosttönen. Sicherlich könnte man in der bis zu 92° C heißen Thermalquelle auf der griechischen Insel Lesbos ausgezeichnet Nudeln kochen. Heruntergekühlt auf 42° C gibt sie in mehreren gefassten Teichen aber auch ein ausgezeichnetes Thermalbad ab. Das stark mineralienhaltige Wasser eignet sich nicht nur zum Entspannen, sondern soll auch Linderung bei chronischen Krankheiten wie Rheuma und Arthrose verschaffen.

www.lesvosgreece.gr/en

153 AQUA DOME TIROL THERME, LÄNGENFELD, ÖSTERREICH

Mit dem spitzen Glaskegel im Mittelpunkt – dem Thermendom – und den drei wie übergroße Suppenteller wirkenden Schwebeschalen sieht die Therme aus, als sei ein UFO in der Tiroler Bergwelt gelandet. Bis zu 36° C warm ist das Wasser und die Schwefel-, Sole- und Massageschale machen ihren Namen alle Ehre. Besonders eindrucksvoll ist das Freilufterlebnis, wenn eine fluffige Schneedecke die Umgebung sanft zudeckt.

www.aqua-dome.at

154 THERMALBÄDER IN OURENSE, SPANIEN

Ourense ist schon ganz nah dran am japanischen *onsen*, dem legendären Gemeinschaftsbad im Land der aufgehenden Sonne. Hier waren es aber mal wieder die alten Römer, die bereits in den Heilbadquellen am Río Miño ihre müden Glieder ins Wasser getaucht haben sollen. Angeblich waren sie auf der Suche nach Gold, aber angesichts der galizischen Annehmlichkeiten kann man sich vorstellen, dass sie es mit dem Finden gar nicht so eilig hatten. Fünf kostenlose Thermalbäder bietet Ourense heute, dazu kommen private Wellness-Oasen, die von Algenpackungen bis zur Schokotherapie das ganze Programm bieten. Unbedingt sollte man auch bei der Quelle im historischen Zentrum vorbeischauen: Das Heilwasser, das aus dem Fuente de las Burgas entspringt, hat eine Temperatur von 67° C.

www.turismo.gal

155 BIZOVACKE TOPLICE, KROATIEN

Manchmal läuft es eben anders als erwartet. Auf der Suche nach Erdöl stießen Geologen unweit von Osijek auf Europas heißeste Solequelle. Das mineralstoffreiche Wasser fand bei Badegästen schnell große Beliebtheit. So wurde aus einer erfolglosen Erdölbohrung doch noch ein wirtschaftlicher Erfolg für die umliegenden Gemeinden. In den folgenden Jahrzehnten wurde das Bizovacke Toplice nach und nach zu einem Erlebnisbad ausgebaut und verfügt heute zusätzlich über ein Hallen- und ein Wellenbad. Ein besonderes Erlebnis ist das Nachtbaden am Wochenende mit Live-DJ und Animation.

www.bizovacke-toplice.com

156 THERMALQUELLEN VON BËNJA, ALBANIEN

Im warmen Wasser planschen wie vor einer Fototapete: Während man in den heißen Quellen von Bënja, umhüllt vom Schwefelgeruch, vor sich hindümpelt, fällt der Blick auf eine uralte Brücke, die im gewagten Bogen über den nahen Fluss führt. Die schneebedeckten Gipfel des Pindus-Gebirges geben die perfekte Kulisse ab. Schon allein diese Landschaft sorgt für Wohlbefinden, da ist man mit dem bis zu 30° C warmen Wasser, das sich in natürlichen Becken staut, noch gar nicht in Berührung gekommen.

www.albanien-dafg.de

157 WALLISER ALPENTHERME, LEUKERBAD, SCHWEIZ

Nachdem man in den Skipisten der südlichen Schweiz das perfekte Ventil für seine wintersportliche Energie gefunden hat, lädt man die Batterien am besten in Leukerbad wieder auf. Wie wär's zum Beispiel mit einer Fangopackung, diesem vulkanischen Mineralschlamm, der so herrlich angenehm die Muskulatur entspannt? Oder mit einer Massage mit warmen Kräuterstempeln? In jedem Fall muss man natürlich in den riesigen Thermalbecken drinnen und draußen abtauchen, die vor der atemberaubenden Walliser Alpenkulisse vor sich hin- dampfen. Das Heilwasser im Becken entspringt übrigens dem Wyss- und dem Schwarzsee, die auf einer Höhe von bis zu 3000 Metern liegen. 40 Jahre hat sich das mineralreiche Wasser durchs Gestein geschlängelt.

www.alpentherme.ch

158 7132 THERME VALS, SCHWEIZ

Ein Gedicht von einem Bad – die Therme im kleinen Bergdorf Vals. Das architektonische Meisterwerk des Schweizer Architekten Peter Zumthor, das Zeitlosigkeit, höchste Qualität der Materialien und puristische Eleganz in sich vereint, macht den Besuch in der Therme zum sinnlichen Erlebnis. Kein Wunder, dass die Dichte badender Architekten in Vals besonders hoch sein soll. Tausende Platten Valser Quarzit, die in bläulich-mystischen Tönen schimmern, 30° C warmes Wasser, unterschiedliche Wellness-Behandlungen – hier fühlt sich ein Tag an wie ein kompletter Erholungsurlaub. Um wieder im Hier und Jetzt anzukommen, ist die fantastische Sicht von den Ruheliegen auf die schöne Schweizer Bergwelt genau richtig.

7132therme.com/de

159 TERMAS DO GERÊS, PORTUGAL

Beim Thema Badekultur kann wohl niemand den Römern das Wasser reichen. Insofern kann es als Ritterschlag gewertet werden, dass sie die Thermalquelle der Termas do Gerês in Portugal bereits vor 2000 Jahren für ihre Badevergnügen nutzten. Eingebettet in das umliegende Granitmassiv des Peneda-Gerês-Nationalparks, sind die Thermen auch ein besonderer landschaftlicher Genuss. Wegen seiner außergewöhnlichen Zusammensetzung ist das Thermalwasser nicht nur zum Baden da: Wer mit Knochen- und Gelenkbeschwerden kämpft, Probleme mit Atemwegen, Leber und Galle hat, oder über Hauterkrankungen klagt, macht eine Trinkkur.

www.aguasdogeres.pt

160 VELINGRAD, BULGARIEN

Na, wenn da mal nicht die Auswahl schwerfällt: Mehr als 90 Quellen mit Wassertemperaturen zwischen 28 und 86° C sprudeln in Bulgariens Wellness-Hauptstadt aus dem Boden. Trotzdem ist Velingrad nur einer von vielen: In Bulgarien findet man nach Island die meisten Thermalquellen Europas. Jede Menge schöner Unterkünfte warten hier auf Wellness-Jünger, viele mit eigenem Mineralbad. Eiskalt dagegen ist das Wasser der Kleptusa-Quelle. Sie ist die größte Karstquelle Bulgariens und liefert pro Sekunde (!) rund 600 Liter klarstes Wasser.

www.urlaub-in-bulgarien.de/velingrad

In der Therme in Vals badet man im Mineralwasser einer Quelle, aus der die Menschen schon in der Bronzezeit getrunken haben.

HOTSPOTS FÜR WARM-BADER

BRÜCKEN MIT WOW-FAKTOR

EIGENTLICH VERBINDET EINE BRÜCKE NUR ZWEI PUNKTE MITEINANDER. DOCH MANCHMAL HABEN DIE BAUWERKE EINE BESONDERE GESCHICHTE – ODER SIND SCHLICHT SPEKTAKULÄR.

161 CARRICK-A-REDE ROPE BRIDGE, NORDIRLAND

Beim ersten Schritt möglichst nicht dran denken, dass die aus Seilen errichtete Brücke schon seit 1755 besteht. Stimmt ja auch nicht ganz … denn die moderne Ausgabe der Hängebrücke hängt an Stahlseilen und hat – anders als noch in den 1970ern – beidseitig ein Geländer. Mehr als 200 000 Besucher wagen sich jedes Jahr über die Wackelbrücke, die in 30 Meter Höhe über der tosenden See zwei 20 Meter auseinanderliegende Klippen verbindet.

www.ireland.com/de-de

162 ÖRESUNDBRÜCKE, SCHWEDEN & DÄNEMARK

Und dann ist sie auf einmal weg, scheinbar abgetaucht ins Meer, die 7,8 Kilometer lange Schrägseilbrücke. Wer mit Auto oder Zug vom schwedischen Malmö kommt, verschwindet nämlich auf dem Weg ins dänische Kopenhagen im Drogdentunnel unter Wasser. Die Kombination aus Höhe und Tiefe ersetzt die Fähre und kostet mit dem Auto 58 Euro (Online-Ticket). Eine Hauptrolle spielte das Bauwerk übrigens in der spannenden Nordic-Noir-TV-Krimiserie „Die Brücke".

www.oresundsbron.com/de

163 STARI MOST, MOSTAR, BOSNIEN-HERZEGOWINA

In kühnem Schwung verband die „Alte Brücke" seit 1566 die Stadtteile von Mostar, die durch die Neretva getrennt waren. Dann wurde sie zum Symbol für den Irrsinn des Krieges: 1993 sprengte die kroatische Armee im Bosnienkrieg das jahrhundertealte Meisterwerk der Ingenieurskunst. Heute ist sie in alter Pracht restauriert und wieder Heimat der Brü-

ckenspringer, die für rund 25 Euro mit viel Tamtam 20 Meter tief in den eisigen Fluss springen.

www.bhtourism.ba/ger/mostar.wbsp

164 GALATA-BRÜCKE, ISTANBUL, TÜRKEI

Stunden auf einer Brücke verbringen? Warum nicht, in Istanbul ist es einer der spannendsten Zeitvertreibe. Denn die Klappbrücke, die sich nur nachts für Schiffe mit mehr als 6 Meter Höhe öffnet, ist wie ein eigenes Stadtviertel. Zwischen Hunderten von Anglern drängeln sich Touristen, fliegende Händler, geschäftige Blumenverkäufer und jede Menge Istanbuler, die das Goldene

Adrenalin hoch zwei im Harz: auf der Hängebrücke und an der Zipline.

Horn von Fatih nach Beyoglu und umgekehrt überqueren. Im Untergeschoss unter der Fahrbahn liegen jede Menge Restaurants, legendär ist *balik ekmek*, der „Fisch im Brot", frisch gefangen und gegrillt. Hier sitzen, Schiffe und Menschen gucken – Stunden auf einer Brücke …

www.goturkeytourism.com

165 TITLIS CLIFF-WALK, SCHWEIZ

100 Meter können ganz schön lang sein, wenn der Abgrund unter dir 500 Meter tief gähnt. Besonders eindrucksvoll ist Europas höchstgelegene Hängebrücke auf 3020 Meter Höhe im Winter. Dann ist

166 TITAN-RT-HÄNGEBRÜCKE, HARZ, DEUTSCHLAND

Die längste (Fußgänger-)Hängebrücke der Welt ist die Titan-RT trotz ihrer 483 Meter nicht mehr (s. S. 50), dafür aber ein Traumziel für Adrenalinjunkies. Wem der wacklige Spaziergang über die 75 Meter hohe, parallel zur Rodentalsperre verlaufenden Brücke noch nicht genug Kribbeln im Bauch verursacht, der kann drüberfliegen: 120 Meter über dem Boden geht's an der Megazipline mit bald 80 km/h gen Tal. Noch mehr Thrill? Das Wallrunning führt 43 Meter an der Staumauer kopfüber nach unten, der Gigaswing ist ein spektakulärer Pendelsprung unterhalb der Titan-RT. Puh!

www.titan-rt.de

nicht nur die Gipfelwelt am Engelberg blendend weiß, sondern auch die Brücke komplett vereist. Mit dem Ice Flyer geht's über die Gletscherspalten, während du in der Gletschergrotte die bizarre Eiswelt im Inneren erlebst.

www.engelberg.ch

167 KARLSBRÜCKE, PRAG, TSCHECHIEN

Der Grundstein des 16-bögigen, mit Heiligenfiguren gespickten Brückenjuwels soll am 9. Juli 1357 um 5.31 Uhr gelegt worden sein. Eine magische Nummernfolge, die von vorne wie von hinten gelesen gleich bleibt. Auch wenn das Datum wohl eine clevere Erfindung aus dem 19. Jh. ist, die Magie gehört zur Brücke wie der prächtige Blick auf die Moldau und den Hradschin, die Prager Burg. Selbst der Ansturm von Zehntausenden Besuchern jeden Tag kann dem steinernen Bauwerk, das seit bald 700 Jahren die Altstadt mit der Kleinseite verbindet, nichts von seinem Zauber nehmen. Nur der heilige Nepomuk und seine Figurenkollegen sind längst durch Kopien ersetzt worden.

www.prague.eu/de

168 VIADUC DE MILLAU, FRANKREICH

In einer leichten Kurve schwingt sich eine der höhsten Brücken der Welt über das Tal des Tarn. So filigran wirkt das maximal 343 Meter hohe Bauwerk, über das pro Tag rund 12 000 Fahrzeuge rollen, dass es vor allem bei Nebel aussieht, als

 Eines der ältesten Bauwerke seiner Art in Europa: die Prager Karlsbrücke.

würde es schweben. Gebaut wurde der Viadukt im tiefen Süden Frankreichs, um Millau und das pittoreske Tarn-Tal vom (Ferien-) Verkehr zu entlasten. Damit rückte, so die Ingenieure stolz, nicht zuletzt auch die Iberische Halbinsel näher an Mitteleuropa heran.

de.france.fr/de/okzitanien-sudfrankreich

169 PONTE VASCO DA GAMA, LISSABON, PORTUGAL

Wer auf einer Bank im Parque das Nações unter der Brücke sitzt, hat den Eindruck, das Bauwerk würde am Horizont im Nirgendwo verschwinden. 17 Kilometer lang ist die Brücke, die die beiden Ufer des Tejo verbindet und die Innenstadt entlasten soll. Gebaut wurde sie – wie der eindrucksvolle Park der Nationen – anlässlich der Weltausstellung Expo 1998. Einen tollen Blick auf die Brücke hast du aus der Seilbahn im Parque das Nações.

www.visitlisboa.com/de

170 EUROPABRÜCKE, BRENNER, ÖSTERREICH

Fragt man Bungee-Springer, dann erntet man nichts als Begeisterung über den 192-Meter-Sprung von der einst höchsten Brücke der Welt. Wer auf ihr fährt, freut sich über

den schnellen Weg über die Alpen. Bewohner des Wipptals allerdings stöhnen über den Tag und Nacht dröhnenden Transitverkehr. Beeindruckend ist die bald 60 Jahre alte Autobahnbrücke auf jeden Fall – auch wenn sie irgendwann vom Brenner-Basistunnel ersetzt wird.

www.wipptal.at

171 TRIFTBRÜCKE, SCHWEIZ

Die Stahlseilbrücke verdankt ihre Existenz dem Klimawandel: Weil der Trift-Gletscher im Gadmertal im Kanton Bern bei seinem Rückzug einen See hinterlassen hat, musste für Wanderer eine Querung geschaffen werden. In 100 Meter Höhe spannt sich nun die 170 Meter lange Brücke und bietet einen fantastischen Blick auf Gletscher und See.

www.grimselwelt.ch/ausflugstipps/trift

172 SCHLOSSBRÜCKE, ST. PETERSBURG, RUSSLAND

Nacht für Nacht hebt sich die Schlossbrücke, die seit 1916 das Stadtzentrum mit der Wassilij-Insel verbindet, für die Schiffe auf der Newa – wie viele der rund 340 Brücken St. Petersburgs. Hier aber kann beobachten, wer am südlichen Ufer steht, wie in der entstehenden Lücke die schlanke Spitze der angestrahlten Peter-und-Paul-Festung auftaucht. Vor allem in den Weißen Nächten, den hellen Sommernächten, ein unglaublicher Anblick.

www.visit-petersburg.ru

173 GÖLTZSCHTAL-BRÜCKE, DEUTSCHLAND

Ein bisschen sieht die größte Ziegelbrücke der Welt im sächsischen Vogtland aus wie ein römisches Aquädukt. Bogen über Bogen stapelt sich auf vier Etagen bis in eine Höhe von 78 Metern. Beim Anblick des seltsam aus der Zeit gefallen wirkenden Bauwerks kann man sich gut vorstellen, wie 1851 die erste Dampflok über das Bauwerk stampfte. Noch heute fahren die Züge ohne Geschwindigkeits- oder Lastbeschränkung über die Brücke, in der von 1700 Arbeitern mehr als 26 Millionen Ziegel verbaut worden sind.

www.goeltzschtalbruecke.info

174 URA E MESIT, ALBANIEN

Großartig wirkt die ottomanische Brücke von unten, wenn sich ihr perfekter Mittelrundbogen im Wasser des Kir spiegelt. Falls dieser nicht gerade ausgetrocknet ist, was in den heißen Sommern Nordalbaniens nicht ungewöhnlich ist. Die Brücke aus dem 18. Jh. soll die am besten erhaltene aus der Türkenzeit im Land sein. Sie steht einsam 8 Kilometer östlich von Shkodra an einem Handelsweg, den schon die Römer genutzt haben – der heute aber keinerlei Bedeutung mehr hat.

albania.al

175 FORTH BRIDGE, SCHOTTLAND

Gleich drei Brücken aus drei Jahrhunderten überspannen direkt nebeneinander den Firth of Forth bei Edinburgh. Die berühmteste ist wohl die rote, zum Weltkulturerbe gehörende Eisenbahnbrücke von 1890. Sie kann man von der Forth Road Bridge (1964) aus fotografieren, die auch zu Fuß betreten werden kann. Von ihr hat man auch einen tollen Blick auf den jüngsten Neuzugang: Die Queensferry Crossing (2017) ist eine 2,6 Kilometer lange Schrägseilbrücke.

www.visitscotland.com/de-de

176 PEAK WALK, BERNER OBERLAND, SCHWEIZ

Wer hat's mal wieder erfunden? Die Schweizer natürlich! Auf dem knapp 3000 Meter hohen Scex Rouge bietet die erste Hängebrücke der Welt, die zwei Gipfel miteinander verbindet, adlergleiche Ausblicke auf 20 umgebende 4000er von Montblanc über Matterhorn bis Jungfrau, Mönch und Eiger. Der schwankende Steg ist 107 Meter lang, mit 20 Felsankern befestigt und hält Stürmen bis 250 km/h stand.

www.glacier3000.ch

177 DRACHENSCHWANZ-BRÜCKE, DEUTSCHLAND

Ja, haben Architekten und Ingenieure denn nicht gesehen, dass die Brücke über dem Gessental Wellen schlägt? Doch, denn das soll sie tun: Das Herz einer der längsten Holzbrücken Deutschlands (225 Meter) ist ein Spannband, das sich über drei Stützen zieht. Von der Brücke hat man einen tollen Blick auf die Neue Landschaft Ronneburg, in der früher Uran abgebaut wurde.

ronneburg.de

178 PUENTE NOVO, RONDA, SPANIEN

90 Meter breit und 120 Meter tief ist die Schlucht, die im Örtchen Ronda die Altstadt – La Ciudad – vom neueren Stadtteil El Mercadillo trennt. 42 Jahre, von 1751 bis 1793, dauerte der Bau der Anlage mit ihren vier Bögen, deren Steine aus der Schlucht selbst stammen. Zwar ist sie stabil wie eh und je, heute aber zumindest zeitweise für den Autoverkehr gesperrt. Fürs beste Foto kannst du den streckenweise sehr steilen Pfad hinunter in die Schlucht von der Plaza de María Auxiliadora in der Altstadt aus nehmen.

www.turismoderonda.es/de

Wirkt verbindend: die Brücke über die 120 Meter tiefe Schlucht, die Ronda teilt.

179 CHARLES-KUONEN-HÄNGE-BRÜCKE, SCHWEIZ

Die mit 494 Metern längste Fußgänger-Hängebrücke der Welt – die wohl Anfang 2022 von der rund 1000 Meter langen Hängebrücke über dem Höllental zwischen Bayern und Thüringen übertroffen wird – ist nicht nur touristischer Selbstzweck. Als Teilstück des Europawegs zwischen Grächen und Zermatt erspart sie Wanderern einen Umweg – und beschert ihnen einen ordentlichen Adrenalinrausch.

www.randa.ch

180 SEUFZERBRÜCKE, VENEDIG, ITALIEN

Den besten Blick auf eine der berühmtesten Brücken Venedigs hat man von einer anderen: Von der Ponte della Paglia aus kriegst du das weiße Bauwerk mit den vergitterten Fenstern perfekt eingefangen. Drüberlaufen wie einst Giacomo Casanova auf dem Weg in die Bleikammern kannst du vom Dogenpalast aus. Und warum Seufzerbrücke? Weil hier die Verurteilten das letzte Mal die Lagune sahen, bevor sich die Zellentür hinter ihnen schloss – großer Seufzer inklusive.

www.veneziaunica.it/de

WO BÜCHER GLANZVOLL TRÄUMEN

MANCHE BIBLIOTHEKEN BERGEN SEIT JAHRHUNDERTEN DAS WISSEN DER MENSCHHEIT, ANDERE SIND ARCHITEKTONISCHE WUNDERBAUTEN. EUROPA BIETET FANTASTISCHE BEISPIELE AUS ALLEN GENRES.

 Spirale des Wissens und der Bildung: die Bibliothek der Universität Aberdeen.

181 SIR DUNCAN RICE LIBRARY, ABERDEEN, SCHOTTLAND

Nachhaltig sollte sie sein, die Bibliothek der Universität von Aberdeen im hohen Norden Schottlands. Im Innern des gläsernen Gebäudewürfels erleuchtet ein elegant geschwungenes, spiralförmiges Atrium alle Stockwerke und ermöglicht stimmungsvolle Durchblicke zu den Bücherregalen. Auf dem Dach sorgt eine Photovoltaikanlage für Energie. Der Kubus, dessen Hülle aus vertikalen, unregelmäßig geknickten Streifen aus weiß eloxierten Aluminiumpaneelen und Glas besteht, reflektiert tagsüber Sonne und Wolken, nachts strahlt die Bibliothek von innen heraus.

www.abdn.ac.uk

182 KLEMENTINUM, PRAG, TSCHECHIEN

Die Tschechische Nationalbibliothek ist nur ein Teil des riesigen Klementinum-Komplexes mitten in Prag, aber was für einer! 1722 öffnete die barocke Bibliothek ihre Pforten, über 20 000 theologische Bücher umfasst heute die Sammlung. Über die bunten historischen Buchrücken wandert der Blick hinauf zu den exquisiten barocken Deckenfresken oder in die Mitte des Raumes, wo sich voluminöse Globen aufreihen. 1777 erklärte Königin Maria Theresia sie zur offiziellen Universitätsbibliothek. Drei Jahre zuvor hatte die Monarchin die Schulpflicht für Kinder eingeführt.

www.klementinum.com

183 OPENBARE BIBLIOTHEEK AMSTERDAM, NIEDERLANDE

In Amsterdam weiß jedes Kind, dass die OBA voller toller Sachen steckt. Im Bestand der größten Bibliothek der Niederlande befinden sich rund 1,5 Millionen Bücher, Zeitschriften, CDs, Spiele und Blu-ray Discs, verteilt auf sieben Stockwerke – ein Paradies zum Stöbern und Entdecken, mit Hunderten von Computern und Arbeitsplätzen. Im 7. Stock sorgt das OBA Theater für Unterhaltung, nebenan liegt das Restaurant und auf der Dachterrasse wartet ein spektakulärer Blick über die Stadt.

www.oba.nl

184 GLADSTONE'S LIBRARY, HAWARDEN, ENGLAND

❄ Bücherwürmer aufgepasst! In der Wohnbücherei in Nordwales könnt ihr nicht nur in 150 000 Büchern und anderen Schätzen stöbern, sondern sogar zwischen ihnen schlafen. Der Gründer, William Gladstone, wollte sichergehen, dass nach seinem Tod seine „Bücher, die keine Leser hatten, mit Leuten zusammenkamen, die keine Bücher hatten". Heute finden sich 26 Gästezimmer und ein Café unter dem Dach der Library.

www.gladstoneslibrary.org

185 STIFTSBIBLIOTHEK ST. GALLEN, SCHWEIZ

Die Klosterbibliothek St. Gallen gilt nicht nur als eine der schönsten der Welt, in ihr werden auch die ältesten Handschriften-Exemplare aufbewahrt. Kein Wunder, ist sie doch selbst uralt: Gegründet wurde sie ums Jahr 719 n. Chr. Zu den bedeutendsten Schriften der Bibliothek, die zum UNESCO-Weltkulturerbe gehört, zählt auch der St. Galler Klosterplan, die älteste Architekturzeichnung der westlichen Welt.

www.stibi.ch

186 BIBLIOTHECA JOANINA, COIMBRA, PORTUGAL

Einst war die Stadt Coimbra das kulturelle und geistige Zentrum des Landes – und die barocke Bibliothek der historischen Universität von 1728 strahlt genau dies aus: prachtvolle holzgeschnitzte Regale aus Rosen- und Ebenholz, die sich unter dem Gewicht von über 300 000 Bänden biegen, darüber wölben sich herrliche Deckenfresken.

www.visit.uc.pt/en/library

187 JAGIELLONISCHE BIBLIOTHEK, KRAKAU, POLEN

Ihren Ursprung hat die Krakauer Bibliothek bei Gründung der Jagiellonen-Universität 1364. Heute ist sie im Collegium Maius, dem ältesten Gebäude der Hochschule, nicht mehr zu finden – das lohnende Universitätsmuseum hat ihren Platz eingenommen. Und so ist es vor allem ihre Geschichte, die Polens Nationalbibliothek so spannend macht. Ihre dunkelste Zeit durchlief sie in der Zeit des deutschen Überfalls 1939. Die Universität wurde geschlossen und 180 Professoren wurden in Konzentrationslager interniert, die meisten dort auch

188 TRINITY COLLEGE, DUBLIN, IRLAND

200 000 der ältesten Bücher drängen sich in den himmelhoch aufragenden Regalen des Long Room im Trinity College. Der vollständig mit Holz verkleidete Raum macht seinem Namen alle Ehre: 64 Meter lang ist er, erbaut zwischen 1712 und 1732, um 1860 kam das Tonnengewölbe dazu. Im Hauptgeschoss wachen die Büsten großer Männer von Homer bis Shakespeare und Newton über historische Handschriften, Manuskripte, mittelalterliche Buchdruck-Kostbarkeiten und frühe Ausgaben der Bibel. Der größte Schatz ist jedoch das „Book of Kells" (Buch der Kelten), ein Wunder der Buchkunst mit einer Fülle kunstvoller keltischer Malereien. Entstanden ist das Buch im irisch-keltischen Mittelalter um 800 n. Chr.

www.tcd.ie/library/old-library/long-room

Bücher bis unters Dach: Im Long Room des Trinity College beeindruckt das hölzerne Tonnengewölbe.

ermordet. Der Plan der Nazis war, aus der polnischen eine deutsche Universität zu machen. Dazu ist es glücklicherweise nicht gekommen.

www.bj.uj.edu.pl/en_GB

189 DOKK1, ARHUS, DÄNEMARK

So sieht also die Zukunft aus: Das DOKK 1 in Aarhus ist ein Ort für alle Wissenshungrigen, die nicht nur Bücher ausleihen wollen. Neben dem klassischen Bibliotheksangebot wartet der 3-D-Drucker auf einen Job, es wird geschmökert, Schach gespielt, Musik gehört oder nach Fachliteratur fürs Studium gesucht – alles kostenlos und auf dem neuesten Stand. Und dann kann man auch noch seinen Pass verlängern, einen Führerschein ausstellen lassen oder die Steuererklärung abgeben …

www.dokk1.dk/englis

190 STIFTSBIBLIOTHEK ALTENBURG, ÖSTERREICH

Es sind nicht nur die rund 10 000 historischen Bände im großen Saal, die die Besucher ins beschauliche niederösterreichische Altenburg locken. Türkisfarbene Pilaster und Säulen mit goldenen Kapitellen, Deckenfresken vom Barockmaler Paul Troger, Skulpturen und die ganze barocke Üppigkeit – im zwischen 1740 und 1744 erbauten Bibliothekssaal, einem der Hauptwerke des europäischen Hochbarock, gehen die Bücher fast unter.

www.stift-altenburg.at

Für viele der schönste Lesesaal der Welt: die Salle Labrouste in der französischen Nationalbibliothek.

191 HERZOGIN ANNA AMALIA BIBLIOTHEK, WEIMAR, DEUTSCHLAND

Traurige Berühmtheit erlangte der Büchertempel am Rand der Weimarer Altstadt durch den Großbrand am 2. September 2004: Das historische Gebäude, in dem schon Staatsminister Goethe um 1800 über Bücherrücken strich, wurde zerstört. Auch rund 50 000 Bücher und 35 Kunstwerke waren unwiederbringlich verloren, Tausende Bände hatten zum Teil schwer gelitten, so wie der wunderschöne Büchersaal im Stil des späten Rokoko. Seit 2007 strahlt die Forschungsbibliothek, das „Herzstück der Weimarer Klassik", renoviert in neuem Glanz, samt modernem Studierzentrum mit tollem Bücherkubus.

www.klassik-stiftung.de

192 BIBLIOTECA MALATESTIANA, CESENA, ITALIEN

In der norditalienischen Region Emilia-Romagna steht nicht nur die älteste bürgerlich-städtische Bibliothek Europas, sie ist auch die einzige Renaissance-Bibliothek, die heute noch exakt so aussieht wie bei ihrer Fertigstellung um 1452. So sind noch heute im wunderschön schlichten historischen Lesesaal, dem Malatestiana Antica, die Kettenbücher zu sehen: Handschriften, die angekettet in den Lesepulten aufbewahrt wurden, um dort studiert zu werden. Heute werden hier rund 450 000 Medien aufbewahrt, darunter über 400 Handschriften, meist aus dem Spätmittelalter.

www.comune.cesena.fc.it

193 UNIVERSITÄTS-BIBLIOTHEK HELSINKI, FINNLAND

Nicht nur Bücher-, auch Architekturfans strömen in die 2012 eröffnete Uni-Bibliothek. Hier im Kaisa-Haus regiert Design als Prinzip: Ein geschwungener offener Raum über sieben Etagen bringt viel natürliches Licht in den Büchertempel, von ganz oben öffnet sich ein großartiger Blick auf das historische Stadtzentrum. Man kann im Sitzen und Liegen schmökern, offene Lesebereiche gibt es ebenso wie stille Lesesäle, Tausende Arbeitsplätze und in der zweiten Etage ein Café.

www.helsinki.fi

194 BODLEIAN LIBRARY, OXFORD, ENGLAND

Harry-Potter-Fans kennen die Bodleian Library bestens: In der Hauptbibliothek der Universität Oxford büffelten sich die Magieschüler vor laufender Kamera durch den Schulbetrieb von Hoghwarts. Aber nicht nur die Optik verzaubert, die Library besticht auch durch ihre Größe mit einem Bestand von über 6,5 Millionen Büchern und Manuskripten auf über 170 Regalkilometern. Wer kein Oxford-Student ist, kann bei einer Führung die schönen alten Bibliotheksgebäude besichtigen.

www.bodleian.ox.ac.uk

195 BIBLIOTHÈQUE NATIONALE DE FRANCE, PARIS, FRANKREICH

Frankreichs Nationalbibliothek gehört zu den größten der Welt, mit allein 14 Millionen Büchern und Druckerzeugnissen, 250 000 Manuskripten, Fotografien, Münzen und Multimedia-Dokumenten. Jeder der vier Türme rund um den Innenhof steht für ein Thema: einer für Philosophie, Geschichte und Anthropologie, ein anderer für Kunst und Literatur. Der Turm der Zahlen beherbergt die Naturwissenschaften und Technik, im Turm des Rechts haben Rechtswissenschaften, Politik und Ökonomie ihren Platz. Und zwischen dem Quartett? Pulsiert ein sehr anregendes Kulturleben, mit Ausstellungen und Konzerten.

www.bnf.fr

196 STADTBIBLIOTHEK STUTTGART, DEUTSCHLAND

Gibt man in die Suchmaschine „schönste Bibliothek Europas“ ein, so erscheint relativ weit oben das Bild der Stadtbibliothek Stuttgart. Von außen ist die Fassade des kubischen Baus streng symmetrisch gegliedert, im Inneren entfaltet die Bücherei, die rund 500 000 Medien – Bücher, Tonträger, DVDs – bereithält, ihre außergewöhnliche Wirkung. Ganz in Weiß öffnet sich der riesige zentrale Raum, an dessen Wänden die bunten Buchrücken leuchten und der sich nach oben terrassenförmig weitet. Im Kern des Baus erhebt sich ein weißer Kubus, in dem andächtig geflüstert wird. Oben, im achten Stock, liegen die Dachterrasse für einen Blick auf Stuttgarts Hügel und das Café für einen süßen Happen.

www1.stuttgart.de/stadtbibliothek

Wie soll man sich denn in dieser Schönheit konzentrieren? Das strahlend weiße Innere der Stuttgarter Stadtbibliothek.

197 STADTBIBLIOTHEK STOCKHOLM, SCHWEDEN

Zur „schönsten Bibliothek der Welt“ hat ein bekanntes amerikanisches Reisemagazin die Stadtbibliothek von Stockholm gekürt. Die äußere Schlichtheit des roten Backsteinbaus im Stil des Funktionalismus lässt dies nur erahnen. Das Innere des 1928 fertiggestellten Gebäudes entlockt Besuchern jede Menge bewundernder Ahhs und Ohhs. 400 000 Bücher stehen im Hauptraum der Bibliothek in einem eindrucksvollen Rund auf insgesamt drei Ebenen in ihren Regalen. Im Zentrum kann an Computern recherchiert werden, in den Seitenflügeln finden sich Lesesäle und Lichthöfe.

www.biblioteket.stockholm.se

198 NATIONALBIBLIOTHEK, ST. PETERSBURG, RUSSLAND

Eine sehr große Bibliothek für ein noch größeres Land (die größte Nationalbibliothek steht allerdings in Moskau). In St. Petersburg werden gut 36 Millionen Werke von knapp 1300 Mitarbeitern gehütet, darunter die älteste Handschrift in russischer Sprache, das Ostromir-Evangelium aus dem Jahr 1057. Die Bibliothek selbst wurde von Katharina der Großen um 1795 gegründet. Die Zarin war fasziniert von den Ideen der Aufklärung, und so sollte die erste öffentlich zugängliche Bibliothek Russlands in ihrem klassizistischen Bau am Newski-Prospekt ein Ort der Wissenschaft sein.

www.nlr.ru/eng

199 ZENTRALBIBLIOTHEK OODI, HELSINKI, FINNLAND

Die im Dezember 2018 eröffnete Nationalbibliothek ist ein Gedicht, ein Kommunikationsort mit erstaunlichem Raumprogramm, das die herkömmlichen Dimensionen einer Bibliothek sprengt: Ton- und Fotostudio, Kino, Auditorium, Café, Bar, Ausstellungsflächen, Meeting-Möglichkeiten. Nur ein Drittel der Fläche dient den 100 000 Medieneinheiten vor Ort (noch viel mehr können übers Netzwerk angefordert werden). Die Idee hinter dem Oodi: die Bibliothek als „bürgerschaftliches Wohnzimmer“.

www.oodihelsinki.fi

200 STIFTSBIBLIOTHEK ADMONT, ÖSTERREICH

Die Bibliothek wurde auch schon achtes Weltwunder genannt: Mit 70 Metern Länge, 14 Metern Breite und circa 13 Metern Höhe ist sie die größte Klosterbibliothek der Welt – in umwerfender barocker Pracht. 1776 war das Werk von Barockbaumeister Josef Hueber vollbracht, in dem Architektur und Skulpturen mit den rund 70 000 Büchern und Schriften zu einem großen Ganzen verschmelzen. Und über allem wölben sich sieben üppige Deckenfresken, die den Saal pompös krönen.

www.stiftadmont.at

WO BÜCHER GLANZVOLL TRÄUMEN

IN EUROPAS STRASSEN & GASSEN

GESCHICHTE UND GESCHICHTEN AUF BERÜHMTEN WEGEN.

201 HERRENGASSE, BUDAPEST, UNGARN

An der mittelalterlichen Úri utca, die das Burgviertel auf der Buda-Seite durchläuft, ist an den Fassaden der barocken und klassizistischen Gebäude der Glanz vergangener Zeiten noch immer sichtbar. Traditionell ließen sich in der Gasse vor allem die oberen Tausend der Stadt nieder. In den Untergrund geht es im Haus Nr. 9, hier startet ein 24 Kilometer langes Höhlensystem, in dem die Bürger der Budaer Seite in Kriegszeiten Schutz suchten.

www.budapest.com

202 KRK, KROATIEN

Wo jetzt tatsächlich die engste Gasse Europas oder sogar der Welt liegt, darüber laufen Wetten. Die Gassen auf der kroatischen Insel Krk liegen gut im Rennen: schmal, atmosphärisch und uralt – ein Eldorado für spannende und faszinierende Entdeckungen.

www.krk.hr/de

203 ST.-KATHARINEN-PASSAGE, TALLINN, ESTLAND

Die rustikalen Gebäude aus dem 15. bis 17. Jh. mit den Querstreben, die sich über der Passage spannen, dienten einst als Wohn- und Lagerhäuser, immerhin war Tallinn, das einst Reval hieß, eine blühende Hansestadt. Heute reihen sich hier Cafés an Künstlerwerkstätten, in denen du dich bei einem kühlen Drink erholen kannst.

www.visittallinn.ee

204 UNTER DEN LINDEN, BERLIN, DEUTSCHLAND

Reitweg hieß Berlins berühmteste Prachtstraße einst. Bis der Kurfürst Friedrich Wilhelm sie 1647 mit 2000 Linden- und Nussbäumen bepflanzen ließ. Kein Berlin-Besuch ist komplett ohne einmal entlang der Läden, Cafés und Restaurants geschlendert zu sein und ein paar Selfies vor dem Berliner Schloss am Ostende und am Brandenburger Tor im Westen des Boulevards geschossen zu haben.

www.visitberlin.de

205 SHAMBLES, YORK, ENGLAND

Weder Baufehler noch ihr stolzes Alter sind der Grund dafür, warum sich die Häuser entlang dieser mittelalterlichen Gasse so gewagt zueinander lehnen. Die Schräglage wurde ganz bewusst gesucht, denn so war das Fleisch, das unter den schiefen Fassaden zum Verkauf geboten wurde, besser vor der Sonne geschützt. Noch Ende des 19. Jhs. soll es hier 25 Metzger gegeben haben, im Inneren der Häuser hinter ihnen die Schlachthäuser. Heute finden sich hier Chocolaterien und Souvenirgeschäfte, aber die Häuserfront ist noch ganz die alte.

www.historyofyork.org.uk

Als würden sich die alten Häuser Geheimnisse zuflüstern: Mittelalterflair in den Shambles in York.

Wie eine Landebahn der Träume, vor allem in den Abendstunden: der Pariser Prachtboulevard Champs-Élysées.

206 CHAMPS-ÉLYSÉES, PARIS, FRANKREICH

Was wäre die französische Hauptstadt ohne ihre prächtigste Allee, diese von Bäumen gesäumte Promenade, entlang derer Präsidenten Paraden abnehmen, die Tour de France ihren finalen Sprint erlebt und ganz Paris zusammentrifft, um zu feiern, was auch immer es gerade zu feiern gibt? Die Prachtstraße ist 70 Meter breit und erstreckt sich über eine Länge von 1910 Metern von der Place de la Concorde bis zur Place Charles-de-Gaulle mit dem unverkennbaren Arc de Triomphe. Um die Luftqualität zu verbessern, ist die Champs-Élysées seit 2016 an jedem ersten Sonntag im Monat autofrei.

de.parisinfo.com

207 KÖNIGSWEG, WARSCHAU, POLEN

Ursprünglich reichte der Königsweg, eine der längsten Repräsentationsstraßen der Welt, vier Kilometer weit bis zum königlichen Łazienki-Park, dann bis zum Belvedere-Palast, und heute wird auch der zehn Kilometer entfernte Wilanów-Palast von König Jan III. dazugezählt. Wer heute die alte Prachtstraße entlangschlendert, kann sich kaum vorstellen, dass die Stadt nach dem Zweiten Weltkrieg vollständig in Trümmern lag.

warsawtour.pl/de/koenigsweg

208 RUA NOVA DO CARVALHO, LISSABON, PORTUGAL

In der „Pink Street" geht es fröhlich und lebendig zu, es locken unzählige originelle Bars, Kneipen und Restaurants junge Nachtschwärmer an. Dass sich in der kleinen Straße mit dem rosa Bodenbelag herrlich die Nacht feiern lässt, fand auch die „New York Times": Sie kürte die Rua Nova do Carvalho zu einer der zwölf coolsten Straßen Europas.

www.visitlisboa.com/de

209 ROYAL MILE, EDINBURGH, SCHOTTLAND

Die Royal Mile ist eine ganze Abfolge mittelalterlicher Straßen und Gassen im historischen Zentrum Edinburghs. Castle Esplanade, Castle Hill, Lawnmarket, High Street, Conogate, Abbey Strand:

Jeder Abschnitt ist so geschichtsträchtig wie der nächste. Auf einer geführten Tour wird die Vergangenheit zum Leben erweckt.

www.visitscotland.com

210 SPREUERHOFSTRASSE, REUTLINGEN, DEUTSCHLAND

Noch ein heißer Kandidat auf den Rekord, immerhin vom Guinness-Buch geadelt, als engste Straße der Welt. Nur 31 Zentimeter breit und schon Straße? Da passt doch kein Mensch durch! Sie ist nicht nur sehr schmal, sie ist auch kurz, lediglich 3,80 Meter lang – also eigentlich eher ein Spalt zwischen zwei Häusern. Aber Guinness hat genickt und die Reutlinger freuen sich. Bis ein Herausforderer kommt …

tourismus-reutlingen.de

211 CARNABY STREET, LONDON, ENGLAND

„Was so alles geschieht in der Carnaby Street …" sang Peggy March 1970 über die Fußgängerzone im Londoner Kult-Viertel Soho. Was genau in der Shoppingmeile geschieht, das erfährt man bei Sichtung der Kreditkartenabrechnung. Bis heute bieten unzählige Fashionboutiquen hier ihre schrillen Kreationen an. Wer genug anprobiert hat, lässt sich im Shakespeare's Head für ein kühles Pale Ale nieder.

www.carnaby.co.uk

212 GAMLA STAN, STOCKHOLM, SCHWEDEN

Gamla Stan: Von dieser kleinen Insel aus hat sich die Stadt seit dem Mittelalter entwickelt und ausgebreitet. Vor allem die atmosphärischen Gassen, gesäumt von bunten Stadthäusern, machen den Charme von Stockholms Altstadt aus. Die schmalste Gasse? Die heißt Mårten Trotzigs Gränd, ist 90 Zentimeter breit und bietet auch noch 36 Stufen.

www.visitstockholm.com

213 CORSO VANNUCCI, PERUGIA, ITALIEN

Die umbrische Hauptstadt versteht es bestens, ihre Besucher um ihren historischen Finger zu wickeln und mit geschichtsträchtigem Glanz zu verzaubern. Durch die Altstadt führt der Corso Vannucci mit seinen Geschäften, Pizzerien und Cafés. Als Universitätsstadt versteht sich Perugia auch im Feiern hervorragend; am besten schaut man zum alljährlichen Umbria Jazz – dem weltweit größten Jazzfestival – vorbei.

turismo.comune.perugia.it

214 STRØGET, KOPENHAGEN, DÄNEMARK

Strøget ist das Rückgrat von Kopenhagens Einkaufsstraßen – Strøget ist aber auch öffentliches Wohnzimmer mit Straßenkünstlern oder Musikern. Auf der über einen Kilometer langen Fußgängerzone, die sich aus mehreren Straßen zusammensetzt, gibt es nichts, was es nicht gibt, von preiswert bis atemberaubend teuer.

www.visitcopenhagen.com

215 GALERIES ROYALES SAINT-HUBERT, BRÜSSEL, BELGIEN

Die Shopping-Mall des 19. Jhs.! 1847 war sie die erste geschlossene Ladenpassage Europas. Das neoklassische Bauwerk im historischen Zentrum Brüssels erstreckt sich über 213 Meter und zwei Stockwerke und wird von einem gebogenen Glasdach eingeschlossen, das zur damaligen Zeit höchstens Königshäusern vorbehalten war.

www.grsh.be

216 NEWSKI-PROSPEKT, ST. PETERSBURG, RUSSLAND

Eine Prachtstraße? *Die* Prachtstraße! Sie durchquert über 4,5 Kilometer das historische Zentrum, in den Prachtfassaden der herrschaftlichen Gebäude schimmert noch die Glanzzeit des Adels im 19. Jh. durch. Heute reihen sich Restaurants an Geschäfte, darunter auch das Gostiny Dwor, das größte Warenhaus der Stadt. Es wurde 1785 eröffnet und war früher ein Kaufhaus für alle – heute finden hier vor allem Leute mit unbegrenztem Budget das Richtige.

www.visit-petersburg.ru

217 İSTIKLÂL CADDESI, ISTANBUL, TÜRKEI

Tagsüber ist sie die belebteste Einkaufsstraße Beyoğlus, nachts tobt hier das Leben. Die „Straße der Unabhängigkeit" ist ein facettenreiches Muster aus Tradition und Moderne: Die Fußgängerzone erstreckt sich vom Tünel- bis zum Taksim-Platz, jenem geschichtsträchtigen Herzen der Stadt, das in

218 RUA DA BICA DE DUARTE BELO, LISSABON, PORTUGAL

Da mögen andernorts elektronische Tickets gescannt werden und Einschienenbahnen schweben – im historischen Bica zuckelt die alte gelb-weiße Straßenbahn seit 1892 in friedlicher Eintönigkeit entlang der rostigen Schienen. Kleine Bars und Stöberläden flankieren die Kopfsteinmeile zu beiden Seiten, über den Balkonen darüber trocknet die bunte Wäsche in der Sonne. Vom oberen Ende der Straße blickt man durch die enge Gasse bis hinunter zum Fluss Tejo.

www.visitlisboa.com/de

Ratternd-quietschendes Kultobjekt: die Linie 28 in Lissabons Gassen.

jüngster Zeit immer wieder Schauplatz gewalttätiger Proteste war.

howtoistanbul.com

219 GOLDENES GÄSSCHEN, PRAG, TSCHECHIEN

Ein Mythos: der Stein der Weisen, Allheilmittel der antiken Alchemie. Hier im Goldenen Gässchen, entlang der Mauer der Prager Burg, wurden keine kaiserlichen Mittel gespart, um ihn zu erschaffen. Ob es gelang? Das ist Legende. Was aber sicherlich blieb, ist ein märchenhaftes Gässchen, das von bunten Häusern eingeschlossen wird, die unter anderen schon Franz Kafka als Zuhause dienten.

www.prague.eu/de

220 PASSEIG DE GRÀCIA, BARCELONA, SPANIEN

Können Straßen Kunstwerke sein? Auf dem 1,5 Kilometer langen Prachtboulevard ist nichts banal, alles ist gestalterisch einzigartig, von den Straßenlaternen über die Gehwege bis hin zur Architektur: Wunderwerke des katalanischen Modernismus und des Jugendstils. Ach ja, es gibt hier auch wunderbare Möglichkeiten, sein Geld beim Shoppen loszuwerden.

www.barcelonaturisme.com

JETZT WIRD'S WILD

RUND 750 MILLIONEN MENSCHEN LEBEN IN EUROPA. UND DOCH IST PLATZ GENUG FÜR ORTE, AN DENEN DIE ZIVILISATION GANZ, GANZ WEIT WEG IST.

221 TRIGLAV-NATIONALPARK, SLOWENIEN

Kann Wasser wirklich so türkis und Gras so grün sein? Über 840 Quadratkilometer erstreckt sich dieses Natur-Eldorado – eine riesige Outdoor-Spielwiese aus Seen, Schluchten, Flüssen, Wasserfällen und unendlichen Bergwiesen. Wenn du dich über die Hudicev Most, die Teufelsbrücke, in der Tolmin-Schlucht wagst, liegen rund 60 Meter Abgrund unter deinen zitternden Knien.

www.thinkslovenia.com

222 NATIONALPARK DONAU-AUEN, ÖSTERREICH

In einem der letzten großen Flussauengebiete Mitteleuropas entscheidet die Donau auf einer Strecke von knapp 40 Kilometer zwischen den europäischen Hauptstädten Wien und Bratislava noch selbst über ihren Verlauf. Mit ihren schwankenden Pegelständen bestimmt sie den Alltag in den Auen, die einzigartige Heimat zahlreicher teils bedrohter Tier- und Pflanzenarten ist. Man kann das Schutzgebiet mit seinen dichten Auenwäldern auf vielfältige Weise erkunden – zu Fuß, mit dem Rad oder im Kanu. Es gibt auch regelmäßig geführte Exkursionen mit den Nationalpark-Rangern.

www.donauauen.at

223 ÞINGVELLIR-NATIONALPARK, ISLAND

Hinter den rauschenden Wasserfällen, Schluchten und Flüssen steckt mehr geschichtliche Bedeutung, als der erste Blick verrät: Auf dem Thingplatz nahe der vielbesuchten Schlucht Almannagjá trafen im Jahre 930 die Wikinger zu ersten demokratischen Versammlungen zusammen. Das „Althing" gilt als das älteste Parlament der Welt – aber eines, durch das man sich nicht mit Audioguide schiebt. Man lässt sich vielmehr von der überragenden Macht der freien Natur zu philosophischen Grübeleien über das menschliche Zusammenleben verleiten.

www.thingvellir.is

224 NATIONALPARK PLITVICER SEEN, KROATIEN

Wie ein riesiger Wasserspielplatz erstreckt sich Kroatiens ältester Nationalpark über ein dicht bewaldetes Gebiet im Nordosten des Landes.

Wanderwege führen mitten hinein in die Pyrenäen-Wildnis rund um die Picos de Europa.

225 PICOS DE EUROPA, SPANIEN

Wo ein Berg ist, ist natürlich auch ein Weg. Einen, den wir hoch müssen. Und je härter die Herausforderung, desto größer die Faszination. Die Besteigung der Westwand des 2500 Meter hohen Naranjo de Bulnes, mächtiger Monolith in den Picos de Europa, gilt als eine der größten Herausforderungen unter Kletterfans. Dabei muss man gar kein Adrenalinjunkie sein, um den Rausch, den das Kalksteinmassiv in Nordspanien auslöst, voll erleben zu dürfen. Unzählige Wanderpfade schlängeln sich durch den westlichen Ausläufer der Pyrenäen, die 12 Kilometer lange Ruta del Cares ist besonders spektakulär.

www.turismoasturias.es

Sechzehn kristallklare Seen fließen hier über plätschernde Flüsse und spektakuläre Wasserfälle ineinander, dazwischen liegen pittoreske Felsen und Gebirgszüge. Einmalig ist auch die Fauna: An keinem anderen Ort Europas leben noch so viele Bären und Wölfe in freier Wildbahn. Der Tourismus hat den Park natürlich längst für sich entdeckt und alljährlich strömen eine Million Menschen durch die bildschöne Natur. Aber mit etwas Geduld findet man noch immer das ein oder andere einsame Örtchen.

np-plitvicka-jezera.hr/de

226 JØTUNHEIMEN-NATIONALPARK, NORWEGEN

Wer den Nationalpark rund 200 Kilometer nördlich von Olso besucht, betritt sprichwörtlich das „Reich der Riesen“, denn das bedeutet die Übersetzung des Begriffs Jøtunheimen. Die Riesen sind in diesem Fall die höchsten Gipfel Norwegens, die eindrucksvoll und majestätisch bis auf knapp 2500 Meter in den Himmel reichen. Tages- und Mehrtagestouren führen vorbei an Gletschern, Geröllflächen und türkisgrünen Bergseen. Darunter ist auch eine der berühmtesten und meistbegangenen Wanderrouten Norwegens: der sehr anspruchsvolle Besseggen.

www.visitnorway.de

227 WATTENMEER, DEUTSCHLAND

Trockenen Fußes übers Wasser zu laufen – dafür sind in der Regel andere zuständig. Nicht an der Nordseeküste: Etwa alle zwölf Stunden zieht sich das Meer zurück und erfahrene Wattführer nehmen Gäste zu Wanderungen mit hinaus (nie alleine gehen!). Die Gezeiten sorgen für ständige Veränderung der Landschaft und haben einen einmaligen Lebensraum für Tiere und Pflanzen geschaffen. So einzigartig ist das Wattenmeer der Nordsee, das von den Niederlanden entlang der deutschen Küste bis Dänemark reicht, dass die UNESCO es zum Weltnaturerbe erklärt hat.

www.die-nordsee.de

228 PENEDA-GERÊS-NATIONALPARK, PORTUGAL

Der einzige Nationalpark Portugals zählt wegen seiner Vielseitigkeit sicherlich zu den schönsten Schutzgebieten Südeuropas. Von den Berg- und Stauseen auf den mit Ginster und Wacholder bewachsenen Höhen des Parks geht es hinab in die immergrünen Täler, in denen Maulbeerbäume, Eukalyptus und Eichen wachsen. Und eine einzigartige Tierwelt: Wölfe, Wildkatzen, Steinadler, Otter und echte Vipern. Der Nationalpark ist mit öffentlichen Verkehrsmitteln gut erreichbar und bietet mehrere Campingplätze zur Übernachtung.

www.visitportugal.com/de

In der feuchten Meeresbrise: bemooste Bäume im Nebelwald des Nationalparks Garajonay.

229 NATIONALPARK GARAJONAY, LA GOMERA, SPANIEN

Bis auf knapp 1500 Meter winden sich die steilen und engen Zufahrtsstraßen und machen bereits die Anfahrt zum Nationalpark zum einzigartigen Erlebnis. Vorbei geht es an moosbewachsenen, knorrigen Bäumen, und immer wieder öffnet sich der Blick auf die tief eingeschnittenen, dunkelgrünen Täler von La Gomera. Oben am Berg Alto de Garajonay wartet ein gut ausgebautes Wegenetz aus schmalen, naturbelassenen Pfaden unter einem geschlossenen Blätterdach. Dort, wo sich der kanarische Urwald aus Lorbeerbäumen lichtet, warten eindrucksvolle Ausblicke, beispielsweise auf die Steinformation Los Roques.

lagomera.travel/de

230 HOHE TATRA, POLEN & SLOWAKEI

Für die abenteuerlustigen Slowaken gehört der Gipfel des Kriváň auf knapp 2500 Metern praktisch zum Pflichtprogramm. So symbolträchtig ist die meist schneebedeckte Bergspitze, dass sie sogar auf den slowakischen Centstücken abgebildet ist. Erst ganz allmählich entdeckt auch der Rest Europas die Hohe Tatra – ein kleines, bildschönes Stück der Karpaten – als Wanderparadies. Auf engem Raum drängen sich 25 Gipfel von mehr als 2500 Metern Höhe, mit Wasserfällen, gemütlichen Berghütten und unzähligen Wanderwegen.

slovakia.travel/de/nationalpark-tatra

231 DURMITOR-NATIONALPARK, MONTENEGRO

Der Durmitor im Nordwesten Montenegros ist nicht nur wegen des mit 1300 Metern tiefsten Canyons Europas eine Wildnis der Superlative. Im Winter locken die Hänge des 2500 Meter hohen Bobotov Kuk mit ausgezeichneten Wintersportbedingungen, im Sommer wird die Region zum Mekka für Wanderer, Kletterer und Wassersportler. Wer in die Bergeinsamkeit aufbricht, sollte entsprechend gut ausgerüstet sein.

nparkovi.me/en

232 HORTOBÁGYI-NATIONALPARK, UNGARN

Das mehr als 80 000 Hektar große Weltkulturerbe im Osten Ungarns ist ein eindrucksvolles Beispiel dafür, wie sich Naturschutz und landwirtschaftliche Nutzung in Einklang bringen lassen. Im weitläufigen, facettenreichen Nationalpark findet man zwischen Sümpfen, Wiesen und Wäldern und in der Puszta von Hortobágy, dem größten mitteleuropäischen Steppengebiet, jede Menge Wildnis. Und das, obwohl das Areal seit mehr als 2000 Jahren die Lebensgrundlage vieler Hirten und Bauern ist.

hellohungary.com/de

233 DOLOMITEN, ITALIEN

Im Sommer ein Wanderparadies, im Winter eines der beliebtesten Skigebiete Europas: Die Dolomiten verstehen es bestens, ihre natürliche Anziehungskraft touristisch optimal zu vermarkten. So stehen Besuchern zu allen Jahreszeiten eine gute Infrastruktur und herrlich gelegene, freundliche Resorts zur Verfügung. Wer Skifahren und Wandern kombinieren möchte, testet am besten mal eine der vielen Skibergsteiger-Routen („Sci Alpinismo“): Erst geht es auf Tourenski den Berg hinauf und dann durch den Pulverschnee zurück ins Tal.

www.suedtirol.com/dolomiten

 Wer ist hier der Star? Die Stare über den Köpfen der ungarischen Steppenrinder – oder die Weite des Hortobágyi-Nationalparks?

234 NUUKSIO-NATIONALPARK, FINNLAND

Wälder, Seen, Sümpfe – nicht weit von der Hauptstadt Helsinki liegt dieses Naherholungsgebiet der besonderen Art mit seinen vielen geschützten Tier- und Pflanzenarten, darunter eine große Population europäischer Gleithörnchen. Wanderwege gibt es jede Mange, darunter sogar eine barrierefreie Route für Rollstuhlfahrer. Wer eine längere Auszeit plant, geht auf Zeltplätze oder - für hartgesottene Selbstversorger - in eine der reservierungspflichtigen Schutzhütten mit Plumpsklo und Feuerstelle.

www.visitfinland.com/de

235 BIALOWIEZA-NATIONALPARK, POLEN

Das streng geschützte Herzstück des letzten europäischen Urwalds wird seit nahezu 100 Jahren nicht mehr bewirtschaftet. In der sich selbst überlassenen Natur haben sich majestätische Baumriesen entwickelt, darunter mehr als 400 Jahre alte Eichen und Linden. Der Besuch des Gebiets ist nur im Rahmen einer Führung mit den Park-Rangern möglich. Wer früh aufsteht, begegnet womöglich einem Wisent: Der mächtige europäische Bison, der praktisch ausgestorben war, wird hier gezüchtet.

www.polen.travel/de

236 CABRERA, SPANIEN

Wohin flüchten die Mallorquiner, wenn sie einfach mal raus müssen? Die Baleareninsel Cabrera liegt keine zehn Kilometer vom beliebtesten Eiland der Deutschen und könnte doch kaum weiter vom Ballermann entfernt sein. Von der Süd- bis zur Nordspitze sind es wie von der West- bis zur Ostseite jeweils nur etwa 5,5 Kilometer. Dazwischen liegen Höhlen, Ruinen uralter Festungen, ein Seemannsfriedhof voll spukender Geister und ein einsamer Leuchtturm, der über die bildschöne Küste mit ihrem kristallklaren Wasser blickt.

www.cabrera.islasbaleares.com

238 NATIONALPARK KURISCHE NEHRUNG, LITAUEN

Die weltabgeschiedene Dünenlandschaft, die raue Küste und die Vogelwelt sorgen auf der schmalen Landzunge, die zur Hälfte zu Litauen und zur Hälfte zu Russland gehört, schon seit Jahrhunderten für (künstlerische) Inspiration. In der Künstlerkolonie Nidden lebten ab 1900 Maler wie der Expressionist Max Pechstein, bis 1932 arbeitete Thomas Mann in der Nachbarschaft an seinem Roman „Joseph und seine Brüder". Heute faszinieren Erkundungstouren zu Fuß, auf dem Rad oder am besten mit dem Kajak oder Segelschiff durchs UNESCO-Weltnaturerbe.

www.kurische-nehrung.de

237 SPITZBERGEN, NORWEGEN

Spitzbergen, ist das nicht die arktische Inselgruppe Richtung Nordpol, wo es eisig kalt ist und an jeder Ecke ein Eisbär lauert? Ja – und nein. Spitzbergen ist auch der Ort, an dem du das elftbeste norwegische Restaurant (Huset, www.huset.com) findest, wo der Svalbard Global Seed Vault, der das Saatgut der Welt speichert, liegt und wo du auch im Sommer mit dem Hundeschlitten fahren kannst. Eisbären sieht man übrigens selten – auch wenn man das kleine Bergbaustädtchen Longyearbyen nur mit (einem Guide mit) Gewehr verlassen darf. Vor allem im Sommer ist Spitzbergen ein echtes Outdoor-Paradies.

www.visitnorway.de/reiseziele/spitzbergen

239 PEAK DISTRICT, ENGLAND

Wer über die weitläufigen Hochplateaus des Peak District wandert, darf sich nicht selten über die Gesellschaft freilaufender Schafe freuen. Die Region in Zentralengland war Großbritanniens erster Nationalpark und vereint die beiden sehr unterschiedlichen Landstriche White Peak und Dark Peak. Der Dark Peak im Norden wird vor allem durch die unbewohnten Hochmoore bestimmt, während der White Peak im Süden mit seinen steilen Kalksteinformationen und Flusstälern beeindruckt.

www.peakdistrict.gov.uk

240 ABRUZZEN-NATIONALPARK, ITALIEN

Seit rund hundert Jahren führen Natur und Zivilisation 150 Kilometer östlich von Rom einen ungleichen Kampf. Schon 1922 wurde das bildhübsche Bergland mit seinen alten Wäldern und der lebendigen Tierwelt im Parco Nazionale d'Abruzzo unter Naturschutz gestellt, nur um diesen Status während des Faschismus wieder abgesprochen zu bekommen. Seit den 1950er-Jahren dürfen Flora und Fauna nun wieder aufatmen: Den Park durchstreifen Braunbären, Wölfe, Hirsche und Rehe und in den Bäumen leben Uhus und Steinadler.

www.parcoabruzzo.it

Das Licht und die Ruhe: Landschaft auf der Kurischen Nehrung.

FAHRRAD-HOCHBURGEN

FEINSTAUB ADIEU: WER RAD FÄHRT, LEBT GESÜNDER UND SIEHT MEHR VON DER WELT. ES SEI DENN, ER IST IN AMSTERDAM …

241 VALLÉE DU DOUBS, FRANKREICH

Brennende Oberschenkel oder kollabierende Lungenflügel? Kennt man auf der rund 170 Kilometer langen Strecke von Montbéliard nach Dôle im Osten Frankreichs nicht. Idyllisch geht's am Flüsschen Doubs entlang, einer Teilstrecke der Eurovelo-Route 6, die von Rumänien nach Frankreich verläuft. Wälder, Wiesen, malerische Dörfer und Städte, halb verfallene historische Industrieanlagen, Hügel, Felsen – wann geht's endlich los?

radfahren.franche-comte.org

242 STRASSE ZUM CAP FORMENTOR, MALLORCA

Wenn bei uns noch Eis und Schnee das Radeln zum Hardcore-Hobby machen, locken die Haarnadelkurven zum Kap Formentor mit seinem ikonischen Leuchtturm und den überirdischen Panoramablicken. 15 Kilometer sind es von Port de Pollença, man sollte früh – oder spät – starten und schwindelfrei sein.

www.infomallorca.net

243 COAST TO COAST, ENGLAND

Eine Radtour quer über die britische Insel, von Whitehaven auf der Höhe des Lake District National Park rüber nach Whitby beim North York Moors National Park – der C2C hat alles für eine kernige Tour: 236 Kilometer, muskelzerfetzende Anstiege, atemberaubende Ausblicke, butterweiche Knie. Speziell der Hartside Pass hat es in sich, dafür ist oben die Aussicht grandios.

www.visitengland.com

244 PARENZANA-RADWEG, ITALIEN, SLOWENIEN, KROATIEN

Gleich drei Länder besucht, wer sich auf die 116 bis 135 Kilometer lange Radstrecke entlang der alten Eisenbahntrasse von Triest nach Poreč macht. Am schönsten ist es hier im Herbst, wenn die Adria noch bade-

245 ELBERADWEG, TSCHECHIEN

Im Riesengebirge, auf 1400 Metern, liegt die Quelle der Elbe, ab dem Städtchen Špindleruv Mlýn darf dann in die Pedale getreten werden. Die fast 370 Kilometer bis zur deutschen Grenze verläuft der Radweg entlang der Labe, wie die Elbe auf Tschechisch heißt, im großen Bogen bis nach Bad Schandau, an den Basaltfelsen des Böhmischen Mittelgebirges vorbei, durch grüne Elbauen und schöne Städte wie Mělník, wo die Moldau in die Elbe mündet.

elberadweg.cz

Kleiner Hüpfer per Boot über die Elbe: Fährüberfahrt in Hrensko.

freundliche Temperaturen hat. Der malerische kroatische Abschnitt mit seinen Tunneln, Viadukten und Schotterstrecken ist nur etwas für stabile Stollenreifen.

www.parenzana.net/de

246 BORNHOLM-RUNDWEG, DÄNEMARK

Blaues Meer und weißer Sand, Meeresrauschen, bunte Holzhäuser, Möwengeschrei, Felsenküste, kleine Dörfchen mit Segelhafen und Cafés – mit dem Rad rund um die dänische Ostseeküste Bornholm zu fahren ist Urlaub für die Seele.

bornholm.info/de

247 DONAU-RADWEG

Er fließt von West nach Ost durch zehn Staaten, der mit 2850 Kilometern zweitlängste Fluss Europas. Wer will, kann der Donau auf der ganzen Länge folgen, von Donaueschingen bis zur Mündung ins Schwarze Meer. Und das alles ohne nennenswerte Steigungen! Die letzten 1000 Kilometer ab Belgrad allerdings auf normalen Straßen. Die klassische Route endet nach 50 Etappen in Budapest.

www.adfc-radtourismus.de/donauradweg

248 VIA VERDE DE OJOS NEGROS, SPANIEN

165 Kilometer lang ist der längste Bahntrassenradweg Spaniens, der in

Wer sein Fahhrrad liebt – der schmückt es kunstvoll in Amsterdam.

249 AMSTERDAM

Und immer schön den Arm heben, damit dir keiner ins Leihrad rauscht! So sehen die anderen Radfahrer, dass du anhalten willst – was als Tourist oft vorkommt, schließlich wartet in der Hauptstadt der Niederlande ungefähr alle 50 Meter ein Highlight. In der Welthauptstadt des Fahrrads gelten andere Regeln. Hier sind die Pedaleure die Damen und Herren der Straße, und das zeigen sie auch. Was eine Erkundung das Labyrinths aus Straßen und Grachten, Radwegen und Brücken, Giebelhäusern und Prachtfassaden einfach macht. Nur an das rasante Tempo und die örtlichen Regeln, an die muss man sich – bei einer geführten Tour? – gewöhnen.

www.iamsterdam.com/de/praktische-informationen/fahrradfahren

Santa Eulalia auf 1040 Metern Höhe seinen Anfang hat. Es geht durch Berglandschaften und etliche Tunnel, über 37 Brücken, an alten Bahnhöfen vorbei und immer weiter hinunter bis zur Küste nach Sagunt. Dort wartet nicht nur eine uralte, atmosphärische Stadt, sondern auch noch ein kilometerlanger Strand.

www.bahntrassenradwege.de

250 MÜNSTERLAND, DEUTSCHLAND

Die 100-Schlösser-Route? Oder doch lieber durch die Wälder, Wiesen, Weiden, und Moore des Naturparks Hohe Mark? Den Töddenland-Radweg? Die Vechtetalroute? Bei 4500 Kilometern ausgeschilderte Radrouten zwischen Teutoburger Wald, Lippe und holländischer Grenze fällt die Auswahl schwer.

www.muensterland.com

251 BURREN CYCLE ROUTE, IRLAND

Auch wenn es brennt in den Oberschenkeln, die Aussicht ist der Hammer! Der 150 Kilometer lange Fahrradrundkurs im County Clare ist sehr vielseitig – auch wenn die grandiose felsige Karstlandschaft des Burren-Nationalparks wirkt, als sei man auf dem Mond gelandet. Es geht über Straßen mit Meerblick, durch Dörfer mit schönen Badeplätzen und an alten Monumenten vorbei, die aus vorchristlicher Zeit stammen.

www.ireland.com/de-de

252 LOIRE-RADWEG, FRANKREICH

Klar ist der Atlantik ein prima Ziel: 900 Kilometer die Loire entlangradeln – und sich dann bei Saint-Brevin-les-Pins in die Wellen stürzen. Die meisten aber radeln stromaufwärts, damit sie den Wind im Rücken haben. Auf dem Weg warten Traumschlösser, lauschige Badestellen und atmosphärische Bistrots. Radeln wie Gott in Frankreich.

www.loire-radweg.org

253 VIA CLAUDIA AUGUSTA, ITALIEN–ÖSTERREICH

Die uralte Kultur- und Handelsroute des Römischen Reichs führt 700 Kilometer von der Donau bis nach Altino bei Venedig – heute gilt sie als die leichteste Strecke für alle, die die Alpen im Fahrradsattel überqueren wollen. Für Genussradler ist ein bisschen Schummeln erlaubt: An den Pass-Strecken in Tirol stehen Rad-Shuttles bereit, die es bald auch auf der italienischen Seite geben soll.

www.viaclaudia.org

254 CESENATICO, ITALIEN

Er wurde der „Pirat“ genannt: Marco Pantani, gefeierter König der Berge, Dopingsünder und tragisches Drogenopfer, kurbelte trainierend durch die Hügel seiner Heimat Emilia Romagna. Rennradler aus aller Welt tun es ihm bis heute nach, genießen die leeren Straßen, die herrlichen Ausblicke und netten Dörfer. Und füttern abends die Muskeln mit köstlichen Nudelgerichten.

www.cesenatico.it

255 KOPENHAGEN, DÄNEMARK

Wer in der dänischen Hauptstadt in die Pedale tritt, steht drüber. Oder besser: fährt drüber. Zum Beispiel auf Brücken wie der Bicycle Snake. Das Fahrrad hat Vorrang, mehr als 60 Prozent der Kopenhagener biken zur Arbeit. Sie genießen Grüne Wellen, haben eigene Garagen, superbreite Radwege und 200 Kilometer Radschnellwege. Flotter kommt man auch als Touri nicht ans Ziel.

www.visitcopenhagen.co

256 LOFOTEN, NORWEGEN

Geht's noch? Radeln auf den Lofoten, wo es vor Bergen nur so wimmelt? Aber die kann man ja umkurven, wie auf der wunderschönen Inselgruppe vor der Küste Norwegens. Auf kleinen Sträßchen, Radwegen oder, wenn es unbedingt sein muss, auch Hauptstraßen geht es an Schafen, grünen Steilhängen, bunten Holzhäusern oder großen Holzkirchen vorbei. Und dann ist da ja auch das Meer, das im schönsten Blau schimmert – wenn es nicht regnet.

www.discover-norway.no/fahrrad/lofoten

257 DOLOMITEN-RADWEG, ITALIEN

Die Dolomiten sind die Vorzeigeberge der Alpen, kantige graue Riesen, die über weichen Wiesenmatten thronen und im Sonnenuntergang rötlich glühen. Nicht nur Cracks können sie mit eigener Muskelkraft erleben: Der „Lange Weg der Dolomiten", der streng genommen im österreichischen Toblach beginnt, führt auf der Trasse der ehemaligen Dolomitenbahn auf 66 Kilometern durch die Vorzeigeberge Südtirols. Zehn Tunnels und schwindelerregende Viadukte machen die Tour zu einem (leicht zu bewältigenden) Abenteuer.

www.ciclabiledolomiti.com

258 MOLDAU-RADWEG, TSCHECHIEN

Du willst endlich mal das Rätsel um die böhmischen Dörfer lüften? Auf gut 430 Kilometern geht es von der Quelle im Böhmerwald bis zur Mündung in der Stadt Mělník durch ebenjene böhmischen Dörfer, vorbei an viel Natur, Stauseen, alten Schlössern und Kirchen. Die Strecke mäandert rechts und links der Moldau über Berg und Tal – die beste Art, Tschechien kennenzulernen.

www.czechtourism.com/de/home

259 MESSINISCHER KÜSTENRADWEG, GRIECHENLAND

Radelst du noch – oder genießt du schon? Auf diesem 230-Kilometer-

In Kopenhagen gehen Radfahrer auch mal in die Luft, um schnell und ohne Hindernisse ans Ziel zu gelangen.

Trip von Kalamata nach Kalo Nero an der Küste der Halbinsel Peloponnes eher Letzteres. Fangfrischer Fisch in idyllischen Dörfchen, Päuschen an Traumstränden, (fast nur) flache Abschnitte – schöner kann eine Radtour kaum sein.

www.visitgreece.gr/en/destinations/peloponnese

260 NORDSEE-KÜSTENRADWEG, NIEDERLANDE

Dem glücklichen Radler bläst der Wind meist in den Rücken – was an der niederländischen Nordseeküste nicht garantiert ist. Aber dafür ist die 570 Kilometer lange Route von Sluis nach Nieuweschans topfeben – abgesehen von ein paar Dünen. Und trotzdem gibt es viel zu sehen: das Meer, lange Strände, hie und da eine Windmühle, Wiesen, Felder, Deiche, Dämme samt hübschen holländischen Dörfern und Städtchen. Wer braucht da schon Rückenwind!

www.holland.com/de

FAHRRAD-HOCHBURGEN

schaft bisher nur wenige Antworten liefern kann.

www.historicenvironment.scot

MYSTISCH & SAGENHAFT

MAL SIND ES RIESEN, MAL HEXEN UND VAMPIRE ODER ES IST SOGAR DER TEUFEL SELBST, DER EINE BRÜCKE BAUT: MYSTERIÖSES EUROPA.

261 ELFENSCHULE, REYKJAVÍK, ISLAND

Wusstest du, dass die wirkliche Einwohnerzahl Islands eigentlich viel höher ist? In den Seminaren und Kursen der Staatlichen Feen- und Elfenschule „Álfaskólin" gibt es jedenfalls eine Menge über Islands ebenso allgegenwärtige wie scheue Naturgeister zu lernen. Ohne Rücksicht auf das *huldufólk* (Verborgenes Volk) passiert in Island wenig. Es gibt sogar einen Elfenberater für Bauprojekte, der aufpasst, dass neue Straßen oder Häuser nicht die Lebensräume von Elfen, Zwergen, Nixen und Trollen zerstören.

theelfschool.com

262 CALLANISH-STEINKREISE, SCHOTTLAND

Scharf und kantig ragen die grauen Granitzähne auf der schottischen Insel Lewis bis zu fünf Meter in den Himmel. Gerne würde man die Zeit zurückdrehen und miterleben, welche Spektakel sich hier im Steinkreis von Callanish vor über 3000 Jahren abgespielt haben – oder vielleicht auch besser nicht. Welchem Zweck die tonnenschweren Monolithe einst gedient haben, bleibt ein Mysterium. Aber die besondere Ausstrahlung der Steinkreise liegt sicherlich auch gerade darin begründet, dass sich so viele Sagen um ihre Entstehung ranken und die Wissen-

263 TRANSSILVANIEN, RUMÄNIEN

Abergläubisch? Pah! Aber eine Knoblauchzehe und ein reisetaugliches Kruzifix im Gepäck schaden sicher nichts für die Reise nach Transsilvanien. Denn wir alle kennen die schaurigen Geschichten über Dracula. Der Schriftsteller Bram Stroker, der 1897 dem blassen Blutsauger literarisches Leben einhauchte, hat ganze Arbeit geleistet: Das landschaftlich vielfältige Transsilvanien (deutsch: Siebenbürgen) und die Horrorgeschichten sind seither untrennbar verbunden und haben der Gegend zu einer beachtlichen Bekanntheit verholfen. Besonders Schloss Bran, die einstige Heimat des grausamen Fürsten Vlad III., der als histori-

264 TROLLTUNGA, NORWEGEN

Regel Nummer 1 bei einer Wanderung durch die norwegischen Berge: Sich niemals mit Trollen anlegen! Stattdessen empfiehlt es sich, die Fabelwesen beim Bau ihrer Häuser zu unterstützen, indem man nämlich die aufgetürmten Steinhaufen entlang des Wanderpfads um einen Stein ergänzt. Abgesehen von diesen bautechnischen Leistungen bedarf es auch einer guten Kondition, um die spektakuläre Felsplattform namens „Trollzunge" auf einer etwa zehnstündigen Wanderung zu erreichen. Auf dem horizontalen Felsvorsprung steht man schwindelerregende 700 Meter über dem Ringedalsvatnet-See.

de.fjordnorway.com

sches Vorbild für Dracula gilt, entspricht der Vorstellung eines schaurig-schönen Ortes.

www.rumaenien.biz/transsilvanien.html

265 FINGAL'S CAVE, IRLAND

Wie ein dunkler Höllenschlund öffnet sich die Höhle zum türkisblauen Meer hin. 85 Meter ragt sie hinein in den grauen Vulkanfels der schottischen Insel Staffa. Was die Szenerie zusätzlich surrealistisch macht, sind die vielen hundert erstarrten Basaltsäulen rund um den Höhleneingang. Mit Blick auf die bizarren, sechseckigen Säulen scheint es, als sei die Insel von einem Künstler erschaffen worden und nicht auf natürlichem Weg durch erkaltende Lava entstanden. Die eigentümliche Schönheit dieses Ortes hat der Insel in der Vergangenheit schon viele prominente Besucher beschert, darunter Jules Verne und Felix Mendelssohn Bartholdy. Letzterer war so beeindruckt, dass er anschließend seine bekannte Ouvertüre „Die Hebriden" komponierte.

www.nts.org.uk/visit/places/staffa

266 BROCKEN, DEUTSCHLAND

Blocksberg nennen die Menschen, die rund um den Brocken wohnen, den höchsten Berg im Harz. Er ist so eine Art Freilicht-Plenarsaal für des Zauberns mächtige Frauen – schon seit Mitte des 17. Jhs. findet hier alljährlich die Hauptversammlung von Deutschlands Hexen statt. Wer sich heimlich – oder auch ganz öffentlich – zu diesen zählt, packt

Aussichtsplatz für Mutige: die Beine baumeln lassen auf der „Trollzunge".

für das Treffen in der Nacht auf den 1. Mai Zauberhut und Mistgabel ein und fliegt mit dem Besen zum 1141 Meter hohen Gipfel. Höhepunkt des Hexenfests ist ein gigantisches Feuer, das bis tief in die Nacht die gruselig aufgemachten Gesichter der Gäste beleuchtet.

www.harzinfo.de/veranstaltungen.html

267 OLYMP, GRIECHENLAND

„Der Leuchtende" ist oft wolkenumhüllt oder trägt eine schneebedeckte Kappe. Eine majestätische Aura umgibt ihn, aber das kommt nicht von ungefähr, schließlich war er der Berg der 12 Götter der griechischen Mythologie, darunter Athene, Aphrodite und Hermes. Die hatten sich den mit 2917 Metern Höhe höchsten Gipfel Griechenlands als Heimstatt erkoren, von hier schickte Zeus Blitz und Donner übers Land. Wer den Göttern nah sein will, kann mit entsprechender Ausrüstung den Gipfel des Olymp erklimmen. Andere freuen sich an der herrlichen Landschaft, an Wäldern, Seen und Blumenwiesen - eine göttliche Gegend!

visitgreece.gr/en/nature/mountains

268 ARCACHON, FRANKREICH

Von starken Atlantikwinden getrieben, hat sich der Sand der Grande Dune du Pyla bei Arcachon auf eine Höhe von 110 Metern aufgetürmt. Die meisten Besucher des berühmten Naturwunders verpassen allerdings Arcachons mythenumrankte „Winterstadt": Auf einem Hügel über dem Badeort stehen in einem Labyrinth engster Straßen 96 verwunschene Villen voller Erker, Zinnen, Türmchen in einem wilden Mix aus maurischem, romanischem, gotischem und Renaissance-Stil. Es ist der mythische „Zauberberg" Frankreichs, vor 150 Jahren für zahlungskräftige Tuberkulosekranke gedacht. Als Anfang des 20. Jhs. Künstler und Prominente andere Ziele entdeckten, fielen die Villen in ihren Zauberschlaf.

www.arcachon.com/de/winterstadt.html

269 TEUFELSBRÜCKE, SCHWEIZ

Brücken über tiefe Schluchten zu bauen ist keine einfache Angelegenheit – davon kann man im Kanton Uri ein Lied singen. Immer wieder scheiterten die Urner kläglich am Brückenbogen über die Schöllenen-Schlucht. Schließlich gaben sie frustriert auf: „Do sell der Tyfel e Brigg bue!" Und der Teufel reagierte prompt. Er baute die Brücke, allerdings nicht ganz ohne Gegenleistung: Er forderte die Seele des ersten Brückenüberquerers. Aber keine Sorge, die Sache hat sich inzwischen erledigt. Statt eines nichts ahnenden Urlaubers schickten die Urner dem Teufel einen armen Geißbock.

www.myswitzerland.com

270 POLARLICHTER, ISLAND

Aurora Borealis – für manche das schönste Licht der Welt. Die grünen und blauen Schleier am dunklen Nachthimmel sind die Quelle vieler Legenden. Die Wikinger etwa glaubten, sie seien die Brücke, über die

gefallene Krieger nach Walhalla gelangten; oft galten sie auch als böses Omen. Planst du eine Polarlichtsafari nach Island (beste Reisezeit: November bis Februar), dann denk dran: Du darfst weder tanzen noch singen beim Anblick der Lichter – sonst holen dich die Geister.

de.visiticeland.com

271 HUELGOAT, FRANKREICH

Zwischen den moosbedeckten Felsbrocken dieses Naturparks in der Bretagne soll schon die Jungfrau Maria ihren Sohnemann in den Armen gewogen haben. Andere Geschichten über den zauberhaften Wald reichen noch weiter in die

irols Stoanerne Mandlen: Wer dafür empfänglich ist, empfindet die geheimnisvollen Steinpyramiden als Kraftort.

272 STOANERNE MANDLEN, SARNTAL, ITALIEN

Stumm trotzen die Stoanernen Mandlen auf dem Gipfel des Bergs Schöneck seit Jahrhunderten Wind und Wetter. Irgendjemand muss sie aufgeschichtet haben, die mehr als hundert mannshohen Steinpyramiden rund um das Gipfelkreuz. Glaubt man alten Gerichtsprotokollen, dann sollen sie vor 500 Jahren Schauplatz von Hexentänzen und Teufelsbeschwörungen gewesen sein. Andere behaupten, dass der Ort eine keltische Kultstätte war. Oder waren sie einfach nur Zeitvertreib gelangweilter Hirten? Sicher ist jedenfalls: Auf dem Feld der Stoanernen Mandlen im Südtiroler Sarntal herrscht eine ganz besondere Atmosphäre.

www.sarntal.com

Vergangenheit zurück und führen die Steinbrocken auf einen Wutanfall des Riesen Gargantua zurück, dem sein Frühstück eines Morgens so ganz und gar nicht schmeckte. Heute ist es aber gerade seine stille Friedlichkeit, die den Parc d'Armorique rund um das Dorf Huelgoat so einladend macht.

www.brittanytourism.com

Sind das die „Nebel von Avalon“? Vielleicht wartet am Glastonbury Tor König Artus auf seine Wiederkehr.

273 PRAGER GOLEM, TSCHECHIEN

Den Golem, so geht die Sage, formte Rabbi Löw im 16. Jh. aus einem Stück Lehm, das er mit kabbalistischem Zauber zum Leben erweckte. Sein Auftrag war auch, zu Hilfe zu eilen, wenn den Juden Unrecht drohte. So irrte das Wesen durch die Stadt, über den alten jüdischen Friedhof oder an der Altneu-Synagoge in der Josefstadt vorbei. Wer also heute nachts durch die atmosphärischen Prager Gassen streift und schwere Schritte hinter sich hört …

www.prague.eu/de

274 GIANT'S CAUSEWAY, NORDIRLAND

Glaubt man einer irischen Legende, dann entstand der Damm, als zwei der Kolosse, einer aus Irland, der andere aus Schottland, gegeneinander kämpften. Deutlich nüchterner ist die Erklärung der Geologen für rund 40 000 gleichmäßig geformte Basaltsäulen: Ein besonders langsamer Abkühlungsprozess verwandelte heiße Lava vor 60 Millionen Jahren in geometrische Steinformationen. So oder so, der Damm an der nordirischen Küste 80 Kilometer von Belfast hat seinen eigenen unwirklichen Charme – als stünde man in einem Dalí-Gemälde.

www.ireland.com/de-de

275 GRÜNER SEE, ÖSTERREICH

Ein Hauch von Atlantis in der Steiermark: Alljährlich zum Zeitpunkt der Schneeschmelze flutet das Schmelzwasser einen trockenen Talkessel und lässt Wiesen, Bänke und Brücken bis zu 10 Meter tief versinken. Der entstandene Bergsee ist kristallklar und schimmert in einer außergewöhnlichen smaragdgrünen Farbe. Mit Sichtweiten von bis zu 50 Metern unter Wasser ist der Grüne See bei Tauchern sehr beliebt. Über die Sommermonate trocknet der Talkessel dann fast komplett aus, sodass man auf dem Grund des Sees wieder spazieren gehen kann.

www.steiermark.com

276 STEINERNE JUNGFRAUEN IM ESELSBURGER TAL, DEUTSCHLAND

Was passiert mit einer Magd, die sich gegen den Willen ihrer männerverachtenden Burgherrin auf eine Romanze mit dem Fischer im Tal einlässt? Genau: Sie wird zum Fels, was auch sonst? Dieses Schicksal erlitten im Eselsburger Tal, einem Naturschutzgebiet nahe dem baden-württembergischen Herbrechtingen, gleich zwei jungfräuliche Mägde. Die Burgherrin wurde anschließend vom Blitz erschlagen – manchmal werden die großen Sünden eben sofort bestraft. Die Gewinner der Geschichte sind die Wanderer und Radfahrer im Naturschutzgebiet Eselsburger Tal, die die steinernen Jungfern und ihre Spiegelungen im nahen See zu ihren Füßen heute bewundern dürfen.

www.herbrechtingen.de

277 GLASTONBURY TOR, ENGLAND

Wer optisch so auffällig aus der flachen Landschaft von Somerset heraussticht, erfüllt beste Voraussetzungen für ein mythologisches Objekt. Willkommen zu Hause bei Gwynn fab Nudd, dem Herrscher des Feenvolkes: Der walisischen Mythologie nach soll die Sagengestalt im weithin sichtbaren, 158 Meter hohen Hügel wohnen. Dabei steht das keltische „Tor" („Berg") für den Hügel selbst, der Turm auf seiner Spitze ist das Überbleibsel einer christlichen Kirche. Vielleicht ist der Tor auch das mythische Avalon aus der Sage um König Artus – der alte Name Ynys yr Afalon scheint darauf hinzuweisen.

www.visitbritain.com/de/de/glastonbury-tor

278 BEACHY HEAD, ENGLAND

Man nehme den tiefblauen Atlantik im Süden Englands, sattgrüne Wiesen, einen 160 Meter hohen weißen Kreidefelsen – und fertig ist das Ausflugsziel aus dem Bilderbuch. Willkommen auf Beachy Head, der Naturschönheit im Süden Englands. Wäre da nur nicht diese Sache mit dem mordenden Geistermönch: Der Legende nach soll der schwarz gewandete Mönch auf Beachy Head sein Unwesen treiben und Besucher zu einem todbringenden Sprung von den Klippen verleiten. Andere Berichte sprechen von der Sichtung schemenhafter weißer Gestalten, die über der Klippe schwebten. Aber was wäre England ohne eine gute Geistergeschichte?

wwww.visitbritain.com

279 EXTERNSTEINE, TEUTOBURGER WALD, DEUTSCHLAND

Da stehen sie und ziehen die Menschen magisch an – vielleicht, weil sich die Frage stellt: Ist die bizarre Felsgruppe der Externsteine im Teutoburger Wald tatsächlich nur ein Haufen Sandsteine oder doch ein mystischer Kraftplatz, ein Ort der übersinnlichen Kräfte und der Spiritualität? Es ist jedenfalls ein eindrucksvolles Naturdenkmal, an dem sich besonders in der Walpurgisnacht und zur Sommersonnenwende viele Menschen treffen, um zusammen zu feiern.

www.teutoburgerwald.de

Verschworene Gemeinschaft: Bei den Mönchen auf dem Berg Athos sind nur Männer willkommen.

280 BERG ATHOS, GRIECHENLAND

Die Klosteranlage ist ein eindrucksvolles Überbleibsel einer längst vergangenen Zeit. In den rund 20 Klöstern leben heute noch etwa 3000 Mönche in aller Abgeschiedenheit und nach strengen Regeln. Betreten werden darf der Berg Athos nur von männlichen Besuchern, auf die einfache Unterkünfte warten. Frauen ist es seit tausend Jahren verboten, einen Fuß auf das Gelände zu setzen. Schiffe mit Frauen an Bord müssen einen Mindestabstand von 500 Metern zur Küste der Halbinsel einhalten. Das Verbot gilt auch für weibliche Tiere – und so werden auf Athos ausschließlich männliche Esel und Pferde als Lasttiere eingesetzt.

www.discovergreece.com/de

MYSTISCH & SAGENHAFT

AUF DEM WASSER UNTERWEGS

WER AUF FLÜSSEN, KANÄLEN ODER SEEN UNTERWEGS IST, SIEHT AUCH ALTBEKANNTES AUS EINER NEUEN PERSPEKTIVE. OB PADDEL- ODER HAUSBOOT, FLUSSKREUZFAHRT ODER SEGELTÖRN – LEINEN LOS IN EUROPA!

Ist so gemütlich, wie es aussieht: Hausbooturlaub auf dem Canal du Midi

281 CANAL DU MIDI, FRANKREICH

Er ist eine beeindruckende Ingenieursleistung und gleichzeitig Sinnbild des idealen Rückzugsorts für jeden, der der Hektik des Alltags entfliehen will. Mehr als 240 km schlängelt sich der Canal du Midi durch den Süden Frankreichs und verbindet dabei das Mittelmeer mit dem Atlantik. Auf ihm wird die Bummelreise mit einem Hausboot zum unvergesslichen Erlebnis. In gemächlichem Tempo geht es vorbei an den Weinbergen der Region Languedoc, an eindrucksvollen Festungen wie Carcassonne und französischen Metropolen wie Toulouse. Für die notwendige Frische unter der südlichen Sonne sorgen die zahlreichen Platanen und Zypressen, die den Kanal säumen und einen Großteil der Strecke beschatten. Und wenn dann an lauen Abenden der französische Rotwein im Glas funkelt, ist die Entschleunigung perfekt.

de.france.fr/de/okzitanien-sudfrankreich

282 DOURO, PORTUGAL

Der Douro hat ganze Arbeit geleistet: Auf seinen 897 Kilometern ist der drittlängste Fluss der iberischen Halbinsel im Laufe der Jahrtausende zum Baumeister eines abwechslungsreichen, manchmal dramatischen Flussbetts geworden, mit vielen Steilhängen, auf deren Terrassen heute wunderbare Weine angebaut werden. Was könnte schöner sein, als die üppige Szenerie bei einer Flussfahrt auf sich wirken zu lassen? Zuerst bahnt sich der Douro seinen Weg durch Nordspanien, später dann fließt er nicht nur vorbei an schroffen Felsen, sondern auch an Olivenbäumen, Korkeichen und sanften Hügeln. Am Schluss dann, an der Mündung in den Atlantik, geht es mitten hinein in die schöne alte Stadt Porto.

www.visitportugal.com/de

So schön kann das Leben am Fluss sein: Badefreuden unter dem Ponte Luís I zwischen Porto und Vila Nova de Gaia.

283 GÖTAKANAL, SCHWEDEN

Ein Geheimtipp? Das ist der Kanal im Süden Schwedens nun wahrlich nicht, dazu ist sein Freizeitwert einfach viel zu fantastisch. Der Kanal – mit der Auszeichnung „Schwedens Bauwerk des Jahrtausends“ – verbindet auf 190 Kilometern die Ostsee mit dem Vättern- und dem Vänernsee, Schwedens größtem. Also, rauf aufs Boot! Ganz gemütlich und komfortabel fährt sich’s auf einem der historischen Flusskreuzfahrtschiffe. Oder du nimmst das Steuer auf dem eigenen oder gemieteten Segelschiff selbst in die Hand. So oder so: Selbst die 58 Schleusen und 50 Brücken lassen keinen Stress aufkommen. Gemächlich gleiten am Ufer wunderbare Natur oder nette Dörfchen vorbei, Cafés laden zu Leckereien ein und etliche Sehenswürdigkeiten warten. Regel Nummer 1: Zeit nehmen!

www.vastsverige.com/de

284 ELBE BEI DRESDEN, DEUTSCHLAND

Am Ufer ziehen Villen und romantische Elbschlösser vorbei, während im Hintergrund flotte Dixie-Klänge der Live-Band ertönen. Weiter unten im Bauch des Ausflugsschiffs tuckert währenddessen die alte Dampfmaschine aus dem Jahr 1841 gemütlich vor sich hin. Mit insgesamt neun historischen Schiffen ist die ehrwürdige Flotte vor Dresden die größte und älteste Raddampferflotte der Welt. Egal ob man sich für die technische Ingenieurskunst vergangener Tage interessiert oder einfach nur die beeindruckende Kulisse Dresdens vom Wasser aus genießen will – eine Elbfahrt mit einem historischen Flussdampfer bleibt lange in Erinnerung.

www.saechsische-dampfschiffahrt.de

285 SEENPLATTE IM SÜDEN, FINNLAND

Finnland ist das „Land der tausend Seen“, und das ist noch drastisch untertrieben – es sind Tausende! Allein die ausgedehnte Seenplatte im Süden Finnlands ist ein Traum für alle, die gern übers Wasser schaukeln. Ob im historischen Dampfboot von Kuopio oder Savonlinna aus oder mit eigener Kraft mit Paddel und Kanu: Die Welt des großen Blaus, in dem sich dicke weiße Wolken spiegeln und das umgeben ist vom tiefen Grün der Wälder, ist ein Sommertraum. Der abends an einer urigen Hütte weitergeträumt werden kann, mit Blick – natürlich! – aufs Wasser.

www.visitfinland.com/de

286 SILSERSEE, SCHWEIZ

Als Luigi Giani vor 100 Jahren auszog, um sein Glück zu suchen, wollte der Italiener am 1800 Meter hoch gelegenen Silsersee eigentlich als Fischer arbeiten. Schnell wurde ihm jedoch bewusst, dass sich mit Ausflugsfahrten in der venezianischen Gondel mehr Geld verdienen ließ. Also richtete er eine regelmäßige Schiffsverbindung zwischen den Orten Sils Maria und Maloja ein und wurde so zum Betreiber von Europas höchstgelegener Kursschifflinie. Wenn heute das Linienschiff seine Runden auf dem blauen See inmitten einer traumhaften Bergkulisse dreht, sitzt noch immer ein Giani hinter dem Steuerrad: Luigis Enkel Franco.

www.sils.ch/de-ch/sils-im-engadin.html

287 NEWA, RUSSLAND

Lang ist sie nicht, die Newa, aber sie wird dafür bis zu 600 Meter breit. Und als besonderes Schmankerl durchquert sie auf den 74 Kilometern, auf denen ihr Wasser vom Ladogasee bis in die Newabucht der Ostsee fließt, St. Petersburg, die Perle der Ostsee. Da die kurze Newa über viele Wasserwege mit anderen Flüssen verbunden ist, kann man von St. Petersburg aus wunderbar zu einer ausgedehnten Flusskreuzfahrt aufbrechen, bei ausreichend Zeit bis hinunter zur Wolga. Wenn das keine glänzenden Aussichten sind …

www.ostsee.info/zufluesse/newa

288 OXFORD-KANAL, ENGLAND

Gemütlich schlängelt sich der schmale Kanal durch die grüne englische Landschaft. Früher war eine Reise auf ihm alles andere als ein Vergnügen, denn er wurde hauptsächlich dafür genutzt, um in schmalen Booten Kohle und Lebensmittel zu transportieren. Ein hartes Geschäft, denn angetrieben wurden die Boote damals nur durch Pferde- oder Menschenkraft. Heute hat man es da wesentlich komfortabler: In ausgebauten Hausbooten können mehrtägige Touren auf einem der schönsten Flüsse Englands unternommen werden. Und wer weiß schon, was sich hinter der nächsten Kanalbiegung verbirgt? Vielleicht eine der typisch englischen Ortschaften oder ein Pub, in dem Flussreisende bei einem frisch gezapften Pint den Tag Revue passieren lassen.

www.visitbritain.com/de/de

289 LAGUNE VON VENEDIG, ITALIEN

Dass Venedig gesegnet mit Wasser ist – geschenkt. Aber da ist ja auch noch die Lagune rings um das architektonische Wunderwerk herum. Unzählige Inseln und Inselchen schwimmen verstreut auf dem meist blauen Wasser der rund 550 Quadratkilometer großen Lagune, Landzungen wie der Lido oder Pellestrina trennen das Haff von der nördlichen Adria. Und wie auf dem Canal Grande wird auch in der Lagune fleißig Schiff gefahren, es gibt Ausflugsboote und Wasserbusse, Wassertaxi und Tausende Privatboote, um nach Murano, Torcello oder St. Erasmo zu kommen – wer die Wahl hat, hat die Qual.

www.veneziaunica.it/de

290 SHANNON, IRLAND

Entspannt weiden Kühe und Schafe auf den sattgrünen Wiesen und schenken den vorbeifahrenden Hausbooten höchstens einen gelangweilten Blick. Eine mehrtägige Bootsfahrt auf dem irischen Shannon ist vor allem abwechslungsreich: Mal führt die Strecke stundenlang durch menschenleere und malerische Landschaften, mal bieten kleine irische Dörfer die Möglichkeit für eine Pause oder eine Besichtigung der vielen mittelalterlichen Kirchen. Früher war es vor allem die Guinness-Brauerei, die den Fluss und die mit ihm verbundenen Kanäle für die Auslieferung der Bierbestellungen nutzte. Inzwischen ist der ruhig fließende Shannon zu einem Eldorado für Erholungssuchende und Naturliebhaber geworden.

www.ireland.com/de-de/aktivitaeten/wassersport

291 CALEDONIAN CANAL, SCHOTTLAND

Einmal von der schottischen West- an die Ostküste, bitte! Kein Problem, der 100 Kilometer lange Kanal verbindet die Outdoor-Hochburg Fort William im Schatten des Ben Nevis, des höchsten Bergs Großbritanniens, mit dem weiter nördlich liegenden Inverness am Moray Firth. Eigentlich braucht man für die Fahrt per (Haus-)Boot nur zweieinhalb Tage – aber warum hetzen, wenn man doch das ganze Schottland-Komplettpaket bekommt? Die Wasserstraße kombiniert Seen, Flüsse und Kanalabschnitte und führt durch die einzigartige Natur der schottischen Highlands. Die Überquerung großer Seen wie Loch Ness fühlt sich dabei an, als wäre man auf dem Meer unterwegs. Vor allem, wenn man per Kanu dem Ziel entgegenpaddelt. Gut, dass es in den Uferstädtchen jede Menge Pubs und Bars zum Kräftesammeln gibt.

www.scottishcanals.co.uk/canals/caledonian-canal

292 DONAUKNIE, UNGARN

Die Donau hat nicht nur Arme, sie hat auch ein Knie – ein ungarisches. Hier, gut 30 Kilometer nördlich von Budapest, wechselt der stattliche Fluss in einer großen 90-Grad-Kurve die Fließrichtung von Ost nach Süd. Auf dem Fluss lässt sich's herrlich entlangschippern, mit Blick auf die Ufer, wo sich die Höhen des Visegráder Gebirges erheben, in dem sich eine üppige Pflanzen- und Tierwelt zu Hause fühlt. Lust auf eine Flussfahrt zum Knie? Dann auf nach Budapest, dort warten die Schiffe schon auf Gäste.

www.ungarn-tv.com/das-wunderschoene-donauknie-9044.html

Auch Seen wie der Loch Lochy sind Teil des Caledonian Canal.

293 IJSSELMEER, NIEDERLANDE

Fast 30 Kilometer lang ist der Abschlussdeich, den die Niederländer 1932 errichteten und der Nordsee damit das Ijsselmeer abrangen. Heute ist der größte Süßwassersee des Landes ein weithin bekanntes Mekka für Segelsportbegeisterte. Begünstigt durch das flache Umland herrschen auf dem Ijsselmeer fast immer ausgezeichnete Windbedingungen. Entlang der gesamten Küstenlinie finden sich zudem viele malerische und historische Häfen, in denen man den Tag nach einem erlebnisreichen Törn gemütlich ausklingen lassen kann. Wer selbst keinen Segelschein besitzt, kann sein Schicksal in die Hände eines erfahrenen Skippers legen und sich bei einer geführten Segelkreuzfahrt auf einem der größeren Segelschiffe einbuchen.

www.holland.com/de

294 MOLDAU, TSCHECHIEN

Als wichtigster Fluss Tschechiens hat die Moldau einiges erlebt, bis sie nach 430 Kilometern bei Mělník in die Elbe mündet. Es geht aus 1200 Metern Höhe im urigen Böhmerwald hinab, durch den Sumava-Nationalpark, durch Stauseen und über Schleusen, vorbei an atmosphärischen Dörfern und trutzigen Burgen, an Campingplätzen und Gasthäusern. Auf dem Fluss tummeln sich an geeigneten Stellen Kanus, Kajaks, Flöße, denn die Tschechen lieben das Wasser. Im schönen Prag dann ziehen Karlsbrücke und Hradschin vorbei, das Wasser der Moldau glitzert in der Mittagssonne und eigentlich möchte man nirgendwo anders sein. Entspannter lässt sich eine Stadtrundfahrt kaum an.

www.prague.eu/

Hurra, hurra, die Post ist da: Heute sind auf der ehemaligen Postschifflinie der Hurtigruten vor allem Nordlandsehnsüchtige unterwegs.

295 DONAUDELTA, RUMÄNIEN

Nach der knapp 2860 Kilometer langen Reise, auf der die Donau quer durch zehn Länder fließt, wartet im Mündungsgebiet ins Schwarze Meer noch mal ein Höhepunkt: das Donaudelta, größtes Feuchtgebiet Europas, größte geschlossene Schilffläche der Erde, UNESCO-Weltnaturerbe und Biosphärenreservat. Inseln, Seen, Auenwälder, Dünen bieten für Tausende von Tier- und Pflanzenarten einen geschützten Lebensraum. Drei große Flussarme der Donau strecken sich Richtung Schwarzes Meer, daneben gibt es unzählige labyrinthartige kleine Wasserstraßen, perfekt für Erkundungen in kleinen Booten. Die klassische Donaukreuzfahrt beginnt in Passau, führt bis ins Delta und wieder zurück – mondäne Städte und verträumte Flusslandschaft inklusive.

romaniatourism.com/

296 MÜRITZ, DEUTSCHLAND

Aus dem Slawischen übersetzt bedeutet der Name Müritz „kleines Meer". Das liegt eingebettet in die herrlich unberührte Natur der Mecklenburgischen Seenplatte und lässt sich mit dem gut ausgebauten Linienverkehr, als Passagier des einzigen Dampfschiffs in Mecklenburg-Vorpommern oder als Kapitän des eigenen Hausboots erkunden. Entschleunigung pur inmitten weiter Wälder, Moor- und Wiesenlandschaften. Stressig kann's nur werden, wenn man als unerfahrener Freizeitkapitän sein Schiff unter den Augen aller in den Hafen steuern muss …

www.mueritz.de

297 BIRMINGHAM, ENGLAND

Auf nach Birmingham, ein Hausboot gemietet und schon kann's losgehen auf dem Birmingham & Fazeley Canal. Der ist zwar nur knapp 29 Kilometer lang, hat aber immerhin 38 Schleusen. Und in Fazeley geht's hinein in den Coventry Canal – so wird die Reise gleich

299 HURTIGRUTEN, NORWEGEN

Wilde Küstenabschnitte, tief eingeschnittene Fjorde und im Hintergrund schneeüberzogene Gipfel: Im Sommer taucht die Mitternachtssonne die Landschaft in ein mystisches Licht, im Winter zeichnen Polarlichter ihre bunten Schleier ans Firmament. Man muss ganz und gar nicht gläubig sein, um beim Anblick der norwegischen Westküste entlang der Hurtigruten in Ehrfurcht zu erstarren. Seit 1893 dient der 2700 Kilometer lange Wasserweg zwischen Bergen und Kirkenes als wichtige Postschifflinie für zahlreiche norwegische Küstenorte. Heute sind die Hurtigruten als eine der schonsten Schiffstouren der Welt bekannt – und die Norweger nennen sie stolz „Reichsstraße Nr. 1".

www.hurtigruten.de

gut 180 Kilometer lang. Hier ist Hausbootkapitän kein Stressjob, gemächlich geht's vorbei an Wiesen und Feldern, kleinen Dörfchen oder gleich am Anfang durchs quirlige Birmingham. Da gleiten die Pubs so nah vorbei, dass man glatt ein Bier vom Boot aus bestellen könnte.

visitbirmingham.com

298 LOIRE, FRANKREICH

Fließen lassen, Gang runterschalten, genießen – das Flussboot-Credo! *Et voilà*: Die Region Nivernais & Loire ist dafür wie geschaffen, denn hier fließen die Gewässer des Canal du Nivernais, der Yonne und des Canal Latéral à la Loire gemächlich vor sich hin. Jetzt bleibt nur noch eins: auf Hunderten von Kanalkilometern einfach die Sorgen vom Wind wegwehen und dabei Schlösser, Weinberge und atmosphärische Uralt-Dörfer vorbeiziehen lassen. Auch das Fahrrad hat Platz an Bord, für kleine herrliche Landausflüge. Klingt gut? *Mais oui!*

at.france.fr/de/news/artikel/flusskreuzfahrten-frankreich

300 ATTERSEE, ÖSTERREICH

Im flachen Uferbereich schimmert das klare Wasser in karibisch anmutenden Türkistönen. Und vom See aus eröffnet sich ein fantastischer Ausblick auf die majestätische Bergwelt Österreichs. Auf ihrer Rundfahrt stoppen die Linienschiffe der Attersee-Flotte an allen sehenswerten Stationen – wer mag, steigt aus und bleibt so lange, wie er will. Oft keine leichte Entscheidung, weil es rund um den See mitten im lieblich-welligen Salzkammergut jede Menge sehenswerte Schlösser, Villen und malerische Ortschaften gibt.

attersee-attergau.salzkammergut.at

HÖLLEN-HUNDE & AGENTEN

AUF DEN SPUREN VON SHERLOCK HOLMES ODER JAMES BOND DURCH STÄDTE UND LANDSCHAFTEN STREIFEN – WIEDERSEHEN GARANTIERT!

301 „HIGHLANDER", SCHOTTLAND

Als Christopher Lambert noch gute Filme drehte, machte er auch im Kilt in der grandiosen Landschaft der Highlands eine gute Figur. Der Fantasyfilm von 1986 um eine Reihe unsterblicher Schwertkämpfer, der in einer zweiten Zeitebene in New York spielt, ist längst Fantasykult. Das legendenumwobene Tal Glen Coe und das idyllisch gelegene Eilean Donan Castle sind die Hingucker.

www.eileandonancastle.com

303 COMMISSARIO BRUNETTI, VENEDIG, ITALIEN

Schon allein wegen Brunettis wunderbarer Terrasse über dem Canal Grande, auf der er mit seiner Familie Spaghetti speist, möchte man gerne Kommissar in der Krimireihe der Schriftstellerin Donna Leon sein. Doch überall lauert Böses in der Lagunenstadt, und Brunetti eilt unverdrossen durch enge Gassen und über kleine Brücken, gönnt sich in herrlich unbekannten Bars einen Espresso – womit die Krimis zum idealen Reiseführer abseits der Touristenströme werden.

www.diogenes.ch/leser/autoren/l/donna-leon.html

302 „BRÜGGE SEHEN UND STERBEN", BELGIEN

Ray hat bei einem Auftragsmord Mist gebaut und soll mit seinem Partner Ken in Brügge untertauchen. Um die Zeit totzuschlagen, durchstreifen die beiden die Stadt – weshalb Brügges Altstadt mit ihrem Mittelalterflair in diesem lakonischen Gangsterstreifen eine wunderbare weitere Hauptrolle spielt.

www.visitbruges.be

304 AKI & MIKA KAURISMÄKI, HELSINKI

Im Juni 2019 mussten die legendären Locations von Finnlands berühmtestem Regie-Brüderpaar „im Angesicht der dunklen Mächte des profitorientierten Neokapitalismus" schließen. Doch das Kino Andorra, das Café Moskau, die Corona Bar und die Dubrovnik Lounge – die auch Auftritte in den von typisch schrägen Figuren bevölkerten Filmen wie „Der Mann ohne Vergangenheit" oder „Three Wise Men" hatten – sollen an anderer Stelle wiederauferstehen.

www.myhelsinki.fi/de

Venedig, wie Commissario Brunetti es sieht: auch mal verschlafen und ganz ohne Touristen.

305 „JAMES BOND 007: SPECTRE", GAISLACHKOGEL, TIROL

James Bond scheint ein Faible für futuristische Gipfelrestaurants in den Alpen zu haben. Bereits 1969 genoss 007 in „Im Geheimdienst Ihrer Majestät" die Annehmlichkeiten des Panoramalokals Piz Gloria auf dem Schweizer Schilthorn. 2015 reiste der britische Top-Agent in „Spectre" – diesmal nicht in der Person von George Lazenby, sondern in der von Daniel Craig – nach Sölden, um eine luxuriöse Bergklinik auf 3048 Meter Höhe zu infiltrieren. In Wahrheit ist der futuristische Glaskubus inmitten der Bergwelt des Ötztals das Gourmetrestaurant ice Q. Direkt nebenan: „007 Elements", eine interaktive Ausstellung zu „Spectre" und anderen Bond-Filmen.

www.iceq.at/james-bond.html

306 „DAS PARFUM", GRASSE, FRANKREICH

Es ist nur folgerichtig, dass Patrick Süskinds Bestseller um den Frauenmörder Jean-Baptiste Grenouille sein Ende in jener Stadt findet, die seit 400 Jahren berühmt ist für ihre duftenden Erzeugnisse. Wer heute durch die Gassen der Altstadt streift, findet jede Menge Ecken, die im 18. Jh. auch schon so ausgesehen haben könnten. Und im Museum der Parfümerie kann man sich die Ekstase vorstellen, die Grenouille auf der Suche nach einem unwiederstehlichen Duft erlebt. Achja, das Paris von 1783, das Tom Tykwer im Film so plastisch zeigt, ist in Wirklichkeit – Barcelona.

www.ville-grasse.fr

Doppelt schön: Die Tiroler Berglandschaft spiegelt sich in der Fassade des Gourmetrestaurants ice Q.

307 „DIE BRÜCKE", SCHWEDEN & DÄNEMARK

Eine Leiche liegt genau auf der Grenze zwischen Schweden und Dänemark. Also wird grenzüberschreitend ermittelt, der Fall ist gewohnt skandinavisch düster-brutal. Eine der Hauptrollen: die spektakuläre Öresundbrücke. In Nebenrollen: Malmö und Kopenhagen, winterlich grau. Wer es eher mit den Alpen hält: In der Thrillerserie „Der Pass" liegt ein Opfer halb im Berchtesgadener und halb im Salzburger Land.

www.oresundsbron.com/de

308 DESIERTO DE TABERNAS, SPANIEN

Trockener wird's nicht. Zumindest nicht in Europa – weshalb die Tabernas-Wüste in Filmen wie „Lawrence von Arabien" oder „Indiana Jones" schon mal die Sahara doubelte. Berühmter aber ist sie für Schurken, Indianer und Pistoleros aus „Spiel mir das Lied vom Tod", „Winnetous Rückkehr" oder „Der Schuh des Manitu". Kulissen wie Fort Bravo oder Western Leone sind heute Westernstadt-Themenparks.

www.fortbravo.org; western-leone.es

309 „INTERSTELLAR", ISLAND

So eine Ahnung hatte man ja schon immer: Island liegt eigentlich auf einem anderen Planeten. Streng genommen ist es vor allem ein Spot auf der Insel, nämlich der Gletscher Svínafellsjökull. Auf Gletscherwanderungen kann man nachvollziehen, warum die Eiswüste die Film-Astronauten, die auf der Suche nach einer neuen Erde sind, fast verzweifeln lässt.

www.south.is

310 BRENNER-KRIMIS, GRAZ, ÖSTERREICH

Egal, was er macht, der Brenner, das Verbrechen findet ihn. Wolf Haas' wunderbar verquer-dickschädliger Privatermittler stammt aus Graz und kehrt in „Das ewige Leben", dem sechsten Band der Krimi-Reihe, in seinen Heimatbezirk Puntigam zurück. Haas schrieb den Roman eigens zur Ernennung von Graz zur europäischen Kulturhauptstadt 2003 – und so ist der Krimi ein idealer Stadtführer.

www.graztourismus.at

311 „GAME OF THRONES", DUBROVNIK, KROATIEN

Als Hauptstadt der Sieben Königslande wurde Dubrovnik alias Königsmund zum Objekt der Begierde für alle, die am Intrigenspiel rund um den Eisernen Thron beteiligt waren. Dabei spielt die kroatische Schöne mit der malerischen Altstadt – deren Silhouette per Computer noch mal ordentlich aufgemotzt wurde – auch noch andere Orte, etwa das prächtige Qarth (Rektorenpalast) oder das Haus der Untoten (Minceta-Turm). Auf Touren kann man nicht nur die GoT-Drehorte, sondern auch die von „Star Wars: Die letzten Jedi" besuchen.

www.tzdubrovnik.hr/lang/de

312 „DIE UNERTRÄGLICHE LEICHTIGKEIT DES SEINS", PRAG, TSCHECHIEN

Milan Kunderas Roman ist ein „Ja" zur Freiheit, denn die Handlung ist eng mit dem Prager Frühling 1968 verknüpft. Damals stellten sich die Menschen in Prag den Panzern des Warschauer Pakts entgegen, die ihren Wunsch nach mehr Demokratie unter sich zermalmten. Wer das Buch dabeihat, kann das Prag von heute mit dem vor 50 Jahren vergleichen.

www.prague.eu/de

313 „EIN HERZ UND EINE KRONE", ROM, ITALIEN

Aberdutzende Filme wurden in der Ewigen Stadt gedreht. Und doch hat man sofort genau zwei Bilder vor Augen: das Bad von Anita Ekberg im Trevibrunnen in „Das süße Leben" und Audrey Hepburn, wie sie als herzallerliebste Prinzessin mit Gregory Peck unerkannt durch Rom zieht. Filmtouren gibt es in Rom jede Menge – nicht zu vergessen die Cinecittà-Studios vor den Toren der Stadt.

www.turismoroma.it/de

314 „DER PIANIST", WARSCHAU, POLEN

Roman Polanskis ebenso verstörende wie berührende Geschichte des Pianisten und Komponisten Władysław Szpilman, der wie durch ein Wunder die Nazi-Verbrechen im Warschauer Getto überlebt, beruht auf dessen Autobiografie. Die Straßenszenen wurden tatsächlich im Stadtteil Praga gedreht, weil sich hier die Atmosphäre des alten Warschaus erhalten hatte. Auch heute noch, rund 20 Jahre später, kann man dieses Flair noch spüren.

warsawtour.pl/de

315 „MIDNIGHT IN PARIS", FRANKREICH

Manchmal werden Träume wahr, auf jeden Fall in Woody Allens wunderbarem Film-Märchen. Da steigt ein amerikanischer Tourist um Mitternacht in eine Limousine, die ihn mitten ins turbulente Pariser Künstlerleben der 1920er-Jahre kutschiert. Wer ihm folgen möchte, merkt sich Drehorte wie das Restaurant Polidor oder das Rodin-Museum. Dann heißt es nur noch, auf die typische Allen-Nostalgie zu warten.

de.parisinfo.com

316 WALLANDER-KRIMIS, YSTAD, SCHWEDEN

Das heitere Astrid-Lindgren-Schweden hat in den Krimis rund um den desillusionierten, immer etwas mürrischen Kommissar keinen Platz. Dabei ist Wallanders Heimatstadt ein sehr netter Ort voll malerischer Fachwerkhäuser und stimmungsvoller Altstadtgassen. Viele Fans der Bücher und Filme begeben sich auf den offiziellen Wallander-Führungen auf dessen Spuren.

visitsweden.de/wallanders-ystad

317 „DER HUND VON BASKERVILLE", DARTMOOR, ENGLAND

„Feuer schlug aus seinem offenen Maul, die Augen glühten in einem verhaltenen Lodern ..." So beschrieb Arthur Conan Doyle den unheimlichen Geisterhund vom Dartmoor. In der auch heute noch, je nach Wetter und Tageszeit, unheimlichen bis herb-schönen Landschaft des Dartmoor-Nationalparks mit seinen typischen Granitfelsen folgst du den Spuren von Meisterdetektiv Sherlock Holmes. In der Folge „Die Hunde von Baskerville" sagt TV-Sherlock Benedict Cumberbatch über die Legende: „Für den Tourismus in Devon hat das sicher Wunder gewirkt."

www.dartmoor.gov.uk

318 „ULYSSES", DUBLIN, IRLAND

Der 16. Juni 1904 in Dublin, ein ganz normaler Tag im Leben von Leopold Bloom, ein Tag in 18 Episoden. James Joyce lässt seine Hauptperson im 1922 erschienenen Roman durch Dublin streifen und die Leser schauen ihm dabei zu, wie äußere Ereignisse mit Gedanken, Assoziationen und Erinnerungen verschwimmen. Auf geführten Touren kann man den Tag, den Joyces' Romanheld erlebt, zumindest ansatzweise nachempfinden – und sich vielleicht sogar die anstrengende Lektüre ersparen.

www.schilthorn.ch

319 AGATHA CHRISTIE, TORQUAY, ENGLAND

Wer die englische Riviera im Südwesten des Landes besucht, kann der Königin des literarisch vertrackten Krimis nicht entkommen. Man folgt ihren Spuren auf dem Agatha Christie Literary Trail oder auf der Agatha Christie Mile in ihrem Heimatort Torquay, besucht ihre Residenz in Greenway und feiert sie Mitte September beim International Agatha Christie Festival.

www.visitengland.com/de

320 „HARRY POTTER", DURHAM CATHEDRAL, ENGLAND

Eine Schule wie Hogwarts – wer würde die nicht gerne besuchen? Selbst die, die längst ihr Abschlusszeugnis in der Tasche haben, können sich der Faszination des spektakulären Gebäudes aus

Nur echt mit dem schwarzen Hund: Abendimpression im Dartmoor-Nationalpark.

den Filmen nicht entziehen – das in Wahrheit eine Kirche ist. Um 1090 wurde die Kathedrale von Durham gegründet, und wer sie heute besucht, fühlt sich direkt in die Geschichten rund um unseren liebsten Zaubererschüler versetzt.

www.durhamcathedral.co.uk

HÖLLENHUNDE & AGENTEN

TRAUM-STRÄNDE

MANCHMAL IST DAS PARADIES NUR EIN STREIFEN SAND. DIE SCHÖNSTEN FINDEST DU HIER.

321 BUCHT VON CAPRICCIOLI, SARDINIEN, ITALIEN

Eingerahmt von großen, rundgewaschenen Granitfelsen fällt die zweigeteilte Bucht von Capriccioli allmählich ins türkisblaue Meerwasser ab. Auf der Rückseite des Strandabschnitts sorgen Olivenbäume und Pinien für den duftendschattigen Rahmen. In der windgeschützten Bucht ist das Wasser meist sehr ruhig und kristallklar – was sich vor allem in der Hauptsaison rumgesprochen hat. Ruhiger ist's im Frühjahr und Herbst.

www.sardegnaturismo.it/de

322 STRAND VON DUEODDE, BORNHOLM, DÄNEMARK

Lass einfach mal den Sand an der Südspitze der Insel Bornholm durch die Finger rieseln. Er ist so fein, dass er früher für die Produktion von Sanduhren verwendet wurde. Wären nicht die Dünen und der Kiefernwald, könnte Dänemarks schönster Strand auch in der Südsee liegen. Zeit also für einen Spaziergang wie auf Wolken – aber nur, wem das Wasser der Ostsee zu kalt ist. Das weißsandige Wunder geht ganz flach in die Wellen über und ist ideal für Kids. Auch Surfer fühlen sich wie im siebten Himmel. Vom Parkplatz aus führt ein 500 Meter langer Holzsteg zwischen den meterhohen Dünen hindurch bis ans Meer.

www.visitdenmark.de

323 PLAYAS DE SOTAVENTO, FUERTEVENTURA, SPANIEN

❄ Die Sandstreifen im Südosten von Fuerteventura sind ein Paradies für Familien und Windsurfer. Nicht nur, weil die beiden Strandabschnitte Playa Risco del Paso und Playa Barca fast endlos flach verlaufen. Windsurfer und Kiteboarder lieben vor allem den stetigen Wind. Deshalb treten sie hier auch zum Fuerteventura Windsurfing & Kiteboarding World Cup an. Wer es windgeschützter mag, findet in den Dünen ruhige Plätzchen.

visitfuerteventura.es/de

324 PRAIA DONA ANA, ALGARVE, PORTUGAL

Er gilt als einer der schönsten im Süden Portugals: Feiner Sand, klares Wasser und spektakuläre Felsformationen machen den Strand in der kleinen Bucht zu einem beliebten Postkartenmotiv. Die Klippen rund um die Praia Dona Ana halten nicht nur den Wind ab, sondern spenden nachmittags auch Schatten. Oberhalb des schnuckeligen Paradieses in der Nähe der Stadt Lagos finden sich einige gute Cafés und Restaurants mit herrlicher Aussicht – ein Grund mehr, warum er meist gut besucht ist.

www.visitportugal.com/de

Kunterbunte Sonnenschirmparade: ein Badetag an der Praia Dona Ana.

325 LAKOLK-STRAND, RØMØ, DÄNEMARK

Mit seinem flach abfallenden Profil ist der Lakolk-Strand auf der dänischen Insel Rømø ein idealer Ausflugsort für Familien. Und weil er so richtig, richtig – richtig! – schön breit ist, gibt es dort selbst in der Hochsaison keine Platzprobleme. Damit sich trotzdem die, die in Ruhe Sandburgen bauen oder Drachen steigen lassen wollen, und die, die ihrem Bewegungsdrang auf der riesigen Sandfläche nachkommen wollen, nicht in die Quere kommen, gibt's eine speziell ausgewiesene Aktivzone: damit sich Reiter, Strandsegler, Kitebuggy-Fahrer und Windsurfer ordentlich tummeln können. Im September findet hier übrigens eins der größten Drachenfestivals Europas statt.

www.visitdenmark.de

 Jede Menge Sand, Platz und Wind: Lakolk-Strand auf der dänischen Insel Rømø.

326 KAP KAMENJAK, ISTRIEN, KROATIEN

Das Kap liegt am Südzipfel der Halbinsel Istrien und ist nur über eine holprige, staubige Straße erreichbar. Wer sie auf sich nimmt, auf den warten zahlreiche versteckte Sandbuchten mit türkisblauem Wasser, die nur über teils abenteuerliche Wege entlang steil abfallender Klippen zu erreichen sind. Im klaren Wasser ist gut schnorcheln – ein Muss der Besuch der urigen Safari Bar, die in einem kleinen Bambushain liegt. Nur wenige Schritte entfernt springen Mutige von den Klippen ins Meer.

croatia.hr/de-DE

327 PRAIA DA BORDEIRA, COSTA VICENTINA, PORTUGAL

Bei Ebbe wird die Praia in der Nähe des Dorfes Carrapateira zu einem der größten Sandstrände Portugals, bei Flut zu einem begehrten Hotspot für Surfer und Bodyboarder. Manche behaupten sogar, man würde hier die besten Wellen der Algarve finden. Diese Ambivalenz macht die Bucht sowohl interessant für Aktivurlauber als auch für Familien mit Kindern. Beliebt ist die Bucht auch bei vielen Zugvögeln, die hier auf ihrem Weg nach Afrika gerne einen Stop einlegen.

www.visitportugal.com/de

328 GOLDEN BEACH, NORDZYPERN, TÜRKEI

Etwa zwei Stunden von Famagusta enfernt liegt auf der Karpas-Halbinsel der „Goldene Strand“. Die Region rund um das feinsandige Juwel ist touristisch noch kaum erschlossen – die Chancen, ganz für sich allein das herrliche Tableau aus Sand, Meer und hohen Dünen zu genießen, stehen also ziemlich gut. Leicht macht es einem einer der schönsten Strände Nordzyperns nicht, die Anfahrt mit dem Mietwagen dauert … Übernachten kann man aber auch im nicht weit entfernten Ort Dipkarpaz.

www.nordzypern-touristik.de

329 CALÓ DES MORO, MALLORCA, SPANIEN

Die schöne Bucht im Süden Mallorcas ist nicht einfach zu finden, deshalb findest du hier vor allem Einheimische. Der Zugang zur Caló des Moro liegt südwestlich des Ortes Cala Llombards: Über einen Trampelpfad geht es zu einer versteckten Bucht, die den Vergleich mit so manchem karibischen Strand nicht scheuen muss. Der helle Naturstrand wird links und rechts von imposanten Klippen eingerahmt. Bei aller Schönheit müssen Besucher jedoch Abstriche bei der Infrastruktur in Kauf nehmen: Toiletten, Restaurants oder Rettungsschwimmer gibt es an der Caló des Moro leider keine.

www.infomallorca.net

330 SANDDÜNEN VON ŁEBA, POLEN

Der ungewöhnlich feine Sand des polnischen Seebads Łeba ist so beliebt, dass viele Besucher ihn säckeweise abtransportieren. Noch gibt es genug: Wind und Wellen liefern täglich so viel davon, dass sogar der Hafen zeitweise zu versanden drohte. Aber des einen Leid ist bekanntlich des anderen Freud und bei den Badegästen zählt Łeba aufgrund dieser außergewöhnlichen Situation zu den beliebtesten Stränden an der polnischen Ostsee. Mitverantwortlich dafür ist sicher auch die herrliche Kulisse aus großen Sanddünen, die den Strand umgeben.

www.polen.travel/de

331 STRAND VON OPATOVO, MONTENEGRO

Nur knapp drei Kilometer vom Stadtzentrum von Opatovo entfernt liegt ein Ort der Ruhe und wilden Schönheit. Der Sandstrand – an der rund 300 Kilometer langen Küste gibt es auch Kies- und Felsstrände – ist mehr als 200 Meter lang und auch in der Sommerzeit nicht überfüllt. In den zwei Bereichen links und rechts des Leuchtturms erwartet einen neben einem entspannten Naturerlebnis auch eine gute ausgebaute Infrastruktur in Form von Cafés und Restaurants.

www.visit-montenegro.com

332 PLAGE DE LA CÔTE DES BASQUES, BIARRITZ, FRANKREICH

Baden mit ganz besonderer Atmosphäre: Biarritz hat eine lange Geschichte als See- und Heilbad. Die mondänen Zeiten, als hier Kaiser und Könige, Lords und Ladys die Sommerfrische genossen, sind allerdings lange vorbei. Heute ist die Stadt an der rauen baskischen Atlantikküste vor allem eins: Surf-Hotspot. Was nicht heißt, dass der weite Strand nicht prima wäre zum Baden und Sandeln. Allerdings nur bei Ebbe: Wenn die Flut anklopft oder die Atlantikwinde das Meer peitschen, jauchzen die Wellenreiter und sind nicht zu halten.

www.tourisme.biarritz.fr

333 WEST WITTERING, CHICHESTER, ENGLAND

Der naturbelassene Sandstrand wurde für seine gute Wasserqualität mit dem Umweltzeichen der Blauen Flagge ausgezeichnet. Bei Ebbe wechseln sich flache Lagunen mit Sandbänken ab und bilden einen idealen Abenteuerspielplatz für Kinder. Bekannt ist West

So viel Sand, dass er sogar in die Höhe strebt: die Dünen von Łeba.

Wittering auch für seine tolle Aussicht auf den Hafen von Chichester und die hügelige Kreidelandschaft der South Downs.

westwitteringestate.co.uk

334 PLAYA DE RODAS, CÍES-INSELN, SPANIEN

Die Römer nannten sie „Inseln der Götter", und wer die Eilande im Nordwesten Spaniens vor der galizischen Küste besucht, wird dem erstens nur schwer widersprechen können. Und zweitens dem schönsten Strand der Welt begegnen: Der weite Sandbogen, der zwei der Cíes-Inseln verbindet, ist einer von Spaniens Geheimtipps. Noch! Denn das Reich des glasklaren Wassers, der weißen feinsandigen Strände, langgezogenen Dünen und grünen Pinienwälder wird immer bekannter. Weshalb eine Beschränkung für die Inseln gilt: Die Zutrittserlaubnis gibt's im Internet.

www.spain.info/de_DE/reportajes/las_divinas_islas_cies.html

335 GOLDEN BAY, MALTA

Der Name kommt nicht von ungefähr: Die Bucht im Nordwesten der Insel säumt tatsächlich ein breiter Streifen aus goldfarbenem Sand. Der leuchtet im Kontrast zum tür-

Typischer Kontrast auf Lanzarote: das Türkisgrün des Meeres und die karge Vulkanlandschaft der Insel.

kisblauen Meer – oder bei einem der besonders schönen Sonnenuntergänge. Allein wird man die Naturschönheit nicht genießen können: Obwohl die malerisch von zwei Klippen begrenzte Bucht etwas abgelegen ist, gehört sie zu den meistbesuchten Stränden Maltas. Deshalb gibt's auch Liegen und Sonnenschirme, Restaurants und Cafés. Und für Adrenalin-Junkies Abenteuer von Jetski bis Parasailing.

www.visitmalta.com/de

336 STRAND VON OLDSHOREMORE, SCHOTTLAND

Ein Hang führt hinunter zum weichen, weißen Schotten-Sand. Ein idealer Ort an der schottischen Westküste, um einfach mal – gar nichts zu tun. Und wem der Strand noch nicht menschenleer genug ist: Eine Wanderung auf dem (nicht ganz einfachen) Oldshoremore Bay Circuit bringt einen zu zwei weiteren, garantiert einsamen und ebenso überirdisch schönen Stränden. Perfekt, um den Kopf an einem windigen Tag gut durchzulüften. Wohnmobilisten verbringen auf dem Parkplatz (mit Toilette) gerne mal eine idyllische Highland-Nacht.

www.visitscotland.com/de-de

337 VOUTOUMI, ANTI PAXOS, GRIECHENLAND

Wer das Boot zum Strand auf der kleinen, ruhigen Nachbarinsel von Paxos nimmt, erlebt schon mal bei der Anreise ein Abenteuer. Das durch die Ankunft noch getoppt wird: Ist der Skipper auf der Fahrt irgendwo falsch abgebogen und in der Karibik gelandet? Weiße Felsen, weißer Sand, unter den Bäumen eine Taverne … Urlauber, was willst du mehr? Vielleicht ganz für dich alleine sein? Ein frommer Wunsch, auch wenn die großen Massen das Anti-Paxos-Traumsträndchen noch nicht entdeckt haben.

www.visitgreece.gr

338 VAYA BEACH, BULGARIEN

Die Anreise ist etwas mühsam, vor allem die letzten zwei Kilometer fordern den Stoßdämpfern des Mietwagens nochmals alles ab. Hat man den Strand aber erst einmal erreicht, wird man für die Mühen belohnt: Vaya Beach ist meist nur wenig besucht und bietet trotz seiner isolierten Lage ein gutes Angebot für Badegäste, darunter einige Strandbars, Rettungsschwimmer und Toiletten. Eine imposante Kulisse bilden die steil abfallenden Felswände, die sich im Norden von Vaya Beach in den Himmel erheben. Wer's wilder und natürlicher mag, stapft an den benachbarten Irakli Beach.

www.bulgariatravel.org/de

339 STRAND VON TYLÖSAND, SCHWEDEN

Der lange Strand ist ideal für ausgedehnte Spaziergänge und zählt zu den schönsten Schwedens – das nur wenige Sandstrände bietet. Der Uferbereich ist meist sehr seicht und ideal für Kinder. Das Hotel Tylösand gehört übrigens unter anderem Per Gessle, Mitglied der Pop-Band Roxette, die vor allem in den 1990ern Riesenerfolge feierte. Interessanter ist aber wohl die Lage des Hotels – nur 50 malerische Meter vom Traumstrand entfernt in den Dünen.

visitsweden.de

340 PLAYAS DE PAPAGAYO, LANZAROTE, SPANIEN

Wer die „Papageienstrände" im Süden der kleinen Kanareninsel besucht, muss eine schwierige Entscheidung treffen. Zur Auswahl stehen nämlich gleich sieben Strandjuwelen, deren Schönheit durch den Kontrast mit den schwarzen Lavafelsen und dem tiefblauen Ozean nur noch gesteigert wird. Für den Mietwagen sind die holprigen Zufahrtsstraßen tabu, aber weil die Playas de Papagayo Teil des Naturparks Los Ajaches sind, gehört eine Wanderung entlang der Küste zu den Highlights auf Lanzarote.

turismolanzarote.com/de

SO ISST EUROPA

DIE EINEN FÜLLEN SCHAFSMÄGEN MIT ALLEM MÖGLICHEN, DIE ANDEREN VERWANDELN EIN SANDWICH IN EINE TAGESMAHLZEIT: EUROPA FUTTERT LECKER – JE NACH SICHTWEISE.

341 RACLETTE DU VALAIS, WALLIS, SCHWEIZ

Das Raclette aus dem Kanton Wallis hat mit der Variante, die traditionell in deutschen Wohnzimmern unterm Weihnachtsbaum oder vorm Silvesterfeuerwerk zelebriert wird, wenig zu tun. Bei den Eidgenossen wird ein halber Laib Raclettekäse unter einen Ofen gestellt und dann der schmelzende Käse auf den Teller geschabt. Dazu gibt's Kartoffeln, Essiggurken, Silberzwiebeln und den Walliser Weißwein Fendant. Wer ein Holzfeuer zur Hand hat und den Käse an den Flammen schmilzt, ist richtig originalgetreu unterwegs. In einigen Schweizer Restaurants wird diese stimmungsvolle Variante noch zelebriert.

www.raclette-du-valais.ch

342 SMØRREBRØD, KOPENHAGEN, DÄNEMARK

Schlicht und einfach „Butterbrot" bedeutet der dänische Ausdruck Smørrebrød. Dass es sich dabei keineswegs nur um eine Stulle handelt, lässt sich schon an einer Tatsache ablesen: Für das belegte (Roggen-)Brot gibt es im Land eine eigene Restaurantsparte. Wohl das berühmteste Smørrebrød-Lokal ist das Ida Davidsen in Kopenhagen, wo der Ur-Ur-Großvater der heutigen Besitzerin 1888 das dänische Butterbrot erfunden haben soll. Die Speisekarte mit 178 wählbaren Varianten hat es ins Guinness-Buch der Rekorde geschafft.

idadavidsen.dk

343 LÁNGOS, UNGARN

Zu Lángos, sagen die Ungarn, passt am besten Letscho. Alles klar? Lángos, ausgesprochen Langosch, ist längst auch im Westen ein Klassiker, vor allem auf Jahrmärkten, Festivals, Stadtfesten. Da brodelt das Fett in riesigen Bottichen, in dem Fladen aus Hefeteig aufs Herrlichste aufgehen. Letscho gibt es dort allerdings selten dazu, wobei das Schmorgericht aus gelber Spitzpaprika, Tomaten, Zwiebeln und auch mal Speck einen perfekten Begleiter abgibt. Knoblauchöl, Sauerrahm, Schafskäse, aber auch Puderzucker oder Früchte sind aber ebenfalls nicht zu verachten.

344 HAGGIS, SCHOTTLAND

Der Haggis, der gefüllte Schafsmagen, ist der „Große Häuptling des Stammes der Pasteten". So zumindest verherrlicht der schottische Nationaldichter Robert Burns in einem Gedicht den „Great Chieftain o' the Puddin-race". Kein Wunder also, dass die Schotten beim Burns Supper am 25. Januar, dem Geburtstag des Dichters, gefüllte Schafsmägen im Dutzend verspeisen. Dass die Spezialität sowohl beim Zubereiten als auch beim Verspeisen nichts für „Schwächlinge" ist, erschließt sich schon bei der Zutatenliste: Der Magen des Schafs wird mit dessen Herz, Leber, Lunge und Nierenfett gefüllt, dazu kommen Zwiebeln und Hafermehl.

www.visitscotland.com/de-de/see-do/food-drink/haggis

345 KÄSKNÖPFLE, LIECHTENSTEIN

Von der Mutter an die Tochter wird das Rezept für die Käsknöpfle weitergegeben, so ist es Brauch im Fürstentum. Und deshalb schmeckt das Traditionsgericht

346 BYREK, ALBANIEN

Als Börek kennt man sie am ehesten aus der Türkei, aber die gefüllten Blätterteigköstlichkeiten gibt es auch in Bulgarien (Baniza), Griechenland (Buréki oder Píta), in vielen Ländern des ehemaligen Jugoslawien (Burek) oder aus Nachfolgestaaten der Sowjetunion (Tscheburek). In Albanien gehört Byrek ebenfalls zu den traditionellen Gerichten, die meist mit Spinat und/oder Schafskäse gefüllt sind. Aber auch die Varianten, in denen sich leckere Kartoffelwürfel, Hackfleisch oder trockener, salziger Ricotta unter der goldgelb glänzenden Teigoberfläche verstecken, sind wunderbare Snacks.

Warten auf Kundschaft: Byrek-Stand in Albanien.

auch überall anders. Dabei kommt's nicht so sehr auf den Knöpfleteig an – der ist mit Mehl, Eiern, Wasser, Pfeffer, Muskat und Salz weitgehend gleich –, sondern auf den Käse zum Überbacken. Viele Köche verwenden in der Mischung mit etwa Appenzeller den gereiften Liechtensteiner Sauerkäse, der aus geronnener Magermilch gewonnen wird.

347 AJVAR, SERBIEN, MAZEDONIEN & TÜRKEI

Grillplatte, Grillplatte auf dem Teller, wer hat das beste Ajvar in seinem Keller? Eine Antwort auf diese Frage wird kaum zu ermitteln sein. Vermutlich haben die Osmanen – die ab dem 14. Jh. 500 Jahre lang den südlichen Balkan beherrschten – die Paprikapaste erfunden. Heute wetteifern vor allem Mazedonien und Serbien um das beste Ajvar, das zu Fleischgerichten vom Balkan gereicht wird. Wer die Paste selber machen will, braucht Zeit: Rote Spitzpaprika wird geröstet, dann gehäutet, entkernt und stundenlang eingekocht.

348 SMALAHOVET, NORWEGEN

Lämmer haben es in der (Vor-) Weihnachtszeit in Norwegen schwer. Denn der Schlachter sorgt dafür, dass in vielen Restaurants Smalahovet bestellt werden kann: gepökelter, getrockneter und anschließend gekochter Lammkopf. Längst ist das frühere Arme-Leute-Essen zur Delikatesse geworden, die allerdings Neulinge vor besondere

Welchen Kougelhopf soll man bloß nehmen? Backwarenvielfalt im Elsass.

Herausforderungen stellt. Schließlich liegt da neben Steckrüben und Kartoffelbrei ein Kopf auf dem Teller, dessen fettreiche Augen und Ohren als Erstes verzehrt werden sollten.

www.visitnorway.de/aktivitaten/kulinarisches-norwegen

349 PAPAS ARRUGADAS CON MOJO, KANARISCHE INSELN, SPANIEN

Im 16. Jh. wanderte eine Knolle auf die zu Spanien gehörenden

350 KOUGELHOPF, ELSASS, FRANKREICH

Ob ihn wirklich die Heiligen Drei Könige ins Elsass gebracht haben, sei mal dahingestellt. Aber einem Turban sieht er schon ähnlich, der Kougelhopf oder Gugelhupf. Die Backform aus Ton oder Keramik, die nicht selten von Generation zu Generation weitergegeben wird und oft aufwendig verziert ist, ist genauso traditionell wie das Rezept: ein Hefeteig, in dem Mandeln und in Kirschwasser marinierte Rosinen sitzen. Das Gebäck ist ein echter Allrounder, wird zum Frühstück gegessen, in den Café au lait getunkt, mit Butter serviert und sogar mit einem Gläschen Weißwein genossen. Bei den Fêtes du Kougelhopf, unter anderem in Ribeauvillé, biegen sich die Verkaufsstände unterm Turban-Kuchen.

www.tourisme-alsace.com/de

Inseln vor der afrikanischen Küste ein, die deren Küche für immer verändern sollte: Als Papa Arrugada, „verrunzelte Kartoffel“ mit feiner Salzkruste, ist sie zum kulinarischen Aushängeschild geworden – aber nur gemeinsam mit den typischen Saucen, vor allem dem Mojo Rojo und dem Mojo Verde. Während Erstere, die Rote, aus scharfer Paprika und Knoblauch besteht, wird ihre grüne Schwester meist aus Petersilie oder Koriander zusammengerührt.
(Oliven-)Öl gehört in beide. Rezepte für die Saucen gibt es so viele, wie es Familien gibt, denn jede hat ihr ganz eigenes Genussrezept.

www.hallokanarischeinseln.com/kanarische-gastronomie

351 RUPJMAIZE, LETTLAND

Lettland ist das Land, in dem Brot ein nationales Kulturgut ist. Die Produktion von Rupjmaize, des Roggenbrots, wird selbst heute noch von Legenden und Ritualen begleitet – lässt man es etwa mit der Unterseite liegen, wird das als respektlos angesehen. Das Brot auf Sauerteigbasis und ohne ein einziges Körnchen Weizen bekommt seinen typischen Geschmack durch einen Hauch von Kümmel. Es passt perfekt zur deftigen lettischen Küche aus Fisch und (geräuchertem) Fleisch und kommt sogar als leckerer Nachtisch daher: Maizes Zupa, Brotsuppe, besteht aus Äpfeln, Zucker, Butter – und Roggenbrot.

352 SALZBURGER NOCKERL, SALZBURG, ÖSTERREICH

„Süß wie die Liebe und zart wie ein Kuss“ ist die Mehlspeise, die wie „ein himmlischer Gruß“ zum Nachtisch aus der Küche kommt. Die berühmteste Version des Lieds, aus dem dieser Text stammt, ist wohl von Peter Alexander aus dem Jahr 1961. Woher die besungene Köstlichkeit stammt, ist dagegen weniger klar. Verwöhnte schon im 16. Jh. die Mätresse Salome Alt ihren Fürsterzbischof Wolf Dietrich damit? Klar ist: Die luftigen Nockerl von heute können erst mit der Erfindung des Backofens und der Erkenntnis, dass geschlagenes Eiweiß den Teig auflockert, entstanden sein. Zum dreigipfligen Dessert, das die Salzburger Hausberge darstellen soll, sollte man sich Hilfe holen. Es ist ein mächtiger süßer Höhepunkt …

www.salzburg.info

353 SEETANG, IRLAND

600 verschiedene Arten von Algen wachsen im sauberen Wasser vor der Küste Irlands. Dass das Meeresgemüse eine hervorragende Nahrungsquelle ist, wissen die Iren seit Jahrhunderten. Und seit man erkannt hat, wie viele Mineralien, Vitamine und Spurenelemente Seetang enthält, dass er entzündungshemmend wirkt, antibakteriell ist und Wirkstoffe gegen Krebs enthält, macht das Gewächs Karriere als „Superfood“. In vielen irischen (Sterne-)Restaurants wird heute Seetang in unterschiedlichsten Geschmacksrichtungen serviert.

www.ireland.com/de-de/aktivitaeten/essen-und-trinken

354 SURSTRÖMMING, SCHWEDEN

Am besten öffnet man eine Dose Surströmming, indem man sie unter Wasser hält. So wird der erste Eindruck – ein infernalischer Gestank (Schweden bezeichnen ihn als „kräftig“) – abgemildert. Surströmming ist vergorener, fermentierter Fisch: Im Frühjahr werden Heringe in Salzlake eingelegt, die bis Ende August gären und dann auf einer Scheibe süßlichem „Tunnbröd“ mit Zwiebeln, Kartoffeln und einer Sauce aus saurer Sahne und Tomaten verspeist werden. Selbst viele Schweden ertragen die traditionelle Delikatesse nur mit viel Schnaps.

visitsweden.de/die-hohe-kuste

355 STROOPWAFEL, GOUDA, NIEDERLANDE

Eine der bekanntesten niederländischen Süßigkeiten war ursprünglich nichts anderes als Resteverwertung: Was vom Teig übrig blieb, wurde zur Waffel verbacken und mit Sirup gefüllt. Heute kann man die Stroopwafeln, die Sirupwaffeln, vor allem auf den Wochenmärkten ganz frisch genießen. Im Café legt man sie auf die warme Tasse, damit sich die Karamellfüllung verflüssigt.

www.holland.com/de/tourist/information.htm

356 CURRYWURST, DEUTSCHLAND

Dass Herta Heuwers Geschäft in ihrem Berliner Imbiss 1949 tatsächlich so schlecht lief, dass sie vor lauter Langeweile die Currywurst erfand, klingt durchaus plausibel. Aber auch die Hamburger reklamieren die Kreation für sich. Und dann ist da ja auch noch der Ruhrpott … Ob im oder ohne Darm, ob Brüh- oder Bratwurst, ob klassische Tomatensauce, mit Tsatsiki oder Schampus: Die Currywurst ist ein gesamtdeutsches Phänomen. Ein (mittlerweile geschlossenes) Museum hatte sie aber nur in Berlin.

357 PANZANELLA, ITALIEN

Ein bisschen Olivenöl, etwas Zitrone, ein Backofen, dazu den Salat und das Gemüse, das noch im Kühlschrank lagert – und schon wird aus geröstetem (altem) weißen Landbrot vom Italiener an der Ecke eine perfekte italienische Delikatesse. Wer den Brotsalat erfunden hat? Vielleicht Bauern, vielleicht Fischer, die respektvoll mit ihren Vorräten umgegangen sind.

www.italia.it/de

358 VEPŘO-KNEDLO-ZELO, TSCHECHIEN

Vepřo-knedlo-zelo? Nie gehört? Aber sicher doch: Schweinebraten, Knödel und Kraut ist das tschechische Nationalgericht – kein Restaurant, in dem es nicht auf der Karte steht. Das Fleisch kommt mit Schwarte, die Semmelknödel typisch böhmisch und das Kraut mit Speck und Kümmel daher. Damit ist das Gericht ein typischer Vetreter der reichhaltigen, vor allem auf Fleisch basierenden osteuropäischen Küche. Das köstliche tschechische Bier aber, das dazu getrunken wird, sucht seinesgleichen.

www.czechtourism.com/de

359 PLOKKFISKUR, ISLAND

Worauf basiert die Küche einer Insel? Klar, auf Fisch. Was vom Vortag übrig blieb, verarbeiteten die isländischen Hausfrauen zu Plokkfiskur, gestampftem Fisch. Dabei werden die Fischstücke zusammen mit Kartoffeln in einer Mehlschwitze zu einem Brei gerührt, dazu gibt's frisches Roggenbrot. Heute verwendet man dazu frische Kabeljaufilets, das Ganze wird auch schon mal im Ofen mit Käse überbacken.

de.visiticeland.com

360 FRANCESINHA, PORTO, PORTUGAL

Mit nur einem einzigen Sandwich satt für den ganzen Tag? In Portugal kein Problem: Die „kleine Französin", die ursprünglich wohl aus Porto stammt, ist eher ein besonders mächtiges Croque Monsieur. Beruhend auf der französischen Spezialität, kommt es in einer zugegeben äußerst leckeren Komposition aus Toastbrot, Schinken, der Wurst Linguiça, Beefsteak oder gebratenem Rindfleisch daher. Obendrauf landet geschmolzener Käse und – wer noch nicht genug hat – ein Spiegelei (Francesinha com ovo), außenrum liegen Pommes frites. Die dickflüssige Sauce aus Tomaten, Bier und Senf sorgt am Ende für den letzten Kick.

Mmmm, wie das duftet! Vorfreude auf eine deftige Francesinha.

SO VIEL PLATZ!

UND PLÖTZLICH ÖFFNET SICH, ZWISCHEN ENGEN GASSEN, BEFAHRENEN STRASSEN ODER HOHEN HÄUSERN, EINE EINZIGARTIGE WEITE. WO MAN IN EUROPAS STÄDTEN EINFACH MAL GANZ TIEF LUFT HOLEN KANN.

Wie ein riesiges Schachbrett mit der Königsfigur in der Mitte wirkt der Palastplatz in St. Petersburg.

361 PALASTPLATZ, ST. PETERSBURG, RUSSLAND

Ein Platz, wie er im Buche steht: groß, schön, geschichtsträchtig. Auf der einen Seite der barocke Winterpalast der russischen Zaren, auf der anderen Seite die geschwungene Form klassizistischer Gebäude. Die entstanden allerdings erst Anfang des 19. Jhs., als im Auftrag Zar Alexanders I. der Platz als Gedenkort an den russischen Sieg über die Truppen Napoleons gestaltet werden sollte. Den dramaturgischen Höhepunkt in der Mitte bildet denn auch die 500 Tonnen schwere Alexandersäule, die 1834 fertiggestellt wurde und mit gut 47 Metern Höhe den Weltrekord hält. So harmonisch der Platz wirkt, er war auch Schauplatz dramatischer Ereignisse, unter anderem der Oktoberrevolution oder des Petersburger Blutsonntags.

www.visit-petersburg.ru/de_sanktpetersburg

362 ARISTOTELES-PLATZ, THESSALONIKI, GRIECHENLAND

Endlich mal ein Platz mit Blick aufs Meer! Von dessen magnetischer Wirkung war der französische Architekt Ernest Hébrard überzeugt, als er Anfang des 20. Jhs. mit der Gestaltung begann. Der Aristoteles-Platz sollte eine Brücke zwischen dem Byzantinischen Reich und dem Westen schlagen. Bis heute ist er der Austragungsort politischer Debatten, Demonstrationen und obendrauf jeder Menge Kulturevents, Konzerte, Karnevals- und Weihnachtsfeierlichkeiten.

www.visitgreece.gr

363 PJACA, HVAR, KROATIEN

Mehr als 1200 Inseln liegen vor der kroatischen Küste, und viele halten Hvar für die schönste. Weshalb der Jetset seine prächtigen Jachten in den Hafen der gleichnamigen Stadt steuert. Nur wenige Schritte trennen die Liegeplätze von der Pjaca, dem Hauptplatz: Strahlend weiß säumen alte Häuser mit roten Ziegeldächern den Platz, der auf die St.-Stephans-Kathedrale zuführt. Der perfekte Ort, um bei einem *pivo* (Bier) das Hinübergleiten des Tages in die Nacht zu erleben.

visithvar.hr

364 GROSSER RING, BRESLAU, POLEN

Seinen Anfang nahm das Zentrum von Polens viertgrößter Stadt als

Wo man zur Blauen Stunde sein möchte: die Piazza del Campo in Siena.

365 PIAZZA DEL CAMPO, SIENA, ITALIEN

Wie eine Muschel senkt sich das rote Kopfsteinpflaster am „Il Campo" zum Palazzo Publico, dem Rathaus, hinab. Keine Kirche spielt sich ins Rampenlicht, die Politik sollte den Ton angeben – für ein mittelalterliches Stadtzentrum höchst ungewöhnlich. Bahnbrechend für die damalige Zeit ist auch der große Brunnen, der Fonte Gaia, der die Stadt mithilfe einer 25 Kilometer langen Leitung mit Wasser versorgte. Das konnte den Baumeistern Sienas Anfang des 14. Jhs. so schnell keiner nachmachen. Heute genießt man statt Brunnenwasser natürlich besser einen eisgekühlten Apérol Spritz in einem der umliegenden Lokale.

www.italia.it/de

riesiger Marktplatz. Dann setzte man ein imposantes Rathaus in seine Mitte und – schwupps – war aus dem Platz ein Ring geworden. Der voller Geschichten und Legenden steckt: Filigrane Friese mit Tieren und Blattwerk und versteckte Skulpturen schmücken die alten Fassaden. Sogar Hänsel und Gretel sind vertreten, zwei Häuser, die einst die als dumme Märchenkinder verspotteten Angehörigen des niederen katholischen Klerus beherbergten. Vom Turm der Elisabethkirche hat man den schönsten Ausblick auf den Großen Ring.

www.wroclaw.pl/de

366 MARKTPLATZ, TÜBINGEN, DEUTSCHLAND

Kaum eine andere schwäbische Stadt kann enge Kopfsteinpflastergassen und dicht aneinandergereihte Fachwerkbauten so gut wie Tübingen. Dazwischen debattieren Studenten in Kellerkneipen, schlendern Familien durch die kleinen Läden und schlürfen Touristen aus aller Welt ihren Cappuccino. Am Marktplatz mit seinem Rathaus, das einem alten Bilderbuch entsprungen zu sein scheint, gipfelt das bunte Treiben. Die astronomische Uhr weist übrigens seit 1511 zuverlässig auf anstehende Sonnen- und Mondfinsternisse hin. Pssst! Im Ratskeller um die Ecke werden die besten Kässpätzle serviert.

www.tuebingen.de

367 STADTPLATZ, BOGENSE, DÄNEMARK

Du sehnst dich nach Gemütlichkeit? Bogense trägt den Titel „Danmarks hyggeligste købstad", die gemütlichste Provinzstadt Dänemarks also. Dass sie sich den Titel selbst verliehen hat – geschenkt! Stress beißt hier auf der Insel Fünen auf Granit, das fängt schon beim Stadtplatz von Bogense an. Idylle pur, in der seit dem Mittelalter Markt gehalten wird. Neben stattlichen Linden umsäumen ihn kleine, liebevoll restaurierte Katen aus dem 18. Jh. Echt hyggelig!

www.visitnordfyn.de

368 SZÉCHENYI-PLATZ, PÉCS, UNGARN

Dass Pécs vor einem Jahrzehnt eine von Europas Kulturhauptstädten war, hat ihr nur wenig mehr Bekanntheit eingebracht. Dabei ist sie immerhin die fünftgrößte Stadt Ungarns – und ihr Hauptplatz ein mediterran anmutender Traum, nicht zuletzt wegen der Moschee Gazi Khassim, deren grüne Kuppel an die osmanischen Eroberer im 16. Jahrhundert erinnert. Bei einem Stück Torte aus der Konditorei Mecsek wartet zwischen Moschee, neobarockem Rathaus, Jugendstil-Gebäuden und dem Zsolnay-Brunnen aus Keramik eine ganz besondere Zeitreise.

www.iranypecs.hu/de

369 GRAND-PLACE, BRÜSSEL, BELGIEN

Beim Entwurf dieser barocken, bis ins Detail perfektionierten Fassaden wurde bestimmt kein Centime gespart. Auch ermahnt keine Kirche die Besucher des Grote Markt zur

Bescheidenheit. Eins ist klar: Hier geht's um Geschäft. Und das konnte Brüssel mit seiner strategisch günstigen Lage an der Senne schon immer gut. Der imposante Marktplatz mit dem alten Rathaus ist schon seit über tausend Jahren der Ort des Geschehens.

www.brussels.be

370 RATHAUSPLATZ, VILNIUS, LITAUEN

So harmonisch wie heute ging es nicht immer auf dem Rathausplatz der Hauptstadt zu. Ab dem 14. Jh. formte sich aus dem Marktplatz langsam der dreieckige Rathausplatz, der auch für öffentliche Hinrichtungen genutzt wurde. Das ist glücklicherweise Vergangenheit, heute laufen hier die Fäden zusammen – man trifft sich, handelt und feiert. Das klassizistische Rathaus ist jetzt Veranstaltungsort, Geschäfte verlocken zum Geldausgeben, und einmal im Jahr wird die Kaziukas-Messe zelebriert.

vilnius-tourism.lt/de

371 PLACE AUX HERBES, UZÈS, FRANKREICH

Mit gerade mal 8500 Einwohnern fühlt sich das südfranzösische Uzès eher wie eine gemütliche Wohngemeinschaft als eine Kleinstadt an. Und hier, am Place Aux Herbes, befindet sich das Wohnzimmer, in dem alle zusammenkommen, um Rezepte auszutauschen und mittwochs und samstags am Markttag die Speisekammern aufzufüllen. Den schönsten Ausblick auf das Städtchen genießt man übrigens vom Tour du Roi, zu erreichen über 100 Treppenstufen.

www.destinationpupg.com/de

372 HAUPTPLATZ, LINZ, ÖSTERREICH

Wann man am besten das imposante Herz der Landeshauptstadt von Oberösterreich besuchen sollte? Keine Frage, zur Weihnachtszeit. Wenn auf dem Hauptplatz die kleinen Buden des Christkindlmarkts um die Wette glitzern, wird einem

Ist die Placa Major von Salamanca der schönste Platz Spaniens – oder gar ganz Europas?

373 PLAZA MAYOR, SALAMANCA, SPANIEN

Ist er's oder ist er's nicht? Ist das Freiluft-Wohnzimmer von Salamanca der schönste Stadtplatz Spaniens? Bei Nacht, wenn die prächtigen Barockgebäude aus dem 18. Jh., darunter das Rathaus mit seinen fünf Granitbögen und dem Glockenturm, strahlend hell erleuchtet sind, möchte man diese Frage sofort bejahen – denn nur so kann der schönste Platz der Welt aussehen! Aber auch tagsüber ist die weitläufige Fläche, die erst ab 1724 durch das von Alberto Churriguera entworfene Gebäudeensemble eingefasst wurde, ein Muss: Sonne tanken, Freunde treffen, Kaffee schlürfen, Geschäfte machen, Shoppen, Musik hören …

www.salamanca.es/de

in ihrem goldenen Glanz ganz warm ums Herz. Wer im Sommer kommt, wird von den 13 200 Quadratmetern eines der größten umbauten Plätze Europas aber ebenso fasziniert sein. Wer sich an seiner Weite und der barocken Gebäudepracht satt gesehen hat, taucht in die Seitengassen zum Bummeln und Shoppen ab.

www.linztourismus.at

374 PRAÇA DO COMÉRCIO, LISSABON, PORTUGAL

Nichts kann einen auf diesen Anblick vorbereiten: Man schlendert die Rua Augusta hinunter, eine der Hauptschlagadern der Baixa, der Unterstadt, tritt durch den Triumphbogen an ihrem Ende – und auf einen Schlag weitet sich der Blick über die Praça do Comércio hinüber zum Tejo. Der silberne Fluss im Rücken der Reiterstatue von König José I. wirkt wie das Meer und der Platz mit seinen arkadengesäumten Gebäuden wie der prachtvolle Eingang der portugiesichen Hauptststadt – als der er ja auch gedacht war. Lissabons Einwohner nennen ihn immer noch Terreiro do Paço, nach jenem Palast, der 1755 – wie praktisch der Rest der Unterstadt – einem verheerenden Erdbeben zum Opfer fiel.

www.visitlisboa.com/de

375 RYNEK GŁÓWNY, KRAKAU, POLEN

Besonders in der Dämmerung, wenn ringsherum die Straßenlaternen leuchten und nach und nach die Tische in den vielen umliegenden Lokalen besetzt werden, liegt hier der Hauch der Vergangenheit in der Luft. Am Hauptmarkt von Krakau wurden Friedensverträge unterschrieben, Eide abgelegt, Denkmäler zerstört und wieder aufgebaut und öffentliche Selbstverbrennungen bezeugt. Mit einer Fläche von 200 auf 200 Metern zählt der Rynek Główny zu den größten mittelalterlichen Plätzen Europas.

krakow.travel/de/

Krakau hat ein großes Herz: der Rynek Główny inmitten der atmosphärischen Altstadt.

76 ROYAL CRESCENT, BATH, ENGLAND

r Royal Crescent verschwindet ht unter Pflaster oder Steinplat-. Feinster englischer Rasen breitet ı vor dem schönsten Beispiel ›rgianischer Architektur aus, das britische Insel zu bieten hat.) Meter lang ist der Halbkreis aus herrschaftlichen, in perfekter nmetrie angeordneten Gebäuden, en säulengeschmückte Fassade ı seit ihrem Bau Ende des 18. Jhs. ktisch nicht verändert hat. Das ıseum im Gebäude Nr. 1 zeigt, es im Innern des „königlichen bmonds" aussieht.

bath.co.uk

377 PIAZZA DELL' ANFITEATRO, LUCCA, ITALIEN

Wie ein Olympiastadion erstreckt sich der Stadtplatz im Zentrum der toskanischen Stadt Lucca. Die alten Bauten schließen die ellipsenförmige Piazza fast komplett ein, sodass sie lediglich über vier Torbögen zu erreichen ist, auf die wiederum die Arme eines Kreuzes im Platzzentrum verweisen. Im Inneren konkurrieren allerdings keine Athleten um Pokale, sondern unzählige Restaurant- und Cafébetreiber um die Gunst der Kundschaft. Lucca kann man bequem auf einem Tagesausflug von Florenz aus besichtigen, ist die Toskana-Reise aber auch ganz für sich allein wert.

www.visittuscany.com/en

378 ALTSTÄDTER RING, PRAG, TSCHECHIEN

Es war ein demütigender, kaum erträglicher Prozess: Der hochgebildete Prediger und Reformator Jan Hus wurde 1415 in Konstanz bei lebendigem Leib auf dem Scheiterhaufen verbrannt. Vergessen wurde der Böhme in Tschechien aber nie, und mitten in Prag blickt sein Denkmal erhaben über die unzähligen Besucher des Altstädter Rings hinweg. Umgeben von sorgfältig restaurierten, geschichtsträchtigen Bauten, nimmt der Platz im Zentrum der tschechischen Hauptstadt mehr als 9000 Quadratmeter ein. Wer genug Geschichte geschnüffelt hat, lässt sich zu Schweinebraten und Pils in einem der gemütlichen Straßenlokale nieder.

www.prague.eu/de

379 HAUPTMARKT, TRIER, DEUTSCHLAND

In der ältesten Stadt Deutschlands atmet auch der Hauptmarkt, ihr größter Platz, uralte Geschichte. Bereits 958 wurde ihm das Marktkreuz als Hoheitszeichen verliehen. Während in keiner anderen deutschen Stadt die Römerzeit mit der Porta Nigra oder den Kaiserthermen so präsent ist wie in Trier, dominieren am Hauptmarkt Gebäude aus der Renaissance, dem Barock, Klassizismus oder Späthistorismus. Diese Fülle an (Bau-) Geschichte macht die Stadt zur Fundgrube für alle mit einem Faible für Architektur und Historie.

www.trier-info.de

380 MARKTPLATZ, TELČ, TSCHECHIEN

Die knallbunte, sorgfältig restaurierte Häuserfassade mit den stolzen Torbögen wirkt wie einer Modellbahnanlage entsprungen. So mancher will den für seine italienische Renaissancearchitektur bekannten Marktplatz schon als den schönsten Europas erkannt haben. Und wenn wir schon mal da sind: Ein paar hundert Meter die Straße hinauf thront das imposante Schloss Telč mit seinem gepflegten Garten, Gewächshaus und Galerie.

www.czechtourism.com/de/c/telc-unesco

SO VIEL PLATZ!

DAS GANZ GROSSE DRAUSSEN

RAUS AUS DEN STÄDTEN, HINEIN IN DIE NATUR. EUROPA BIETET EINE UNGLAUBLICHE VIELFALT AN FRISCHLUFTAKTIVITÄTEN, ZU LANDE, ZU WASSER UND IN DER LUFT.

381 TAUCHEN & WHALE WATCHING, ISLAND

In Island durchstreifen unzählige Meeresriesen das Wasser vor der Küste und posieren mit tollkühnen Rückenplatschern fürs Foto. Zu den Stars der Meere zählen Finn-, Blau-, Buckel- und Schwertwal. Zwischen Juni und August stehen die Chancen, einen vor die Linse zu bekommen, am besten. Wer selbst mal abtauchen will –, Island zählt immerhin zu Europas eindrucksvollsten Tauchregionen – lässt sich zum Einstieg zwischen der Felsspalte von Silfra hinab. Das Wasser hier ist so klar, dass man bis zu 100 Meter tief in den Ozean blickt.

icewhale.is

382 MOUNTAINBIKEN, ITALIEN

Die Berge rund um den Lago di Garda sind ein, wenn nicht *der* Klassiker des Mountainbikens. Die Anforderungen sind hart, viele Trails schwierig und die Anstiege steil und lang. Wer aber einmal im Angesicht des Sees, der tief unten mit dem Blau des Himmels um die Wette leuchtet, in Richtung Tal abgefahren ist, wird immer wiederkommen. Der Klassiker des Klassikers: die Tremalzo-Abfahrt.

www.mountainbike-magazin.de

383 FJELLWANDERN, NORWEGEN

Gehen die Norweger in die Berge, sprechen sie vom fast schon magisch klingenden Fjell. In dem mit Bergen gesegneten Land bieten sich auf Hochgebirgszügen, alpinen Felsformationen und Hochebenen zahllose Möglichkeiten für (Mehr-)Tageswanderungen. Auch im Winter: Bei geführten Touren geht es auf Schneeschuhen in die verschneite Bergwelt.

www.visitnorway.de

384 WASSERWANDERN, DEUTSCHLAND

Keine Lust auf Schweiß und Adrenalin? Auch das kann Europa! Es geht im Kanu entlang der riesigen Mecklenburgischen Seenplatte rund 100 Kilometer südlich von Rostock. In ein- bis achttägigen Ausflügen paddelt man von Hotel zu Hotel. Entspannter geht's kaum, da soll ruhig der Kanupartner hinten mal eben das Paddeln übernehmen. Am Ende der Route bringt einen das Wassertaxi zurück zum Startpunkt.

www.mecklenburgische-seenplatte.de

385 GLEITSCHIRMFLIEGEN, SCHWEIZ

Der Traum vom Fliegen wird in der Schweizer Aletsch-Arena spannende Wirklichkeit. Dank der außerordentlichen Thermik hat sich die Region in den letzten Jahrzehnten zu einem wahren Hotspot entwickelt. Zusammen mit einem erfahrenen Tandempiloten erlebt man im Himmel hoch über dem Aletschgletscher, dem größten seiner Art in den Alpen, eines der fantastischsten Panoramen der Bergwelt. Für manchen war ein solch beflügelndes Ferienerlebnis der Einstieg in eine eigene Gleitschirmkarriere.

attersee-attergau.salzkammergut.at

Entspanntes Gleiten in romantisch verschneiter Landschaft: Skigebiet Rosshütte in Seefeld in Tirol.

386 SKI FAHREN, ÖSTERREICH

Rund 3650 Skigebiete in Europa hat die Website www.skiresort.de – das nach eigenen Angaben weltweit größte Testportal von Skigebieten – gezählt, verteilt auf knapp 38 000 Pistenkilometer. Als weltbestes Resort für alle, die mit den Brettern über den Schnee flitzen wollen, haben die Tester eines in Österreich ausgemacht: Kitzbühel/Kirchberg, das sich über die Bundesländer Tirol und Salzburg erstreckt, wurde nicht nur aufgrund seiner Größe und seines variantenreichen Pistenangebots ausgewählt, sondern auch wegen seiner Schneesicherheit. In Zeiten des Klimawandels kein zu vernachlässigendes Argument. Neben den klassischen Gebieten in Deutschland, der Schweiz und Frankreich warten auf Ski-Fans in Europa auch ausgefallenere Destinationen: die Hohe Tatra in der Slowakei, die Sierra Nevada in Spanien, Zakopane in Polen, Bansko in Bulgarien, das Dinarische Gebirge in Serbien oder Spindlermühle im Riesengebirge in Tschechien.

www.kitzbueheler-alpen.com

387 ☘ REITEN, IRLAND

Im Galopp über weitläufige Strände donnern oder doch lieber entspannt durch grüne Hügellandschaften traben: Es gibt wohl kaum ein schöneres und vielseitigeres Land für ein einmaliges Reiterlebnis als Irland. Pferdezucht und Reiten sind vielerorts präsent auf der grünen Insel – sei es im Süden, in der Heimat der berühmten Connemara-Ponys, oder auf den vielen Reiterhöfen, die im ganzen Land zu finden sind. Wer Irland vom Sattel aus erleben will, findet hier zahlreiche Angebote, um die Insel in geführten Gruppen oder auf eigene Faust zu erkunden.

www.ireland.com/de-de

Und dann ist da dieses unglaubliche Gefühl von Freih

388 SEEKAJAK FAHREN, FINNLAND

6700 Inseln. Natürlich kann man die nicht alle besuchen. Aber wer einmal auf ein paar der glattgeschliffenen Granithügel im Schärengarten der Ålandinseln Rast gemacht oder sogar übernachtet hat, ist für immer verloren an diese wundervolle Wasserwelt (fast) ohne Menschen. Selbst Neulinge im Kajak auf dem Meer finden hier Traumtouren, die im Sommer auch noch von der Mitternachtssonne vergoldet werden.

www.visitaland.com/de/mit-dem-kajak

389 BERGWANDERN, DEUTSCHLAND

Dieser „Weg“ ist nur für Schwindelfreie: Auf dem spektakulären Klettersteig namens Heilbronner Weg balancierst du entlang tief abfallender Felswände, überquerst schmale Brücken und kletterst steile Leitern hinauf und hinab. Aber der Ausblick auf die unzähligen Alpengipfel ist einfach unschlagbar! Ist ja auch klar, verläuft doch die Route auf fast 2500 Höhenmetern direkt auf dem Grat des zentralen Allgäuer Hauptkamms. Höhenrausch pur!

www.oberstdorf.de/alpininfo/huetten

390 SEGELN, FRANKREICH

Tiefblaues Wasser unterm Kiel und voraus die karibischen Buchten der Ile de Porquerolles: Die französische Mittelmeerküste ist ein herrlicher Ort, um die absolute Freiheit bei einem Segeltörn zu genießen. Die zahlreichen vorgelagerten Inseln entlang der Côte d'Azur sind die perfekte mediterrane Kulisse, um im kristallklaren Wasser zu schwimmen oder zu schnorcheln. Küstenorte wie Nizza, Cannes oder St. Tropez bieten mondänen Bummel durch belebte Altstädte. Keinen Segelschein? Einfach einen Törn als Mitsegler buchen und in der Rolle des Matrosen mit anpacken.

de.france.fr/de/news/artikel/segeln-frankreich

391 SURFEN, PORTUGAL

Wer braucht schon Hawaii, wenn es die Algarve gibt? Der Sehnsuchtsort vieler Wellenreiter liegt im äußersten Süden Portugals. Die Region ist eine der wellenreichsten Europas und die unterschiedlichen Bedingungen an Süd- und Westseite bieten die volle sportliche Bandbreite für jedes Niveau. Vor

g im Sattel in der Ballydowane Bay im County Waterford.

allem im Herbst und Winter trifft sich die Surfelite an der Algarve, um die Riesenbrecher zu reiten, die beinahe ungebremst auf den westlichen Küstenabschnitt treffen.

www.visitportugal.com/de/node/73856

392 COASTEERING, WALES

Coasteering – nie gehört? Das Wort ist eine Kombi aus „coast" und „mountaineering", also frei übersetzt: Küstenklettern. Am besten lässt man sich dort, wo es erfunden wurde, in die Waschmaschine der Brandung hinab: in der walisischen Grafschaft Pembrokeshire. Zusammen mit einem Guide und eingepackt in Neopren geht es springend, schwimmend, kletternd an Felsen und Klippen entlang. Auf ihre Kosten kommen dabei sowohl Familien mit Kids als auch Adrenalinjunkies.

www.visitwales.com/things-do

393 WATTWANDERN, NIEDERLANDE

Wenn sich die Nordsee an der holländischen Küste bei Ebbe fast bis zum Horizont zurückzieht, offenbart sich für einige Stunden ein einzigartiger Naturraum. Es hat viel Meditatives, barfuß durch den schlickigen Sand der unwirklichen Landschaft zu wandern. Doch bei aller Schönheit: Wattwanderungen sollte man nur mit Führer unternehmen. So lernt man viel übers Wattenmeer – und gerät bei auflaufender Flut nicht in Lebensgefahr!

www.holland.com/de

394 WANDERN, SLOWENIEN

Die Bedingungen für Wanderer sind in Slowenien paradiesisch: Unberührte Landschaften, geheimnisvolle Täler und eine beeindruckende

Fünf Turner aus Bad Schandau haben 1864 das Freeclimbing an den Felstürmen der Sächsischen Schweiz erfunden.

395 KLETTERN, SÄCHSISCHE SCHWEIZ, DEUTSCHLAND

Es heißt, das Freeclimben, also das Klettern ohne künstliche Hilfsmittel, sei im Elbsandsteingebirge erfunden worden. Seile und Haken dürfen dabei eingesetzt werden, allerdings nur zur Sicherung. Seit im Jahr 1874 der Mönch, ein Felsenturm bei Rathen, im Freiklettern erobert wurde, gehört die Sächsische Schweiz zu den ältesten Klettergebieten der Welt, mit eigenen Kletterregeln und eigener Schwierigkeitsskala. Heute warten mehr als 1100 Felsentürme auf Kraxelwütige.

www.saechsische-schweiz.de

Bergwelt bieten schier endlose Möglichkeiten. Mehr als 10 000 Kilometer lang ist das Netz aus Wanderwegen – ideal für Tagestouren oder eine Mehrtageswanderung auf einem der einzigartigen Fernwanderwege.

www.slovenia.info/de

396 RADFAHREN, FRANKREICH

Im Mutterland des Radsports ist der Mont Ventoux eine Legende. Seine 1900 Meter hohe, karstige Spitze überragt die umgebenden Berge – und schnell wird jedem Radfahrer klar: Das wird eine Blut-, Schweiß- und Tränentour. Drei unterschiedliche Strecken führen zum Gipfel, aber die steile Route über die Südrampe ist die beliebteste. Nicht nur, weil der Mount Ventoux bereits mehrmals eine Teiletappe der Tour de France war, ist es für Rennradfahrer ein besonderes Erlebnis, den Giganten der Provence zu bezwingen.

www.quaeldich.de/paesse/mont-ventoux

397 MUNRO-BAGGING, SCHOTTLAND

Munros, so heißen Schottlands 3000er. Gemeint sind Fuß, wohlgemerkt, es sind also Gipfel, die 914,4 Meter hoch sind. 282 gibt es von ihnen, der Ben Nevis ist mit 1345 Metern der höchste. Wer sie alle besteigen möchte, betreibt Munro-Bagging, mehr als 6000 Menschen haben die Liste schon komplett.

www.visitscotland.com/de-de/see-do/active/walking/munro-bagging

398 PADDELN, FRANKREICH

Wenn schon paddeln, dann doch bitte flankiert von steilen Felswänden. Die Fahrt durch die Schlucht der Ardèche ist ein berauschendes Erlebnis – mit einem Haken: Im Juli und August treiben bis zu 5000 Boote auf dem Wasser, besser also in der Nebensaison kommen. Die Kanutour startet am Pont d'Arc, einem erhabenen natürlichen Felsentor.

en.ardeche-guide.com

399 TAUCHEN, MALTA

Orange leuchtende Papageienfische, neugierige Riffbarsche und an ruhigen Tagen eine Sichtweite von bis zu 50 Metern unter Wasser. Schwerelos geht es vorbei an etlichen Riffen, Höhlen und Wracks. Dank ihrer abwechslungsreichen Felsküste bieten die Inseln des maltesischen Archipels tolle Tauchbedingungen. Einer der bekanntesten Spots: das Blue Hole. Es geht los in einem Meerwasserpool an der Westküste von Gozo, 18 Meter hinab in den Schlund des Blue Hole, in dessen Felsen es sich Kraken und Hummer heimelig gemacht haben. Weiter unten öffnet sich die Felswand dann und gibt den Weg ins offene Meer frei.

www.visitmalta.com/de/diving

400 KITESURFEN, GRIECHENLAND

Zugegeben – Kitesurfen lernt man nicht im Handumdrehen. Aber wenn man es dann kann, ist es wie Rock 'n' Roll auf dem Wasser. In den vergangenen Jahren hat sich vor allem Griechenland unter Kitesurfern einen Namen gemacht. Grund dafür ist der Sommerwind Meltemi, der von Mai bis September aus Norden für anhaltend stabile Windverhältnisse sorgt. Zusätzlich punktet Hellas mit vielseitigen Küstenabschnitten.

www.visitgreece.gr/en

MONSTER, BANDITEN & PALÄSTE

DER TOTE IM WANDSCHRANK UND ANDERE SCHRÄGE ORTE: SO SKURRIL IST EUROPA.

401 UNIVERSITY COLLEGE LONDON, ENGLAND

Die UCL war 1826 die erste Hochschule Englands, die Studenten ungeachtet ihres Geschlechts, ihrer Rasse, Religion oder politischen Anschauung aufnahm. Den gedanklichen Überbau hatte der Sozialreformer Jeremy Bentham geliefert – der heute noch im Gebäude anzutreffen ist: Er ließ sich nach seinem Tod derart mumifizieren, dass sein Leichnam nun, gekleidet nach Art seiner Zeit, auf einem Stuhl sitzend in einem hölzernen Kabinett bewundert werden kann. Dass der Vordenker des modernen Wohlfahrtsstaats noch immer an Fakultätssitzungen teilnimmt, ist allerdings ein Mythos.

www.ucl.ac.uk/culture/auto-icon

403 SANDSKULPTURENFESTIVAL, OOSTENDE, BELGIEN

Das passiert, wenn man eine Bande internationaler Künstler mit Eimer und Schaufel zum Strand schickt: die Grimassen von Stan und Ollie, die fröhlichen Fischgesichter von Nemo und Dory oder ein 6 Meter hohes Dornröschenschloss, und ja, alles aus Sand, ganz viel Sand. Etwa 240 Lkw-Ladungen voll Spezialmaterial müssen alljährlich für das Festival etwa 30 Kilometer westlich von Brügge herangeschafft werden. Die Kunstparty am Strand ist das größte Sandskulpturenfestival der Welt und findet zwischen Juni und September statt.

www.visitoostende.be/de

402 KAUNASMUSEUM FÜR BLINDE, KAUNAS, LITAUEN

Wie ist es, sich nur durch Tasten und Riechen einen Reim auf die Umgebung zu machen? Die Antwort findest du in den Katakomben der Erzengelkirche St. Michael. Stockdunkel ist die ursprünglich vor allem für Blinde geplante Ausstellung. Inzwischen können hier Sehende erfahren, wie es sich anfühlt, sich nur durch Klänge, Aromen, Gerüche oder Oberflächentexturen leiten zu lassen.

visit.kaunas.lt/de/erleben/sights

404 SALZBERGWERK WIELICZKA, POLEN

Kulturdenkmal, Eventhöhle, Heilstätte – das Salzbergwerk im polnischen Wiebliczka hat seit Ende der Salzgewinnung Mitte der 90er-Jahre viele Gesichter. Tief unten warten die geschichtsträchtigen Salzkammern samt Kapelle und Kunstwerken aus Weißem Gold.

Aus Sand gebaut: vergängliche architektonische Kostbarkeit in Oostende.

 Der Friedhof der Namenlosen liegt in der Nähe des Alberner Hafens.

405 FRIEDHOF DER NAMENLOSEN, WIEN, ÖSTERREICH

An nebligen Herbsttagen kann man sich gut vorstellen, dass zwischen den gusseisernen Kreuzen die Geister der Ertrunkenen wandeln. Sie finden keine Ruhe – schließlich wusste niemand, wer sie waren, als sie zwischen 1840 und 1940 auf dem Friedhof im 11. Bezirk bestattet wurden. Mehr als 600 Unbekannte liegen in den Gräbern des (zugewucherten) alten und des neuen Teils des Friedhofs, der von Ehrenamtlichen liebevoll gepflegt wird.

friedhof-der-namenlosen.at

Weiter oben finden dank des Salzmikroklimas regelmäßig Heilbehandlungen statt, inklusive Übernachtung in einer der ausgebauten Kammern in über 100 Metern Tiefe. Wer die Bergmannsroute bei der Besichtigung wählt, erlebt die finstere Tiefe der Salzmine als großes Abenteuer in stilechter Kleidung.

www.salzbergwerkwieliczka.de

406 SUPERKILEN, KOPENHAGEN, DÄNEMARK

Fliegen müsste man können. Dann könnte man es noch besser sehen, das Gelände in den verschiedensten Rottönen, das dem Stadteil Nørrebro ein futuristisches Gesicht gibt. Der Rote Platz ist Teil eines etwas anderen Landschaftsparks: Den benachbarten Schwarzen Platz durchziehen hypnotisierend weiße Linien, während im grünen Park tatsächlich Bäume und Wiesen auf Picknicker warten. Und überall: Bänke, Brunnen und (Spiel-)Elemente aus aller Herrn Länder. So soll Superkilen die Multi-Kulti-Bevölkerung des sozial schwachen Stadtteils zusammenbringen.

www.visitcopenhagen.com

407 PEITSCHEN-MUSEUM, KILLER, DEUTSCHLAND

Mangels Land für Landwirtschaft mussten die Menschen im Killertal erfinderisch sein. So kamen sie schon vor ein paar Jahrhunderten auf die Peitsche, quasi den Zündschlüssel des Kutschenzeitalters. So wurde aus der Gemeinde Killer das Zentrum der deutschen Peitschenherstellung, das heute in einem kleinen, aber feinen Museum fortlebt.

www.peitschenmuseum.de

408 HOOSESAGG-MUSEUM, BASEL, SCHWEIZ

Auf geführten Stadttouren warfen Touristen immer schon unverhohlene Blicke in das Privathaus Imbergässlein 31. Zu sehen gab es – nichts. Bis die Hausbewohner anfingen, kleine Sammlungen verschiedener Gegenstände im Fenster zur Schau zu stellen. Erst die eigenen, dann die von den Nachbarn und anderen. Einzige Bedingung: Die Exponate in Basels kleinstem Museum müssen in den Hosensack passen.

www.hoosesaggmuseum.ch

409 TOILETTE, MONT BLANC, FRANKREICH

Eine fantastische Aussicht, klare Luft, weißer Schnee. Und dazu die Hinterlassenschaften von mehr als 30 000 Bergsteigern jährlich: Jenseits der 4000-Meter-Marke hatte der „weiße Berg" seinen Namen bis vor einigen Jahren nur eingeschränkt verdient, 2007 wurde deshalb auf 4260 Metern Europas höchstgelegenes stilles Örtchen errichtet. Mit Baukosten von knapp 150 000 Euro ist das Holzhäuschen wohl auch die teuerste Toilette Europas.

www.chamonix.com

410 GIETHOORN, NIEDERLANDE

Für die World Edition zum 80. Jubiläum des Monopoly-Spiels bewarben sich Weltstädte um einen Platz auf dem Spielfeld. Berlin und Brüssel

Wo die Jedi-Ritter wohnen: Die Maunsell Forts wirken wie Kampfmaschinen aus den „Star Wars"-Filmen.

schafften es nicht aufs Brett, Giethoorn schon. Dabei hat der Ort nicht mal eine Straße: Wer seinen Nachbarn besuchen will, schippert im Boot durch die Kanäle des niederländischen Venedig. Das besonders die Chinesen lieben: Rund 200 000 kommen jedes Jahr, um die Idylle zwischen Reetdachhäusern, Trauerweiden und Kanälen zu sehen.

www.rondvaartbedrijf.nl/de.index.html

411 PENISMUSEUM, REYKJAVÍK, ISLAND

Die Frage „Wer hat den Längsten?" wird hier ein für allemal beantwortet. Mit 170 Zentimeter Penislänge und einem Gewicht von 75 kg kann der Pottwal diesen Titel stolz für sich verbuchen. Der gigantische Walphallus ist nur eines von knapp 300 tierischen Geschlechtsteilen, die eingelegt in Formaldehyd im Museum ihr bleiches Dasein fristen. Das kleinste Stück ist übrigens ein Hamsterpenis, für dessen Betrachtung man eine Lupe benötigt.

phallus.is/de

412 MUSEUM DER ZERBROCHENEN BEZIEHUNGEN, ZAGREB, KROATIEN

Wie stellt man das Erlöschen einer Liebe aus? Als die Beziehung von Olinka Vištica und Dražen Grubišić zerbrach, brachten sie die Erinnerungsstücke ihrer Liebe an einen besonderen Ort – und das Museum war geboren. Eine besondere Art der Magie verströmen die Exponate unzähliger weiterer gescheiterter Beziehungen: der 27 Jahre alte Schorf einer ersten Liebe, eine Axt, mit der Möbel zerstört wurden, ein Glas Liebestrank mit dem Etikett „Funktioniert nicht" …

brokenships.com

413 MUSEO DEL BANDITISMO, SARDINIEN, ITALIEN

Ob das sardische Banditentum, das bis in römische Zeit zurückreicht,

415 MAUNSELL FORTS, ENGLAND

Sollte es jemals eine Fortsetzung des Endzeitstreifens „Waterworld" geben, hier wäre die perfekte Kulisse dafür. Auf langen Stelzenbeinen ragen die Forts vor der englischen Ostküste meterhoch aus dem Wasser und geben sich keinerlei Mühe, optisch in die Landschaft zu passen. Im Zweiten Weltkrieg als Verteidigungsanlage installiert, sind die vier noch erhaltenen rostigen Stahltürme heute Anziehungspunkt für Geschichtsinteressierte und Fotografen. Bekannt sind sie auch als „Fort Madness": Da viele Soldaten dort einst unter menschenunwurdigen Bedingungen ihren Dienst leisteten, mussten sie anschließend nicht selten psychologisch betreut werden.

www.visitkent.co.uk

tatsächlich dem Freiheitswillen der Inselbewohner entstammt, bleibt unegklärt. Im Banditenmuseum des Dorfes Aggius kann man in die Zeiten abtauchen, als noch vor hundet Jahren rund um das Gebäude unzählige Morde geschahen. Hier lernt man auch den „Muto di Gallura" kennen, den „Stummen der Gallura", auf dessen Konto eine Blutrache mit mehr als 70 Toten geht.

www.museodiaggius.it/en

414 MEMENTOPARK, BUDAPEST, UNGARN

Mehr als 40 Statuen und Büsten aus der kommunistischen Ära stehen in diesem Open-Air-Museum im Südwesten Budapests zur Schau. Lenin, Marx und Engels starren stumm von ihren Podesten, dazwischen mischen sich revolutionäre Seemänner und der ungarische Kommunistenführer Béla Kun. Größter Blickfang aber sind Stalins Stiefel – das Einzige, was nach der Revolte von 1956 von der 8 Meter hohen Statue, die einst auf dem Paradeplatz in Budapest stand, noch übrig blieb.

www.mementopark.hu

416 PARLAMENTSPALAST, BUKAREST, RUMÄNIEN

65 000 Quadratmeter mussten es nach der Vorstellung des rumänischen Staatschefs Nicolae Ceaușescu für das „Haus des Volkes" schon sein. Nach der Hinrichtung des Diktators 1989 zogen die Abgeordnetenkammer und der Senat ins zweitgrößte Gebäude der Welt nach dem amerikanischen Pentagon. Wer es auf einer geführten Tour besucht, sollte den Pass dabeihaben und sich auf einiges gefasst machen: 1100 Räume, eine 100 Meter lange Lobby, 2,5 Tonnen schwere Kronleuchter …

cic.cdep.ro/en

417 MUSEUM OF WITCHCRAFT AND MAGIC, BOSCASTLE, ENGLAND

Im idyllischen kleinen Dörfchen Boscastle an der rauen Küste Nordcornwalls hätte man sie am wenigsten erwartet: Hexen und Magie. Licht ins geheimnisvolle Dunkel wirft das den dunklen Künsten gewidmete Museum. Mit viel Herzblut wird gezeigt, wie zauberhaft es in Großbritannien zuweilen zugeht und wie lang die Geschichte der Zauberkunst auf der Insel ist. Warum genau an dieser Stelle? Weil ganz in der Nähe ein Labyrinth-Stein entdeckt wurde, der beweist, dass sich hier schon vor Urzeiten Menschen mit Mystik und Spiritualität auseinandersetzten.

museumofwitchcraftandmagic.co.uk

418 KAPUZINERGRUFT, PALERMO, ITALIEN

Für sensible Gemüter wird der Besuch in der Kapuzinergruft zur Mutprobe – es ist schließlich nicht jedermanns Sache, längst Verblichene in unterschiedlichen Mumifizierungsstadien zu betrachten. Und doch ist es faszinierend! Denn viele der 2063 Leichname wurden stehend oder sitzend bestattet und wirken so noch seltsam lebendig. Darunter sind auch die 40 Ordensbrüder, die bereits im 16. Jh. in der Gruft ihre letzte Ruhestätte fanden. Es muss am Klima im Grabgewölbe liegen, dass die Toten zum Teil erstaunlich gut erhalten sind.

www.palermocatacombs.com

419 SACRO BOSCO, BOMARZO, ITALIEN

Mächtige Steinskulpturen glotzen wild aus dem Unterholz oder fletschen furchteinflößend ihre Zähne. Der Sacro Bosco, der „Heilige Wald“ in der Nähe von Bomarzo, ist ein Ort der Sagen und Mythen und wurde im 16 Jh. von einem Adligen angelegt. Anschließend geriet der Park der Drachen, Nixen und Giganten für mehrere Jahrhunderte in Vergessenheit. Nach seiner Neuentdeckung vor gut 100 Jahren wurde der verwunschene Ort wieder zugänglich gemacht und beeindruckt seitdem jährlich zahlreiche Besucher mit seinem grotesken Flair.

www.sacrobosco.it

420 MUSEU CR7, MADEIRA, PORTUGAL

Bescheidenheit ist nicht seine Zier. „Ich werde definitiv in die Fußballgeschichte eingehen“, sagt Cristiano Ronaldo. Und er ist definitiv der einzige Fußballer, der ein eigenes Museum aufweisen kann – natürlich vom fünfmaligen Weltfußballer selbst initiiert und eingerichtet. Wer also nicht genug bekommen kann von der Nummer 7 im portugiesischen Nationaltrikot, kann in der Ausstellung in Funchal goldene Bälle, goldene Schuhe, Gemälde, die schönsten Tore und größten Erfolge des auf Madeira geborenen Kickers bewundern.

museucr7.com

Dem Monster auf den Zahn fühlen: Begegnungen im Sacro Bosco.

MONSTER, BANDITEN & PALÄSTE

TREPPAUF & TREPPAB

MANCHE STUFEN FÜHREN INS NICHTS, ANDERE INS GEBIRGE, UND WIEDER ANDERE SIND BERÜHMT, WEIL SIE IM FILM EINE HAUPTROLLE SPIELEN ODER WEIL SIE EINEM SPANISCH VORKOMMEN. EINE KRAXELEI QUER DURCH EUROPA.

 Konzert im Sonnenuntergang: auf der tönenden Treppe der Meeresorgel.

421 MEERESORGEL, ZADAR, KROATIEN

An der Küstenpromenade der uralten Stadt Zadar an der adriatischen Küste machen die Wellen Musik. 70 Meter breit ist die Treppenanlage, die direkt ins Meer führt. Eine ausgetüftelte Konstruktion im Inneren bringt die Stufen zum Singen. Kein Wunder, dass sich die musikalische Treppe großer Beliebtheit erfreut. Die Leute schauen, lauschen, freuen sich und nehmen sich Zeit.

www.zadar.travel/en

422 NIESENBAHN, SCHWEIZ

Der Komponist Johannes Brahms bestieg den Niesen 1886 – zu einer Zeit, in der das Bergwandern als Freizeitvergnügen und der Aussicht wegen noch völlig neu war. Zwanzig Jahre später begannen die Arbeiten an der Standseilbahn im Berner Oberland, um den Aufstieg zu erleichtern. Bis heute werden die Gleise von einer Treppe begleitet, die es mit ihren 11 674 Stufen ins Guinness-Buch der Rekorde geschafft hat. Der Aufstieg entlang der Stufen ist leider (oder zum Glück?) nur während des jährlichen Niesen-Treppenlaufs gestattet.

www.niesen.ch

423 KALVARIENBERG, MALLORCA, SPANIEN

Das ganze Jahr kann man beim Aufstieg auf dieser Treppe Revue passieren lassen, und zwar jeden einzelnen Tag. Denn das ist der Sinn der 365 Stufen, die den Kalvarienberg hinaufführen. Besonders eindrucksvoll ist der Karfreitag in Pollença: Dann wird im Fackelschein und in völliger Stille eine Jesusfigur die Treppe hinaufgetragen.

www.pollensa.com/de

424 EIFFELTURM, PARIS, FRANKREICH

Pah, Aufzug fahren kann jeder! Die grandiose Aussicht über Paris will verdient sein, mit jeder einzelnen der 740 Stufen bis zum 2. Stock in 173 Meter Höhe. Während des Aufstiegs ist ausreichend Zeit, sich über die kühne, 10 000 Tonnen schwere Konstruktion Gedanken zu machen. Wer hätte bei der Weltausstellung 1889 gedacht, dass der Eiffelturm zum am meisten besuchten Wahrzeichen der Welt wird: Die Lebensdauer des Turms war nur für 20 Jahre geplant.

www.toureiffel.paris/de

425 MONTAGNE DE BUEREN, LÜTTICH, BELGIEN

Die 374 breiten Stufen der Montagne de Bueren in einem Wort? Atemberaubend. Und zwar buchstäblich – wenn man die extrem lange und steile Treppe bewältigt hat. Die Stufen wurden zum Gedenken an die 600 Soldaten angelegt, die Lüttich im 15. Jh. gegen den Herzog von Burgund verteidigten.

www.visitezliege.be/de

426 GROSSE TREPPE VOR SANKT MICHAEL, SCHWÄBISCH HALL, DEUTSCHLAND

Die 53 Stufen unterm romantischen Kirchturm von St. Michael bilden seit 1925 die Bühne der sommerlichen Freilichtspiele – ein einzigartiges Schauspiel, das die Treppe im hellen Bühnenlicht leuchten lässt. Die Zuschauer unten auf dem Marktplatz zwischen den alten Gebäuden beobachten indessen das „schräge" Schauspiel.

www.freilichtspiele-hall.de

427 EUROPATREPPE 4000, PARTENEN, ÖSTERREICH

Wer diese Treppe in 20 Minuten schafft, kann wahrscheinlich auch übers Wasser rennen. 3609 Stufen mit einer maximalen Steigung von 86 (!) Prozent führen 700 Höhenmeter an der ehemaligen Vermuntbahn in die Höhe. Du willst es mal selbst probieren? Benutz die Stechuhr und lass dir hinterher in einem der Tourismusbüros eine Urkunde ausstellen – wenn du wieder Luft bekommst.

www.montafon.at

428 SAN JUAN DE GAZTELUGATXE, SPANIEN

Sie hat etwas Surreales, die Felsinsel San Juan de Gaztelugatxe, oben an der baskischen Küste. Um zur alten Wallfahrtskapelle mitten auf dem Felsen zu kommen, geht es zuerst über eine steinerne Brücke. Dann winden sich 231 Treppenstufen in Serpentinen hinauf zur kleinen Kirche. Ein rauer und geheimnisvoller Ort, gerade recht als Drehort für die Fantasy-Saga „Game of Thrones".

tourismus.euskadi.eus/de

429 FLØRLITREPPE, NORWEGEN

4442, 4443, 4444 – geschafft! Mit einer Länge von 1,6 Kilometern, auf denen sie einen Höhenunterschied von 740 Metern überwindet, ist die Flørlitreppe die längste Holztreppe der Welt. Sie führt hinauf zu einem alten Kraftwerk (was die dicken Wasserrohre entlang der Stufen erklärt). Aber spannender ist der atemberaubende Ausblick auf den Lysefjord. Zu den Treppen gelangt man mit der Fähre, die allerdings nur im Sommer regelmäßig verkehrt. Wer am oberen Ende der 4444 Stufen meint, jetzt hat er's geschafft, der irrt natürlich: Der Abstieg ist für die Knie die weitaus härtere Nummer.

www.florli.no

430 SPITZHAUSTREPPE, RADEBEUL, DEUTSCHLAND

„Jahrestreppe" nennen die Sachsen die nicht enden wollenden Stufen zwischen den Weinreben von Radebeul. Die längste barocke Treppenanlage des Bundesstaats hat aber keine 365, sondern sogar 397 Stufen – eine Ungenauigkeit, die die Radebeuler mit einer Inschrift neben der 32. Stufe berichtigen: „Damit der Volksmund recht behält, wird künftig erst ab hier gezählt" steht da geschrieben. Richtig hart wird's beim jährlichen Sächsischen Mt. Everest Treppenmarathon: In 24 Stunden hat der Rekordhalter in 156 Runden 13 800 Höhenmeter zurückgelegt –

431 SPANISCHE TREPPE, ROM, ITALIEN

Roms berühmteste Treppenstufen wurden im 18. Jh. von einem italienischen Architekten entworfen, von einem französischen Diplomaten finanziert und lagen im „englischen Getto" der von dort stammenden Dichter und Künstler. Kommt dir das spanisch vor? Die Scalinata della Trinità dei Monti hat ihren deutschen Namen von der spanischen Botschaft am Ende der 135 Stufen, auf denen heute Touristen aus aller Welt das Treiben auf der Piazza di Spagna bewundern.

www.turismoroma.it

Der Inbegriff einer Treppe: Müßiggang auf der Scalinata della Trinità dei Monti.

deutlich mehr als die 8848 Meter des Mount Everest. Die Zahl der bewältigten Stufen will man gar nicht wissen …

www.treppenmarathon.de

432 STRUDELHOFSTIEGE, WIEN, ÖSTERREICH

In einem der größten Werke der österreichischen Literatur steht die Treppengasse, die die Liechtensteinstraße mit der höher gelegenen Waisenhausgasse (heute Boltzmanngasse) verbindet, im Zentrum des facettenreichen Geschehens. Wer durch die verwinkelte Stiegenanlage schlendert, kann sich nur allzu gut vorstellen, wie hier vor hundert Jahren der Schriftsteller Heimito von Doderer gedankenversunken die Stufen auf- und abstieg und sich dabei die Lebensgeschichten der vielen Protagonisten ausmalte, die in der Erzählung „Die Strudlhofstiege oder Melzer und die Tiefe der Jahre" zum Leben erwachen.

www.wien.info

433 BRAGA, PORTUGAL

Ein monumentales Wunderwerk von einer barocken Treppe, die da zur Wallfahrtskirche Bom Jesus do Monte von Braga emporsteigt. 581 Stufen oder mehr als 160 Höhenmeter müssen im Zickzack bewältigt werden, bis der Terreiro de Moisés, der Vorplatz der Kirche, in Sicht kommt. Wer sich dann umdreht, wird reich belohnt – mit einem fantastischen Blick über die nordportugiesische Stadt Braga.

visitbraga.travel

will. Hinauf geht es mit dem Aufzug, der Blick ist spektakulär – aber der Abstieg über enge, steile Wendeltreppen eine Tortur für alle, die von Höhenangst geplagt werden.

sagradafamilia.org/en

zählt. Unter der Kasseler Ikone: die rauschenden Kaskaden einer riesigen, strömenden Wassertreppe, die die herrschaftliche Größe des griechischen Helden noch unantastbarer macht.

museum-kassel.de

434 LA SAGRADA FAMÍLIA, BARCELONA, SPANIEN

2026 soll er fertig sein, der Berliner Flughafen unter den Kirchenbauten. An der von Antoni Gaudí im Stil des Modernisme entworfenen Basílica i Temple Expiatori de la Sagrada Família wird seit 1882 gebastelt. Unbedingt schwindelfrei sollte sein, wer einen der Türme der spektakulären Kirche besuchen

435 HERKULES, KASSEL, DEUTSCHLAND

Zu den Schlüsselqualifikationen für seinen Job als unsterblicher Königsgehilfe zählten Löwen erlegen, neunköpfige Schlangen bekämpfen und menschenfressende Rosse zähmen. Nackt und etwas grimmig blickt der Sohn des Zeus in 530 Meter Höhe von der Turmspitze des Oktogons im Bergpark Wilhelmshöhe, der zum UNESCO-Weltkulturerbe

436 POTEMKINSCHE TREPPE, ODESSA, UKRAINE

Wer weiß, ob sich die Leute an den Matrosenaufstand von 1905 erinnern würden, hätte Sergei Eisenstein 1925 nicht den berühmten Film „Panzerkreuzer Potemkin" gedreht. Das Aufbegehren der Matrosen schwappte damals auf die Bevölkerung über, die unter der Zarenherrschaft litt. Eine der

Ein architektonisches Wunderwerk ist die Doppelhelix-Treppe von Giuseppe Momo.

Schlüsselszenen im Film spielt auf der großen Freitreppe, die mit ihren 192 Stufen Mitte des 19. Jhs. erbaut wurde und auf der die Bürger Odessas vor den Regierungssoldaten flohen oder erschossen wurden. Ob die Treppe auch in Wirklichkeit eine so zentrale Rolle gespielt hat? Wer weiß. Aber durch die legendäre Szene im Film, in der ein Kinderwagen inmitten des Chaos über die Stufen rollt, ist sie zur Berühmtheit geworden.

www.odessatourism.org/en

437 CALTAGIRONE, SIZILIEN, ITALIEN

Die 142 Stufen der Freitreppe Santa Maria del Monte zwischen den hohen alten Gebäuden der kleinen Stadt Caltagirone sind eine Art begehbare Kunstleinwand. Die Steintreppe wurde 1608 erbaut und drei Jahrhunderte später mit den Keramikkacheln verziert, die ihnen heute ihren künstlerischen Reiz verleihen. Schon seit Jahrhunderten werden hier in Schräglage feuchtfröhliche Feste gefeiert und mit Kerzen, Laternen und Blumen Szenen kreiert, die den Treppenaufgang zum Bühnenbild einer kunstverliebten Kommune machen. Wer die Treppe in voller Pracht erleben möchte, reist zum La Scala Illuminata Festival im August an.

www.lascalailluminata.it

438 LÖTSCHBERG-BASISTUNNEL, SCHWEIZ

Diese Treppe will man nicht benützen müssen: Im 34,6 Kilometer langen Eisenbahntunnel, der in der Schweiz von Frutigen im Kanton Bern und Raron im Kanton Wallis unter den Alpengipfeln hindurchführt, befindet sich die breiteste Treppe Europas. Fast 330 Meter misst das Bauwerk, das vor allem einem Zweck dient: Bei einem Unfall im Tunnel sollen auf diese Weise möglichst schnell die Passagiere aus den Zügen zurück ans Tageslicht gebracht werden. Die Treppe ist Teil der Interventionsstelle Tellenfeld, die am nördlichen Tunnelportal liegt. Im Rahmen von Führungen kannst du dir Teile des Tunnels und die Riesentreppe anschauen.

www.bls.ch/de/unternehmen/projekte-und-hintergruende/neat

439 FREITREPPE VOR SACRÉ-CŒUR, PARIS, FRANKREICH

Die römisch-katholische Wallfahrtskirche leuchtet strahlend weiß wie ein Engel vom Montmartre, der mit 130 Metern höchsten Erhebung von Paris. Über die Basilika sind Besucher und Kunstexperten geteilter Meinung, die Treppe aber ist eines der Highlights von Paris. Über 237 Stufen geht es hinauf und alle paar Meter sollte man stehen bleiben, denn mit jedem Schritt bietet sich eine noch imposantere Aussicht über die Stadt. Die Treppe selbst jedoch – oder besser gesagt: die Lebenskünstler, die sie bevölkern und mit ihren Kunststücken begeistern – ist ein Muss für alle, die die Stadt der Liebe besuchen. Auf dem Hügel angekommen, muss übrigens noch nicht Schluss sein mit dem Treppensteigen: Weitere 300 Stufen führen hinauf in die Kuppel der Kirche.

www.sacre-coeur-montmartre.com

440 MOMO-TREPPE, VATIKANISCHE MUSEEN, VATIKANSTADT

Wer schon ganz geplättet ist von der Schönheit der Vatikanischen Museen und vor allem der Sixtinischen Kapelle, sollte sich um jeden Preis noch ein wenig Auffassungsvermögen bewahren – und den linken Ausgang der Kapelle nehmen. Denn dort wartet eine ganz besondere Treppe: Giuseppe Momo gestaltete sie 1932 als Doppelhelix – weshalb herab- und heraufsteigende Menschen sich nie begegnen, da sie auf unterschiedlichen Ebenen unterwegs sind. Besonders eindrucksvoll ist der Trichtereffekt, der einen geradezu in die Tiefe zieht.

www.museivaticani.va/content/museivaticani/de.html

NUR FÜR FUSSGÄNGER

WER ZU FUSS GEHT, KOMMT DEM LEBEN NÄHER. IN GANZ EUROPA GIBT ES WUNDERVOLLE STRECKEN, AUF DENEN DER WEG DAS ZIEL IST.

441 SOUTH WEST COAST PATH NATIONAL TRAIL, ENGLAND

Anfang des 19. Jhs. legte die Küstenwache Kontrollpfade entlang Cornwalls Küste im Südwesten Englands an, um geschäftige Schmuggler-Clans auszubremsen. Heute geht's auf dem 1014 Kilometer langen Pfad vorbei an sandigen Buchten, pittoresken Dörfchen, steilen Klippen, über Heideflächen und blühende Wiesen. Das Meer ist meist in Blickweite, die Luft ist klar und dank des Golfstroms wähnt man sich wegen moderater Temperaturen und üppiger Vegetation – etwa im Örtchen St. Just in Roseland – zuweilen eher in Südfrankreich als in England.

www.southwestcoastpath.org.uk

442 MAUERWEG, BERLIN, DEUTSCHLAND

Gut 160 Kilometer folgt der Mauerweg dem Verlauf der ehemaligen DDR-Grenzanlagen rund um West-Berlin und bietet beides: Historie und Landschaft, Überbleibsel der Mauer und Bäume, Wiesen und Wälder. Mehrsprachig wird über die Geschichte der Teilung Deutschlands und ihre Opfer informiert. Anfangs- und Endpunkte der 14 Einzelstrecken sind mit öffentlichen Verkehrsmitteln erreichbar.

www.berlin.de/mauer/mauerweg

443 TOUR DE MONT-BLANC, FRANKREICH

Einmal rund um den höchsten Berg Europas führt eine der spektakulärsten Wanderrouten der Alpen voll atemberaubender Fernblicke auf Gipfel, Gletscher und tiefe Täler. Der 170 km lange Fernwanderweg führt über Wiesen, Geröllflächen und Bergpässe und passiert dabei die Schweiz, Italien und Frankreich. Wer die Tour de Montblanc bezwingen will, sollte konditionell sehr gut vorbereitet sein. Auf den einzelnen Tagesetappen sind meist bis zu neun Stunden Gehzeit und mehr als 1000 Höhenmeter zu absolvieren.

www.autourdumontblanc.com/de

444 ZENTRALALPENWEG, ÖSTERREICH

Der Hochgebirgstrail ist mit fast 1300 km der längste Weitwander-

445 LEVADA-WANDERUNG, MADEIRA, PORTUGAL

Azurblauer Himmel, grandiose Landschaften, vulkanische Gebirge, der Duft von Blumen und üppiger Vegetation, alles umringt vom tiefblauen Atlantik. Schnell die Wanderschuhe an, den Sonnenhut auf – und zur Levada-Wanderung entlang der künstlichen Wasserläufe, in denen Regenwasser aus dem Norden der portugiesischen Insel zu den Feldern im Süden geleitet wird. Verlaufen geht dabei kaum, der Weg führt über Berg und Tal des felsigen Zentralgebirges meist am kleinen Kanal lang. Eine wunderbare Art, die Vielfalt der Insel zu erkunden.

www.visitmadeira.pt/de-de

Fast schon überirdisch schön: die üppige Vegetation von Madeiras Bergwelt.

weg Österreichs und durchquert das Land von Westen nach Osten. Zu Recht wird er als sehr anspruchsvoll eingestuft: Auf Streckenabschnitten, die immer wieder die 3000-Höhenmeter-Grenze überschreiten, sind Kondition, Trittsicherheit, Gletschererfahrung und ein guter Orientierungssinn unabdingbar. Wen das nicht schreckt, dem eröffnet sich eine unberührte Bergwelt von einzigartiger Schönheit. Bei schlechtem Wetter gibt es auf vielen Abschnitten die Möglichkeit, eine leichtere Ausweichroute oder gletscherfreie Strecke zu wählen.

www.alpenverein.at/weitwanderer/weitwanderwege/zentralalpenweg.php

446 SAMARIA-SCHLUCHT, KRETA, GRIECHENLAND

Das Timing ist wichtig, denn die Wanderung ist alles andere als ein Geheimtipp. Die Samaria-Schlucht gehört mit rund 13 Kilometern zu den längsten Schluchten Europas, und weil sie so atemberaubend ist, ist man selten alleine. Wer sich allerdings in aller Frühe aufmacht, hat gute Chancen, die schroffen Felswände samt der prächtigen Platanen, Pinien und Zypressen allein zu genießen. Und wer Glück hat auf dem 16 Kilometer langen Weg, der in der Omalos-Hochebene auf rund 1230 Metern Höhe beginnt und sich hinunter zum Hafenort Agia Roumeli am Libyschen Meer schlängelt, sieht hoch oben einen Gänsegeier kreisen.

www.west-crete.com/ger

 Nur für geübte Wanderer: Korsikas Bergwelt ist so erhaben wie wild und einsam.

447 GR 20, KORSIKA, FRANKREICH

Zerklüftete Felsen, tiefblauer Himmel, glitzerndes Meer – der GR20 (oder „Grande Randonnée 20)“ auf der gebirgigen Insel vor der italienischen Küste verspricht den Wanderhimmel auf Erden. Aber so paradiesisch es klingt, der 180 Kilometer lange Weg hat es in sich. Auf den höheren Passagen liegt selbst im Sommer oft noch Schnee, und für das schroffe, wilde Inselinnere sollte man durchaus Wandererfahrung mitbringen. Wer aber trittsicher und schwindelfrei ist, kann die 15 Etappen und insgesamt 12 500 Höhenmeter voll genießen.

www.fernwege.de/f/gr-20-korsika/

 Wer Einsamkeit sucht, findet sie auf dem Kungsleden in der schwedischen Natur.

448 KUNGSLEDEN, SCHWEDEN

Die perfekte Mischung fürs Wanderglück: Weite Täler, flankiert von hohen Gipfeln, dichte grüne Wälder, klare Bergseen und dazu eine ordentliche Prise Einsamkeit. Der „Königsweg" ist in eine nördliche und eine südliche Strecke aufgeteilt, die nicht direkt miteinander verbunden sind. Aber egal, auf welchem Abschnitt man unterwegs ist, die außergewöhnliche Schönheit der schwedischen Natur bereitet auf beiden Strecken ein unvergessliches Wandererlebnis. Übernachtungsmöglichkeiten bieten zahlreiche Schutzhütten, die mit Toiletten und teilweise sogar einer Sauna ausgestattet sind.

www.swedishlapland.com/de/

449 RENNSTEIG, THÜRINGEN, DEUTSCHLAND

Der knapp 170 Kilometer lange Höhenweg ist der älteste Fernwanderweg Deutschlands. Zum Glück bringen Wanderer heute mehr Zeit mit als die Kuriere, die einst auf diesem Weg rennend eilige Botschaften überbrachten. Los geht's in der Nähe von Eisenach, über die Höhen des Thüringer Walds, vorbei an der Wartburg und durchs Biosphärenreservat bis nach Blankenstein an der Saale. Etwas Kondition schadet nicht, und wer von Anfang bis Ende läuft, spürt rund 3000 Höhenmeter in den Waden. Aber tolle Ausblicke und herrliche Natur entschädigen für mitwandernde Muskelkater.

www.thueringer-wald.com

450 VIA ALGARVIANA, PORTUGAL

Einem alten Pilgerpfad folgend führt der Weg gut 300 Kilometer durch den Süden Portugals, von Alcoutim an der spanischen Grenze bis Cabo de São Vicente am Atlantik. Den besten Überblick bekommst du auf dem gut 900 Meter hohen Foia, dem höchsten Punkt der Algarve. Danach geht's runter in die Stadt Silves, zum Chillen und Flüssigkeit-Tanken. Die Abwechslung von Natur und kleinen Dörfchen macht den Reiz der Via Algarviana aus, gutes Wetter ist in dieser Gegend fast garantiert.

www.portuguesetrails.com/de

451 CINQUE TERRE, ITALIEN

Zugegeben, der Küstenwanderweg des Nationalparks Cinque Terre entlang der Riviera di Levante ist kein Insidertipp – und das kommt nicht von ungefähr. Denn der Weg von Levanto nach Riomaggiore schlängelt sich durch uralte pittoreske Küstendörfchen wie Vernazza oder Corniglia, mit bunten Häusern und genug Gelegenheit, bei einem leckeren Teller Pasta Energie zu tanken. Dazwischen geht's auf und ab entlang der Steilküste, durch uralte Weinberge und kleine Wäldchen und meist mit grandiosem Blick hinab aufs blaue Meer. Wem das zu anstrengend ist: Der Regionalzug fährt am Ufer entlang.

www.cinqueterre.eu.com/de

452 WEST HIGHLAND WAY, SCHOTTLAND

Schottlands Tiefen und Höhen lassen sich am eindrucksvollsten auf dem beliebten Weitwanderweg erkunden. Er führt Wanderer auf 150 Kilometern in sechs bis neun Tagesetappen vorbei an schroffen Felsküsten, glitzernden Seen, durch karge Hochmoorlandschaften und auf den 1345 Meter hohen Ben Nevis. Außerordentlich sympathisch macht den West Highland Way die allerorts spürbare schottische Gastfreundschaft, sei es in urigen Pubs oder den vielen privat geführten schnuckeligen Unterkünften in den kleinen Dörfern entlang des Weges.

www.westhighlandway.org

453 LAUGAVEGUR, ISLAND

Urzeitlich, großartig, weit – auf dem knapp 55 Kilometer langen Wanderweg im Süden Islands geht es mitten hinein in vulkanische

NUR FÜR FUSS-GÄNGER

Urlandschaften aus roten bis ockerfarbenen Bergen, tiefen Schluchten, eisbedeckten Höhen und dampfenden heißen Quellen. Wegen dieser Vielseitigkeit ist der Laugavegur der beliebteste Wanderweg Islands. Eine gute Ausrüstung schadet nicht, und hat es geregnet, wird ein größeres Abenteuer aus der Tour.

trekkingtrails.de/laugavegur

454 VIA PODENSIS, FRANKREICH

Ich bin dann mal weg, mit Pilgerstock und Muschel am Hut: In Frankreich führt die Via Podensis nach Santiago de Compostella. 700 Kilometer liegen zwischen der Stadt Le-Puy-en-Velay in der Auvergne und Saint-Jean-Pied-de-Port am Fuß der Pyrenäen – es ist der bekannteste der vier historischen Jakobswege durch Frankreich. Die landschaftliche Vielfalt aus Heideflächen und grünen Buchen- und Kiefernwäldern, uralte Kirchen und Städtchen wie Estaing oder Conques am Wegesrand entschädigen für anstrengende Aufstiege ebenso wie die vielen Begegnungen mit Mitpilgern.

www.jakobsweg.de

455 PEAKS OF THE BALKANS, ALBANIEN

Auf alten Karawanen- und Hirtenpfaden führt die Wanderroute in zehn Tagesetappen durch Albanien, den Kosovo und Montenegro. Auf und ab geht es durch die touristisch kaum erschlossenen und atemberaubenden Höhenlagen des Prokletije-Gebirges. Grüne Hochalmen, blaue Bergseen und imposante Gebirgsformationen begleiten die Wanderer. Der erst wenige Jahre alte Weg soll Grenzen überwinden und die Menschen der Region zusammenführen.

www.peaksofthebalkans.com

456 WANDERUNG ZUM PREIKESTOLEN, NORWEGEN

Für Leute mit Höhenangst Grund für weiche Knie: Der Preikestolen ist eine fast quadratische Felsplattform mit gut 600 Metern senkrecht abfallenden Felswänden über dem Lysefjord. Geländer? Fehlanzeige. Trotzdem lohnt sich der 4 Kilometer lange Weg, auf dem fast 600 schweißtreibende Höhenmeter zu bewältigen sind. Einmal oben angekommen, entfaltet sich ein überwältigendes Panorama über die Berge und den Fjord. Wegen der vielen Besucher lohnt sich ein sehr früher Aufstieg.

www.visitnorway.de

457 SIEBEN-SEEN-TAL, SLOWENIEN

Es ist nicht so, dass man unbedingt auf dem Gipfel des Triglav stehen müsste, des höchsten Bergs in Slowenien und im gleichnamigen Nationalpark. Man kann auch den Weg zum Ziel machen – wenn er denn durch das wunderschöne Sieben-Seen-Tal führt. 8 Kilometer lang ist es, man begegnet Murmeltieren und Steinböcken und rastet an klaren Seen, die auch im Sommer zugefroren sein können. Die Panoramen zwischen leuchtend blühenden Wildblumen, grauem Fels und türkisfarbenem Wasser suchen in der Alpenwelt ihresgleichen.

www.slovenia.info/de/

458 BÄRENTREK, SCHWEIZ

Der absolute Traumpfad verläuft von Meiringen quer durch die Bergwelt des Berner Oberlands, vorbei an den drei Königen der Schweizer Bergwelt: Eiger, Mönch und Jungfrau. 130 anspruchsvolle Kilometer geht es durch eine grandiose alpine Urlandschaft, über sieben Pässe, an Gletschern, Bergseen und Wasserfällen vorbei, in tiefe Täler hinab und wieder hinauf. Wer schwindelfrei und topfit ist, kann sich glücklich schätzen, denn dann locken ein paar anstrengende, aber unvergessliche Tage in den Bergen.

www.wanderungen.ch

459 RUTA DE PEDRA EN SEC, MALLORCA, SPANIEN

Die „Route der Trockensteinmauern" an der Nordküste der Baleareninsel folgt historischen Ortsverbindungen von Port d'Andratx durch die Serra Tramuntana bis Pollença und führt immer wieder an besagten Trockensteinmauern vorbei, die ganz ohne Mörtel auskommen. Üppige Vegetation, urwüchsige Landschaften, uralte Steineichen- und Pinienwälder, alte Dörfchen und draußen das Meer. Der rund 140 Kilometer lange Weg ist identisch mit dem Weitwanderweg GR 221.

www.gr221.info

460 ALPENÜBERQUERUNG, DEUTSCHLAND, ÖSTERREICH, ITALIEN

Insgesamt rund 22 000 Höhenmeter und 550 Kilometer hat ein in München gestarteter Alpenüberquerer in den Waden, wenn er in Venedig am Markusplatz einen überteuerten Espresso schlürft und an ein paar grandiose Wochen zurückdenkt. Schon Goethe wusste: „Nur wo du zu Fuß warst, warst du wirklich." Wer nach der Überquerung der Alpen in die norditalienische Piave-Ebene hinabsteigt, weiß, was es wirklich mit dem Gebirge auf sich hat.

www.muenchen-venedig.net

Nichts geht über einen hellen, klaren Bergmorgen: Hüttenübernachtung im Sieben-Seen-Tal.

HÄUSER-MEERE VON OBEN

IN DEN STRASSEN UND GASSEN TAUCHST DU EIN INS LEBEN EINER FREMDEN STADT. VON HOCH OBEN ABER BEKOMMST DU EIN GEFÜHL FÜR IHRE GRÖSSE, FÜR IHRE WEITE ODER ENGE.

461 THE PENTHOUSE, DEN HAAG, NIEDERLANDE

Aussichtspunkte sind in den Niederlanden nicht gerade im Überfluss vorhanden. Vom Restaurant im 42. Stock des Haagse Toren, 135 Meter über dem Erdboden, blickt man in die eine Richtung bis weit über die Nordsee, in die andere bis nach Rotterdam. Dazu lässt man sich – Gang für Gang – die feinen Speisen auf der Zunge zergehen. Wer jetzt erst richtig ins Höhenfieber gekommen ist, steigt am besten in einem der acht Apartments auf 108 Meter Höhe ab.

www.thepenthouse.nl

462 THE SHARD, ENGLAND

Ein Luxus-Apartment in diesem futuristischen Glaspalast im Londoner Southwark kostet 20 bis 50 Millionen Pfund. Wer die gerade nicht in der Tasche hat, kann trotzdem vom fünfthöchsten Wolkenkratzer Europas mit seinen 95 Stockwerken weitblicken: Am besten lässt du dich kurz vor Sonnenuntergang im Lift zur Aussichtsplattform des gläsernen, kirchturmförmigen Riesen hochschießen, um die Hauptstadt sowohl bei Tag als auch bei Nacht von oben zu erleben. Die Themse und das London Eye wirken von hier wie mickrige Modellbauten.

www.theviewfromtheshard.com

463 HOLMENKOLLBAKKEN, OSLO, NORWEGEN

Nicht mal für einen Koffer voll Geld! Allein der Gedanke, die Skisprungschanze Holmenkollen hinabzusegeln, macht butterweiche Knie. Die Aussicht über Oslo vom 60 Meter hohen Schanzenturm allerdings ist fantastisch. Zur wohl ältesten Sprungschanze der Welt von 1892 gehört auch das älteste Skimuseum der Welt, das ein Fenster in die Geschichte von 4000 Jahren Skilauf öffnet. Auch die Sprungweiten haben sich entwickelt: Zu Beginn waren 20 Meter weite Sprünge meisterhaft, heute knacken die federleichten Springer bereits die 140-Meter-Marke.

www.visitoslo.com/de

464 MONTJUÏC, BARCELONA, SPANIEN

Diese Anfahrt auf den 173-Meter-Berg über der katalonischen Hauptstadt solltest du dir nicht entgehen lassen: Unter dir rollt sich Barcelo-

Seilbahn oder doch zu Fuß? Beides hat seine Reize oberhalb von Dubrovnik.

na aus, während du mit der Seilbahn vom Hafen aus in den Parc de Montjuïc fährst. Oben angekommen, könntest du Tage zwischen Festungen, Museen wie der Fundació Joan Miró oder dem Nationalmuseum für katalanische Kunst, dem botanischen Garten oder Bauten der Weltausstellung von 1929 verbringen. Und dann ist da ja noch – diese atemberaubende Aussicht …

www.barcelonaturisme.com

465 GRAVITY BAR IM GUINNESS STOREHOUSE DUBLIN, IRLAND

Seit über 250 Jahren brauen die Iren ihr dunkles Starkbier. Im Zen-

466 BERG SRD, DUBROVNIK, KROATIEN

Dubrovnik besuchen, ohne einen Blick vom Berg Srd zu werfen? Unmöglich! Da oben, auf 412 Metern Höhe, liegen einem die atmosphärische Altstadt und das Meer zu Füßen. Das wussten schon die Franzosen zu schätzen, die Anfang des 19. Jhs. das Fort Imperial auf dem Hausberg der Stadt bauten. Sportliche können heute den Berg zu Fuß erklimmen, seit 2010 fährt auch wieder eine Seilbahn hinauf. Oben ist neben dem fantastischen Rundblick auch eine Dauerausstellung über den Jugoslawien-Krieg in den Resten der Napoleonischen Befestigungsanlage zu sehen.

www.tzdubrovnik.hr

467 BRITISH AIRWAYS I360, BRIGHTON, ENGLAND

Ready for take-off? Sponsor und Namensgeber British Airways sorgt für ein gewisses Höhenflug-Gefühl beim 173 Meter hohen Blickfang des Seebads. Der Aussichtsturm – „i“ steht dabei laut Architekten unter anderem für Intelligenz, das „360“ für den Rundumblick – ist nicht nur der schlankste Turm der Welt, sondern auch der höchste, dessen Aussichtskanzel sich auf und ab bewegt. Der rundum verglaste Ring ist nämlich zugleich der Fahrstuhl, der dich bis in 138 Meter Höhe bringt. Von da oben gelingt sogar der Blick hinüber nach Frankreich – oder nach „Europa“, wie die Insulaner gerne sagen.

britishairwaysi360.com

Der Aufzug, der ein Ausguck ist: ungehinderter Blick bis zum Horizont im i360.

trum Dublins ist dem „Black Stuff“, wie es der Volksmund nennt, eine imposante Ausstellung über Zutaten, Geschichte, Brauprozess gewidmet. Sieben Stockwerke schlängelt man sich hinauf bis zur Gravity Bar mit ihrer aussichtsreichen Fensterfront. Hier ist jetzt beides möglich, vielleicht sogar gleichzeitig: der Blick ins Glas und über die Dächer von Dublin.

www.guinness-storehouse.com

468 ALTSTÄDTER BRÜCKENTURM, PRAG, TSCHECHIEN

Seit dem 14. Jh. thront das gotische Bauwerk als Tor zur Altstadt am Ende der Karlsbrücke. Das unvergessliche Ensemble hat viel gesehen: Könige, Kriege, die enthaupteten Köpfe von Aufständischen, die zehn Jahre am Turm hingen. Heute steht er immer noch, vielleicht auch wegen des Zauberspruchs, den man unterm Dach eingraviert gefunden hat. Vom Wandelgang jedenfalls ist der Ausblick über Prag zeitlos schön.

www.prague.eu/de

469 ATOMIUM, BRÜSSEL, BELGIEN

Wo sonst erhält man schon die Gelegenheit, in ein Eisenkristall zu kriechen? Nun ja, kriechen muss man im Wahrzeichen der belgischen Hauptstadt nicht: In dem zur Expo 1958 in Form von neun miteinander verbundenen Atomen errichteten Bauwerk finden sich mehrere Ausstellungen. Und von der obersten Atomkugel genießt man aus einer Höhe von 102 Metern die Aussicht.

atomium.be

470 FERNSEHTURM, RIGA, LETTLAND

Wer in Riga fern sehen will, für den ist der 368 Meter hohe Turm auf der Insel Zaķusala erste Wahl. Auf drei geschwungenen Beinen ragt die filigrane Stahlkonstruktion elegant in den Himmel, beim Blick von den Aussichtsplattformen auf 97 und 137 Metern auf Riga schrumpft die Hauptstadt Lettlands auf Spielzeuggröße. Der Turm, 1986 eingeweiht, ist Klassenbester: Der höchste freistehende Fernsehturm in der EU kann höhentechnisch auch international mithalten.

www.latvia.travel/de

471 BERGISEL-SCHANZE, INNSBRUCK, ÖSTERREICH

Sollte unser Planet eines Tages von Aliens besucht werden, dürfte dieses Bauwerk ihnen Rätsel aufgeben: Was machen die sonderlichen Erdlinge auf diesem elegant verdrehten Turm? Auf zwei Brettern zu Tal rasen – und fliiiiegen natürlich, etwa bei Olympischen Spielen oder Weltmeisterschaften. Der Besuch der Schanze lohnt sich auch an klaren Sommertagen, wenn sich von der Panoramaterrasse oder dem Restaurant Bergisel Sky eine grandiose Aussicht über Innsbruck bietet.

www.bergisel.info

472 KULTURPALAST, WARSCHAU, POLEN

Ein Hochhaus? Oder doch lieber eine U-Bahn? Eigentlich hatten die Warschauer gar nicht die Wahl: Sie bekamen so oder so von der Sowjetunion den Kulturpalast geschenkt. Heute ist der 230 Meter hohe Koloss das höchste Gebäude Polens mit Kinos, Theatern, Kongresssälen, Museen – und mit dem unvergleichlichen Ausblick von Polens höchstem Gebäude ein Wahrzeichen.

www.pkin.pl/eng

473 NÄSINNEULA-TURM, TAMPERE, FINNLAND

Konstruktion: gediegen, Lage: fantastisch – so könnte das Kurzporträt des Turms lauten. Seit 1971 kann sich der 168 Meter hohe Fernsehturm rühmen, der höchste Aussichtsturm Nordeuropas zu sein. Während man auf 124 Metern Höhe im Drehrestaurant speist, fährt die wunderschöne Seenlandschaft rund um die südfinnische Stadt vorbei.

visittampere.fi/de

474 NEMO SCIENCE MUSEUM, AMSTERDAM, NIEDERLANDE

Physik-, Chemie- und Biologieunterricht als Spaßprogramm. Besucher aller Altersklassen dürfen sich hier in der Welt der Geometrie verlieren, Anamorphosen entwerfen, die Geheimnisse unseres Lebenselixiers, der Aminosäure, aufdecken und ganz viel experimentieren. Die Aussicht in Sachen Wissen(schaft) reicht im Museum bis in die hintersten Winkel des Universums. Der zweite Platz gebührt dem Panoramablick von der großen Dachterrasse, die man auch über die Treppe von der Straße aus erreicht.

www.nemosciencemuseum.nl/en

475 ALTSTADTAUFZUG SANTA JUSTA, LISSABON, PORTUGAL

Die portugiesische Hauptstadt ist nicht nur schön, sondern auch ganz schön hügelig. Was also liegt näher, als einen Aufzug von der Baixa, der Unterstadt, ins Stadtviertel Chiado mit seinen Literaten-Cafés und Fado-Lokalen zu bauen. Seit 1902 befördert der Elevador de Santa Justa in seinen schmucken Holzkabinen Passagiere 30 Meter in die Höhe. Oben warten eine Aussichtsplattform, ein Café und der Übergang in die Oberstadt. Aber Achtung: Heute muss man für jede Fahrt anstehen.

www.visitlisboa.com/de

476 OKO TOWER, MOSKAU, RUSSLAND

Nur 4 Kilometer vom Kreml entfernt überragt der 373 Meter hohe Turm mit Europas höchster Aussichtsplattform im 89. Stock die Skyline der russischen Hauptstadt. In ebenfalls schwindelerregender Höhe befinden sich auch ein nobles Restaurant und eine Eiscremefabrik.

pnr360.ru

477 ULMER MÜNSTER, ULM, DEUTSCHLAND

Der höchste Kirchturm der Welt darf in dieser Aufzählung natürlich nicht fehlen. 161,53 Meter ragt die gotische Kostbarkeit der größten evangelischen Kirche Deutschlands über der Stadt auf. 768 Stufen sind's bis zur Aussichtsplattform auf 143 Meter – die besten Sportler beim alljährlichen Münsterlauf schaffen sie in knapp drei Minuten. Du kannst dir natülich mehr Zeit lassen …

www.ulmer-muenster.de

478 TERRAZZA DEL BRIVIDO, PIEVE, ITALIEN

Auf 460 Meter liegt Pieve auf der Hochebene von Tremosine über dem Gardasee – und nahezu jeden einzelnen sieht man beim Blick von der Panoramaterrasse am Hotel Paradiso in die Tiefe.

Stählerne Schönheit mit genialem Zweck: der Altstadtaufzug Santa Justa.

„Schauderterrasse" ist die deutsche Übersetzung von Terrazza del Brivido, ein Name, den Menschen mit Höhenangst körperlich nachvollziehen können. Alle anderen werden den Blick von der frei im Nichts über dem See schwebenden Plattform über die kleinen Dörfer bis hin zum Monte Baldo lieben. Pieve bietet übrigens noch weitere solch schwindelerregender Aussichtsplätze, die früher dazu dienten, Lasten vom See hinauf zu ziehen.

terrazzadelbrivido.it

479 CALTON HILL, EDINBURGH, SCHOTTLAND

Als hätte die Akropolis sich spontan auf Reisen begeben, thront dieses kuriose Monument auf einem grünen Hügel im Zentrum der schottischen Hauptstadt. Die Säulenfassade ist tatsächlich ein Nachbau des Athener Parthenons und war als Denkmal für die Gefallenen der Napoleonischen Kriege gedacht. Der Bau begann 1822, aber im Nu ging das Geld aus und so ist es bei der Fassade geblieben. Der Besuch lohnt sich dennoch, allein schon wegen der schönen Aussicht über die Princes Street und hinüber zum mächtigen Edinburgh Castle.

edinburgh.org

480 EIFFELTURM, PARIS, FRANKREICH

Mal ehrlich, wer kann schon von sich behaupten, Europa gesehen zu haben, ohne auf dem spektakulären, 324 Meter hohen Eisenfachwerkturm gewesen zu sein? Bis 1930 hielt er den Titel des höchsten Bauwerks der Welt (der ihm dann vom New Yorker Chrysler Building abgejagt wurde). Die schönste Stadt der Welt – so empfinden es zumindest viele – liegt ihm dagegen immer noch zu den metallenen Füßen. Am besten buchst du ein Ticket im Voraus online, denn die Besucherschlange ist oft länger, als eines der meistbesuchten Wahrzeichen der Welt hoch ist.

www.toureiffel.paris

HÄUSER-MEERE VON OBEN

Oh, wie schön ist Paris: 7 Millionen große und kleine Besucher verzeichnet der Eiffelturm jährlich.

WO HERRLICH SCHRÄG GEFEIERT WIRD

EIER, RASENMÄHER, SÜMPFE, TOMATEN ODER BÜROSTÜHLE: DIE FANTASIE IST BEI DIESEN FESTEN UND FESTIVALS SCHLICHT GRENZENLOS.

481 SUMPFSCHNORCHELN, LLANWRTYD WELLS, WALES

Es muss am Wetter liegen. In einer Gegend, in der Regen keine Seltenheit ist und Moore nicht weit sind, kommen die Leute halt auf solche Ideen: Mehr als 100 Schlammschnorchler aus der ganzen Welt stürzen sich alljährlich in die braunen Fluten und absolvieren zweimal 55 Meter im trüben Wasser – mit Flossen, Brille und Schnorchel. Und in wilden Outfits à la Wassernixe, Supermann oder Bär.

www.visitwales.com/things-do/events/sport/can-you-beat-bog

482 ZEHENWRESTLING, FENNY BENTLEY, ENGLAND

1974 saßen vier Stammtischkollegen in einem Pub in den englischen Midlands und bedauerten, dass es so wenige englische Weltmeister gibt. Spontan erfanden sie eine neue Sportart, die so unbekannt war, dass der Weltmeister in jedem Fall ein Engländer sein würde. Und tatsächlich errang einer der Initiatoren bei der kurz darauf veranstalteten ersten Weltmeisterschaft im Zehenwrestling den Titel des World Champions. Der verrückte Wettbewerb hat inzwischen vier Jahrzehnte überdauert und findet noch immer jährlich im Bentley Brook Inn in Fenny Bentley statt.

rove.me/to/england/world-toe-wrestling-championships

483 FESTIVAL OHNE BANDS, HAILTINGEN, DEUTSCHLAND

Herrlich, so ein Rockfestival auf der grünen Wiese: zuerst Stau, dann Camping, Fastfood, eine Menge Spaß, zu wenig Dixi-Klos, ein Haufen Freunde und nie versiegende Sixpacks Bier. Wenn nur nicht die laute Musik wäre, die vom Eigentlichen ablenkt. Kein Problem, es geht auch ohne! Die Macher des Festivals ohne Bands haben die Marktlücke erkannt und organisieren im schwäbischen Hailtingen jeden Mai ein langes Wochenende mit allem, was dazugehört, Crowdsurfing und Matsch inklusive.

www.festivalohnebands.de

484 PUCK FAIR, KILLORGLIN, IRLAND

Seit mindestens 1603 wundert sich jeden August eine Ziege in Killorglin, einem Dörfchen im County Kerry, was der ganze Tumult wohl zu bedeuten hat. Sie hat aber nichts zu befürchten, ganz im Gegenteil, ihr wird eine besondere Ehre zuteil. Auf der Puck Fair, einer der ältesten Messen Irlands, wird sie zum King Puck gekrönt. Danach wird sie mitten auf dem Festplatz auf ein hohes Gerüst gehievt und drei Tage lang gut verköstigt. Nach ihrer kurzen Regentschaft darf die Ziege dann wieder ein freies Leben in den Hügeln Irlands führen.

www.puckfair.ie

485 AGITÁGUEDA, ÁGUEDA, PORTUGAL

Wenn unzählige knallbunte Regenschirme über den Gassen der Altstadt hängen und ein ebenso buntes Völkchen beschatten, ist wieder die Zeit des Kulturfestivals AgitÁgueda. „Urbane Kunst“ hat es sich auf die Fahnen geschrieben, und so geht es in Sachen Installationen, Street Art, Musik den kompletten Sommer möglichst farbenfroh, schrill und schräg zu.

www.agitagueda.com/en

Auch Luftgitarre spielen will gelernt sein!

486 LUFTGITARREN-WM, OULU, FINNLAND

„Make Air not War." Glaubt man den Veranstaltern, würden wir in friedlicheren Zeiten leben, wenn alle Menschen Luftgitarre spielen würden. Alljährlich im August strömen Besucher aus aller Herren Länder in die finnische Stadt Oulu, um sich das Spektakel der Luftgitarrenweltmeisterschaft anzusehen – oder gleich daran teilzunehmen. Die Konkurrenz ist riesig und das Niveau erstaunlich hoch. Das eigentlich Schräge ist aber nicht einmal die Tatsache, dass die Luftgitarrenmusiker auf der Bühne ein nicht vorhandenes Instrument spielen, sondern dass der Weltmeister als Preis eine echte E-Gitarre erhält.

airguitarworldchampionships.com/en/home/

487 MATCHMAKING FESTIVAL, LISDOONVARNA, IRLAND

Wieder nicht Mr. oder Mrs. Right beim Onlinedating gefunden? Dann auf in den Westen Irlands. „Where Music's Played And Matches Are Made" lautet das Motto, also: „wo die Musik spielt und man den Richtigen kennenlernt". Inzwischen kommen jeden September 40 000 Hoffnungsfrohe, um während magischer vier Wochen ihr Glück in der Liebe zu suchen oder einfach eine Menge Spaß zu haben. Musik, Tanz, ausgelassene Stimmung, neue Freunde und vielleicht … Alle, die auf Nummer Sicher gehen wollen, besuchen Matchmaker Willie Daly in seinem „Büro" in der Matchmaker Bar – wer sein „Lucky Book" berührt, ist binnen sechs Monaten unter der Haube. Wetten?

www.matchmakerireland.com

488 RASENMÄHERRENNEN, WETZISREUTE, DEUTSCHLAND

„Wrrrrrm" ist der samstägliche Sound in deutschen Kleingärten. Doch wenn die lauten Motorengeräusche durch den süddeutschen Ort Wetzisreute schallen, ist wieder Zeit für das Rasenmäherrennen. Auf umgebauten Aufsitzrasenmähern liefern sich die Teilnehmer unter dem Jubel der Zuschauer packende Duelle im abgesperrten Rund. Ähnliche Rasenmähersport-Veranstaltungen finden im Sommer im gesamten Bundesgebiet statt.

www.geroellheimer-team.de

Ob das jemals wieder rausgeht? Tomatensoße für alle beim Tomatina-Festival.

489

LA TOMATINA, BUÑOL, SPANIEN

Wenn am letzten Mittwoch im August tonnenweise Tomaten fliegen, gibt es kein Erbarmen im 9000-Seelen-Städtchen Buñol: Rot ist die beherrschende Farbe auf Haaren, T-Shirts und Gesichtern. In den 1940er-Jahren fing es mit dem Tomatenwerfen an, inzwischen musste die Teilnehmerzahl auf 20 000 begrenzt werden. Zuerst werden die überreifen Tomaten von Lastwagen gekippt oder in die Menge gepfeffert (nicht ohne vorheriges Zerquetschen!), und dann kann die Schlacht beginnen – alle gegen alle. Es gibt mehrere Versionen zum Ursprung dieses Spektakels. Nahrungsknappheit war es sicher nicht.

www.latomatinatours.com

490 CELTIC CONNECTIONS, GLASGOW, SCHOTTLAND

Wenn in Glasgow im Januar die Winterstürme um die Häuser heulen, gilt: auf zur Glasgow Royal Concert Hall oder einem der anderen Orte, wo zwei Wochen lang die Musik spielt. Die kommt aus der keltisch-gälischen Szene, andere Richtungen haben sich aber dazugesellt: Jazz, Soul, Folk, Fusion … Das Publikum kann nicht nur mehr als 2000 Musikern bei unzähligen Konzerten zujubeln, sondern an drei Wochenenden auch an Musik-Workshops teilnehmen.

www.celticconnections.com

491 FENSTERLN-MEISTERSCHAFT, ZILLERTAL, ÖSTERREICH

Im Zillertal pflegt man noch immer die altbekannte Art der Beziehungsanbahnung. Teilnehmen darf an der Fensterln-Meisterschaft jeder stramme Bursche, der eine Lederhose sein Eigen nennt, weniger als 100 Kilogramm wiegt und mindestens 16 Jahre alt ist. Er muss auf Baumstämmen balancieren, Bierkisten stapeln bis zum Balkon und anschließend in den 3. Stock klettern. Und am Ende wartet als Belohnung … natürlich ein Kuss!

www.tirol.tl/de/kalender/details/zillertaler-fensterlmeisterschaft

492 KALJAKELLUNTA, FINNLAND

Sonne, Wasser, gute Laune und ein stolzer Vorrat an Bier! So geht's gemütlich in komfortablen Schlauchbootkreationen der Strömung nach, schließlich heißt Kaljakellunta übersetzt „Bier-Treiben". Inzwischen schaukeln ein paar Tausend Leute Ende Juli/Anfang August abwechselnd auf den Flüssen Kerava oder Vataa auf einen Strand in Helsinki zu. Genug Zeit, von Schlauch zu Schlauch entspannte Menschen kennenzulernen, Prosit zu rufen und vielleicht sogar zu flirten. Und das Beste am Kaljakellunta ist: kein Großveranstalter, kein Sponsor, keine nervige Werbung – nur Spaß.

www.kaljakellunta.org/en

493 RØMØ MOTOR FESTIVAL, DÄNEMARK

Sind wir etwa in der Zeit verrutscht? Gezwirbelte Schnurrbärte, Ledermützen und Helme wie Omas Suppentopf? Und dann das Geknatter all dieser in die Jahre gekommenen originellen Vehikel. Auf der Nordseeinsel Rømø, einen Steinwurf nördlich von Sylt, wurde 2016 das legendäre Motorsportrennen von Fanö wiederbelebt. Schon im zweiten Jahr seiner Wiederauferstehung kamen ein paar Tausend Zuschauer und beinahe 80 Teilnehmer zum Lakolk-Strand, dem breitesten Strand, den Europa zu bieten hat.

www.romomotorfestival.dk

494 BÜROSTUHL-RENNEN, SCHWEIZ

Ein Wettbewerb droht die Arbeitsmoral in Frage zu stellen: In Olten treten alljährlich bei der Bürostuhlrennen-WM mehr oder weniger abenteuerlich gekleidete „Bürokräfte" auf ebensolchen Stuhlkonstruktionen gegeneinander an. Techniken und Regeln sind noch recht unausgereift, gelegentliche Unfälle und Zusammenstöße gehören dazu. Auch in Deutschland stürzen sich vermehrt Wagemutige auf kleinen Rollen große Berge hinunter.

www.buerostuhlrennen.ch

WO HERRLICH SCHRÄG GEFEIERT WIRD

495 KIRSCHKERN-WEITSPUCKEN, DEUTSCHLAND

Backen aufblasen, kräftig pusten und raus damit! Wer in Düren aufs Siegertreppchen will, muss üben, denn beim Kirschkernspucken zählt vor allem eins: Technik. Und die führt zu erstaunlichen Leistungen – der Weltmeister bei den Herren hält seit 2017 den Rekord mit sagenhaften 22,52 Metern, bei den Damen sind es 16,01 Meter. Von solchen Weiten konnten die Gründer der seit 1974 jährlich stattfindenden Weltmeisterschaft nur träumen, aber die Jahre haben gezeigt, wie der Kern des Erfolgs aussehen muss: glatt und rund.

www.dueren.de

496 SCHNEETANGO-WM, TAMPERE, FINNLAND

In Sachen Tango sind die Finnen vielleicht nicht besser als die Argentinier, sie haben aber zumindest mehr Schnee. Und können deshalb alljährlich im Februar oder März eine Weltmeisterschaft veranstalten, die zwingend Frau Holles Mitwirkung erfordert. Das Feurige des Tanzes wird allerdings nicht nur durch das helle Tageslicht, sondern auch durch dicke Jacken, Schals, Handschuhe, Pudelmützen und warme Winterschuhe gedämpft. Die Kälte des Winters vertreibt der Lumitango auf dem Rathausplatz dennoch.

visittampere.fi/de/events/world-championships-of-snow-tango

497 WM IM EIERWERFEN, SWATON, ENGLAND

Russische Eier kennt man aus Omas Küche. Russisches Eierroulette dagegen ist was für Mädels und Jungs mit stahlharten Nerven: Wer auf das einzige rohe von sechs Wettbewerbseiern haut, hat das Duell verloren. Die nervenzerrenden Begegnungen sind ein Teil der Eierwurf-WM, bei der unter anderen über große Distanz geworfene Eier elegant gefangen oder (freiwillige!) menschliche Zielscheiben an den richtigen Körperstellen getroffen werden müssen. Die Veranstalter schließen eine Olympia-Teilnahme (noch) aus.

swatonvintageday.com/egg-throwing

Kommt ein Oktopus geflogen: Spiel mit dem Wind beim kunterbunten Drachenfestival.

498 INTERNATIONALES DRACHENFESTIVAL RICV, BERCK-SUR-MER, FRANKREICH

Hieronymus Bosch lässt grüßen! Krasse Kreaturen, die da über dem Strand von Berck-sur-Mer am Ärmelkanal flattern: bunt, riesengroß, mit langen Tentakeln, Drachenflügeln oder Glupschaugen. Wo Wind ist, sind sie in ihrem Element. Besonders im April herrschen hier perfekte Bedingungen für das jährlich stattfindende Internationale Drachenfestival, kurz RICV. Zum 30-jährigen Jubiläum 2016 strömten 800 000 Besucher herbei, um die Meister der Lüfte zu bewundern. Aber der Strand ist breit, der Himmel weit, also Platz genug für alle.

www.cerf-volant-berck.com

499 EL SALTO DEL COLACHO, MURCIA, SPANIEN

Männer, die über Babys springen … kann man an Fronleichnam im Südosten Spaniens beobachten. Den auf Matratzen bequem am Boden liegenden Kleinkindern soll das Gehüpfe der als Teufel Verkleideten Glück im Leben bringen. Die Tradition, die es bereits seit 400 Jahren gibt, ist umstritten, weil gefährlich, und wird zudem von der katholischen Kirche abgelehnt.

www.turismoburgos.org/es/destino/cultural/evento/fiesta-del-colacho

500 SCHIENBEINTRETEN, CHIPPING CAMPDEN, ENGLAND

Ein paar Pints Ale vor dem Wettbewerb sollen helfen. Denn obwohl die Duellanten lange, mit Stroh ausgestopfte Hosen und weiche Schuhe tragen, ist die Meisterschaft im Schienbeintreten eine schmerzhafte Sache. Mit einem Tritt unterhalb (!) des Knies soll der Gegner aus dem Gleichgewicht geraten. Die Kämpfe sind der Publikumsliebling bei den Cotswold Olimpick Games, bei denen noch eine ganze Reihe weiterer schräger Wettbewerbe auf dem Programm stehen.

www.olimpickgames.co.uk/the-events

ADRENALIN-KICKS

VOR DER KÜSTE SCHOTTLANDS SCHWIMMEN RIESIGE HAIE, IN ITALIEN KOCHT DIE ERDE UND IN ÖSTERREICH FÜHRT EINE TREPPE IN DEN ABGRUND. EUROPA MACHT'S SCHÖN SPANNEND.

501 ZIPLINE, ST. VIGIL, ITALIEN

Wenn der Boden 100 Meter tiefer mit 80 Stundenkilometern unter dir hinwegrast, dann jauchzt du entweder vor Vergnügen – oder wünschst dich mit fest geschlossenen Augen ganz weit weg. Nachdem du an Europas längster Zipline in 1600 Metern Höhe gestartet bist, schnappst du auf 3,2 Kilometern Länge atemlos nach jeder Menge Bergluft – allerdings eher weniger wegen des tollen Panoramas der Südtiroler Dolomiten.

www.adrenalineadventures.it/de

Ist das jetzt gut, wenn man den Boden nicht sehen kann? Wolkenspaziergang auf dem Dachstein.

502 RAFTING, SALZBURGER LAND, ÖSTERREICH

Wenn die Schneeschmelze im Frühjahr ordentlich Wasser in die Lammer spült, fühlt sich der Ritt im Schlauchboot an, als habe man ein ungezähmtes Pferd unter sich – nur nasser. Sportlich geht es zu in den Walzen und Schwallstrecken zwischen den Felsen der Voglauer Schlucht. In die sensationell enge Lammerklamm paddeln vor allem Kajakfahrer. Erleben kann man sie trotzdem, zu Fuß auf Steigen, die bereits seit 1884 bestehen.

www.lammerklamm.at

503 BUNGEE, ARADENA-SCHLUCHT, GRIECHENLAND

Klar kann man's James Bond nachmachen und sich bei Europas höchstem Bungee-Sprung entlang der Staumauer des Verzasca-Damms 220 Meter in die Tiefe stürzen. Oder man wählt den zweithöchsten: von einer Brücke über die spektakuläre Aradena-Schlucht im Südwesten Kretas. Manchmal kreisen Geier über den schroffen Felswänden – aber das musst du ja nicht als Omen sehen.

www.bungy.gr

504 STÜRME BEOBACHTEN, BISKAYA, SPANIEN

Im Winter noch nichts vor? Dann ab nach Nordspanien und sich gegen den Sturm stemmen. Von November bis Februar wirft sich der Atlantik brüllend gegen die Küste rund um Santander, schickt riesige Wellen und brausenden Wind. *Observación de tormentas* nennen das die Spanier, und die heulende Urgewalt zu erleben gibt dir einen ganz besonderen Adreanalinkick.

www.spain.info/de_DE

505 RIESENHAIE BEOBACHTEN, OBAN, SCHOTTLAND

Mit weit geöffnetem Maul zieht der Koloss durchs Meer vor der Inselguppe der Inneren Hebriden – ein furchterregender Anblick. Dabei ernähren sich die bis zu 10 Meter langen und 4 Tonnen schweren Riesenhaie ausschließlich von Plankton. Von Juli bis September schlemmen die Basking Sharks vor der schottischen Küste, mit etwas Glück kann man sie dabei beobachten.

www.oban.org.uk

506 TREPPE INS NICHTS, DACHSTEIN, ÖSTERREICH

Schon allein der Blick von der Seite auf die Konstruktion sorgt bei Höhenängstlichen zuverlässig für schweißnasse Hände. Der Gang über die Treppe ins Nichts – 14 scheinbar harmlose Stufen – sorgt dann für ordentlich Schmetterlinge im Bauch. Wenn man's überhaupt wagt, denn schließlich stehst du am Ende auf einer gläsernen Plattform in 400 Meter Höhe über dem Fuß der Dachstein-Felswand. Natürlich ist die ungehinderte Aussicht auf die umgebende Bergwelt schlicht unglaublich. Aber den Blick in die Tiefe muss man erst mal aushalten können.

www.derdachstein.at

507 CAVING, LE TROU QUI SOUFFLE, FRANKREICH

Die dunkle Welt der Höhlen hat ihre ganz eigene Faszination. Das Vercors-Massiv in den französischen Alpen ist durchzogen von Aberdutzenden Hohlräumen. In der Höhle Le Trou Qui Souffle, die zu einem fast 50 Kilometer langen System gehört, kannst du erste Gehversuche mit Guide im Reich der ewigen Finsternis wagen. Wobei „gehen" weniger gefragt ist, es geht eher ums Klettern und Abseilen. Der Lohn der Mühe: die Ankunft in der weiten Salle Hydrokarst.

vercors.fr/fr-ete/rando-vtt-vercors-alpes/sports-nature-vercors/speleo-vercors/

508 SKI FAHREN, VORARLBERG, ÖSTERREICH

Na, wenn einem da nicht schon beim Namen ein Schauer den Rücken runterrieselt: Black Scorpions. So heißen die sieben steilen Pisten im Skigebiet Silvretta-Montafon, die mit einer Hangneigung von bis zu 81 Prozent so tiefschwarz sind, dass Durchschnitts-Skifahrer einen großen Stemmbogen um sie machen sollten. Der Top-Adrenalinspot: die Sennigrat-Piste.

www.silvretta-montafon.at

509 KLETTERSTEIG, MÜRREN, SCHWEIZ

Wenn unter dem Wanderstiefel nur eine Eisenklammer und ansonsten nichts als Hunderte von Metern Luft ist, sollte man schwindelfrei sein. Der als „schwierig" eingestufte Klettersteig von Mürren nach Grindelwald führt durch senkrechte Felswände und über tiefe Schluchten, die du per Hängebrücke oder auch nur balancierend über Stahlseile überwindest. Auf 2 Kilometern geht es 300 Höhenmeter – und das ist die Besonderheit! – bergab. Vielleicht vorher mal bei YouTube reinschauen, ob du dir das antun willst …

www.klettersteig-muerren.ch

510 KITESURFEN, RHODOS, GRIECHENLAND

Der Meltemi ist zuverlässig wie ein Uhrwerk. Ende Mai setzt der Sommerwind in der griechischen Ägäis ein und weht dann beständig bis Anfang Oktober. Nicht nur deshalb ist Fanes auf der Insel Rhodos einer der besten Spots für das Spiel mit dem Wind mit Drachen und Surfbrett. Auch der lange und breite Strand punktet, dazu kommen Anfänger im Hafenbecken auf ihre Kosten. Profis lieben den Tramontana-Wind im Frühjahr und Herbst, der für erstklassige Wellen sorgt.

www.visitrhodes.com/things-to-do/adventures/water-sports

511 TRAMPOLIN SPRINGEN, BLAENAU FFESTINIOG, WALES

Was kann denn so ein bisschen Trampolinspringen schon für Adrenalinschübe auslösen? Nun ja, wenn die Sprungnetze in einer mehr als 200 Meter hohen Höhle bis zu 54 Meter über dem Boden hängen, dann kann einem schon mal das Herz in die Hose rutschen. Wer mag, kann die weitläufige, bunt ausgeleuchtete Unterwelt kletternd und an einer Zipline hängend weiter erkunden.

www.zipworld.co.uk

512 MOUNTAINBIKE, GARDASEE, ITALIEN

23 Kilometer und drei Stunden lang nur abwärts fahren: Der Downhill vom Tremalzo ist ein seligmachender Mountainbike-Klassiker, den viele Radler ans Ende einer Alpenüberquerung setzen. 1800 Meter kurbelst du vom Gardasee aus hinauf – und wer tatsächlich nur aufs Bergabfahren steht, reduziert die zu tretenden Höhenmeter per Bus-Shuttle auf schlappe 300. Auf Schotter und über Militärstraßen geht's hinunter, über Wurzeln und Steine mitten hinein in eine überwältigende Aussicht über den See. Das Dauergrinsen will auch beim Cappuccino in Riva nicht verschwinden …

trails.de/tour/passo-tremalzo

Kurze Pause am Tremalzo – denn auch bergab fahren kann anstrengend sein.

513 SEILBAHN FAHREN, ZERMATT, SCHWEIZ

Ob man jetzt unbedingt in einer mit Kristallen besetzten Seilbahnkabine zum Kleinen Matterhorn hinauffahren muss, sei einmal dahingestellt. Dass aber in den vier Crystal-ride-Kabinen der Bergbahnen Zermatt 170 Meter über dem Gletscher der Glasboden plötzlich durchsichtig wird, ist schon ganz großes Kino. Wie überhaupt die Fahrt zur höchstgelegenen Bergbahnstation Europas auf 3883 Meter ein besonderes Erlebnis ist. Schließlich kann man von hier aus aufs 4000 Meter hohe Breithorn starten. Und alles vor dem Panorama der Felspyramide des Matterhorns.

www.matterhornparadise.ch

514 BASE FLYING, BERLIN, DEUTSCHLAND

Neun Sekunden, dann ist alles vorbei und du stehst mit wackligen Knien auf dem sicheren Boden. Hinter dir liegt ein freier Fall aus dem 39. Stock des Hotels Park Inn auf dem Alexanderplatz. Nach 125 Metern Sturz hat dich ein Seil 20 Meter vor dem Aufprall gestoppt. An den Fall kannst du dich kaum erinnern, an den Adrenalinkick, wie ein Vogel neben dem Fernsehturm über dem Häusermeer von Berlin zu hängen, allerdings schon. Jetzt weißt du jedenfalls, wie sich Basejumper fühlen.

www.base-flying.de

 Und hinter dir ein brüllendes Monster: Big-Wave-Surfen vor Nazaré.

515 NAZARÉ, PORTUGAL

„Big Wave Surfer" nennen sich die tollkühnen Männer und wenigen Frauen, die sich in den Wintermonaten vor der Küste des kleinen portugiesischen Fischerorts mit ihren Brettern in die Wellen stürzen. Ein Unterwassercanyon sorgt im Zusammenspiel mit schnellen und langsamen Wellen und einer entgegenkommenden Strömung für wahre Wassermonster mit mehr als 30 Meter Höhe. Das sorgt nicht nur bei den Surfern und deren Teams für jede Menge Adrenalin, sondern auch bei den Zuschauern, die aus sicherer Entfernung dem brüllenden Inferno zuschauen.

www.visitportugal.com/de/node/73770

516 VULKANBESTEIGUNG, STROMBOLI, ITALIEN

Besonders eindrucksvoll ist es auf einem von Europas aktivsten Vulkane wenn die Sonne untergegangen ist. Dann sorgen Eruptionen und frische Lava für ein leuchtendes Feuerwerkserlebnis. Natürlich bleibt man bei einer Tour auf einen der aktivsten Feuerberge weltweit (Spitzname: „Leuchtturm des Mittelmeers") in sicherer Entfernung. Trotzdem kann das Wissen, dass unter einem heiße Magma brodelt, durchaus für Kniezittern sorgen.

www.visitsicily.info/en/volcanoes-in-sicily-vulcano-stromboli-etna

517 PREIKESTOLEN, NORWEGEN

Die Wanderung zum Preikestolen ist der eine Teil der Unternehmung (s. S. 170). Der wahre Adrenalinrausch wartet aber am Ende, direkt auf der Felskanzel mit dem Namen „Predigtstuhl". Denn kein Geländer umschließt den flachen Felsen, dessen Wände 604 Meter senkrecht in den Lysefjord fallen. Die Bilder, auf denen einsame Wanderer mit den Füßen über dem Abgrund baumeln, sind zwar legendär – aber fern jeder Realität. Allein im Juli 2019 pilgerten zum Missfallen der Naturschützer fast 106 000 Menschen zum „Predigtstuhl". Wer sich dessen bewusst ist, erlebt dennoch ein beeindruckendes Naturschauspiel.

preikestolen365.com

518 SKITOUREN, FĂGĂRAŞ-GEBIRGE, RUMÄNIEN

Einen völlig unberührten, tief verschneiten Hang mit den Skiern im wilden Ritt hinunterzufliegen verpasst einem gleich die doppelte Dosis Glückshormone. Die Stichworte lauten: „völlig unberührt" und „wilder Ritt". Wer Tiefschneeabfahrten liebt, kommt in den einsamen Bergen der Südkarpaten voll auf seine Kosten. Mit Guides geht es hinauf zum schroffen Gebirgskamm, dein müdes Haupt kannst du abends in modernen Hotels betten.

romaniatourism.com

519 EISKLETTERN, TIROL, ÖSTERREICH

Was macht ein Wasserfall im Winter? Genau, gefrieren. Im Pitztal im Tiroler Oberland passiert das ab Dezember gleich 45 Mal, weshalb sich hier die Eisklettererszene tummelt, sobald sich die Wasserfälle verfestigen. In bis zu 190 Meter Höhe führen manche der Routen genug Zeit und Strecke also, um den Nervenkitzel so richtig zu genießen. Auch Anfänger sind willkommen.

www.pitztal.com/de/winter

520 CANYONING, TESSIN, SCHWEIZ

Sprünge aus bis zu 15 Meter Höhe, Abseilen über 50 Meter, Rutschen ins unbekannte Nichts, Schwimmen in kaltem Wasser: Schluchtenwandern ist nichts für Warmduscher. Weil das Tessin über viele, zum Teil sehr schwierig zu begehende Canyons mit den oben erwähnten Eckdaten verfügt, hat es sich zum Mekka des Bergabwanderns in einer majestätischen Landschaft entwickelt.

www.ticino.ch/de

WO KAFFEE AM SCHÖNSTEN SCHMECKT

WEGWERF-KAFFEEBECHER? NEIN DANKE! EIN GUTER CAPPUCCINO, ESPRESSO, CAFÉ CON LECHE, VERLÄNGERTER ODER FIAKER BRAUCHT ZEIT. UND DAS RICHTIGE AMBIENTE.

521 NEW YORK CAFÉ, BUDAPEST, UNGARN

Das schönste Café der Welt – so nennt sich ganz unbescheiden das New York Café. Und wer könnte dem widersprechen? Wie ein barocker Kirchenraum mutet es an mit seinem üppigen Dekor, den hölzernen Balustraden und den schmuckvollen Stuckdecken. Das prunkvolle Kaffeehaus aus dem Jahr 1894 hat die Stürme der Geschichte erstaunlich unbeschadet überstanden. Der einstige Treffpunkt von Intellektuellen und Literaten lädt nach gründlicher Renovierung wieder zu allerlei Köstlichkeiten. Budapest, wir kommen!

www.newyorkcafe.hu

Heute wie vor 100 Jahren ein Mekka für Kaffeegenießer: das New York Café.

522 GRAND CAFÉ ORIENT, PRAG, TSCHECHIEN

Willkommen im „Haus zur Schwarzen Muttergottes"! Was klingt wie ein Wallfahrtsort – ist auch einer. Für alle, die guten Kaffee und Kunst mögen. Denn das Haus beherbergt das einzige kubistische Café der Welt, von den außergewöhnlichen Kronleuchtern bis zu den grün gestreiften Polsterbänken wirkt alles kubistisch – selbst die Cremekringel.

www.grandcafeorient.cz/en

523 CAFÉ A BRASILEIRA, LISSABON, PORTUGAL

Gehören die luxuriösen Kaffeehäuser des vorigen Jahrhunderts zu einer aussterbenden Art? Vielleicht, aber ein paar kostbare Exemplare haben überlebt. Im Café A Brasileira wird seit über 110 Jahren zwischen verspiegelten Wänden und edlem Interieur Cafékultur gelebt – ein öffentliches Wohnzimmer wie zu Zeiten des Dichters Fernando Pessoa. Allerdings heute das einzige seiner Art in Lissabon.

abrasileira.pt

524 CAFÉ SPRÜNGLI, ZÜRICH, SCHWEIZ

Hier fällt die Wahl zwischen all den süßen Kreationen – feinste Schokolade, Pralinen oder Gebäck – unendlich schwer. Und das schon seit 1836. Auch die legendären Luxemburgerli, die Makrönchen mit Cremefüllung, haben hier ihren Ursprung. Ab 1859 konnten die Damen und Herren in einem „Erfrischungsraum" Platz nehmen. Ein Hauch von Revolution schon deshalb, weil sich hier auch Damen ohne männliche Begleitung hineintrauten.

www.spruengli.ch

525 CAFÉ PUSHKIN, MOSKAU, RUSSLAND

Die Geschichte des Cafés beginnt 1964 mit dem Lied „Nathalie" des Sängers Gilbert Bécaud, in dem er seiner Gelieben im fiktiven Moskauer Café Pushkin begegnet. 1999 erst wurde die originalgetreue Kopie des besungenen Cafés eröffnet. Handverlesene Antiquitäten, mit Holz vertäfelte Wände und russische wie französische Speisen verleihen ihm mondänen Charme.

cafe-pushkin.ru/en

526 SCHAMONG KAFFEE, KÖLN, DEUTSCHLAND

Kaffee ist einfach nicht gleich Kaffee. Das ist die Grundeinstellung in Kölns ältester Kaffeerösterei. Für die Zubereitung eines Espresso zum Beispiel sind nicht weniger als sieben Regeln strikt einzuhalten. Dafür nimmt man auf dem Weg zur Arbeit schon mal einen Umweg in Kauf.

kaffeeroester.de

Kalorientechnisch eine Katastrophe, ansonsten aber göttlich: die Baklava aus dem Hafiz Mustafa.

527 THE WOLSELEY, LONDON, ENGLAND

Cup of tea anyone? Streng genommen ist der goldglänzende Klassiker kein Kaffee-, sondern ein Teehaus. Und Restaurant, Brasserie, Treffpunkt der Fashion-Szene (Tisch 32 ist der Stammplatz von Kate Moss). Der *afternoon tea* – den es selbstredend auch in der Champagner-Version gibt – ist mit köstlichen Scones und *clotted cream* ein Traum und wird serviert unter hohen Bögen zwischen Marmorsäulen.

www.thewolseley.com

528 ALT WIEN KAFFEE, WIEN, ÖSTERREICH

Hinter den unzähligen Kaffeesorten – vom Frühstückskaffee bis zu Gourmet- und Fair-Trade-Mischungen – steckt eine ganze Philosophie. Die Rösterei setzt hauptsächlich auf Bio- und Fair-Trade-Ware, die sie auch auf dem Karmelitermarkt verkauft. Zudem vertrauen unzählige berühmte Kaffeehäuser in Wien auf die guten Bohnen.

www.altwien.at

529 GRAND CAFÉ, OSLO, NORWEGEN

Ganz Oslo war schockiert bei der Ankündigung, das traditionsreiche Café im Grand Hotel werde nach mehr als 140 Jahren schließen. Ende des 19. Jhs. hatten hier vor allem Künstler Ruhe gesucht: Henrik Ibsen kam täglich, Edvard Munch porträtierte ihn. Das Kaffeehaus ist heute wieder geöffnet, aufgehübscht, aber im Kern noch immer die gemütliche Oase für gedankenvolle Stunden.

www.grandcafeoslo.no/english

530 CAFFÈ TOMMASEO, TRIEST, ITALIEN

Dieses 1830 eröffnete Kaffeehaus galt jahrzehntelang als Szenetreff erfolgreicher Kaufleute, Künstler und Intellektueller und als Zentrale so mancher politischer Bewegung. Der interessanten Historie ist sogar eine Ausstellung gewidmet. Aber in erster Linie kommt man natürlich wegen des Cappuccinos.

caffetommaseo.it

531 CAFÉ MAIASMOKK, TALLINN, ESTLAND

Seit 1864 steht das Maiasmokk („Feinschmecker") an seinem Platz. Das Interieur besteht aus vielen Unikaten, die noch aus der Gründungszeit stammen. Zum Kaffee isst man köstliche Kuchen, Torten oder Patisserie. In einem Nebenraum informiert ein kleines Marzipanmuseum über Geschichte und Herstellung der zuckrigen Mandelmasse.

www.kohvikmaiasmokk.ee/en

532 ROBERT'S COFFEE JUGEND, HELSINKI, FINNLAND

Einzigartig im Bohnen-Franchise-Kosmos ist die Robert's-Coffee-Filiale in der Pohjoisesplanadi 19: Hier wird am kunstvoll schaumverzierten Cappuccino genippt, während man – versunken in tiefen Ledersesseln – die wunderschöne Jugendstil-Wandmalerei in der Kuppel über dem Café studiert.

robertscoffee.com/en

533 HAFIZ MUSTAFA, ISTANBUL, TÜRKEI

Im Café Hafiz Mustafa gibt's von frühmorgens bis spät nach Mitternacht türkische Süßigkeiten und Süßspeisen. Das beliebte Café wurde vor über 150 Jahren von einem Geldverleiher gegründet. Den typischen schwarzen türkischen Kaffee oder einen starken Schwarztee trinkt man in Ruhe im ersten Stock. Probier unbedingt die Spezialität des Hauses: mit Mandeln oder Pistazien gefüllte Baklava, die in die ganze Welt verschickt werden.

www.hafizmustafa.com

Der Eindruck täuscht: So leer war das Florian vermutlich selbst zu Goethes Zeiten nur selten.

534 SCREAMING BEANS, AMSTERDAM, NIEDERLANDE

Kein großes Café, aber eins mit viel Liebe zum Detail. Die Baristas wissen alles über Bohnensorten, Röstverfahren und Zubereitungsmethoden – und verzieren den Milchschaum in feinster Latte-Art.

www.facebook.com/ScreamingBeans.SB

535 KONDITOREI FÜRST, SALZBURG, ÖSTERREICH

Wer gerade auf Diät ist, sollte einen großen Bogen um das gemütliche Stammhaus am Alten Markt oder die drei Ableger machen. Nur an einem Kaffee zu nippen und all die köstlichen Konditorei-Kreationen und Mehlspeisen zu ignorieren ist schlichtweg unvorstellbar. Berühmt ist die Konditorei vor allem wegen ihres kleinen, runden Weltstars, der Mozartkugel. Die wird heute noch nach altem Rezept hergestellt.

www.fuerst.cc

536 KAFFEEHÄUSER, LEIPZIG, DEUTSCHLAND

In den traditionsreichen Kaffeehäusern von Leipzig stillten schon große Geister wie Johann Wolfgang von Goethe, Napoléon Bonaparte oder Richard Wagner ihren Koffeinbedarf. Am besten schaut man im Café Grundmann, Kaffeehaus Riquet oder Café Corso vorbei. Wie man das Heißgetränk in Sachsen trinkt? „Sieße muss d'r Koffe sein."

www.leipzig.travel/de/freizeit/gastronomie/kaffeehauskultur-in-leipzig

537 CAFÉ DE LA PAIX, PARIS, FRANKREICH

Hier weht Geschichte durch die Räume – und Geschichten sowieso! Eingeweiht wurde das älteste der noch erhaltenen Pariser Cafés 1862, aber so richtig berühmt wurde es anlässlich der Weltausstellung 1867. Seinen mondänen Glamour mit den goldenen Säulen und Fresken im Stil des Second Empire hat die Pariser Institution bis heute bewahrt.

www.cafedelapaix.fr

538 GRAN CAFÉ GIJÓN, MADRID, SPANIEN

Vielleicht schlummern sie noch irgendwo in den roten Vorhängen, die Träume der Schriftsteller, Künstler und Intellektuellen, die sich hier trafen. Salvador Dalí, Luis Buñuel und sogar die legendäre Spionin Mata Hari sollen dabei gewesen sein. Als es 1914 verkauft wurde, musste der neue Besitzer unterschreiben, dass der Name und das Café nie verschwinden würden.

www.cafegijon.com

539 KAFFEEHÄUSER, KRAKAU, POLEN

Europäisches Zentrum der Kaffeekultur? Natürlich Wien! Doch manche Kenner handeln Krakau als geheime Kaffee-Hauptstadt. Zahlreiche Cafés und Teehäuser, die in meist historischen Gebäuden der Altstadt zu finden sind, sind für ausgezeichneten Kaffee bekannt und können auf eine lange Tradition zurückblicken, darunter beispielsweise das Café Camelot oder das Wesoła Café.

wesolacafe.pl/en

540 CAFFÈ FLORIAN, VENEDIG, ITALIEN

In Europas ältestem Café scheint die Zeit stehen geblieben zu sein. Was sich seit seiner Eröffnung 1720 geändert hat, sind – ähem – die Preise und die Gäste. Wo früher Künstler, Intellektuelle und Politiker Gedanken austauschten, rühren heute Scharen von Touristen in ihren Cappuccinos. Das Caffè Florian war übrigens das erste in Italien, das Frauen Zugang gewährte, was ihm den Beinamen „Jagdgrund des Casanova" einbrachte.

www.caffeflorian.com

VON SEE-LEUTEN & SCHIFFEN

DER HAFEN. ER STEHT FÜR SICHERHEIT UND AUFBRUCH INS UNBEKANNTE ZUGLEICH. AN EUROPAS LANGEN KÜSTEN GIBT ES VIELE STÄDTE, VON DEREN KAIS AUS DU BIS ZUM HORIZONT BLICKST.

541 HOORN, NIEDERLANDE

Das hübsche alte Städtchen auf einer Landzunge am Markermeer brachte Entdecker und Seefahrer von Weltrang hervor. Auch Willem Cornelisz Schouten erblickte hier 1580 das Licht der Welt, um neben vielen anderen Entdeckungen dem berühmten Kap seinen Namen zu verleihen. Die eindrucksvolle Geschichte des Hafenstädtchens mit seinen guten Museen und dem noch immer spektakulären Hafen genießt man heute zwischen Terrassencafés, Restaurants und Stöberläden.

www.holland.com

543 VALLETTA, MALTA

Kreuzfahrtkolosse bahnen sich ihren Weg durch die Bucht des Naturhafens Grand Harbour in Richtung Cruise Terminal, von wo aus Freizeit-Seefahrer die Altstadt oben auf dem Hügel erkunden. Und da gibt es einiges zu sehen, denn Valletta ist von einem beeindruckenden Festungsring umgeben, der sie ab 1570 zur am besten gesicherten Stadt der Welt machte. Unten im Hafen hat heute der Tourismus den Fischfang abgelöst.

www.visitmalta.com/de

542 BURGAS, BULGARIEN

So ist das eben oft als Hafenstadt, vor allem, wenn man der größte Handelshafen des Landes ist: Zum Transitpunkt verdammt, sieht man Besucher weiterziehen. Dabei hat Burgas in der gleichnamigen Bucht des Schwarzen Meeres einen ansehnlichen, wenig besuchten Strand, ein nettes Stadtzentrum und einen Meeresgarten genannten, üppig begrünten Park – der perfekte Ausgangspunkt für die Erkundung der bulgarischen Schwarzmeerküste.

www.bulgariatravel.org/en

544 NYHAVN, KOPENHAGEN, DÄNEMARK

Eine ruhige Nacht dürfte Kopenhagens pulsierender Hafen seit seiner Entstehung im 17. Jh. wohl noch kaum erlebt haben. Wo einst globetrottende Kaufleute Seehandel trieben, schlürfen heute die Locals und Touristen Bier oder Kaffee. Das quirlige Treiben entlang der bunten Häuserfront sorgte auch schon für große Inspiration: Hans Christian Andersen, der jahrelang in ver-

So präsentiert sich Valletta seit Jahrhunderten allen, die vom Meer her kommen.

Funkelnde Hafenzeile, ganz ohne Regenschauer: Bergens Hafenbezirk Bryggen.

schiedenen Häusern am Kai zu Hause war, soll hier viele seiner Märchen verfasst haben.

www.visitcopenhagen.com

545 BERGEN, NORWEGEN

Vor allem wenn das Gebirge hinter Bergens Hafenbezirk Bryggen von einer weißen Schneehülle verdeckt wird, wirkt die bunte Häuserfront im Abendlicht wie ein funkelnder Laternenlauf. Die Lichter, die aus den urigen Restaurants und Kneipen leuchten, spiegeln sich dann im stillen Wasser wider. Da mag man schon in Versuchung kommen, einfach hierzubleiben und noch ein Gläschen Aquavit zu bestellen. Aber immerhin starten die Kreuzfahrtschiffe der Hurtigruten hier, die hinaus durch die majestätischen Fjorde gleiten. Eins soll allerdings auch nicht verschwiegen werden: Bergen gilt als regenreichste Stadt Europas – an 250 Tagen tröpfelt, gießt oder strömt es hier.

www.visitnorway.de

546 STOCKHOLM, SCHWEDEN

Auf 14 Inseln spielt sich das Leben in der Hauptstadt Schwedens ab. Die Hafenstadt verfügt über knapp 20 Kilometer Kaianlagen – die aber nicht besonders auffallen, da sie auf unterschiedliche Buchten verteilt sind. Auch die Altstadt Gamla Stan hat ihre eigene Insel, die Stadsholmen, von der man aus die Kreuzfahrtschiffe am Kai Stadsgården anlegen sehen kann.

www.visitstockholm.com/de

547 DANZIG, POLEN

1000 Jahre alt ist der größte Hafen des Landes. Das Wasser der Ostsee und der Weichsel prägten seine Geschichte: Handel mit Bernstein, Hansestadt, blühendste Handelsstadt an der Ostsee. Besonders schön erlebt man Danzig und die Danziger Bucht bei einem Segeltörn während der Baltic Sail.

visitgdansk.com/de

548 TURKU, FINNLAND

Fast 600 Jahre lang war Turku am Schärenmeer an der Südwestküste Finnlands die bedeutendste Stadt der Nation. Die majestätische Burg in der Nähe des Hafens und die alte Kathedrale sorgen für eine gewisse Erhabenheit. Dabei kann's Turku auch ganz gut modern, was sich am prall gefüllten Event-Kalender, einer lebhaften Musikszene und der Fülle an erstklassigen Restaurants zeigt.

www.visitfinland.com/de

549 CALA FIGUERA, MALLORCA, SPANIEN

Überschaubar und idyllisch geht es im kleinen Fischerörtchen namens „Feigenbucht" zu. Und wo Fischer sind, gibt es auch einen Hafen – der von Cala Figuera ist umsäumt von weißen kubischen Häusern, vor denen im türkisfarbenen Wasser kleine Boote schaukeln. Ein großes Plus: Der große Touristenrummel brummt woanders!

www.infomallorca.net/?lg=de

550 HAMBURG, DEUTSCHLAND

Die Karriere von Europas drittgrößtem Hafen – nach Rotterdam und Antwerpen – beruht auf einer Täuschung. Denn die Urkunde, die den Hamburgern seit dem 7. Mai 1189 Zoll- und andere Privilegien einräumt, war von gewitzten Kaufleuten gefälscht. Ausgegangen ist es gut: Hamburg ist eine Perle in der europäischen Küstenkette – und eine Hafenrundfahrt in der Hansestadt ein erhabenes Erlebnis.

www.hamburg-tourism.de

551 GENUA, ITALIEN

Die Lage Genuas am Knie (italienisch: *genu*) des italienischen Stiefels prädestiniert den Ort geradezu als Seehafen. Die Geschichte der Hafenstadt lässt sich noch immer an den Fassaden entlang der engen Gassen ablesen. Der Puls schlägt bis heute am großen Hafen, wo unter anderem die Passagierschiffe nach Korsika, Tunis und Barcelona ablegen.

www.visitgenoa.it/de

552 FALMOUTH, ENGLAND

Vom drittiefsten Naturhafen der Welt aus starteten Segelhelden wie Sir Robin Knox-Johnston und Ellen MacArthur zu ihren Solo-Weltumrundungen. Eine Hafenstadt also, die maritime Legenden l(i)ebt und mit dem National Maritime Museum Cornwall einen spannenden Blick auf die Seefahrt wirft. Oder in den Hafen selbst, durch zwei Unterwasserfenster.

www.falmouth.co.uk

553 KOTOR, MONTENEGRO

Ja, ist denn schon Norwegen? Hand aufs Herz: Die Bucht von Kotor sieht aus wie eine dieser skandinavischen Fjord-Schönheiten. Wie schon bei Venedig und Dubrovnik hat sich Kotors Hafen, dessen natürlichen Schutz bereits die Griechen in der Antike suchten, zu einer Art Fluch entwickelt:

Immer mehr Kreuzfahrtschiffe machen an der Mole direkt vor der malerischen Altstadt fest. Wer außerhalb der Saison kommt, begegnet vielleicht sogar einer der berühmten Katzen.

www.visit-montenegro.com

554 SAINT-MALO, FRANKREICH

Die Kleinstadt an der Smaragdküste in der Bretagne fasziniert mit ihrem bipolaren Charakter. Wo gerade noch monströse Wellen zornig gegen die alten Stadtmauern donnerten, breitet sich nur Stunden später ein idyllischer Sandstrand aus. Die Bucht von Saint-Malo hat mit bis zu 12 Metern einen der größten Gezeitenunterschiede Europas. Bei Flut macht man sich am besten auf ins Zentrum, das noch immer an die Blütezeit des Hafenstädtchens im späten Mittelalter erinnert.

de.saint-malo-tourisme.com

555 ST. PETERSBURG, RUSSLAND

Wenn schon groß, dann richtig. Peter der Große wollte eine neue Hauptstadt von höchster Grandeur haben – eine, die gen Europa blickt und Zugang zum Wasser bietet. So legte der Zar Anfang des 18. Jhs. selbst Hand an, um die pompöse Kapitale an der Newa zu errichten. Imposant ist der Anblick, wenn sich nachts die Newa-Brücken öffnen, um Schiffe durchzulassen.

www.visit-petersburg.ru

556 MONTE-CARLO, MONACO

Marina Port Hercule ist natürlich nicht irgendein Hafen, es ist *der* Jachthafen mit Glamourfaktor schlechthin – egal, wie hoch die Liegegebühren sind. Wobei … wer sich eine 60-Meter-Luxusjacht leisten kann, zahlt die 1300 Euro pro Nacht entspannt aus der Portokasse. Aber wer will sich die Laune vom schnöden Mammon verderben lassen, Hauptsache die Sonne scheint und der Champagner ist kalt.

www.visitmonaco.com

557 TALLINN, ESTLAND

Na, das ist doch mal was: einfach mit dem eigenen Hotel vor die Sehenswürdigkeit schippern. Der Hafen von Tallin liegt so nah an der wunderbaren mittelalterlichen Altstadt, dass Kreuzfahrtpassagiere zu Fuß ins historische Reval pilgern können, wie die Stadt zu Zeiten der Hanse noch hieß. Im Hafen ist viel los: Mehr als 350 Kreuzfahrtschiffe legen jedes Jahr an.

www.visittallinn.ee/ger

558 GEIRANGER, NORWEGEN

Im Sommer schwappen die Passagiere der Hurtigruten-Schiffe wie Tsunamiwellen über die friedlichen Straßen des 250-Einwohner-Städtchens. Man kann's ihnen nicht verübeln: Geiranger liegt umgeben von steilen Bergketten vor tiefblauem Wasser. Hauptattraktion auf der Einfahrt in den Fjord sind die Sieben Schwestern: Wasserfälle, die aus einer Höhe von bis zu 300 Metern hinabstürzen.

www.stranda-hamnevesen.no

559 CHANIA, KRETA, GRIECHENLAND

Wer mit der Fähre im Hafen von Chania anlegt, fragt sich, ob das Schiff eine unsichtbare Zeitgrenze durchfahren hat. Es dominieren venezianische und osmanische Denkmäler, enge Kopfsteingassen schnörkeln sich durch die malerische Altstadt und am Hafen flackert das Fackellicht des alten Leuchtturms. Da schaltet man die innere Uhr am besten gleich mit ab und lässt sich zu einem Cocktail in einer der gemütlichen Bars am Hafen nieder.

www.incrediblecrete.gr/de

Napoleon wollte so schnell wie möglich wieder von Elba weg – für heutige Besucher von Porto Azzurro dürfte eher das Gegenteil gelten.

560 PORTO AZZURRO, ELBA, ITALIEN

Porto Azzurro, der „Blaue Hafen". Das kann doch nur der Titel eines Schlagers sein. Oder die Erfindung cleverer Marketingstrategen. Hoppla, das ist es ja auch! Bis 1947 hieß der pittoreske Hafen auf Elba nämlich Porto Longone. Aber weil dieser Name untrennbar mit dem riesigen Gefängnis in der 350 Jahre alten Festung Forte San Giacomo verbunden war, entschied man sich für eine Namensänderung in Richtung Romantik. Der Plan ging auf: Porto Azzurro ist heute ein herrlich idyllischer Hafen, von der Piazza Matteotti aus lassen sich beim Aperol Spritz herrlich die dümpelnden Fischerboote und Luxusjachten zählen.

www.visitelba.de

WAS BLÜHT DENN DA?

WER WEISE IST, SAGTE DER DICHTER TAGORE, WÜRDE IN DEN GARTEN GEHEN. MAN MUSS KEIN PHILOSOPH SEIN, UM SICH VON DEN BLÜHENDEN OASEN VON PORTUGAL BIS ISLAND INSPIRIEREN ZU LASSEN.

561 ISOLA BELLA, ITALIEN

Von Land aus vermutet man kaum, welcher Naturschatz da im Lago Maggiore versteckt ist. Doch schon beim ersten Schritt auf die Isola Bella stellt sich die Frage, wohin man zuerst schauen soll. Auf der gerade mal 300 Meter langen Insel scheint jeder Quadratmeter seine individuelle Persönlichkeit zu haben. Im üppigen Garten mit seinen Rosen, Lilien, Lorbeersträuchern und Zypressen vermischen sich englische und italienische Einflüsse. Und mittendrin stolzieren weiße Pfaue, als wäre es nie anders gewesen.

www.isoleborromee.it/ger

Was man mit Blumen nicht alles machen kann ... Gartenkunst in Funchal.

562 VAUX-LE-VICOMTE, MAINCY, FRANKREICH

Wenn für Könige gebaut wird, müssen schon mal ganze Dörfer weichen. Wie 1656 in Maincy bei Paris, als Platz geschaffen wurde für den Palast Vaux-le-Vicomte samt Gartenanlagen. Mit seinen gigantischen Ausmaßen war (und ist) der grüne Riese nur mit Heerscharen von Gärtnern instand zu halten. Hier hat der französische Landschafts- und Gartengestalter André Le Nôtre Geschichte geschrieben: Er schuf nicht nur den ersten Barockgarten Frankreichs, sondern prägte auch die Gartenkunst ganz Europas. Es lebe die Symmetrie!

vaux-le-vicomte.com/en

563 KEUKENHOF, LISSE, NIEDERLANDE

Diese Farben, dieser Duft! Wohin man auch schaut, das farbenfrohe Blumenmeer aus Tulpen, Krokussen und Narzissen ist schier endlos, wenn sich jedes Jahr im Frühling der niederländische Keukenhof in den größten Blumengarten der Welt verwandelt. Für die bunten Blumenfelder werden mehr als sieben Millionen Zwiebeln von mehreren hundert verschiedenen Tulpensorten gesetzt.

keukenhof.nl/de

564 SISSINGHURST CASTLE, ENGLAND

Die Schriftstellerin Vita Sackville-West und ihr Mann Harold Nicolson, die beiden wunderbar exzentrischen Besitzer von Sissinghurst Castle, hatten eine vielfältige und lebendige Gartenlandschaft im Sinn, als sie 1930 begannen, das Land um ihren historischen Landsitz herum anzulegen. Ein Rosengarten hier, ein Garten mit weißen Blumen da, der South Cottage Garden mit Frühblühern und Herbstschönheiten, ein Kräutergarten, the Nuttery mit Nussbäumen wie Haselnuss oder Kentish Cobnuts, ein Obstgarten – natürliche Vielfalt war die Philosophie. Die Lady und der Sir sind nicht mehr da, ihr Garten aber hat Berühmtheit erlangt und duftet auch heute noch nach blühendem Leben.

www.nationaltrust.org.uk/sissinghurst-castle-garden

565 BOTANISCHER GARTEN VON MADEIRA, FUNCHAL, PORTUGAL

Üppiger Frühling das ganze Jahr über! So fühlt es sich an in Madeiras Botanischem Garten oberhalb der Stadt Funchal. Orchideen, Kakteen, Palmen, Magnolien, daneben prächtige exotische Blumen und Bäume, ein Papageienpark, ein Museum und überall ein fantastischer Blick aufs blaue Meer. Schlichtweg ein Paradies mitten im Atlantik – nicht nur für Blumenfreunde.

www.visitmadeira.pt/de-de

566 KEW GARDENS, LONDON, ENGLAND

Der Königliche Botanische Garten ist eine Oase im Südwesten Londons, ein wahrer Garten Eden für Botanikfans, eher eine ausgedehnte englische Parklandschaft als ein Botanischer Garten. Darin stehen etwa das Palmenhaus, das älteste noch existierende viktorianische Gewächshaus, oder der 1631 erbaute Kew Palace. Doch es gibt noch unzählige andere Juwelen zu entdecken, etwa das Temperate House oder die Marianne North Gallery. Der Botanische Garten ging 1759 aus den Lustgärten einer Prinzessin hervor, heute wird hier die größte und vielseitigste Pflanzensammlung der Welt gehegt und gepflegt.

www.kew.org

567 KATHARINENPARK, PUSCHKIN, RUSSLAND

Prunkvoller geht es kaum als in Zarskoje Selo (oder Puschkin) bei St. Petersburg, wo die russischen Zaren ihre barocke Sommerresidenz errichten ließen. Dabei waren die Anfänge noch bescheiden, als Kaiserin Katharina I. bis 1724 ein kleines, zweistöckiges Jagdschlösschen bauen ließ. Doch unter den Kaiserinnen Elisabeth I. und Katharina II. (die Große) nahmen sowohl der Palast als auch der Park wahrlich kaiserliche Größe an. Elisabeth hinterließ mit der Eremitage ihre Spuren, und Katharina ergänzte den Garten durch einen englischen Landschaftspark. Hier der streng symmetrische französische Garten mit Alleen und Statuen, dort der offene englische Park – ein Gesamtkunstwerk in Gartenform.

www.petersburg-info.de/zarskoje-selo-puschkin

568 GARTENREICH DESSAU-WÖRLITZ, DEUTSCHLAND

Lustwandeln wie einst Goethe und Fürst Leopold III. Das UNESCO-Weltkulturerbe bietet mehr als ausreichend Platz dafür. Gleichzeitig wurde aber viel Wert auf Details gelegt: schwingen sich elegant über kleine Kanäle, und links und rechts der lang gezogenen Alleen fällt der Blick auf fürstliche Steinpavillons und kunstvoll gestaltete Statuen. Eigentlich muss man mehrere Tage einplanen, um auch noch die zahlreichen Museen und Schlösser wie Oranienbaum, Georgium, Luisium oder Mosigkau zu besichtigen.

www.gartenreich.de

569 MOUNT STEWART GARDENS, NORDIRLAND

„Gärten sollen gelebt und genossen werden, und ich hoffe, dass sie den-

Ja, Island besteht nicht nur aus Eis, Schnee und Vulkanen: der Park von Akureyri.

jenigen, die sie besuchen, noch lange Freude bereiten." Das war das Credo von Lady Edith, Frau des 7. Marquess von Londonderry, die die Mount Stewart Gardens um ihr Anwesen anlegen ließ. Entstanden ist eine prächtige Grünanlage mit 17 unterschiedlichen botanischen Themenbereichen, etwa einem spanischen, einem italienischen Garten oder einem Garten, der von der irischen Mythologie inspiriert ist.

www.nationaltrust.org.uk/mount-stewart/mount-stewart-gardens

570 BOTANICACTUS, MALLORCA, SPANIEN

Ein Paradies für Kakteenliebhaber – aber nicht nur. In dem weitläufigen Gelände auf der trocken-heißen Insel Mallorca fühlen sich die mehr als 10 000 Kakteenarten aus aller Welt äußerst wohl. Aber auch die typische Inselflora hat ihren verdienten Platz, denn eingerahmt von Zypressen, Pinien und Eukalyptusbäumen kommen die Kakteen noch besser zur Geltung.

www.botanicactus.com/indexde.html

571 GÄRTEN VON ANNEVOIE, BELGIEN

Wer Wasser mag, wird die Gärten von Annevoi lieben. In vielen Becken und Teichen sorgen Wasserspiele, Springbrunnen und Fontänen für das entspannte Hintergrundrauschen eines gelungenen Ausflugs ins Grüne. 250 Jahre haben die Wassergärten von Annevoie inzwischen auf dem Buckel, und noch immer funktionieren alle Anlagen ohne Pumpen, ganz nach den Gesetzen der Schwerkraft. Rund um die Wasserbecken laden zahlreiche Alleen zum Flanieren ein und spenden an sonnigen Tagen Schatten.

belgien-tourismus-wallonie.de

573 INVEREWE GARDEN, POOLEWE, SCHOTTLAND

In Schottland wachsen nur Disteln und Gras? Weit gefehlt, denn der Golfstrom macht's möglich: Im Sommer trifft man in einem der nördlichsten Botanischen Gärten der Welt auf ein Meer aus blühenden Pflanzen. Auf einer Fläche von 40 Fußballfeldern wachsen Bäume und Pflanzen vom ganzen Globus. In manchen Bereichen werden komplette Kontinente botanisch nachgestellt, wie etwa im Asien-Teil mit diversen Sorten von Bambus und Rhododendron. Seine Existenz verdankt der Garten einem naturinteressierten Schotten. Der hatte vor 150 Jahren ein karges Stück Land erworben und sich anschließend seinen persönlichen botanischen Garten Eden erschaffen.

www.nts.org.uk/visit/places/inverewe

572 AKUREYRI, ISLAND

Auf Höhe des Polarkreises vermutet man so einiges, aber bestimmt keinen Botanischen Garten. Und doch ist es den Isländern gelungen, im Park von Akureyri dauerhaft mehrere Tausend Pflanzenarten zu kultivieren. Ursprünglich war das Gelände eher ein botanisches Erprobungsfeld. Man wollte herausfinden, welche Pflanzen und Bäume der rauen Natur am Rand der Arktis Paroli bieten konnten. Offensichtlich waren die Gärtner äußerst erfolgreich, denn entstanden ist ein sehenswerter Botanischer Garten mit einer großen Vielfalt an isländischen Blumen, Sträuchern und Bäumen. Und da er auch ein öffentlicher Park ist, ist sogar der Eintritt frei.

www.visitakureyri.is/en/things-to-do/attractions/the-botanical-garden

574 BLUMENGARTEN KROMĚŘÍŽ, TSCHECHIEN

Das spätbarocke Schloss im tschechischen Kroměříž ist an sich schon eine Wucht. Aber in den Sommermonaten rückt es in den Hintergrund und ist nur noch Kulisse für ein botanisches Spektakel. Vor den weißen Rundbögen der Kolonnaden verwandelt sich der kunstvoll angelegte Blumengarten in ein blühendes und duftendes Paradies. Die farbenfroh komponierten Blumeninseln wirken wie mit dem Pinsel gemalt. Ergänzt wird der blühende Bereich durch den Schlossgarten mit einem Labyrinth aus grünen Wänden.

www.czechtourism.com/de/c/kromeriz-unesco-gardens

575 MOUNT USHER GARDENS, ASHFORD, IRLAND

Ohne Hast schlängelt sich der Fluss Vartry durch die romantische Anlage, das authentische Beispiel eines Robinson-Gartens – nach dem Gärtner William Robinson, der sich für eine natürliche Gartengestaltung einsetzte. Und wüsste man es nicht besser, könnte man tatsächlich meinen, die Blumen, Sträucher und Bäume hätten sich selbst ihren Platz ausgesucht, so harmonisch ist das Zusammenspiel der Tausenden verschiedenen Pflanzen aus Europa, Asien und Südamerika. Durch diese Artenvielfalt ist hier fast das ganze Jahr über etwas los: angefangen mit der Rhododendronblüte im Frühjahr über das bunte Sommerfeuerwerk bis hin zur melancholischen Stimmung im Herbst.

www.mountushergardens.ie

576 SCHLOSS DROTTNINGHOLM, SCHWEDEN

Schloss Drottingholm gilt als das schwedische Versailles. An dieser Einschätzung hat auch die weitläufige barocke Parkanlage einen wesentlichen Anteil. Plätschernde Wasserspiele, Steinskulpturen und lang gezogene Lindenalleen zeigen eindrucksvoll, dass man sich hier im Vorgarten der schwedischen Königsfamilie befindet. Schließlich nutzten die royale Familie Schloss Drottningholm als offiziellen Wohnsitz. Trotz der adligen Hausherren herrscht im Park eine wunderbar entspannte, typisch

Aus der Vogelperspektive am schönsten: die labyrinthischen Hecken im Gardone Rivera.

skandinavische Atmosphäre, ohne Bodyguards und Zäune.

www.kungligaslotten.se/language/auf-deutsch/schloss-drottningholm.html

577 MONETS GARTEN, GIVERNY, FRANKREICH

Die gebogene japanische Brücke gehört zu den bekanntesten Gemälden von Claude Monet. Weitgehend unbekannt ist dagegen, dass Monet die Brücke zuvor in der Realität erschaffen hat – und zwar in seinem eigenen Garten rund um sein Wohnhaus in Giverny in der Normandie. Bei der Bepflanzung seines botanischen Paradieses ordnete er die Blühpflanzen nach Farben an. Und bei der Errichtung seines Wassergartens ließ er sich von japanischen Einflüssen leiten. Wer genau hinschaut, wird an vielen Stellen Motive entdecken, die einem aus Monets Werken schon bekannt sind.

giverny.org/gardens/fcm/visitde.htm

578 GIARDINO DEI TAROCCHI, CAPALBIO, ITALIEN

Hier hat aber jemand seiner Fantasie freien Lauf gelassen! Und zwar die Künstlerin Niki de Saint-Phalle, die in ihren „Tarot-Garten" fast zwei Jahrzehnte ihres Lebens investiert hat. Bunt und lustvoll brechen ihre bis zu 15 Meter hohen Skulpturen aus dem üppigen Grün der Parkanlage hervor. Die 22 riesigen Gesellen, die mit farbigen Keramikfliesen oder Spiegeln verziert sind, stellen die 22 Karten des Tarot dar und sind teilweise sogar von innen begehbar.

ilgiardinodeitarocchi.it/de

579 JAPANISCHER GARTEN, KAISERSLAUTERN, DEUTSCHLAND

Einfach mal entspannen, flanieren und dieses Gesamtkunstwerk wirken lassen. Im Japanischen Garten in Kaiserslautern wurde der ursprüngliche, über 100 Jahre alte Baumbestand aus Blutbuchen und Eiben vor zwei Jahrzehnten um japanische Pflanzen ergänzt. Immer wieder begegnet einem das Leitmotiv Wasser in seinen unterschiedlichsten Formen. Hier ein plätschernder Wasserfall, dort ein ruhiger Teich oder ein still dahinfließender Bachlauf. Natürlich dürfen auch der Zen-Garten oder das japanische Teehaus nicht fehlen.

www.japanischergarten.de

580 GARDONE RIVIERA, ITALIEN

Ein wahrer Paradiesgarten und zugleich eine botanische Weltreise auf 10 000 Quadratmetern: Die Gartenstadt Gardone Riviera ist wahrhaftig verwöhnt mit ihrem mediterranen Klima. Vor dem blauen Panorama des Gardasees schlendert man durch verschiedene Weltregionen, etwa durch eine Nachbildung der Gebirgslandschaft der Dolomiten oder vorbei an mit Lotusblüten bewachsenen Teichen, in denen sich Koi-Karpfen tummeln. Dazwischen stehen Skulpturen von bekannten Künstlern wie Keith Haring oder Roy Lichtenstein.

borghipiubelliditalia.it/borgo/gardone-riviera

EUROPA IM KLEINFORMAT

MANCHMAL SIND SIE WIE EIN KONTINENT IM KLEINEN, MANCHMAL ABER AUCH EINZIGARTIGE JUWELEN IM MEER VOR DER KÜSTE: EUROPAS INSELN HABEN IHRE GANZ EIGENE MAGIE.

581 MONTE ISOLA, ITALIEN

Wer kennt schon die größte Süßwasserinsel in Südeuropa? Eben. Dabei ragt Monte Isola recht eindrucksvoll mehr als 400 m aus dem Lago d`Iseo. Und doch, da war was! Die Floating Piers des Künstlers Christo nämlich, die 2016 die Insel mit dem Festland verbanden. Das autofreie Eiland ist alle fünf Jahre Schauplatz des Festes Santa Croce, bei dem die Bewohner des Ortes Carzano die Wege und Straßen mit hunderttausenden bunten Papierblumen überspannen.

visitlakeiseo.info/en

582 ASTYPALEA, GRIECHENLAND

Pataloudo, „Schmetterling", nennen die Griechen die Insel mit dem unaussprechlichen Namen. Denn von oben betrachtet erinnert Astypaleas Form an einen Schmetterling mit aufgeschlagenen Flügeln. Noch ist die Insel in der griechischen Ägäis von den großen Touristenströmen verschont geblieben. Hauptort der Insel ist Chora mit seinen weißen Häusern, die sich den Hang bis nach oben zum Bergkamm hinaufziehen. Der dortige Dorfplatz bietet schattige Terrassen und eine herrliche Aussicht.

www.visitastypalea.com/t

583 PROCIDA, ITALIEN

Ischia und Capri sind vermutlich das bekannteste Inselduo im Mittelmeer. Aber halt, da ist ja noch Procida! Die kleine Schwester der beiden Berühmtheiten liegt nur 3 km vom Festland entfernt im Golf von Neapel. Außer dem kleinen Hafen Corricella mit seinen farbenfrohen, wie Waben an den Hang geklebten Häusern und der Kathedrale San Michele Arcangelo gibt es nichts Spannendes zu besichtigen auf Procida. Zum Glück: Wer die Ruhe im Golf sucht, ist hier genau richtig.

www.visitprocida.com/en

584 SCHIERMONNIKOOG, NIEDERLANDE

Schiermonnikoog ist beides: Rückzugsgebiet für Urlaubsreife und Rückzugsgebiet für tierische Wattbewohner. Jedes Jahr kommen mehr als 300 Vogelarten zum Brüten auf die Insel und an bestimmten Küstenabschnitten sind regelmäßig Robben zu sehen. Touristen müssen ihre Autos an der Bootsablegestelle zurücklassen. Durch angespülten Sand ist die Insel nach Osten so gewachsen, dass sie in die Nachbarprovinz hineinragen würde - hätte man nicht die Verwaltungsgrenze verschoben.

www.vvvschiermonnikoog.de

585 NATIONALPARK KORNATEN, KROATIEN

Manche Landschaften sind so eigenwillig – oder so schön –, dass es Legenden braucht, um ihre Entstehung zu erklären. Von dem Archipel vor der kroatischen Küste wird erzählt, dass Gott bei der Welterschaffung übriggebliebenes weißes Gestein einfach ins Meer geworfen habe. Entstanden sind so bis zu 150 Kalksteininseln, -inselchen und -riffe, die extrem wasserarm und nur spärlich bewachsen sind. Doch gerade das macht sie so attraktiv für Ausflügler, Segler und Taucher. Trinkwasser nicht vergessen!

www.vodice.hr/de

Doppelt eisig, doppelt schön: ruhige Winterstunden auf den Lofoten.

586 LOFOTEN, NORWEGEN

Ob da wohl gleich ein Troll oder eine Elfe um die Ecke kommt? Die Lofoten haben das Potenzial von Sagenlandschaften, darüber gibt es nicht den geringsten Zweifel: Grüne Berge, die als Inseln aus dem Meer ragen, Hochebenen gespickt mit dunklen, geheimnisvollen Seen, die ohne viel Fantasie an die Augen eines Riesen denken lassen, und einsame Sandbuchten zwischen rauen Felsen. Farbtupfer bilden an den schmalen Küstenstreifen der insgesamt 80 Inseln und Felseilande die roten Fischerhäuschen, von denen die meisten heute Feriengästen offenstehen. Aktivurlauber, die keine Sonnengarantie benötigen und für die bei 20 Grad bereits der Hochsommer beginnt, sind auf den Lofoten allerbestens aufgehoben.

www.visitnorway.de/reiseziele/nordnorwegen/die-lofoten-inseln/

587 GUERNSEY, ENGLAND

Lust auf britisches Lebensgefühl, aber keine Lust auf Regen und kühle Temperaturen im Sommer? Dann ab nach Guernsey, die zweitgrößte Insel nach Jersey im Ärmelkanal. Ihrer geschützten Lage und dem Einfluss des Golfstroms verdanken die Kanalinseln ihr sehr mildes Klima und eine mediterrane Vegetation mit Palmen, Bananenstauden und Zypressen. Naturliebhaber finden auf Guernsey nicht nur ein sehr gut ausgebautes Wegenetz, sondern auch zahlreiche schöne Badestrände.

www.visitguernsey.com

588 HIDDENSEE, DEUTSCHLAND

Wer im Urlaub auf sein Auto nicht verzichten will, ist definitiv falsch auf Hiddensee. Denn wenn eines nicht erlaubt ist, dann das Autofahren. Die im Sommer vielbesuchte Insel will zu Fuß, mit dem Rad oder in einer Pferdekutsche erkundet werden. Entschleunigung bei gesunder Ostseeluft ist hier also garantiert, zwischen feinsandigen Stränden, Mooren, Heidelandschaften und Wäldern.

www.seebad-hiddensee.de

589 GOZO, MALTA

Malta-Kenner wissen: Wem es auf der großen Insel zu trubelig wird, der weicht aus nach Gozo , der kleinen benachbarten Schwester, die man mit der Fähre schnell erreicht. Auch Taucher lieben Gozo – weniger wegen der Ruhe über als wegen der Vielfalt unter der Wasseroberfläche.

www.visitmalta.com/de

 Und an Backbord liegt Guernsey: unter vollen Segeln hinaus auf den Ärmelkanal.

590 ÎLE DE PORQUEROLLES, FRANKREICH

Und noch ein autofreies Eiland! Die mediterrane Insel vor der vielbesuchten Côte d'Azur ist nicht nur die größte in der Inselgruppe der Îles d'Hyères, sie ist auch eine wundervolle Naturschönheit – zwar nicht gänzlich unbekannt, aber durchaus für Entdeckungen gut. Bei Porquerolles, ungefähr in der Mitte des bogenförmigen Eilands, liegen die besten Strände, an den Steilküsten im Süden wird man mit einer guten Aussicht belohnt. Ideales Gefährtfür Erkundungen ist das Fahrrad.

www.hyeres-tourisme.com

591 SKELLIG MICHAEL, IRLAND

Manchmal wünscht man sich auf der Überfahrt zum schroffen Felsen mitten in der Irischen See, die Macht möge mit einem sein. Denn wenn der Wellengang Fahrt aufnimmt, würden einem ein wenig Luke-Skywalker-Star-Wars-Fähigkeiten gut zu Gesicht (oder Magen) stehen. Was Skellig Michael mit dem Sternenepos zu tun hat? In den Episoden „Das Erwachen der Macht" und „Die letzten Jedi" spielt es – was sonst? – eine Insel auf dem Wasserplaneten Ahch-To. Nicht nur Star-Wars-Fans nehmen die 90-minütige Schaukelei auf sich: Skellig Michael ist eine unglaubliche Kulisse, ein nackter Fels, auf dem im 7. Jh. Mönche das wohl einsamste Kloster Irlands errichteten.

www.ireland.com/de-de/artikel/sdp-skelligs

592 STOCKHOLMS SCHÄREN, SCHWEDEN

Nur 80 Kilometer vom Stadtzentrum entfernt liegt Stockholms einzigartiger Schärengarten. Die Schweden lieben die Ansammlung von zigtausend Inseln und Inselchen – und haben gefühlt auf jede (was so nicht stimmt …) ein buntes Sommerhäuschen gebaut. Touristen sind deren Charme ebenfalls längst erlegen und träumen von schwedischen Sommern mit Büllerbü-Charme. Wer Kajak fährt, ist hier ebenfalls kaum zu halten – auch wenn man natürlich die freie Zeit auch prima mit Wandern, Angeln oder Schwimmen füllen kann.

visitsweden.de/der-stockholmer-scharengarten

593 ISLES OF SCILLY, ENGLAND

Rund 40 Kilometer vor der Küste Cornwalls liegt mitten im Atlantik ein fast schon subtropisches Inselparadies. Begünstigt durch den Golfstrom sind die Sommer heiß und die Winter mild auf den Isles of Scilly – was üppige Gärten und Parks wie die Tresco Abbey Gardens sprießen lässt. Tresco ist eine der fünf von insgesamt 140 Inseln, die bewohnt sind, Dreh- und Angelpunkt ist St. Mary´s, mit 6,3 Quadratkilometern die größte. Hier gibt's Shops und Pubs und Sommerfrische samt Stränden und betörender Natur.

www.visitislesofscilly.com

594 ESTNISCHE INSELN, ESTLAND

Wer sich die Zeit nimmt, alle estnischen Inseln zu zählen, der ist eine Weile beschäftigt: Mehr als 2000 liegen vor der Westküste des Landes. Bewohnt sind davon gerade mal 19, aber wer sie besucht, trifft herzliche, liebenswerte Menschen. Von Tallinn aus lassen sich Hiiumaa, Saaremaa und Muhu per Auto und Fähre erkunden. Zu entdecken gibt es menschenleere Strände und geschichtsträchtige Orte zwischen Kiefernwälder und Wacholdersträuchern.

www.visitestonia.com/de/urlaubsziele/die-inseln

595 PORTO SANTO, PORTUGAL

Sie ist ein winziges Stückchen Land mitten im riesigen Atlantik, gerade mal 11 Kilometer lang und 6 Kilo-

Ob Napoleon wohl eine Badehose hatte? Die Spiaggia di Sansone auf dem Bonaparte-Exil Elba.

596 ELBA, ITALIEN

Irgendwie segelt Elbe immer ein wenig im Windschatten ihrer größeren Nachbarn Korsika und Sardinien. Dabei ist Elba selbst die größte – die größte Insel des Toskanischen Archipels nämlich. Zu dem gehören außerdem: Giglio, vor dessen Küste 2012 das Kreuzfahrtschiff „Costa Concordia" strandete, Capraia, das unbewohnte Montecristo, Pianosa, Giannutri und die Gefängnisinsel Gorgona, die nur mit Sondergenehmigung besucht werden kann. Der Trumpf aller Inseln: ihre bezaubernde Natur, die dank des Nationalparks Toskanischer Archipel geschützt ist.

www.italia.it/de/reisetipps/meer/die-inseln-des-toskanischen-archipels.html

meter breit. Aber Porto Santo ist nicht allein: Ihre große und berühmtere Schwester Madeira liegt nur 40 Kilometer entfernt. Es sind ungleiche Geschwister, denn während es auf Madeira üppig grünt, ist der „Heilige Hafen" ebenso karg wie faszinierend – und wenig besucht. Ein Geheimtipp: der 9 Kilometer lange Strand Campo de Baixo, dessen Sand zudem noch heilende Wirkung hat. Christoph Kolumbus lebte hier übrigens einige Jahre, ein Museum erinnert an ihn.

www.visitmadeira.pt/en-gb

597 BELLE-ÎLE-EN-MER, FRANKREICH

Entenmuscheln sind weder Enten noch Muscheln, sondern Krebstiere. Man findet sie selten, aber Gourmets fahren ihretwegen auf die „schöne Insel". Und weil die ihren Namen ganz zu Recht trägt, wagen auch all jene den 14-Kilometer-Hüpfer von Quiberon aus auf die größte der bretonischen Inseln, die farbenfrohe Häuschen, Altstadtgassen, lauschige Cafés am Hafen und ruhige Strände mögen. Aber auch: gezackte Klippen, weiße Wolkentürme und wilde Winde überm schäumenden Meer.

de.belle-ile.com

598 FÄRÖER, DÄNEMARK

Schafsinseln, so heißen die Färöer übersetzt. Und siehe da, auf den 18 Flecken im Nordatlantik auf halbem Weg zwischen Norwegen und Island soll es tatsächlich doppelt so viele Wollträger wie Menschen geben. Alle zusammen teilen sich eine erhaben-raue Natur, voll steiler Klippen, Fjorde und unzähliger Wasserfälle, die direkt ins Meer plätschern. Genau das zieht immer mehr Outdoor-Fans an, die zu Fuß, auf dem Mountainbike oder im Taucheranzug vor der Küste die Heimat der 50 000 Färöer (oder Färinger) erkunden.

www.faroeislands.fo

599 ISLE OF ARRAN, SCHOTTLAND

Arran wird gerne als Mini-Schottland bezeichnet, da sich die Landschaft der Insel im Verlauf der 32 km von Nord nach Süd dramatisch verändert. Der felsige und von Mooren durchsetzte Norden ist kaum von Straßen durchzogen. Deshalb lieben ihn die Wanderer, denen er mit seinen über 800 Meter hohen Erhebungen einen idealen Tummeplatz bietet. Ganz anders präsentiert sich dagegen der Südteil: Begünstigt durch den Golfstrom herrscht hier ein fast mediterranes Klima. Ob Arran das mythische Avalon der Artus-Sage ist? Vorstellen könnte man es sich …

www.visitarran.com

600 TABARCA, SPANIEN

Römer, Griechen und sogar Piraten hatten hier mal das Sagen. Heute sind es die Touristen: Die kleinste bewohnte Insel Spaniens ist gerade mal knapp 2 Kilometer lang und in der Hauptsaison entsprechend trubelig, wenn Hunderte von Tagesgästen vorbeikommen. Deshalb: eines der wenigen Zimmer auf der Insel buchen und über Nacht bleiben. Oder in der Nachsaison vorbeischauen und den rund 60 ständigen Bewohnern beim Leben zuschauen. Inselatmosphäre aus dem mediterranen Bilderbuch.

www.spain.info/en

GAAANZ WEIT UNTEN

EUROPA IST DURCHLÖCHERT WIE EIN SCHWEIZER KÄSE: EXPEDITIONEN IN DEN BAUCH DER ERDE.

601 BLAUE GROTTE, BIŠEVO, KROATIEN

Groß ist sie nicht, die blaue Grotte an der Westküste der kroatischen Insel Biševo. Aber wer sie am Vormittag besucht, kann ein Farbenspiel erleben, das seinesgleichen sucht. Von der Sonne durch einen zweiten Eingang unter Wasser beleuchtet, erstrahlt das Meerwasser in der Höhle in herrlichen Farben, die von einem dunklen Blau bis zu einem hellen Türkis reichen und das Höhleninnere in ein unwirkliches Licht hüllen.

croatia.hr/de-DE

602 LAICHINGER TIEFENHÖHLE, SCHWÄBISCHE ALB, DEUTSCHLAND

Wunderwelt in der Unterwelt – wer in die Laichinger Tiefenhöhle hinabsteigt, wähnt sich wie auf einem anderen Stern, aber 55 Meter unter der Erdoberfläche. In der knapp 1400 Meter langen Schachthöhle, übrigens der einzigen begehbaren Deutschlands, kommt man vorbei an tiefen Schächten, hohen Hallen und engen Gängen. Hier unten erhascht man einen Bruchteil des bereits fünf Millionen Jahre andauernden Verkarstungsprozesses und weiß anschließend einiges mehr über die geologische Geschichte der Alblandschaft. Taucht man wieder aus den Tiefen auf, erwartet einen leckerer Kuchen, Kaffee und ein Höhlenmuseum.

www.tiefenhoehle.de

603 FELSKATHEDRALE, SANNA, NORWEGEN

Prähistorische Funde belegen, dass die sogenannte Felskathedrale auf der Insel Sanna bereits vor 10 000 Jahren ein beliebter Platz des gesellschaftlichen Lebens gewesen sein muss. Daran hat sich bis heute nichts geändert. Die 30 Meter hohe Naturhöhle mit dem norwegischen Namen „Kirkehelleren“ ist nicht nur ein beliebtes Touristenziel, sondern aufgrund ihrer speziellen Akustik auch das Highlight des alljährlichen Musikfestivals Trænafestivalen. Bei dem nach eigenen Angaben nördlichsten Rockfestival der Welt treten immer im Juli einheimische und internationale Bands auf verschiedenen Bühnen und vor mehreren Tausend Zu-

604 HÖHLEN VON ŠKOCJAN, SLOWENIEN

Steter Tropfen höhlt den Stein. Über Hunderttausende von Jahren hat der Regen das Kalkgestein aufgelöst und ein spektakuläres Höhlensystem geschaffen. Tropfsteine trifft man in den Höhlen eher selten an, dafür beeindruckt ihre schiere Größe. Die unterirdischen Hallen haben eine Länge von bis zu 300 Metern. Auch das Gelände um die Höhlen mit seinen trichterförmigen Tälern, die zahlreiche geschützte Tierarten beherbergen, lohnt sich. Deshalb wurden die Škocjan-Höhlen von der UNESCO zum Weltnaturerbe der Menschheit erklärt.

www.park-skocjanske-jame.si/de

Hochgefühle ganz tief unten: in den spektakulären Höhlen von Škocjan.

schauern auf. Eine bemerkenswerte organisatorische Leistung, wenn man bedenkt, dass die kleine norwegische Gemeinde Træna gerade einmal 500 Einwohner hat.

nordnorge.com/de

605 JAVOŘÍČKO, TSCHECHIEN

Märchenhöhle, Halle der tausend Halme, Dom der Titanen: Es verwundert nicht, dass sich die Entdecker der Höhlen von Javoříčko solche außergewöhnliche Namen einfallen ließen, angesichts der farbenfrohen Pagoden mit gewaltigen Stalagmiten und Stalaktiten, die der Schwerkraft zu trotzen scheinen, der unterirdischen Wasserfälle oder der Deckenhöhe mit bis zu 20 Metern. Unter der für Touristen begehbaren Höhle befindet sich ein weit verzweigtes Labyrinth aus Gängen und Schluchten, von dem bisher jedoch nur ein kleiner Teil entdeckt ist.

www.czechtourism.com/de/c/javoricske-caves

606 MELISSANI-HÖHLE, KEFALONIA, GRIECHENLAND

Eigentlich müsste man dem Erdbeben dankbar dafür sein, dass es einen Teil der Höhlendecke zum Einsturz gebracht hat. Denn seither finden auch Sonnenstrahlen ihren Weg in die Melissani-Tropfsteinhöhle und lassen den See in ihrer Mitte zur Mittagszeit in einem zauberhaften blauen Licht erstrahlen. Mit dem Ruderboot kann der un-

 Wenn Wasser und Eis kreativ werden: Naturskulpturen in der Eisriesenwelt.

607 EISRIESENWELT, SALZBURGER LAND, ÖSTERREICH

Gletscherblau leuchtende Eiswände, gigantische natürlich gewachsene Eisskulpturen und filigrane Eiszapfenformationen – willkommen in der Eisriesenwelt! Tief unter dem österreichischen Tennengebirge wartet im Dauerfrost ein einzigartiges Höhlenerlebnis. Doch es will verdient sein: Zwar gibt es eine Seilbahn, aber bis zum Höhleneingang müssen 1400 Treppenstufen zu Fuß gemeistert werden. Dann erhält jeder Besucher seine eigene Karbidlampe, bevor er in die frostige Welt der Eisriesen eintaucht.

www.eisriesenwelt.at

terirdische See passiert werden, während die Wasseroberfläche glitzernde Sonnenreflexionen über die Wände tanzen lässt. Glücklicherweise ist die Melissani-Höhle trotz ihrer Schönheit bis heute vom Massentourismus verschont geblieben und meist nicht überlaufen.

kefaloniaisland.org

608 ALTAMIRA, SPANIEN

Hund verschwunden – Höhle gefunden! Auf der Suche nach seinem Jagdhund machte ein Jäger Mitte des 19. Jhs. eine bedeutende Entdeckung. Die steinzeitlichen Höhlenmalereien in der nordspanischen Altamira-Höhle sind die ersten überhaupt entdeckten Höhlenmalereien der Welt. Wer die beeindruckenden Kunstwerke unserer Vorfahren besichtigen will, muss sich neuerdings mit einer Replik zufriedengeben. Nachdem die Originalkunstwerke durch die feuchte Atemluft der Besucher Schaden genommen hatten, wurde der zentrale Höhlenbereich akribisch vermessen und an anderer Stelle originalgetreu nachgebildet. Entstanden ist ein einzigartiges Zeugnis steinzeitlicher Geschichte, wenn auch nur als Kopie.

www.spain.info/de_DE/que-quieres/arte/monumentos/cantabria/cuevas_de_altamira.html

609 CUEVAS DEL DRACH, MALLORCA, SPANIEN

Sommer, Sonne, Malle; klar, kennt man. Aber tief unter den Sonnenanbetern wartet ein sehenswerter Naturschatz: die Cuevas del Drach oder auch Drachenhöhlen. Bei angenehmen 20 Grad geht es 25 Meter tief hinab in das perfekt ausgeleuchtete Reich der Stalagmiten und Stalaktiten. Hier gibt es sogar einen der weltweit größten Unterwasserseen, der mit dem Boot befahren werden kann. Das Highlight der einstündigen Tour ist ein Konzert mit klassischer Musik, bei dem die besondere Akustik der Drachenhöhlen voll zur Geltung kommt.

www.cuevasdeldrach.com/de

610 BARADLA-HÖHLE, AGGTELEK, UNGARN

Das mehr als 25 Kilometer lange Stollensystem der Baradla-Höhle reicht bis in die Slowakei und gehört zu den bekanntesten Naturspektakeln Ungarns. Einige Höhlenbereiche sind geprägt von filigranen Tropfsteinstrukturen, während andere von unterirdischen Flüssen und Seen durchzogen sind. Nicht entgehen lassen sollte man sich den Besuch eines Musikkonzerts, denn in der Höhle ist ein ganzer Konzertsaal untergebracht, mit einer Bühne vor eindrücklich beleuchteten Tropfsteinwänden.

www.anp.hu/en

611 OPTYMISTYTSCHNA PETSCHERA, KOROLIWKA, UKRAINE

Wie in einem unterirdischen Irrgarten verzweigen sich die Gänge und Kluften der Optymistychna Petschera – was auf Deutsch ungefähr „Höhle voller Hoffnung“ bedeutet – in alle Richtungen. Auf einer Grundfläche von gerade mal 2 Quadratkilometern verläuft ein

612 HÖLLOCH, MUOTATHAL, SCHWEIZ

Mit über 200 Kilometern bisher bekannter Länge ist das Hölloch eines der längsten Höhlensysteme der Welt. Die Urkräfte der Natur haben tief im Berg unterirdische Schluchten, bizarre Felsengebilde und Tropfsteine in den unterschiedlichsten Größen und Formen geschaffen. Wer das Abenteuer liebt, kann die Höhle auf Halbtages- oder Tagestouren bis zu mehrtägigen Biwak-Exkursionen mit Übernachtung unter Tage erkunden. Oder aber man bucht das Hölloch gleich als Event-Location für den nächsten Geburtstag oder die Betriebsfeier.

stoos-muotatal.ch/hoehlenerlebnis-hoelloch

Gangsystem von über 200 Kilometern Länge. Aber gerade dieses engmaschige Labyrinth und die mit Gipskristallen geschmückten Wände machen die Optymistytschna Petschera so besonders. Da die Höhle nicht touristisch erschlossen ist, können Führungen nur auf Anfrage bei der Nationalparkverwaltung organisiert werden.

traveltoukraine.org

613 HÖHLEN VON POSTOJNA, SLOWENIEN

„Die Königin der Höhlenwelt" lässt bitten. Und das mit der Höhlenwelt ist durchaus wörtlich zu nehmen, denn die Höhlen von Postojna im Südwesten von Slowenien sind eigentlich ein ganzes Höhlensystem mit 24 Kilometern Länge. Fünf Kilometer können besichtigt werden, und die sind spektakulär: Tropfsteine in allen Größen, atemberaubende Hallen – eine surreale Szenerie. Die zweitgrößte für Touristen erschlossene Tropfsteinhöhle der Welt kann mit einer kurzen Bahnstrecke aufwarten und mit einer Berühmtheit: dem „Brillanten", einem besonders schönen Tropfstein-Exemplar. Und kaum zu fassen, hier leben auch Tiere! Der Grottenolm ist ein Superheld der Überlebenskunst: Er kann bis zu 12 Jahre ohne Nahrung überleben und wird bis zu 100 Jahre alt.

www.postojnska-jama.eu/de

614 JAMEOS DEL AGUA, LANZAROTE, SPANIEN

Früher wurde sie kaum beachtet, bis der spanische Künstler Cesar Manrique das Lavafeld im Norden von Lanzarote mit viel Engagement in einen Publikumsmagneten verwandelt hat. Er gestaltete den unterirdischen Komplex aus Lavaröhren, Höhlen und Grotten aufwendig und mit viel Herzblut um und machte ihn für Besichtigungen und Veranstaltungen nutzbar. Eines der Highlights der Jameos del Agua ist ein unterirdischer See, der von Sonnenlicht beleuchtet wird und eine magische Atmosphäre verbreitet. Vorab lohnt sich ein Blick auf den Veranstaltungskalender. In dem in einer Vulkangrotte eingerichteten Konzertsaal werden

Auch bei Höhlenexpeditionen darf es stilvoll zugehen: Dinner (oder Mittagessen?) mit Kerzenleuchter im Hölloch.

regelmäßig Konzerte in einer einzigartigen Umgebung veranstaltet.

turismolanzarote.com/de/sehenswertes/cact-lanzarote/jameos-del-agua

615 INSIDE THE VULCANO, REYKJANESSKAGI, ISLAND

Ist der etwa noch aktiv? Eine interessante Frage, denn gleich geht es in das Innere der Magmakammer des Vulkans Þríhnúkagígur auf Island, ganz in der Nähe der Hauptstadt Reykjavík. Aber ruhig Blut, seit 4000 Jahren hat er nicht mehr aufgemuckt. Hier bietet sich die einzigartige Chance, zuerst einmal mit dem Lift 120 Meter Richtung Erdmittelpunkt zu fahren, um von dort aus – in entsprechender Ausrüstung – zum Krater zu gelangen. Wie eine felsige Kathedrale sieht das bizarr geformte Innere des Vulkans aus, das durch vergangene Eruptionen in vielen Farben schimmert.

de.visiticeland.com

GAAANZ WEIT UNTEN

Die Natur ist immer noch der spektakulärste Baumeister: in der Höhle von Benagil.

16 HÖHLE VON BENAGIL, GARVE, PORTUGAL

ein riesiger Felsenpavillon wölbt die Höhle am Strand von Bena- n den Himmel. Durch eine Öff- g in der Kuppeldecke dringt eine e Säule aus Sonnenstrahlen ins ere und lässt die Wände orange mmern. Man erreicht das Natur- der entweder schwimmend s Meer oder zu Fuß über den nd. Auch das Dach der Höhle sich durch einen Aufstieg ent- der zerklüfteten Klippen er- men. Oben angekommen, hat einen wunderbaren Ausblick den Atlantik und die Küsten- schaft rund um Benagil.

.visitportugal.com/de

617 GROTTE DI FRASASSI, GENGA, ITALIEN

Sehenswert sind nicht nur die zahlreichen Stalagmiten und Stalaktiten der Frasassi-Höhlen, sondern auch die Beleuchtungseffekte, die sie geschickt in Szene setzen. Die Tropfsteinhöhle zählt zu den größten in Europa, und stellenweise fühlt man sich wie in einer unterirdischen Kathedrale. Wer den Nervenkitzel sucht, kann abseits der Touristenroute eine mehrstündige und anspruchsvolle Höhlenexpedition buchen. Teils an Seilen gesichert geht es dann vorbei an steilen Abgründen oder auf allen vieren durch niedrige Stollen tief hinein in den Bauch der Höhle.

www.frasassi.com

618 HÖHLE VON ROUFFIGNAC, FRANKREICH

Auf Du und Du mit Mammut und Wollnashorn. Die Höhle von Rouffignac muss bei prähistorischen Graffiti-Künstlern hoch im Kurs gestanden haben. In dem 8 Kilometer langen Höhlensystem finden sich auch heute noch über 250 gut erhaltene Darstellungen von Bisons, Wollnashörnern und Mammuts – und das nach 15 000 Jahren. Bekannt ist die Höhle schon seit 500 Jahren, weshalb an den Wänden auch Zeichnungen und Schriftzüge deutlich jüngeren Datums prangen. Ein Großteil der unterirdischen Führung findet an Bord einer kleinen Eisenbahn statt, die bei den wichtigsten Höhepunkten anhält.

www.grottederouffignac.fr

619 SALZBERGWERK WIELICZKA, POLEN

Seit hier 1251 Salz entdeckt wurde, gruben sich Generationen von Bergleuten in die Erde, um das weiße Gold zu gewinnen. Erst 1996 war Schluss. Schon seit 1964 gibt es ein unterirdisches Sanatorium, und seit 1997 schließlich staunen die Touristen über die Stadt unter der Erde mit eigener Infrastruktur, über die fremde Welt aus Kristallgrotten und glitzernden Wänden und die Kapelle der heiligen Kunigunde, die von den Bergleuten samt Kronleuchter über 70 Jahre lang aus glitzernden Salzkristallen geschnitzt wurde.

www.salzbergwerkwieliczka.de

620 GROTTA DI ISPINIGOLI, SARDINIEN, ITALIEN

Versteinerte Ewigkeit. Vom Boden bis zur Decke der 40 Meter hohen Grotte reicht die berühmte Tropfsteinsäule, die mit zu den höchsten Europas zählt. In der Höhle fanden Forscher außerdem Ringe, Sonnensymbole und Schmuck – könnte hier einst ein phönizischer Opferbrunnen gewesen sein? Zu guter Letzt bietet die geführte Tour durch die in allen Farben schimmernde Tropfsteinhöhle auch noch einen ehrfürchtigen Blick in den „Abgrund der Jungfrauen“!

www.sardegnaturismo.it/de/entdecken/ispinigoli

GAAANZ WEIT UNTEN

GENIALE ORTE

DER MENSCHLICHE ERFINDUNGSGEIST IST GRENZENLOS. AUS EUROPA STAMMEN SO UNTERSCHIEDLICHE DINGE WIE DER WHISKY, DAS THEATER, LEGO UND DIE ERKENNTNIS, DASS DIE ERDE UM DIE SONNE KREIST.

621 EUROPÄISCHE UNION, BRÜSSEL, BELGIEN

In Brüssel wurde die EU erfunden. Gut, das mag jetzt etwas verkürzt sein, aber aus dem Brüsseler Pakt von 1948, einem Militärbündnis von Großbritannien, Frankreich und den Benelux-Staaten, wurde 1954 die Westeuropäische Union. 1993 dann wandelte sich die WEU in die EU. Weil in Brüssel viele EU-Institutionen angesiedelt sind, gilt sie als (heimliche) Hauptstadt Europas. Nicht nur das Parlament kann man besuchen.

www.europarl.europa.eu/visiting/de

622 UNIVERSALGENIE, VINCI, ITALIEN

In diesem Kapitel darf das Genie schlechthin natürlich nicht fehlen – und mit ihm seine Heimatgemeinde Vinci und das Museo Leonardiano. In zwei benachbarten Gebäuden entfaltet sich in unzähligen Modellen und spannenden Displays zu Mechanik, Anatomie, Optik, Kriegs-, Flug- und Fortbewegungsgeräten der Blick auf Leonardo da Vincis (1452–1519) Schaffen.

www.museoleonardiano.it/eng

623 HELIOZENTRISCHES WELTBILD, KRAKAU, POLEN

Die Jagellionen-Universität ist eine der ältesten der Welt. Als er hier Ende des 15. Jhs. studierte, legte Nikolaus Kopernikus womöglich den Grundstein für eine revolutionäre Idee: Die Erde und alle anderen Planeten kreisen um die Sonne. Das heliozentrische Weltbild wurde erst 1835 vom kirchlichen Index genommen. Im Collegium Maius, dem ältesten Gebäude der Uni, wandelt man auf Kopernikus' Spuren.

maius.uj.edu.pl/en_GB/start

624 CHAMPAGNER, PERNAY, FRANKREICH

Hat er oder hat er nicht? Hat der Benediktinermönch Dom Pérignon den Champagner, also die Flaschengärung, erfunden? Oder war es der Brite Christopher Merret, der 1662 – also sechs Jahre vor dem Mönch – die Flaschengärung beschrieb? Die Champagnerfirma Moët & Chandon jedenfalls sicherte sich den Namen Dom Pérignon als Marke. Wer auf einer Tour ihre Kellereien besucht, kann selbst entscheiden, ob der Mönch recht hatte, als er rief: „Brüder, kommt schnell. Ich trinke Sterne."

www.moet.com/de-de

Vorbild Pferd: Gottlieb Daimlers Reitwagen war das erste Motorrad der Welt.

625 THEATER, EPIDAUROS, GRIECHENLAND

Wann genau die ersten Menschen auf einer Bühne standen, um in eine Rolle zu schlüpfen, weiß man nicht. Aber es war wohl um das 5. Jh. v. Chr., als das *theatron* seinen Ursprung nahm. Das große Theater von Epidauros stammt aus dem 4. Jh. v. Chr. und gilt als eines der besterhaltenen der Antike. Bis zu 14 000 Menschen fanden auf den Rängen Platz – die dank hervorragender Akustik selbst Flüstern auf der Bühne hörten. Diese wird im Sommer nach wie vor bespielt.

greekfestival.gr

626 AUTOMOBIL, STUTTGART, DEUTSCHLAND

Was macht Gottlieb Daimler bloß Tag und Nacht im umgebauten Gewächshaus? Der Gärtner wird misstrauisch – und holt die Polizei. Aber Daimler tüftelt ab 1882 in der Werkstatt im Garten seiner Villa nicht an Illegalem: Er will mithilfe eines kleinen, leichten Benzinmotors ein Fahrzeug entwerfen, mit dem sich jeder individuell fortbewegen kann. Der Rest ist Geschichte – die du in besagtem, originalgetreu erhaltenem Gewächshaus, der Gottlieb-Daimler-Gedächtnisstätte, nacherleben kannst.

www.mercedes-benz.com/de/classic/community/gottlieb-daimler-gedaechtnisstaette

627 RADIOAKTIVITÄT, WARSCHAU, POLEN

Wie tragisch: Polens berühmteste Wissenschaftlerin wird meist – für eine Französin gehalten. Dabei ist Marie Curie als Maria Skłodowska in Warschau geboren. Weil sie im Zarenreich nicht studieren durfte, ging sie 1891 nach Paris. Nach ihrer Zeit an der Universität Sorbonne schaffte sie – teils zusammen mit ihrem Ehemann Pierre –, was bisher nur einem einzigen anderen Menschen gelungen ist: Sie erhielt 1903 und 1911 den Nobelpreis in zwei unterschiedlichen Kategorien, nämlich in Physik und Chemie. Sie prägte den Begriff „radioaktiv", nannte ein von ihr entdecktes Element „Polonium" und starb 1934 an den Folgen von Strahlung. In einem kleinen Museum in ihrem Geburtshaus begegnete man der faszinierenden „französischen Polin".

www.mmsc.waw.pl

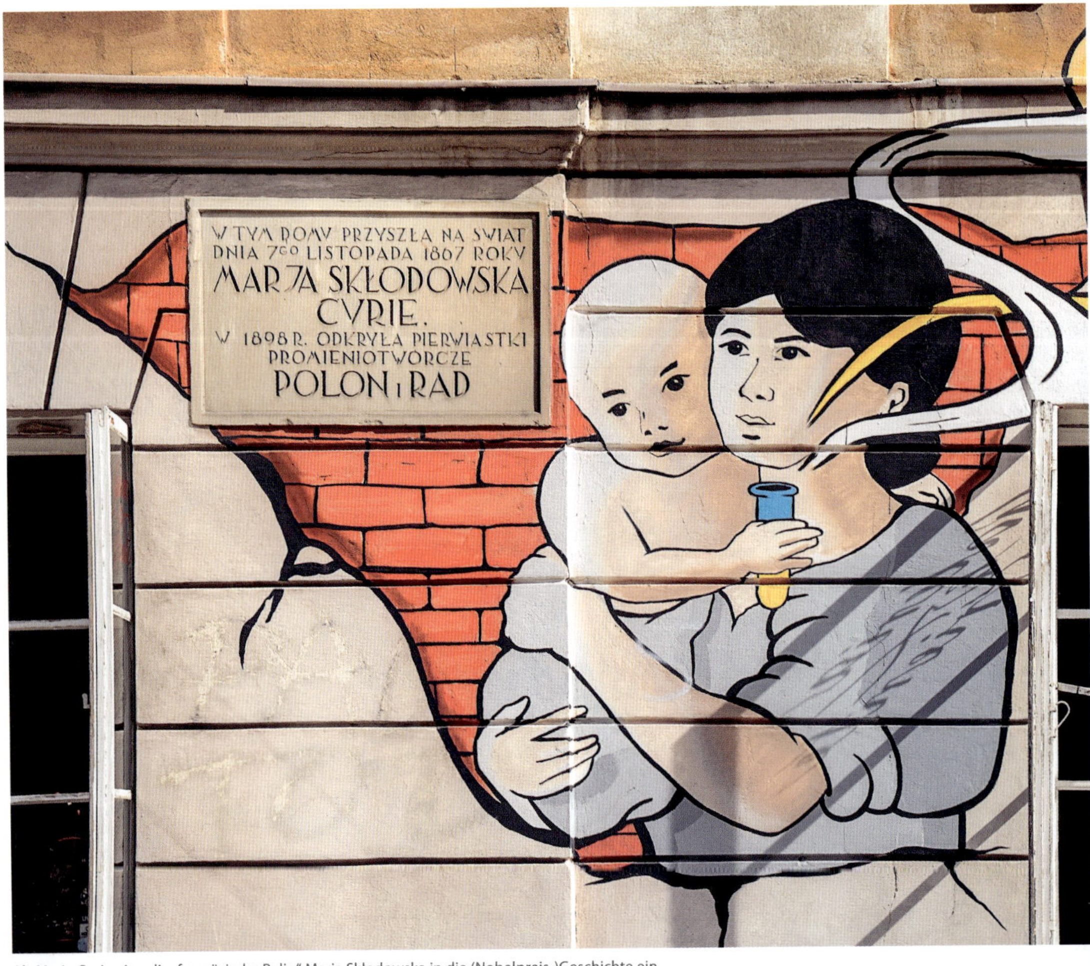

Als Marie Curie ging die „französische Polin" Maria Skłodowska in die (Nobelpreis-)Geschichte ein.

628 EVOLUTIONSTHEORIE, LONDON, ENGLAND

Vorsicht, bloß nicht dem Tyrannosaurus Rex vor die riesigen Reißzähne laufen! Das lebensecht animierte Modell des berühmtesten, gruseligsten Dinos ist eine Haupattraktion des Natural History Museum, eines der größten und spektakulärsten Naturkundemuseen der Welt. Eine zweite: das Darwin Centre, die Sammlung aller Arten der Welt, zu der Charles Darwin bereits den Grundstein gelegt hat. Mit seinem Buch „Von der Entstehung der Arten" hat der Begründer der Evolutionstheorie das Weltbild des Menschen verändert.

www.nhm.ac.uk

629 DÖNER KEBAB, BERLIN, DEUTSCHLAND

220 Millionen Stück. So viele Döner verspeisen die Deutschen im Jahr, behaupten die Statistiker. Ob die Zahl exakt so stimmt oder nicht – das Scheibenfleisch im Fladenbrot ist das beliebteste Fastfood Deutschlands; Epizentrum: Berlin. Hier soll der Döner Anfang der 1970er von Kadir Nurman erfunden worden sein. Oder war's Mehmet Aygün? Oder der Reutlinger Nevzat Salim? In Berlin jedenfalls soll es mehr als 1000 Dönerbuden geben. Welche den besten serviert – find's raus.

www.berlin.de/tourismus/insidertipps/berlin-fuer-foodies

631 GUINNESS, DUBLIN, IRLAND

Wasser, Gerste, Hopfen, Hefe – was fehlt? Richtig, das Malz. Deshalb ist das Guinness ein Stout, die dunkle Farbe erhält es durch geröstete Gerste. Gebraut wird das Bier seit 1759 am St. James Gate, einer Brauerei, für die Firmengründer Arthur Guinness einen Pachtvertrag für 9000 Jahre unterschrieb. Im Guinness-Storehouse erfährst du alles über das Kultbier – das du in der rundum verglasten Gravity Bar hoch über der Stadt verkosten kannst.

www.guinness-storehouse.com

630 NOBELPREIS, STOCKHOLM, SCHWEDEN

355 Patente hatte Alfred Nobel bis zu seinem Tod angemeldet, darunter auch das Dynamit. Es heißt, er habe wegen dieser und anderer kriegswichtiger Erfindungen so ein schlechtes Gewissen gehabt, dass er einen Preis für all jene auslobte, „die im verflossenen Jahr der Menschheit den größten Nutzen geleistet haben". Das Nobelpreismuseum widmet sich der Geschichte des Preises.

nobelprizemuseum.se

632 SKIFAHREN, TELEMARK, NORWEGEN

Neueste Forschungen behaupten, dass sich schon vor 8000 Jahren Menschen in der Mongolei Bretter unter die Füße schnallten. Als Vater des modernen Skilaufs gilt Sondre Norheim (1825–1897), der die Seilzugbindung und den Telemark-Stil erfand. In seinem Heimatort Morgedal gibt es ein interessantes Skimuseum und jede Menge Pisten: Die Provinz Telemark ist Norwegens vielseitigste Skiregion.

www.visitnorway.de

633 PSYCHOANALYSE, WIEN, ÖSTERREICH

Das Es, das Ich und das Über-Ich, diese drei Faktoren bestimmen die menschliche Psyche – behauptete der Mediziner Sigmund Freud in seiner zweiten berühmten Schrift nach der „Traumdeutung" (1900) von 1923. Im Frühjahr 2020 eröffnet das frisch renovierte Museum in den Privat- und Praxisräumen der Familie Freud. Und wer London besucht: Auch hier gibt es ein Museum, weil Freud dort bis zu seinem Tod 1939 im Exil lebte.

www.freud-museum.at; www.freud.org.uk

634 WHISKY, ISLAY, SCHOTTLAND

Gut, es spricht viel dafür, dass *uisge beatha*, das gälische „Lebenswasser", in Irland erfunden wurde. Aber ob irischer Whiskey oder schottischer Whisky: Wer den rauchigen Hochprozentigen mag, ist auf der schottischen Hebrideninsel Islay mit ihren bald zwölf Destillen hervorragend aufgehoben. Sláinte!

www.islaywhiskysociety.com

635 EIGER-NORDWAND, SCHWEIZ

Noch heute ist die 1800 Meter hohe, praktisch senkrechte Nordwand des fast 4000 Meter hohen Eiger eine alpinistische Herausforderung. 1938 gelang die Erstbesteigung unter anderem auch deshalb, weil es seit Kurzem zwölfzackige Steigeisen statt der

636 SHERRY, JEREZ DE LA FRONTERA, SPANIEN

Nur Weine, die aus der Gegend rund um Jerez de la Frontera, Sanlúcar de Barrameda und El Puerto de Santa Maria in Andalusien kommen, dürfen sich offiziell Sherry nennen. Die Besonderheit der Sherrys: Es handelt sich um aufgespritete Weine – solche also, die mit Branntwein versetzt wurden. Ursprünglich wurden damit die kaum ausgebauten Weißweine der Region aus der Palomino-Traube für den Transport zum Beispiel nach England haltbar gemacht. Heute sorgen nicht nur das Aufspriten, sondern auch die unterschiedlichen Lagermethoden für die Vielfalt der Sherrys. Die riesigen Weinkeller der Bodegas im Anbaugebiet kann man besuchen – und seinen ganz persönlichen Sherry-Favoriten rauskosten.

www.andalucia.com/cities/jerez/sherrybodegas.htm

Sherry für die Welt: In den Bodegas Harvey in Jerez de la Frontera warten die Fässer des Likörweins auf ihre Auslieferung.

bisher üblichen zehnzackigen gab. Ebenfalls ein Novum: Durch die Fernrohre auf der gegenüberliegenden Kleinen Scheidegg konnten Zuschauer die Bergsteiger hautnah verfolgen – ein erstes Medienspektakel.

grindelwald.swiss

637 WECHSELSTROM, BELGRAD, SERBIEN

Unsere Welt läuft auf Wechselstrom. Der lässt sich nämlich viel leichter per Transformator in verschiedene Spannungen umwandeln als Gleichstrom. Dessen Erfinder Thomas Alva Edison ist viel bekannter als sein Konkurrent Nikola Tesla – dabei hat das Universalgenie aus einem kleinen kroatischen Dorf mit seinem Wechselstrom viel größeren Einfluss gehabt. Tesla starb verarmt in New York, im Nikola Tesla Museum kann man in seine Erfindungen eintauchen.

nikolateslamuseum.org/en

638 ENTDECKUNG AMERIKAS, REYKJAVÍK, ISLAND

Christoph Kolumbus wird als Entdecker Amerikas gefeiert, weil er der Erste war, der mit der Erkundung der Landmasse begann. Leif Eriksson jedoch war der erste Europäer, der 500 Jahre vor Kolumbus seinen Fuß in die Neue Welt setzte. Eine riesige Statue des isländischen Nationalhelden, der auch das Christentum auf seine Heimatinsel gebracht haben soll, steht vor der mächtigen Hallgrímskirkja.

visitreykjavik.is

639 LEGO, WINDSOR, ENGLAND

Natürlich stammt Lego eigentlich aus Dänemark: Nachdem die ehemalige Schreinerei von Ole Kirk Kristiansen 1949 erstes Kunststoffspielzeug herstellt, hat sie auch die ersten „sich automatisch verbindenden Steine“ im Programm. Nur wenige Jahre später gibt es den Lego-Stein und Generationen von Kindern bauen mit ihm fantastische Spielewelten. Im englischen Windsor eröffnet 1996 der erste Legoland-Familienpark außerhalb Dänemarks, im schwäbischen Günzburg steht der zweite in Europa.

www.legoland.com

640 SACHERTORTE, WIEN, ÖSTERREICH

Zum Glück war der Chefkoch krank und der 16-jährige Lehrling Franz Sacher musste 1832 ran, um die hohen Gäste des Fürsten Metternich mit einem besonderen Dessert zu verwöhnen. Die Sachertorte war geboren und wurde später von Sachers Sohn Eduard in der k. u. k. Hofzuckerbäckerei Demel in die heutige Form gebracht: Mit Marillenmarmelade und Schokoladenglasur wurde sie weltberühmt. Wie so oft bei Erfindungen gibt es Streit, welches die echte Torte ist. Entscheide selbst und probier die im Café Demel oder die im Hotel Sacher.

www.sacher.com; www.demel.com

BLOSS KEIN FACHWERK MEHR!

ROSTENDE BLECHE, KIRCHEN, DIE WIE RAKETENSTARTRAMPEN AUSSEHEN, UND EIN EU-RATSGEBÄUDE, DAS DER ALBTRAUM JEDES FENSTERPUTZERS IST: SO AUFSEHENERREGEND KANN MODERNE ARCHITEKTUR SEIN.

Die Natur spiegelt sich in der Science-Fiction-Architektur: das MMM Corones in Südtirol.

641 MMM CORONES, SÜDTIROL, ITALIEN

Ja, ist das denn ein UFO? Oder gar drei UFOs, die eine Bergspitze als Startplatz nutzen? Nein, alles viel harmloser: Es handelt sich um das Messner Mountain Museum Corones, das die britische Architektin Zaha Hadid nicht an, sondern in den Berg, genauer gesagt in den Gipfel des 2275 m hohen Kronplatzes bauen ließ. Angesichts der spektakulären Aussicht und der mindestens ebenso spektakulären Architektur gerät die Ausstellung, die dem frühen Alpinismus gewidmet ist, fast ein bisschen in den Hintergrund ...

www.messner-mountain-museum.it/corones/museum

642 KVILLE SALUHALL, GÖTEBORG, SCHWEDEN

Ein rostender Blechbau, dessen Innenarchitektur auf alte Glasflaschen zurückgreift – das soll moderne Architektur sein? So unkonventionell und schräg die Sauna Bastun in Frihamnen auch erscheinen mag, sie symbolisiert den Wandel des alten Industriehafens hin zu einem florierenden, hippen Stadtteil in Göteborg. Und die zweitgrößte Stadt Schwedens macht auf ihrem Feldzug in die Moderne längst nicht am Hafen Schluss: Vor allem im Stadtviertel Hisingen im Göteborger Norden toben sich die Architekten gerade so richtig aus. Ein Ergebnis davon ist zum Beispiel die neue Markthalle Kville Saluhall.

www.goteborg.com

643 BAHNHOF LIÈGE-GUILLEMINS, LÜTTICH, BELGIEN

Wer in der belgischen Stadt Lüttich den Place des Guillemins überquert, unternimmt in wenigen Schritten eine Zeitreise durch mehrere Jahrhunderte. Gerade war noch Kopfsteinpflaster, jetzt beherrscht ein pompöses Monument aus Stahl und Glas das Bild. Über eine Breite von 200 Metern (!) wölbt sich sein Dach scheinbar schwerelos über die Bahngleise. Seine Reinkarnation verdankt der neungleisige Bahnhof den Hochgeschwindigkeitszügen, für die die alten Bahnsteige einfach nicht mehr ausreichten. Mit dem Neubau sollte Lüttich für ankommende Verkehrsmittel vom ICE bis zum UFO fürs nächste Jahrhundert gewappnet sein.

www.visitezliege.be/de

644 HALLGRÍMSKIRKJA, REYKJAVÍK, ISLAND

Bei den Kirchen des Mittelalters war eine Bauzeit von mehreren Jahrzehnten der Normalfall, in unserer Zeit wird dieses „Privileg" fast nur noch Verkehrsprojekten zuteil. Die Hallgrímskirkja darf man diesbezüglich auch eher als D-Zug denn als Transrapid bezeichnen: Über 40 Jahre, von 1945 bis 1986, dauerte es, bis sie eingeweiht werden konnte. Doch was soll's, heute ist sie dafür Islands größte und bekannteste Kirche – und ein Pilgerziel für Fans moderner Bauten. Es heißt zwar, der Architekt sei durch die Form eines Wasserfalls inspiriert worden, doch die meisten Besucher fühlen sich eher an etwas ganz anderes erinnert: an eine Rakete in der Startrampe.

www.hallgrimskirkja.is

645 ELBPHILHARMONIE, HAMBURG, DEUTSCHLAND

Achtung Hamburg, hier kommt Elphi! Wie ein bunter Schmetterling, der aus seinem einfarbigen Kokon schlüpft, erhebt sich dieser Glaspalast mit seinem wellenförmigen Dach auf dem Baukörper des alten, backsteinernen Kaispeichers – ein Kontrast, der einfach gefeiert werden will. Seit das architektonisch gewagte Konzerthaus in der HafenCity 2016 seine Tore öffnete, hat die Philharmonie so manchem Einheimischen und Besucher den Kopf verdreht. Und genau darauf ist sie natürlich aus: Schließlich war es das Ziel, die Hansestadt mit einem neuen Wahrzeichen, einem „Kulturdenkmal für alle" zu bereichern.

www.elbphilharmonie.de

646 KAMPPI-KAPELLE DER STILLE, HELSINKI, FINNLAND

Holz trifft Design – so könnte man dieses kleine Meisterstück auf einen kurzen Nenner bringen. Der preisgekrönte ovale Bau kommt nicht wie ein Gebäude daher, sondern eher wie eine überdimensionale Schale aus Holz, die irgendjemand versehentlich hier abgestellt hat. Seine gebogenen Außenwände sind komplett mit Fichtenholz verschalt, und auch im Inneren empfängt den Besucher ein Raum ganz aus Holz, in den von oben warmes, weiches Licht einfließt. Nichts lenkt ab von der Stille, die diesen Raum auszeichnet, und die Stadt mit all ihren Geräuschen ist gefühlt ganz, ganz weit weg.

www.discoveringfinland.com/de/destination/kamppi-kapelle-der-stille

647 PHILHARMONIE, STETTIN, POLEN

Weiße Flächen, expressionistische Formen – was ist da mitten in Stettin gelandet? Musikliebhaber lächeln müde, nur Ahnungslose fragen so. Denn seit in der Philharmonie, diesem lichten Wunder, musiziert wird (seit 2015), hat das Stettiner Musikleben außerordentlich an Fahrt gewonnen. Das spanisch-italienische Architektenteam stattetete den Bau, bei dem Fassade und Dach aus Milchglastafeln bestehen, mit Tausenden von LED-Strahlern aus, die ihn bei Dunkelheit zum Leuchten bringen. Die architektonische Frischzellenkur – sie kommt gut an bei den Stettinern.

filharmonia.szczecin.pl

648 MARKTHALLE, ROTTERDAM, NIEDERLANDE

Architektur in den Niederlanden war immer schon eine Prise frecher, innovativer und unkonventioneller als anderswo. Wo sonst hätte der Hybrid aus Wohnungen und Markthalle Chancen auf Realisierung gehabt? Im Rotterdamer Stadtteil Blaak sorgte der 2014 eingeweihte Bau, der wie ein umgedrehtes Riesen-U aussieht, für erheblich frischen Wind. Auf 11 000 Quadratmetern Decke, die sich bis zu

Der Architekt sieht die Nationalbibliothek als „gläsernen Berg“, die Einwohner von Riga als „Lichtschloss“ – stimmig ist beides.

649 NATIONALBIBLIOTHEK, RIGA, LETTLAND

Umstritten ist zeitgenössische Architektur in den meisten Fällen. Und so war es auch bei der lettischen Nationalbibliothek in Riga, deren Entstehung von kontroversen politischen Diskussionen und von den wirtschaftlichen Krisen des Landes begleitet wurde. 2014, nach 25-jähriger Bauzeit, öffnete sie endlich ihre Pforten. Zuvor hatten Tausende Menschen drei Tage lang eine Kette gebildet, um die Bücher von der alten Nationalbibliothek zum neuen Standort zu transportieren. Glaubt man dem (lettischen) Architekten, dann ist die eigenwillige Form des Gebäudes dem Gläsernen Berg geschuldet, der in einem berühmten lettischen Gedicht eine zentrale Rolle spielt und als Metapher für Befreiung und Erwachen gelesen wird.

www.lnb.lv/en

Die „Gurke" ist gelandet: Aus dieser Perspektive wirkt „The Gherkin" wie ein außerirdischer Besucher in London.

40 Meter über den Köpfen wölbt, purzeln gigantisches Gemüse, Meeresbewohner und Früchte aus dem „Horn des Überflusses". Darunter locken 100 Marktstände, Restaurants und Lebensmittelgeschäfte mit ihrem Angebot.

en.rotterdam.info

650 RATSGEBÄUDE, BRÜSSEL, BELGIEN

Für Fensterputzer ist das Gebäude eine Goldgrube. Oder ein Albtraum. Die Rede ist vom 2016 eingeweihten, aufsehenerregenden neuen Hauptsitz des Europäischen Rats in Brüssel. Den Kubus umhüllt ein lebendiges Mosaik aus 3750 recycelten hölzernen Fensterrahmen. Im Inneren des Europa-Hauses, das sich an den L-förmigen Altbau des einstigen Résidence Palace anlehnt, wölbt sich der elliptische Baukörper des Konferenzbereichs wie eine riesige Laterne. Nicht nur zu Gipfeltreffen kommen die 28 EU-Staaten hier zusammen, dafür finden sich auf 13 Etagen Sitzungsräume, das Pressezentrum und zwei Restaurants. Architekt Philippe Samyn wollte ein fröhliches und symbolhaftes Gebäude entwerfen – vielleicht sogar einmal das Wahrzeichen der EU? Besuche in Gruppen sind möglich, müssen aber angemeldet werden.

www.consilium.europa.eu/de/contact/address

651 MUSIKTHEATER & AUSSTELLUNGS-HALLE, TIFLIS, GEORGIEN

Wie zwei glänzende Trompetenrohre liegen die geschwungenen Gebäudeelemente an prominenter Stelle im Rhike Park direkt am Ufer der Kura. Eine Hülle aus rostfreiem, glanzpoliertem Stahl umschließt die beiden markanten Röhren, in denen seit 2016 Kunst und Kultur das Stadtleben bereichern. In einem der Gebäudeteile ist eine Konzerthalle untergebracht, die andere ist für Ausstellungen konzipiert. Den Architekten von Studio Fuksas aus Italien war auch die Blickachse hinüber zur Altstadt von Tiflis wichtig: Alt und Neu verbinden sich so auf wunderbare Weise.

georgiantravelguide.com/en/destinations/rike-park-tbilisi

652 ØRESTAD, KOPENHAGEN

Sechs Kilometer lang und 500 Meter breit war das verwilderte Brachland, auf dem die Stadtväter Kopenhagens Anfang der 90er-Jahre den Traum vom modernen Wohnen realisieren wollten. Und so entstand unter der Leitung namhafter Architekten in kürzester Zeit ein komplett neues Stadtviertel mit einer extrem hohen Dichte an Vorzeigegebäuden, darunter ein Universitätscampus und ein Konzerthaus von Jean Nouvel. Eine auf Stelzen verlaufende Metrolinie, die das Viertel von Norden nach Süden durchkreuzt, verbindet Ørestad mit dem Zentrum von Kopenhagen.

www.visitcopenhagen.com/copenhagen/culture/architectural-orestad

653 THE GHERKIN, LONDON, ENGLAND

Wie eine gläserne Fackel sticht 30 St. Mary Axe aus der Londoner Skyline heraus. Gehalten werden die Glaselemente des 180 Meter hohen Wolkenkratzers von einem Stahlgeflecht, das sich elegant um das zigarrenförmige Gebäude windet. Dabei geht es nicht allein um Form, sondern auch um Funktion. Die geschwungenen Stahlträger sind Teil eines effizienten Energiespar- und Belüftungssystems. Durch seine auffällige Form ist das Gebäude in London inzwischen besser als „die Gurke" *(The Gherkin)* bekannt. Leider kann die 30 St Mary Axe von innen nicht besichtigt werden, da es sich um den Verwaltungssitz einer Versicherung handelt.

www.thegherkinlondon.com

BLOSS KEIN FACHWERK MEHR!

654 ZENTRUM VON PAUL KLEE, BERN, SCHWEIZ

Von außen wirkt das Kunstmuseum wie eine Skateboardrampe für Adrenalinjunkies. Die außergewöhnliche Architektur hätte dem vielseitigen und waghalsigen Maler Paul Klee sicherlich gefallen. Viertausend seiner Gemälde, Aquarelle und Zeichnungen sind hier ausgestellt. Zu Klees Lebzeiten waren diese der „Entarteten Kunst" zugeordnet, heute schubsen sie die vielen Besucher zum Nachdenken an. Der von Renzo Piano entworfene Museumstempel bietet darüber hinaus auch Konzerte, Theater, Tanz sowie das beliebte Kindermuseum Creaviva.

www.zpk.org

655 MARSEILLE, FRANKREICH

Hoch ragt der graue kubusförmige Bau des Museums für Zivilisationen in den Himmel über Marseille. Die strenge Form wird von den organisch anmutenden Verzierungen auf der Außenhaut durchbrochen, die dem Gebäude eine Mischung aus Massivität und Transparenz verleihen. Direkt daneben wurde das Kulturzentrum Villa Méditerranée halb im Boden versenkt, während der obere Bereich sich weit ausladend nach vorne streckt. Die beiden Bauten sind der neue Blickfang in Marseilles Hafenareal und bilden den Auftakt für eine großflächige Modernisierung des Geländes. Weitere futuristische Gebäude sind geplant.

www.marseille-tourisme.com/en

656 METROPOL PARASOL, SEVILLA, SPANIEN

Eine der größten und futuristischsten Holzkonstruktionen der Welt? Die ist im Herzen von Sevillas Altstadt zu bestaunen. Wie organisch geformte Sonnenschirme oder Pilze überwölben die mit Polyurethan beschichteten Holzwaben die Plaza de la Encarnación. Dort, wo früher die Markthalle aus dem19. Jh. stand, ist so ein moderner Marktplatz entstanden, eine lebendige Stadtmitte mit Raum zum Relaxen, mit Läden, Restaurants, einem Markt und im Untergeschoss dem archäologischen Museum Antiquarium.

www.vuelasevilla.org/de/content/metropol-parasol-aussichtsplattform

657 OLD MILL HOTEL, BELGRAD, SERBIEN

Wie macht man aus einer alten, denkmalgeschützten Mühle ein modernes Hotel? In Belgrad, wo ein historischer Bau mit einem modernen Gebäudekomplex kombiniert wurde, kannst du's dir anschauen: Ein Blick in die zwei Stockwerke hohe Empfangshalle ist dringend angeraten, denn dort gehen altes Backsteingemäuer und moderne Innenarchitektur eine interessante Verbindung ein.

www.radissonhotels.com/de-de

658 KUNSTHAUS GRAZ, ÖSTERREICH

Schon mal von Blob-Architektur gehört? Die meisten Grazer vermutlich auch nicht, dabei müssten die es eigentlich wissen: Mitten in der Altstadt von Graz steht nämlich seit 2003, als man ein Jahr lang Kulturhauptstadt war, ein neues Kunstmuseum, das mit seiner organischen Form und seinen Lichtrüsseln als prominentes Beispiel für diesen Architekturstil gilt. Und nachdem die Grazer den ersten Schock überwunden hatten und feststellten, dass alle Welt plötzlich wegen dieses komisch bis wunderlich daherkommenden Gebäudes in ihre Stadt pilgert, sind sie auch versöhnt mit dem Bauwerk. Als Raum für temporäre Ausstellungen moderner Kunst liefert es jedenfalls einen eigenwilligen, unverwechselbaren Rahmen, den man manch anderem Kunstgebäude wünschen würde.

www.museum-joanneum.at/kunsthaus-graz

659 GUGGENHEIM MUSEUM BILBAO, SPANIEN

Sie hatten den wirtschaftlichen Niedergang der Gemeinde vor Augen und wagten deshalb einen mutigen Schritt: Die Stadtväter

Ein Architekturmodell? Nein, alles echt und in Lebensgröße.

von Bilbao investierten Ende der 1990er-Jahre zum Entsetzen ihrer sparsamen Bürger satte 140 Millionen Euro in den Bau eines außergewöhnlichen Museums, zu dem Frank Gehry die Entwürfe und die Guggenheim Foundation ihre Sammlung beisteuerte. Entstanden ist ein Paradestück des Dekonstruktivismus, ein mit Titan und Glas verkleideter Koloss, bei dem es nur gekippte Formen und schiefe Ebenen zu geben scheint. Der Mut der Stadt wurde belohnt: Heute zählt das außergewöhnliche Museum Jahr für Jahr Millionen Besucher und Bilbao hat es zu einem neuen wirtschaftlichen Aufschwung verholfen.

www.guggenheim-bilbao.eus/de

660 CIUTAT DE LES ARTS I LES CIÈNCIES, VALENCIA, SPANIEN

„Ist das schon die Zukunft oder sind wir noch im 21. Jahrhundert?", fragt man sich in Valencias Stadt der Künste und Wissenschaften. Schuld daran ist Spaniens Stararchitekt Calatrava, der diesem Kultur- und Freizeitpark seine Handschrift verpasst hat. Auf die Besucher wartet nicht nur futuristische Architektur, sondern auch jede Menge Infotainment im Wissenschaftsmuseum, Aquarium oder im Kino mit Planetarium.

www.visitvalencia.com/de

BLOSS KEIN FACHWERK MEHR!

ALL DIE WILDEN TIERE

AUCH IM DICHT BESIEDELTEN EUROPA TUMMELN SICH MUNTER MITBÜRGER MIT FELL, HUFEN UND FLOSSEN. MANCHE SIND GANZ LEICHT ZU FINDEN, FÜR ANDERE BRAUCHT ES ETWAS GEDULD. BEGEGNUNGEN, DIE BLEIBEN.

Konferenz der Orcas in den Gewässern des europäischen Polarmeers.

661 ORCAS, NORWEGEN

Die Touristen reisen wegen der Nordlichter zu den norwegischen Fjorden, die Orcas kommen der Heringe wegen (die manche Touristen mittlerweile auch für sich entdeckt haben). Norwegens Schwertwale – früher dank ihrer Angriffslust auch Killerwale genannt – streifen das ganze Jahr über durch die Fjorde nördlich von Tromsø. Die beste Zeit, sie vom Boot aus vor die Kamera zu bekommen, ist zwischen Oktober und Januar – genau zu der Zeit, in der auch die Nordlichter allnächtlich das sternenbespickte Firmament erstrahlen lassen.

www.orcanorway.info

662 ALPENSTEINBÖCKE, SCHWEIZ

Kaum ein Lebewesen klettert selbstbewusster durch die raue Berglandschaft der Alpen. Steinböcke steigen trittsicher in Höhen bis zu 3500 Meter hinauf. Für den Menschen galten die Tiere übrigens früher als wandelnde Apotheke: Ihr Gehörn, Blut, ja sogar die Exkremente waren als Medizin so geschätzt, dass das Tier Mitte des 17. Jhs. in der Schweiz als ausgestorben galt. Erst 150 Jahre später siedelte man Steinböcke aus anderen Regionen neu an – mit Erfolg. Heute gibt es vor allem im Kanton Graubünden wieder viele gesunde Herden.

www.graubuenden.ch

663 KRANICHE, OSTSEEKÜSTE, DEUTSCHLAND

Die Kraniche kommen! Zu übersehen sind sie nicht, denn sie reisen nicht allein. Auch überhören geht kaum, denn die Vögel mit dem langen Hals sind begeisterte und lautstarke Sänger. Wenn im Frühjahr oder Herbst an die 60000 Vögel durchziehen, dann ist was los im Nationalpark Vorpommersche Boddenlandschaft auf der Halbinsel Darß-Zingst, auf Rügen oder in der Nähe von Stralsund. Besonders in Pramort machen die Kraniche gerne Rast. Allerdings ist man auch als Vogelbeobachter nicht alleine. Immer mehr kommen, um von Aussichtsplattformen ihre Kameras auf die fliegenden Gäste zu richten.

www.ostsee.de/fischland-darss-zingst/kranichbeobachtung.ht

664 PARDELLUCHSE, SPANIEN

Der Pardelluchs sieht aus wie eine Mischung aus Schmusekatze und Leopard (Letzterem dürfte er auch seinen Namen verdanken). Sein weiches geflecktes Fell, der abstehende Backenbart und der treue Blick lassen ihn vielleicht wie einen geeigneten Kuschelgefährten erscheinen. Aber er ist und bleibt ein Raubtier und schleicht sich leise an seine Beute heran, um dieser in wenigen Sprüngen an die Kehle zu gehen. Pardelluchse leben ausschließlich in Spanien und Portugal, aber auch hier sind sie gefährdet. Am ehesten bekommt man sie zur Abendzeit in den Wäldern Andalusiens zu sehen.

www.spanien-reisemagazin.de/tiere-und-zoos/iberischer-luchs.html

665 WÖLFE, KARPATEN, SLOWAKEI

Luchse, Braunbären und Wölfe – das sind die „großen Drei" der Slowakischen Karpaten. Letztere standen schon mehrfach kurz vor der Ausrottung, wären den Jägern nicht zwei Weltkriege und andere politische Konflikte dazwischengekommen. Heute ist der Bestand der Herdentiere so ausreichend, dass sogar wieder gejagt werden darf. Die Chancen, einen wilden Wolf aufzuspüren, stehen im Winter am besten, wenn man den Spuren im Schnee folgen kann. Schneeschuhe und ein erfahrener Wolfstourguide sollten aber unbedingt dabei sein!

www.natours.de/schneeschuhreisen/slowakei/winterwolftrekking-in-den-karpaten

666 STARE, NATIONALPARK WATTENMEER, DÄNEMARK

Wer einmal Tausende von Stare zusammen am Himmel tanzen sah, vergisst dieses grandiose Naturschauspiel nie. „Schwarze Sonne" (Sort Sol) nennen die Dänen das Wunder, wenn sich die Vögel im Frühling und Herbst über dem Nationalpark Wattenmeer im Süden von Jütland zum rasanten Luftballett verabreden. Manchmal fliegen 200 000 und mehr Stare in einer Wolke, die jede Sekunde eine andere Form annimmt. Nämlich dann, wenn sie auf dem Weg zu ihren Brutgebieten oder in wärmere Gefilde am Wattenmeer eine mehrwöchige Rast einlegen. Da bleibt immer wieder Zeit für ein Tänzchen.

www.visitribe.de/de/suedjuetland/aktivitaeten/schwarze-sonne-ueber-ribe

667 EUROPÄISCHE SCHWARZE WITWE, ITALIEN

Kopfweh? Bluthochdruck? Muskelkrämpfe? Dann sind wir vielleicht der Europäischen Schwarzen Witwe zu nahe gekommen. Mit ihren dreizehn roten Flecken auf dem Buckel ist sie unverkennbar. Vor allem in Sardinien scheint sie sich wohlzufühlen. Aber was tut man, wenn man gebissen wurde? Am besten cool bleiben und einen Arzt aufsuchen. Tödlich ist der Biss der Schwarzen Witwe für den Menschen fast nie. Anders sieht's für die Spinnenmännchen aus, die nach der Paarung kurzerhand verzehrt werden. Der Witwenstatus ist also kein Schicksalsschlag, sondern selbst gewählt.

www.sardegnatourismo.it/de

668 DELFINE, LA GOMERA UND TENERIFFA, SPANIEN

Delfine begeistern – pfeilschnell jagen sie durchs Wasser, springen, platschen, sie sind neugierig, intelligent und sozial. Sie tummeln sich auch in den Gewässern rund um die kanarischen Inseln Teneriffa und La Gomera, die zu den wal- und delfinreichsten Regionen der Welt gehören. Das hat sich allerdings herumgesprochen. Ob die Tiere genauso viel Spaß am immer intensiver werdenden Whale Watching haben wie die entzückten Menschen? Inzwischen gibt es Initiativen, die die touristische Delfin- und Walbeobachtung in naturverträglichere Bahnen lenken möchten.

www.ocean-la-gomera.com/Wale_Delfine.htm?Walbeobachtung2

669 LACHSE, FALLS OF SHIN, SCHOTTLAND

Die Falls of Shin sind eine Art Hürdenlaufbahn für Lachse. Hoch in den schottischen Highlands in der Nähe von Lairg müssen sie auf dem Weg zu ihren Laichplätzen einige Stromschnellen überqueren. Doch nur die Harten kommen in den Garten. Für die vielen Besucher ist das angestrengte Lachshüpfen ein wahrer Magnet. Mittlerweile sind dem Schauspiel mehrere Aussichtsplattformen und ein Besucherzentrum gewidmet. Außerdem starten von hier viele schöne Wander- und Radwege.

www.myhighlands.de/falls-of-shin-die-lachstreppe-der-highlands

ALL DIE WILDEN TIERE

Charakteristisch sind die Pinsel auf den Ohren: Die Pardelluchse leben in Andalusien.

670 SEEHUNDE, TEXEL, NIEDERLANDE

Sind sie nicht sooo niedlich mit ihren riesigen schwarzen Augen? Wer sehen will, was große und kleine Seehunde den Tag über so machen, ist auf der niederländischen Nordseeinsel Texel genau richtig. Fischkutter bringen Besucher zu den Sandbänken hinaus, wo sich große Seehundgruppen in der Sonne aalen. In der Seehundstation Ecomare erfährt man, wie mutterlose Seehundbabys, kranke und alte Tiere versorgt und, wenn möglich, irgendwann wieder in die Freiheit entlassen werden.

www.ecomare.nl/de

671 PONYS, EXMOOR-NATIONALPARK, ENGLAND

Exmoor-Ponys, so heißen die kleinen braunen Kraftpakete, die frei wie der Wind in den Mooren, Hochebenen und an der schroffen Felsenküste im Norden der Grafschaften Devon und Somerset ihr Leben genießen. Wer die urwüchsigen Landschaften des Nationalparks Exmoor auf Hunderten von Kilometern herrlichster Wanderwege entdecken will, hat gute Chancen, den robusten kleinen Pferden zu begegnen.

www.exmoor-nationalpark.gov.uk

672 STEINADLER, ÖSTERREICH

Des einen Glück ist des anderen Leid, scheint sich der Steinadler zu denken, wenn er im Frühjahr die Alpenlandschaft nach Fallwild absucht, das über den lawinenreichen Winter den „weißen Tod" gefunden hat. Dabei ist der Besuch dieses fertig gedeckten Tischs reine Bequemlichkeit. Mit seinen sprichwörtlichen Adleraugen kann der Steinadler nämlich Beutetiere aus mehreren Kilometern Entfernung erspähen. Im Naturpark Karwendel nördlich von Innsbruck sind die erhabenen Vögel in besonders großer Zahl vertreten.

www.karwendel.org

673 BERBERAFFEN, GIBRALTAR

Affen in freier Wildnis in Europa? Gibt's tatsächlich, wenn auch nur am Fels von Gibraltar, dieser winzigen britischen Kolonie an der spanischen Südküste. Für etwas Essbares posieren sie völlig ungeniert vor den Kameras. Als den Affen im Zweiten Weltkrieg das Aussterben drohte, ließ Churchill schnell weitere aus Marokko aussetzen. Denn, so heißt es, Gibraltar kann nur unter der britischen Krone bleiben, solange hier Berberaffen leben.

www.visitgibraltar.gi

674 BRAUNBÄREN, SCHWEDEN

Achtung: Aufrichtige Ohren, erhobener Kopf = neugieriger Bär. Auf den Hinterbeinen = verschafft sich Überblick. Schnaubt, schäumt, legt die Ohren zurück, brüllt = ist ganz schön sauer! Bären begegnet man in Schweden vor allem in den Naturgebieten im nördlichen Jämtland sowie in Lappland. Die meisten haben wenig Interesse am Menschen und ziehen sich bei einer Begegnung meist von ganz alleine zurück. Trotzdem empfiehlt es sich, die Verhaltensregeln zu studieren, bevor man sich zur Wanderung durchs Bärenland aufmacht.

treffpunkt-schweden.com/baeren-in-schweden

675 POLARFÜCHSE, ISLAND

Der Polarfuchs trägt im Winter seinen weißen Pelz, der ihm bis über die Pfoten reicht und ihn Temperaturen von bis zu –70° C ertragen lässt. Wenn im Frühling der Schnee in der Sonne schmilzt, schlüpft er in sein braunes Sommerkleid, das nicht nur besser zum Klima passt, sondern auch tarnt. Vor allem der Winterpelz machte den Menschen so neidisch, dass er den Polarfuchs beinahe bis zur Ausrottung jagte. Heute ist er geschützt, und vor allem in den Westfjorden bekommt man ihn hin und wieder zu sehen. Die besten Chancen hat man auf der unbewohnten Halbinsel Hornstrandir.

www.westfjords.is/en/town/index/hornstrandir-1

Wie lange der gelenkige Gibraltar-Geselle hier wohl schon auf eine Mitfahrgelegenheit wartet?

ALL DIE WILDEN TIERE

676 EISBÄREN, SPITZBERGEN, NORWEGEN

Wer frühmorgens in Longyearbyen die Nase aus dem Haus steckt, um, sagen wir mal, nach dem Wetter zu schauen, sollte vor allem im Winter vorsichtig einen zweiten Blick riskieren. Es ist nämlich nicht ungewöhnlich, dass Eisbären nachts über die Wege der größten Siedlung der Inselgruppe Spitzbergen wandern. Wer die riesigen, bis zu 700 Kilo schweren Raubtiere gefahrlos beobachten möchte, sollte an einer geführten Tour teilnehmen. Und auf seine Nase aufpassen …

en.visitsvalbard.com

677 MÖNCHSGEIER, PORTUGAL

Vermutlich ist es seine Halskrause, die an einen Umhang erinnert, die dem Mönchsgeier zu seinem Namen verhalf. Aber auch sein seriöser Blick und seine Erhabenheit, wenn er durch die Lüfte schwebt, haben dieses göttliche Etwas. Der Mönchsgeier ist Europas zweitgrößter Greifvogel. Die Riesenvögel lieben Gebirgsketten mit dichten Wäldern und gutem Aufwind wie in Tejo Internacional in Portugal oder in der spanischen Extremadura.

www.visitportugal.com/de

678 ELCHE, FINNLAND

Etwa 100 000 Elche soll es in Finnlands Wäldern geben – trotzdem dürfte es nicht ganz einfach sein, einen vor die Kamera zu bekommen (außer dem auf dem rotgelben Straßenschild). Denn die schweren Könige des Waldes sind äußerst scheu. Die Schweden mögen das Elchfleisch schätzen, die Touristen dagegen sind fasziniert. Einige Zoos und Tierparks beherbergen heute auch Elche. Streicheln und füttern kann man sie im Moose Manor in der Nähe von Jämsa, wo einige gezüchtete Tiere in einem umzäunten Waldgebiet leben.

visitcentralfinland.com

679 PAPAGEITAUCHER, SCHOTTLAND

Wer beim Anblick dieser knuffigen, rotschnabeligen Vögel denkt: „Oh Mann, wie süß!" – der hat die Natur begriffen. Denn Papageitaucher werfen sich extra so in Schale, um zur Balzzeit den geeigneten Partner auf sich aufmerksam zu machen. Nur dann leuchten die Schnäbel knallrot wie mit Lippenstift bemalt, und nur dann rufen die Männchen den Weibchen lockend zu. Die meiste Zeit des Jahres verbringen Papageitaucher auf dem offenen Meer, nur zur Paarungs- und Brutzeit von April bis August machen sie es sich an der Küste bequem. Dann bekommt man sie besonders auf den Shetlandinseln oder auf der Insel Noss zu sehen.

owlcation.com/stem/Where-To-See-Puffins

Wappentier im rosa Federkleid: Flamingos sind typisch für die Camargue.

680 PFERDE UND FLAMINGOS, CAMARGUE, FRANKREICH

Die Schwemmlandebene der Provence lässt sich bequem mit dem Schiff erkunden, aber noch stilvoller vom Rücken eines weißen Camargue-Pferds aus. Diese Reisemethode empfand übrigens schon der römische Kaiser Julius Caesar als äußerst niveauvoll und ließ gleich zwei Gestüte für diese Pferderasse anlegen, die nur hier vorkommt. Noch immer leben die Einhufer in der freien Natur der Camargue, dazu gesellen sich Camargue-Stiere sowie eine enorm artenreiche Wasservogelwelt. Besonders die staksigen Flamingos mit ihren langen rosa Beinchen sind praktisch auf jeder Postkarte vertreten.

de.france.fr/de/provence/artikel/camargue

BEI GRAFENS IM WOHN-ZIMMER

DICKE MAUERN, SCHLANKE ZINNEN – UND JEDE MENGE GESCHICHTE(N). ÜBERALL IN EUROPA DEMONSTRIEREN SCHLÖSSER UND BURGEN, WIE WEIT DIE (KRIEGERISCHE) HISTORIE DES KONTINENTS ZURÜCKREICHT.

681 WINDSOR CASTLE, ENGLAND

Schlösser gibt es viele, aber in welchem wohnt denn noch eine echte Hoheit? Das Windsor Castle ist die offizielle Residenz der britischen Königin und das größte durchgängig bewohnte Schloss der Welt. Seine Ursprünge reichen bis ins 11. Jh. zurück, als Wilhelm I. hier eine Holzburg errichten ließ. Sie hielt mehr als 250 Jahre, bis sie von einem stabileren Fundament (das noch erhalten ist) ersetzt wurde. Heute zählt das Schloss 150 permanente Einwohner, darunter natürlich Königin Elisabeth II. Besucher sind willkommen, wenn auch nicht in den privaten Gemächern ihrer Hoheit.

www.rct.uk/visit/windsor-castle

682 SCHLOSS EGESKOV, DÄNEMARK

„Egeskov" bedeutet Eichenwald, und ein solcher soll für das Fundament dieser mitten in einem See gelegenen Burg auch draufgegangen sein. Aber damit fängt der Größenwahn erst an: Auf der 1150 Hektar großen Märcheninsel liegt das Schloss mit seinen 66 Zimmern, 200 Fenstern, dem zum „schönsten Garten Europas" gekürten Labyrinth aus Hecken, Wiesen und bunten Pflanzen und seinen imposanten Museen (so viele Autos!). Hier wird meist etwas geboten, sei es ein Festival oder ein Weihnachtsmarkt, aber auch sonst nimmt man sich am besten den ganzen Tag Zeit.

www.egeskov.dk/de

683 PETERHOF, RUSSLAND

Nicht viele Herrscher können von sich behaupten, beim Errichten ihrer majestätischen Residenzen selbst Hand angelegt zu haben. Peter der Große aber soll sich äußerst engagiert beim Bau des Peterhofs – auch gern als Russlands Versailles bezeichnet – eingebracht haben. Dabei ging's ihm eher um Beständigkeit als um Prunk – dafür sorgte ein Jahrhundert später Katharina die Große. Die pompöse Palastanlage 30 Kilometer westlich von St. Petersburg ist im Wesentlichen ein Nachbau des Originals, das im Zweiten Weltkrieg weitgehend zerstört und ausgeraubt wurde.

www.petersburg-info.de/peterhof

684 PALAZZO DUCALE, URBINO, ITALIEN

Der Herzogspalast des Grafen Federico da Montefeltro, einer der erfolgreichsten Kriegsunternehmer der Renaissance, ist eigentlich ein eigener kleiner Kosmos. Unter den hundert Sälen, Empfangszimmern, Salons, Kapellen, Galerien und Schlafgemächern befinden sich einige Räume, die komplett Federicos humanistischen Studien gewidmet waren – allen voran das kleine Studiolo, das voller symbolkräftiger Gegenstände wie Gitarren, wissenschaftlichen Instrumenten, aber auch Waffen und Rüstungen steckt.

www.palazzoducaleurbino.it

Das Wunder in der Normandie: das befestigte Kloster Mont-Saint-Michel.

685 MONT-SAINT-MICHEL, FRANKREICH

Der Bauauftrag kam von ganz oben: Im Jahre 708 erschien dem Bischof Aubert von Avranches im Traum ein Erzengel, der ihm befahl, eine Kapelle auf einem Granitfelsen vor der Normandie-Küste zu errichten. Selbst dem Bischof kam das seltsam vor – doch nachdem der Engel sehr deutlich nachhakte, akzeptierte er schließlich den Auftrag. Heute ist der imposante Hügel mit der Abtei, der im Hundertjährigen Krieg zur burgähnlichen Festung ausgebaut wurde, eine von Frankreichs meistbesuchten Attraktionen.

www.bienvenueaumontsaintmichel.com

686 PALÁCIO NACIONAL DA PENA, SINTRA, PORTUGAL

Was für die Bayern König Ludwig II. ist, ist für die Portugiesen der unkonventionelle „Künstlerkönig" Ferdinand II. Wie ein südeuropäisches Neuschwanstein erhebt sich sein fantasievolles romantisches Märchenschloss mit der gelben und pinken Fassade über den bewaldeten Hügeln vor den Stadttoren Sintras.

www.visitportugal.com/de/content/palacio-nacional-da-pena

687 HLUBOKÁ NAD VLTAVOU, TSCHECHIEN

Das Schloss „Frauenberg" im Süden Tschechiens ist ein Superlativ der Romantik. Es hat 11 Türme und 140 Räume – die meisten davon ausgestattet mit protzigen Bildersammlungen, Hirschgeweihen, Wandtäfelungen, eleganten Möbeln und feinen Teppichen. Bis vor Kurzem konnte das Schloss nur im Sommer besucht werden, erst seit wenigen Jahren werden die extravaganten Räume im Winter beheizt.

www.zamek-hluboka.eu

688 CITÉ VON CARCASSONNE, FRANKREICH

Steht man vor dem runden Tor unter den Türmen dieser alten Festungsstadt, rechnet man beinahe damit, Asterix und Obelix über den Weg zu laufen – Letzterer vielleicht

689 ALHAMBRA, GRANADA, SPANIEN

Der Besuch von Spaniens bekanntester Burg sollte gut geplant oder, noch besser, vorausgebucht sein. An manchen Tagen drängen sich hier bis zu 6000 Besucher durch die maurischen Paläste und Generalife-Gärten. Hauptattraktion sind die Nasridenpaläste, die vom 13. bis zum 15. Jh. Regierungssitz der maurischen Herrscher waren. Und auch den Löwenhof mit seinem oft fotografierten Brunnen muss man natürlich mal gesehen haben. Aber am schönsten sind die schier endlosen Gärten, von denen man bis zu den schneebedeckten Bergen der Sierra Nevada blicken kann.

www.alhambradegranada.org/de

Die maurischen Herrscher liebten es großzügig und mit maximaler Aussicht: die Alhambra.

mit Hinkelstein auf dem Rücken. Die Cité von Carcassonne erlebte ihre Blütezeit im Mittelalter, aber ihre gallo-römischen Ursprünge sind deutlich zu spüren. Die riesige Festung am Ufer der Aude in Südfrankreich zählte im Mittelalter bis zu 4000 Einwohner – heute dürften es an guten Tagen fast so viele Besucher sein.

www.tourisme-carcassonne.fr

690 BURG VIANDEN, LUXEMBURG

Nicht viele Burgen sind so gut erhalten wie diese stabile Befestigungsanlage, deren Ursprünge bis ins 11. Jh. zurückreichen. Der französische Schriftsteller Victor Hugo war 1871 der wohl Erste, der die erhabene Schönheit der Burg in ihrer idyllischen Landschaft erkannte. Er zeichnete ein Bild der damals noch unrestaurierten Ruine und sagte ihr den Besuch „ganz Europas" voraus. Mit den unzähligen Selfies schießenden Touristen aus aller Welt, die sich hier heute auf den Füßen stehen, hatte allerdings selbst er nicht gerechnet.

www.castle-vianden.lu/deutsch

691 DOLMABAHÇE-PALAST, ISTANBUL, TÜRKEI

Der Auftrag von Sultan Abdülmecid I. an seine Architekten war klar: einen Palast am Ufer des Bosporus zu errichten, der ganz Europa (und am besten auch gleich dem Rest der Welt) den Atem rauben würde. Der alte Topkapı-Palast, der bislang als Regierungssitz und Residenz der Sultane gedient hatte, ließ sich mit der Neuorientierung des Osmanischen Reichs in Richtung Zentraleuropa nicht mehr vereinbaren. Dass der neue Palast mit seiner edlen Außenfassade und seinen unbezahlbaren Schätzen im Inneren schließlich zum Bankrott des Osmanischen Reiches beitragen sollte, scheint beim Anblick dieses opulenten Superlativs heute ein fairer Preis.

www.millisaraylar.gov.tr/saraylar/dolmabahce-sarayi

692 MYKENE, GRIECHENLAND

Die vielleicht bekannteste Sehenswürdigkeit Griechenlands entstand vor rund 3000 Jahren – eine bedeutende Hauptstadt und die Wiege der mykenischen Zivilisation. Immerhin sollen Agamemnon, Menelaos, Perseus und Atreus hier das Licht der Welt erblickt haben. Homer brachte die mächtige Stadt in seiner „Odyssee" in die Schlagzeilen der Antike. Lange hielt man seine Erzählungen für frei erfunden, bis zwei Amateurarchäologen im 19. Jh. auf die Ruinen stießen. Kein Wunder, dass man sich beim Bummel durch die uralten Überreste wie in einem zeitlosen Mythos fühlt – daran mögen auch die unzähligen Touristenbusse nichts ändern.

www.visitgreece.gr/en/culture/archaeological_sites/mycenae_and_tiryns

BEI GRAFENS IM WOHNZIMMER

693 FESTUNG KLIS, KROATIEN

Die alte Festung in den Hügeln nördlich von Split dürfte in ihrer jahrtausendelangen Geschichte so manches Blutbad erlebt haben – das letzte als Fiktion, nämlich während der vierten Staffel von „Game of Thrones", als hier 163 Sklavenkinder gekreuzigt wurden und anschließend ihre Sklavenhalter den Tod fanden. Wesentlich friedlicher ist der Ausblick über die grünen Hügel bis zur Adria.

croatia.hr/de-DE/klis

694 FESTUNG BENDER, TRANSNISTRIEN, REPUBLIK MOLDAU

In der Stadt Bender am Ufer des Dnister steckt noch so manche Kugel aus dem Bürgerkrieg der 1990er-Jahre in den Mauern. Heute macht sich das Städtchen aber für den Tourismus schick. Neben der imposanten Klosteranlage mit ihren Zwiebeltürmen liegt die mittelalterliche Festung, die noch bis 2010 russische Armeetruppen beherbergte. Heute steht sie Besuchern offen, die im Inneren ein Museum und die legendäre Kanonenkugel von Baron Münchhausen finden.

www.bendery-fortress.com/en

695 PEYREPERTUSE, FRANKREICH

Man kann nur hoffen, dass die armen Arbeiter, die diese erhabene Felsenburg im 11. Jh. auf den Hügel setzten, einigermaßen schwindelfrei waren. Denn gleich außerhalb der Mauern fällt der Fels 800 Meter tief ins Verdouble-Tal hinab. Am besten besucht man die Anlage Anfang August, wenn zum zweitägigen Mittelalterfest die alten Ritterrüstungen zur Schau getragen werden.

www.peyrepertuse.com

696 SCHLOSS GRIPSHOLM, SCHWEDEN

In seinem 1931 veröffentlichten Buch „Schloss Gripsholm" beschreibt Kurt Tucholsky eine erotische Dreierbeziehung. Für die damalige Zeit ganz schön kühn, aber für die schwedische Tourismusbranche ein Volltreffer. Seit die Geschichte auch zum Kinoschlager wurde, kommen die Besucher in Scharen, um einmal einen Blick auf den Schauplatz der sündigen Affäre zu werfen. Das Schloss liegt idyllisch auf einer kleinen Insel im See Mälaren. Im Inneren befindet sich heute eine beachtliche Kunstsammlung mit mehr als 2000 Porträtgemälden.

www.kungligaslotten.se

697 SCHLOSS BRAN, RUMÄNIEN

Knoblauch und Kruzifix nicht vergessen! Die gruselige Burg im rumänischen Siebenbürgen soll den Schriftsteller Bram Stoker zu seinem Dracula-Schloss inspiriert haben. Dabei geht man heute davon aus, dass weder der Autor noch die historische Vorbildfigur für seinen Dracula, Fürst Vlad III. Drăculea, jemals hier gewesen sind. Für Gänsehaut sorgen die alten grauen Mauern trotzdem.

www.bran-castle.com

698 WASSERBURG TRAKAI, LITAUEN

Seit ihrer Erbauung in der zweiten Hälfte des 14. Jhs. wurde diese märchenhafte Burg Zeugin unzähliger Konflikte. Heute dreht sich der Kampf in Trakai eher um die Parkplätze als um die Herrschaft. Die Einwohner des kleinen Städtchens haben sich das zunutze gemacht und laden – gegen geringe Gebühren – zum Parken in ihren Einfahrten ein. Eine Fußgängerbrücke führt über den Galvėsee zur Wasserburg, wo ein Museum dessen Geschichte erleuchtet und wo man einen Blick in einige der alten Räume werfen kann.

trakaimuziejus.lt/en

Highlanders Wochenendschlösschen: das malerische Eilean Donan Castle.

699 EILEAN DONAN CASTLE, SCHOTTLAND

Kein Schloss kommt ohne finstere Geschichten aus: Über das Eilean Donan Castle munkelt man, es sei im Andenken an Donnán of Eigg errichtet worden, der im April 617 beim Versuch, die Pikten zum Christentum zu bekehren, den Tod fand. Belege für das Wirken des Heiligen an dieser Stelle gibt es keine, der Bau des Inselschlosses begann im 13. Jh. Heute wird es noch immer gern überfallen, wenn auch nur von Horden knipsender Touristen. Wer mag, kann im meistbesuchten Schloss Schottlands sogar märchenhaft heiraten.

www.eileandonancastle.com

700 SAN LORENZO DE EL ESCORIAL, SPANIEN

In der riesigen Schloss- und Klosteranlage ließen sich bequem sechs Fußballfelder unterbringen (was allerdings nicht ratsam wäre, da das Gebäude mindestens 2600 Fenster hat). Der größte Renaissancebau der Welt geht auf König Philipp II. zurück, der fand, dass sein Sieg über Frankreich 1557 etwas gewürdigt werden dürfte. Wer genug vom Prunk hat, besucht eine der gemütlichen Tapas-Bars des Dörfchens.

el-escorial.com

STRASSEN MIT FAHR-VERGNÜGEN

MAL IST ES EIN GLEITEN UND SCHAUEN, MAL EIN KONZENTRIEREN UND KURBELN: SO UNTERSCHIEDLICH WIE DIE TOPOGRAFIE EUROPAS SIND AUCH SEINE STRASSEN. MAL GEHT ES ÜBERS MEER – UND MAL IN ENDLOSEN KURVEN BIS IN DIE WOLKEN ÜBER DEN BERGEN.

701 FURKAPASS, SCHWEIZ

Diese Straße kennt nun wirklich jeder. Oder erinnert sich jemand nicht daran, wie Sean Connery im James-Bond-Klassiker „Goldfinger" in seinem silbernen Aston Martin über den Furkapass rast? Das war 1964, mittlerweile ist die 40 Kilometer lange Strecke, die die Kantone Uri und Wallis miteinander verbindet, gut ausgebaut und bei Wochenendausflüglern, Grand-Tour-Teilnehmern oder Motorradfahrern äußerst beliebt. Da sie bis auf 2429 Meter hinaufführt, muss man allerdings etwas länger warten, bis sich im Sommer die Schranken öffnen. Aber dann gilt freie Fahrt für eine der berühmtesten Panoramastraßen Europas. Unvergesslich ist die Aussicht auf den Rhônegletscher beim Hotel Belvédère.

www.myswitzerland.com/de-de/erlebnisse/furka-pass

 Exakt eingepasst in die Haarnadelkurve am Furka-Pass: das Hotel-Restaurant Belvedere.

HOTEL
GLETSCHER - RESTAURANT
BELVEDERE

Eine Asphaltband wie gemalt – für Cabrio- und Motorradfahrer: Großglockner-Hochalpenstraße.

702 GRANDE CORNICHE, FRANKREICH

Und noch eine Straße, die in einem Film verewigt wurde: Grace Kelly fährt in „Über den Dächern von Nizza" in ihrem Cabrio mit wehendem Haar über die Panoramastraße Grande Corniche, die schönste Küstenstraße entlang der Côte d'Azur. Die Strecke zwischen Menton und Nizza ist aber auch wirklich atemberaubend: spitze Haarnadelkurven, spektakuläre Ausblicke auf das Mittelmeer, ein laues Lüftchen und die mediterrane Vegetation mit Orangen- und Zitronenbäumen. Allerdings ist man auf der Grande Corniche nicht mehr so allein wie zu Grace Kellys Zeiten, vor allem in den Sommermonaten drängen sich hier die Ausflügler.

www.nizza.net/grande-corniche.php

703 DELTAWERKE-ROUTE, NIEDERLANDE

Ganz schön nah am Wasser gebaut haben die Niederländer, und dieses rückt ihnen manchmal mächtig auf die Pelle. Aber inzwischen sind die Fluten meistens gebannt, im Südwesten durch die Deltawerke, das größte Sturmflutwehr der Welt – mit guten Chancen, als modernes Weltwunder in die Geschichte einzugehen. 13 unterschiedliche Bauwerke umfasst die gigantische Anlage, darunter Dämme, Schleusen und Sturmflutsperrwerke. Sie alle verbindet die Deltawerke-Route auf einer Strecke von 457 Kilometern. Beispielsweise das Oosterschelde-Sperrwerk, ein drei Kilometer langes Wehr, stabilisiert von 65 riesigen Betonpfeilern.

www.holland.com/de/tourist/reiseziele/provinzen/zeeland/deltawerke.htm

704 BEALACH NA BÀ, SCHOTTLAND

Bealach na Bà ist Gälisch und heißt Viehpass. Doch der beschauliche Name kann nicht darüber hinwegtäuschen, dass diese Straße gefährlich ist! Was macht diesen Pass, der die Applecross-Halbinsel mit Loch-

706 GROSSGLOCKNER-HOCHALPENSTRASSE, ÖSTERREICH

Im Gegensatz zu den früheren Pionieren der Alpenüberquerungen ging es den Erbauern der Großglockner-Hochalpenstraße in den frühen 1930er-Jahren nicht mehr darum, neue Handelswege zu erschließen, sondern die hochalpine Landschaft für motorisierte Touristen zugänglich zu machen. Bequem fährt man deshalb heute bis zum Aussichtspunkt Kaiser-Franz-Josefs-Höhe auf 2369 Metern. Von hier hat man einen unbeschreiblichen Blick auf den Großglockner und die Pasterze und somit auf gleich zwei Superlative: den größten Berg und den längsten Gletscher Österreichs.

www.grossglockner.at/gg/de/index

carron verbindet, zu so einem Abenteuer? Steigungen bis zu 20 Prozent, enge Haarnadelkurven hinauf auf 626 Meter und dazu nur eine Spur. Nichts für Fahranfänger oder nervöse Zeitgenossen – die sitzen lieber daneben und genießen während der rund 16 Kilometer langen Fahrt die Weite der kargen Highland-Landschaft und das glitzernde Meer in der Ferne.

www.myhighlands.de/bealach-na-ba

705 SCHWARZWALD-HOCHSTRASSE, DEUTSCHLAND

Die Schwarzwaldhochstraße B500, eine der ersten Ferienstraßen Deutschlands, schlängelt sich zwischen Baden-Baden und Freudenstadt über Hügel und Täler und durch dichte Wälder. Wenn die Jahreszeit es erlaubt, kann man durch die offenen Autofenster den Geruch der frischen Kiefern und Tannen aufsaugen. Den ein oder anderen Stopp sollte man aber schon einplanen, zum Beispiel beim Aussichtspunkt Bühler Höhe, am hübschen Mummelsee, den man auf einem kurzen Spaziergang umrunden kann, oder an den imposanten Überbleibseln des Klosters von Allerheiligen.

www.schwarzwald-tourismus.info/ferienregion-schwarzwald/Ferienstrassen/schwarzwaldhochstrasse

707 RINGSTRASSE, ISLAND

Kalifornien mag den Highway 1 haben, aber Island hat die Nationalstraße 1. Die Hringvegur oder Ringstraße führt über eine Länge von 1341 Kilometern rings um den Inselstaat im Nordatlantik. Entlang der Strecke liegen fast alle isländischen Städte von Bedeutung und – noch besser – unzählige Wasserfälle, Fjorde, Gletscher und heiße Quellen. Wer einmal um ganz Island fahren möchte, sollte sich mindestens 10 Tage Zeit nehmen. Aber noch besser plant man hier und da einen Zwischenstopp und längere Wanderungen ein.

de.visiticeland.com

708 VON PIRÄUS NACH SOUNION, GRIECHENLAND

Die Fahrt vom Mittelmeerhafen Piräus bis zum Kap Sounion ist wie eine genüssliche Odyssee durch die griechische Mythologie. Der Saronische Golf zum Beispiel, auf den sich von der rund 70 Kilometer langen Küstenstraße grandiose Aussichten bieten, soll seinen Namen dem König Saron verdanken, der eine Hirschkuh bis tief ins Meer verfolgte und dabei ertrank. Ziel und Höhepunkt der Tour ist das Kap Sounion mit der Ruine des Poseidontempels, die erhaben auf der Klippe thront. Von dieser soll sich König Ägeus gestürzt haben, nachdem er die (fälschliche!) Nachricht vom Tod seines Sohnes erhalten hatte. Mit Fake News hatten eben schon die alten Griechen zu kämpfen.

www.hellohellas.de/kuestenstrasse

709 AMALFITANA, ITALIEN

Sie ist fast zu schön, um wahr zu sein! Die Amalfiküste – der Inbegriff vom Land, wo die Zitronen blühn. Wer die rund 50 Kilometer lange Amalfitana, die legendäre Küstenstraße von Meta bis

Als ob man übers Wasser fahren würde: die Atlantikstraße in Norwegen.

nach Vietri sul Mare, befährt, sollte sich allerdings von den traumhaften Ausblicken über den Golf von Salerno, der südlichen Vegetation, den kunterbunten Häusern, die sich in den steilen Fels krallen, überhaupt der ganzen fantastischen Szenerie nicht ablenken lassen. Denn man ist vor allem damit beschäftigt, die Haarnadelkurven über schwindelerregenden Abgründen und die engen Passagen zu meistern. Ein Königreich für einen Platz auf dem Beifahrersitz!

www.amalficoast.com

710 VON WIEN NACH MELK DURCH DIE WACHAU, ÖSTERREICH

Auch die Wachau hat vielen Filmen als Kulisse gedient. Die Titel (etwa „Vier Mädels aus der Wachau" oder „Mariandl") lassen zwar den Verdacht aufkommen, dass sich hier nur Rentner wohlfühlen. Aber weit gefehlt! Etwa 80 Kilometer westlich von Wien schlängelt sich die Donau zwischen Krems und Melk durch die von Schlössern und Burgen gespickten Weinberge. Einige Winzer bieten Weinverkostungen an, an denen man aber besser nur teilnimmt, wenn man mit dem Fahrrad den Donauradweg entlangfährt. Am Ende der Tour landet man dann leicht beduselt, aber glückselig vor der imposanten Benediktinerabtei Stift Melk.

www.donau.com/de/wachau-nibelungengau-kremstal

711 KÖNIGSSTRASSE, FINNLAND

Wo seit dem 14. Jh. Bauern, Könige, Kaufleute oder Pilger entlangzogen und sich vor Wegelagerern fürchten mussten, lässt sich heute herrlich reisen. Einst führte die historische Wegeverbindung von Bergen über Oslo, Stockholm, die Åland-Inseln und Turku bis nach Sankt Petersburg. Während des Mittelalters war sie eine der wichtigsten Landstraßen Finnlands, an der sich nach und nach herrschaftliche Gebäude, Schlösser, Burgen oder Kirchen aufreihten. Die Königsstraße bietet eine wunderbare Möglichkeit, den schönen Süden Finnlands zu entdecken.

skandinavien.eu/reportagen/finnland/koenigsstrasse-in-finnland.html

712 WILD ATLANTIC WAY, IRLAND

Hier macht Fahren noch Spaß: Wahlweise wilde grüne oder kernig schroffe Landschaften und viel mal blauer, mal stahlgrauer Atlantik neben dem Asphalt, so geht es über grandiose 2500 Straßenkilometer entlang des Wild Atlantic Way an Irlands Westküste. Es heißt, er sei die längste Küstenstraße der Welt, die sich vom Norden in den Süden (oder andersherum) an der irischen Westküste durch die Hügel schlängelt, immer das Rauschen des Atlantiks in Reichweite.

www.wild-atlantic-way.de

713 ATLANTIKSTRASSE, NORWEGEN

Auf zum Inselhopping an die norwegische Atlantikküste! Nichts leichter als das: Die mehr als 8 Kilometer lange „Straße des Meeres" mäandert zwischen Vevang im Westen und Kårvåg im Osten um unzählige Inselchen und Schären herum und präsentiert die fantastische Küstenszenerie samt Atlantik aus ständig neuen Blickwinkeln. Abenteuerlich geschwungene Brücken führen hier und da über eine Meeresstelle, dann schlängelt man sich wieder über festem Untergrund weiter. In Norwegen wurde das 1989 eingeweihte, meisterhafte Straßenwunder sogar zum Bauwerk des Jahrhunderts gekürt.

de.fjordnorway.com/sehenswuerdigkeiten/atlantikstrasse

714 TRANSFOGARASCHER HOCHSTRASSE, RUMÄNIEN

Wer wilde, karge Urlandschaften liebt, ist hier richtig! Und dazu noch diese atemberaubende Hochgebirgsstraße, die bei jeder Haarnadelkurve die Szenerie aus einer anderen eindrucksvollen Perspektive zeigt und die Fahrt zu einem unvergesslichen Erlebnis macht. Die Transfogarascher Hochstraße in der Großen Walachei windet sich gut 100 Kilometer über das Făgăraș-Gebirge in den Transsilvanischen Alpen, mit einer Passhöhe auf 2000 Metern. Entlang der Straße, die nur vier Monate über den Sommer geöffnet ist, liegen stattliche Tunnel und Viadukte, und dann ist da noch die Fahrt über eine schmale Staumauer. Fahranfänger sollten daher zum Wohle der Mitreisenden auf dem Beifahrersitz Platz nehmen.

www.tourismus.de/europa/rumaenien

Die Transfogarascher Hochstraße wird ihrem Beinamen „Straße in den Wolken" nicht immer gerecht.

715 VON LISSABON NACH SINTRA, PORTUGAL

Wenn man schon mal in Lissabon ist, muss man natürlich auch die Märchenschlösser von Sintra besuchen. Die Fahrt dauert keine 30 Minuten – es sei denn, man nimmt die Küstenstraße und lässt sich viel Zeit. Südlich von Sintra sollte man unbedingt am Castelo dos Mouros vorbeischauen, einer Festung aus dem 8. Jh. auf schwindelerregenden Höhen. Wenn man am Cabo da Roca ist, dem westlichsten Punkt des europäischen Festlandes, ist man schon etwas zu weit gefahren. Aber wen kümmert das schon.

www.visitportugal.com

716 SLEA HEAD DRIVE, IRLAND

Nur 30 Kilometer lang, aber oho! Der Slea Head Drive auf der irischen Halbinsel Dingle in Irlands Westen erfüllt alle Träume vom genussreichen Fahren, ob mit dem Auto oder auf zwei Rädern. Denn die Dingle Peninsula hat alles zu bieten, was das wilde Irland ausmacht: schroffe Felsen, Steilküsten, einsame Sandstände und traumhafte Ausblicke aufs Meer – ein Picknick am Rande der Strecke wird wärmstens empfohlen! So wird der kurvenreiche Roadtrip zum großen Erlebnis.

www.ireland.com/de-de/sehenswertes/dingle-peninsula

717 TIMMELSJOCH, ÖSTERREICH

Früher war der Grenzpass Timmelsjoch äußerst beliebt bei Schmugglern – heute vor allem bei Auto- und Motorradfahrern. Auf zahlreichen Serpentinen schlängelt sich die Verbindung zwischen dem österreichischen Tirol und dem italienischen Südtirol durch die atemberaubende Ötztaler Gletscherwelt. Bei der Mautstation Hochgurgel befindet sich Europas höchstgelegenes Motorradmuseum mit Exponaten von über 100 Herstellern. Befahrbar ist das Timmelsjoch allerdings nur in den Sommermonaten – und es herrscht Nachtfahrverbot zwischen 20 und 7 Uhr!

www.timmelsjoch.com

718 SA CALOBRA, MALLORCA, SPANIEN

Sa Calobra bedeutet „die Natter" – und der Name ist Programm. Zu erreichen ist das an einer Bucht gelegene Nest nur über eine sich wie eine Schlange windende Serpentinenstraße. Die äußerst wilde Straßenführung verdankt diese ihrem Erbauer, einem italienischen Ingenieur, der so wenig wie möglich in die Natur eingreifen wollte und sich deshalb von den geologischen Gegebenheiten leiten ließ. Eindrucksvolles Meisterstück seiner Streckenführung ist der sogenannte „Krawattenknoten", eine 270-Grad-Kurve, bei der die Straße unter sich selbst hindurchführt.

www.mallorca-experte.net/sa-calobra/

719 CAT AND FIDDLE ROAD, ENGLAND

Eine Straße, die wie ein Pub heißt? Das gibt's wohl nur in England. Aber so ist es mit der Cat and Fiddle Road zwischen Macclesfield (Cheshire) und Buxton (Derbyshire), der Pub Fiddle Inn liegt direkt am Weg. Sie ist die berühmteste Straße im Peak District, einem Nationalpark in der Mitte Englands, der Touristen wegen seiner kargen, weiten Landschaften mit beeindruckendem Hochmoorplateau anzieht. Die kurvenreiche Straße bietet fantastische Ausblicke, sie ist allerdings auch bei Motorradfahrern äußerst beliebt. Zum Glück gibt es ein Tempolimit ...

www.visitbritain.com/de/de

720 KÜSTENMAGISTRALE, KROATIEN / MONTENEGRO

Die schönste Straße Europas? Die Adria-Magistrale (oder Jadranska Magistrale) ist sicher eine im wahrsten Sinne des Wortes aussichtsreiche Anwärterin für diesen Titel. Die berühmte Straße verbindet das italienische Triest mit Ulcinj in Montenegro, dazwischen liegen über 1000 Kilometer überwältigende Küstenlandschaft von Kroatien (mit einem kurzen Abschnitt von Slowenien und einem Miniabschnitt von Bosnien-Herzegowina). Der herrliche Meeresblick macht die Fahrt auf dieser Straße zum Erlebnis, allerdings scheint sie auch für den verwegenen Fahrstil mancher Verkehrsteilnehmer berühmt zu sein.

croatia.hr; www.visit-montenegro.com

HALLO, IST DA JEMAND?

UND DURCH DIE LEEREN RÄUME GEHT NUR DER WIND … EUROPAS „LOST PLACES" FASZINIEREN MIT GESCHICHTEN ZWISCHEN AUFBRUCH UND VERZWEIFLUNG.

721 FERIENSIEDLUNG DOLIMARTS, BELGIEN

Im Feriendorf für 1000 gut gelaunte Urlauber, die in 55 schmucken Ferienhäusern und drum herum die schönste Zeit des Jahres in den belgischen Ardennen verbrachten, pulsierte 30 Jahre lang das pralle Leben. Doch dann war Schluss, das liebe Geld mal wieder … Seit 20 Jahren hausen nun die Geister der Vergangenheit hier, und auch die Natur hilft beharrlich mit, den einst lebendigen Ort in etwas Weltabgewandtes zu verwandeln.

belgien-tourismus-wallonie.de

723 CRACO, ITALIEN

20 Jahre lang haben die Einwohner von Craco den Naturgewalten getrotzt. Aber nach mehreren Erdrutschen zwischen 1959 und 1972 und einem starken Erdbeben 1980 erbaute man schließlich im Tal eine neue Siedlung. Witterung und Verfall setzten den verlassenen Gebäuden in den folgenden Jahrzehnten zu. Aber seit der World Monuments Fund Craco 2010 in seine Liste gefährdeter Kulturdenkmäler aufgenommen hat, sind die Gassen wieder mit Leben gefüllt: Mit seinem besonderen Flair zwischen Einsamkeit und Vergänglichkeit ist Craco inzwischen Ziel vieler Touristen geworden.

www.italia.it/en/discover-italy/basilicata/matera.html

722 DVIGRAD, KROATIEN

Manchmal hat man kein Glück und dann kommt auch noch Pech dazu. Rund 200 Häuserruinen sind das Einzige, was von dem bedeutenden Handelszentrum Dvigrad übrig geblieben ist. Aber das Schicksal hat es auch alles andere als gut mit der istrischen Stadt gemeint: Zweimal wurde sie im 15. Jh. durch Kriege zerstört. Danach wüteten Pest und Cholera in Dvigrad. Im 17. Jh. raffte dann auch noch die Malaria rund 90 Prozent der Bevölkerung dahin. Wer überlebte, zog in eine der umliegenden Städte. Geblieben sind mit Efeu bewachsene Mauern und eine bewegte Geschichte.

www.rovinj-tourism.com/en

Die leeren Fensterhöhlen von Cracos malerischen Häusern starren über die Hügel der Basilikata.

724 GEAMANA, RUMÄNIEN

Die Hälfte der Grabkreuze von Geamana ist in einer grünbraunen Brühe versunken, vom Kirchturm schaut gerade noch die Spitze aus dem Sumpf. Übrig geblieben sind von der rumänischen Gemeinde lediglich die hochgelegenen kulturellen Überbleibsel. Der Rest wurde einfach vom Morast verschluckt. Die Flutung des Tals mit belastetem Klärschlamm aus einer Kupfermine begann 1978 auf Befehl des rumänischen Diktators Ceauşescu. Heute lebt niemand mehr in Geamana. Aber wer genau hinhört, vernimmt beim Blick über den See den stillen Schrei dieses Mahnmals, der einen verantwortungsvollen Umgang mit der Natur einfordert.

romaniatourism.com

725 STAATSZIRKUS, CHIŞINĂU, MOLDAWIEN

Früher war alles besser! Für den Staatszirkus in Moldawiens Hauptstadt gilt dies auf jeden Fall. Es hieß sogar, dass hier einmal der beste Zirkus der UdSSR logierte. Aber das einst stolze Gebäude, gestaltet wie ein großer Korb, der die Gäste einsammelt, ist verlassen und schon lange marode. Und auch die notwendigen Reparaturen wurden mangels Geld schnell wieder eingestellt. So bröselt der markante Bau im Stil des sowjetischen Modernismus still vor sich hin und strahlt nicht nur in der Dämmerung etwas Unheimliches aus.

moldova.travel

726 ORADOUR-SUR-GLANE, FRANKREICH

Häuserruinen und bröckelnde Hauswände sind die stillen Zeugen eines unbeschreiblichen Massakers. 1944 tötete die deutsche Waffen-SS nahezu alle Einwohner des französischen Dorfs, anschließend brannte sie die Häuser bis auf die Grundmauern nieder. Der völlig zerstörte Ort blieb seitdem unangetastet und ist heute eine Mahn- und Gedenkstätte. Über die Geschichte von Oradour-sur-Glane informiert ein Dokumentationszentrum in der Nähe.

www.oradour.info

727 KASINO, CONSTANŢA, RUMÄNIEN

Von außen sieht das Kasino auf dem Bulevardul Regina Elisabeta direkt am Ufer des Schwarzen Meers so aus, als ob gleich die Limousinen vorfahren und die feierwütige High Society seine Säle betritt. Doch das wundervolle Jugendstil-Haus, das im Zweiten Weltkrieg auch mal als Lazarett herhalten musste, steht seit 1990 leer. Wer es betreten darf, hat den Eindruck, als würden noch immer Gläserklirren, Gespräche und Gelächter unter den verbliebenen Kronleuchtern hallen.

romaniatourism.com/constanta.html

728 TYNEHAM, ENGLAND

„Eines Tages werden wir zurückkehren und Ihnen für die freundliche Behandlung des Dorfes danken.“ Die Hoffnung einer der eva-

Spuren eines Verbrechens gegen die Menschen und die Natur: der Kirchturm von Geamana inmitten giftigen Schlamms.

kuierten Bewohnerinnen von Tyneham erfüllte sich nicht: Das britische Militär gab auch nach Kriegsende den Ort nicht auf, den es 1943 als idealen Truppenübungsplatz identifiziert hatte. Alle 250 Einwohner mussten daraufhin ihren Heimatort verlassen. Heute dürfen Einheimische und Touristen an Wochenenden und Feiertagen Tyneham besichtigen – wo im Dezember 1943 die Uhren stehen geblieben sind.

www.visit-dorset.com

729 KRUUNUVUORI, FINNLAND

Einst waren die noblen Holzvillen Sitz der finnischen Elite. Heute ist das kleine Mischwaldstück nahe dem Zentrum von Helsinki ein verlassener Ort. Der Glanz von damals lässt sich nur noch erahnen, denn der Zahn der Zeit hat den unbewohnten Holzgebäuden stark zugesetzt. Einige sind bereits eingestürzt, andere wurden mutwillig abgefackelt. Pläne, in Kruunuvuori ein neues Bauprojekt entstehen zu lassen, scheiterten an der finnischen Bürokratie.

www.myhelsinki.fi/de

730 FLUGHAFEN RIGA-SPILVE, LETTLAND

Verlassen, aufgegeben, stillgelegt. Vom alten Flughafen in Riga flogen ab den 1920er-Jahren das Bürgertum oder Militär in die Welt – jedenfalls bis Stockholm, Helsinki oder Berlin. Nach dem Höhenflug dann der Absturz: Der neue Flughafen RIX machte Riga-Spilve unwichtig, das noch existierende Empfangsgebäude aus der Ära Chruschtschow, beispielhaft für sowjetische neoklassizistische Architektur, ist noch von außen zu bewundern.

www.liveriga.com/de

Das Andenken an die kroatischen Partisanen im Zweiten Weltkrieg hat gelitten.

731 PARTISANEN-DENKMAL, PETROWA GORA, KROATIEN

Auf dem Höhenzug der Petrova Gora, in der Mitte Kroatiens, steht seit 1982 ein gewaltiges Denkmal zu Ehren der Partisanen im Zweiten Weltkrieg. Heute dient die 30 Meter hohe Metallskulptur aber auch als trauriges Mahnmal in eigener Sache. Denn wo zu Anfang polierte Stahlpaneele glänzten, ist heute nur ein Gerippe zu sehen. Hat die Natur daran gezerrt? Ach wo: Die Schrottmafia, der nichts heilig ist, war da – wo es glänzt, ist meist was zu holen.

croatia.hr/de-DE

732 ATLANTIKWALL, FRANKREICH

Gespenstisch große Betonklötze liegen am Strand – eine Erinnerung an die finsteren Zeiten des Zweiten Weltkriegs. Sie gehörten zum 2685 Kilometer langen Atlantikwall, der von den deutschen Besatzern entlang der Küsten des Atlantiks, des Ärmelkanals und der Nordsee errichtet wurde, die „Festung Europa". Aber zum Glück hielt sie nicht, was sie versprach. Zu besichtigen sind Reste der Stützpunkte, Unterstände und Panzermauern noch heute.

de.normandie-tourisme.fr

733 GAIRO VECCHIO, SARDINIEN, ITALIEN

1951 begrub eine riesige Schlammlawine nach heftigen Regenfällen die Hälfte von Gairo Vecchio unter sich. Die Bewohner zogen um, geblieben ist eine Geisterstadt. Aus Sicherheitsgründen dürfen die Häuser von Gairo Vecchio, deren ehemals bunte Fassaden rissig, ausgebleicht und verwittert sind, nicht betreten werden. Durch große Löcher in den Ziegeldächern strecken Laubbäume ihre Äste in Richtung Licht. Der Blick durch die offenen Fenster beflügelt die Fantasie.

www.sardegnaturismo.it/de

734 AUTOFRIEDHOF KYRKÖ MOSSE, RYD, SCHWEDEN

Dieser bucklige Saab fährt nirgendwo mehr hin. Wo der Motor war, klafft ein Loch, durch das sich ein junges Bäumchen seinen Weg sucht. Wie viele verrostete Autowracks im Wald bei Ryd liegen, weiß man nicht genau, aber es sind Dutzende aus allen möglichen Epochen. Die Stimmung auf Åke Danielssons Schrottplatz ist kontemplativ, als wolle man die letzte Ruhe der automobilen Fossile nicht stören. Bis 2050 soll von ihnen nichts mehr übrig sein, heißt es.

www.visitsmaland.se/de

HALLO, IST DA JEMAND?

735 KASERNE, HAJMÁSKÉR, UNGARN

Lieber unabhängig! So dachten die Ungarn und verließen den Warschauer Pakt im Juni 1991. Damit war auch die Anwesenheit der sowjetischen Truppen, die seit 1945 in Ungarn stationiert waren, hinfällig. Auch in der Garnison in Hajmáskér packten die Sowjets in Windeseile ihre Sachen, um das Land zu verlassen. Nicht nur viele Ungarn verloren dadurch ihre Arbeit, auch Kasernen wie diese wurden über Nacht zu Geisterstädten.

hellohungary.com/de

738 OLYMPISCHES DORF, SARAJEVO, BOSNIEN-HERZEGOWINA

1984 feierte die Welt in Sarajevo ein rauschendes Fest der Völkerverständigung. Drei Jahrzehnte und einen unerbittlichen Krieg später ist die Stimmung im ehemaligen Olympischen Dorf einfach nur beklemmend. Die verlassene Bobbahn ist moosbewachsen und bröckelt vor sich hin, die Schanze, auf der Matti Nykänen zu Gold sprang, verrottet und die umliegenden Waldgebiete könnten immer noch vermint sein. Aber es gibt Hoffnung für diesen verlorenen Ort, nämlich Pläne für einen Wiederaufbau. Nur einen Zeitplan, den gibt es noch nicht.

visitsarajevo.ba

736 BUZLUDZHA, BULGARIEN

Eine fliegende Untertasse? Das könnte es durchaus sein, das futuristische Riesenbauwerk, das hoch oben auf dem Berggipfel des Chadschi Dimitar „gelandet" ist. Aber natürlich ist es mal wieder profaner: Es ist ein Denkmal, das 1981 unter anderem zur 1300-Jahr-Feier der bulgarischen Staatsgründung erbaut wurde. Nach wie vor kommen Besucher auf den Berg, aber das Denkmal leidet. Es verfällt und – verwandelt sich tatsächlich in eine Art UFO.

www.buzludzha-monument.com

737 MALO GRABLJE, HVAR, KROATIEN

Eigentlich sieht das verlassene Dorf so aus, als ob seine Bewohner nur mal eben kurz zum Einkaufen gegangen wären. Romantisch ist es hier, die Häuser im typischen Stil der Insel Hvar. Und doch wurde der Ort in den 1960ern von den 23 hier lebenden Familien verlassen. Von einem dunklen Geheimnis wird gemunkelt – schuld aber war ein Schädling: Die Reblaus fraß sich durch die Weinberge. Heute streifen Touristen durch die einsamen Gassen.

visithvar.hr

739 MILITÄRGEFÄNGNIS PATAREI, TALLINN, ESTLAND

Ein Ort des Schreckens und das gruseligste Gefängnis in Estland war das 1840 als Seefestung erbaute Militärgefängnis Patarei. Wer hierherkam, musste sich ernsthaft Sorgen machen – erst im Jahr 2002 wurde das Gefängnis aufgelöst. Noch immer kommen Menschen, allerdings höchst freiwillig. Von Schauern geschüttelte Touristen können nun durch die verfallenen Gänge und Zellen streifen. Zur Erholung wartet außen ein Café mit Kuchen und Aussicht aufs Meer.

www.visittallinn.ee/ger

740 SCHLOSSHOTEL WALDLUST, FREUDENSTADT, DEUTSCHLAND

Ein verlassenes Schlosshotel inmitten hoher Schwarzwaldtannen: In den 1930ern noch Nobelherberge von Königen und Fürsten, wirkt der Hotelkomplex heute so düster wie die Geschichten, die sich um ihn ranken. Von Babygeschrei des Nachts, wackelnden Gläsern und Geistererscheinungen berichteten mehrfach die ehemaligen Angestellten. Zuletzt kam das Hotel Waldlust 2013 als Drehort des Horrorfilms „Bela Kiss – Prologue" über einen Serienmörder zu zweifelhaften Ehren.

denkmalfreunde.de

Wo die Jugend der Welt zusammenkam, um sich im Sport zu messen, herrscht heute Verfall: Sarajevos Olympisches Dorf.

HALLO, IST DA JEMAND?

STEILE SACHEN

WASSER IST GEDULDIG, ABER HARTNÄCKIG. DENNOCH ERSTAUNT ES IMMER WIEDER, MIT WELCHER KRAFT ES SICH DURCHS GESTEIN DER GEBIRGE ARBEITET, UM FASZINIERENDE SCHLUCHTEN ZU SCHAFFEN.

741 PAIVA WALKWAYS, PORTUGAL

Das wilde Bergland im Norden Portugals wäre nahezu unbegehbar, gäbe es nicht die Paiva Walkways. Acht Kilometer lang ist der Wanderweg auf Holzplanken, der in seinem Verlauf ein wenig wie die chinesische Mauer anmutet. Er folgt dem Fluss Paiva und überwindet dabei Felsflanken, Grate und etliche Höhenmeter. Für die Begehung der Passadiços do Paiva sollte man mehrere Stunden Zeit einplanen – und etwas Kondition sowie genügend Flüssigkeit mitbringen.

www.passadicosdopaiva.pt/en

742 FINNICH GLEN, LOCH LOMOND, SCHOTTLAND

Laubbäume und Sträucher krallen sich verzweifelt in den steilen Fels. Beim Blick nach oben bleibt zwischen den feuchten Felswänden nur noch ein schmaler Streifen blauen Himmels. Finnich Glenn ist ein verwunschener Ort von einzigartiger Schönheit – besonders an den Stellen, an denen die Sonnenstrahlen in den schmalen Canyon scheinen und das nebelfeuchte Tal in ein eindrucksvolles Licht tauchen.

www.lochlomond-trossachs.org

 Treppen, die in Schlaufen liegen: Spektakulär geht es über Berg und Tal auf den Paiva Walkways.

743 RAPPENLOCH-SCHLUCHT, ÖSTERREICH

Nicht weit von Dornbirn entfernt liegt eine der größten Schluchten Europas. Die Rappenlochschlucht sorgte 2011 für Schlagzeilen, als die natürliche Brücke, die die Schlucht überquerte, ohne Vorwarnung zusammenbrach. Zum Glück kam niemand zu Schaden, und nach ausgiebigen Sicherungen wurde zwei Jahre später ein neuer Steg durch die Schlucht eröffnet. Am besten reist man am frühen Abend an, wenn sich die Besuchermengen etwas gelichtet haben.

www.rappenlochschlucht.at

744 VIAMALA-SCHLUCHT, SCHWEIZ

Bereits vor 2000 Jahren wurde die enge Viamala-Schlucht regelmäßig als Zugang zu den Alpenpässen genutzt – wenn auch äußerst ungern. Die Gefahr, von Steinschlägen oder einem schnell steigenden Wasserpegel überrascht zu werden, war auf dem ohnehin schon beschwerlichen Weg allgegenwärtig. Der rätoromanische Name der Schlucht kommt deshalb nicht von ungefähr: Er bedeutet „schlechter Weg". Heute hat die wildromantische Viamala-Schlucht ihren Schrecken verloren und ist zu einem Publikumsmagnet geworden. Eines der Highlights ist die Überquerung einer 56 Meter langen Hängebrücke, die das komplette Tal überspannt.

viamala.graubuenden.ch/de

745 BREITACHKLAMM, DEUTSCHLAND

In einer eisigen Winternacht, wenn lange Eiszapfen wie Stalaktiten von den steinernen Felsen hängen, ist der Besuch von Europas tiefster Felsenschlucht am beeindruckendsten. Dann ziehen die Besuchermassen mit brennenden Fackeln durch die Allgäuer Klamm. Der Zugang zur Schlucht ist übrigens kein natürlicher, sondern wurde auf Initiative eines Pfarrers in den Stein geschlagen. Manchmal braucht es eben etwas menschliche Beihilfe, um die Wunder unseres Planeten zugänglich zu machen.

www.breitachklamm.com

746 TARA-SCHLUCHT, MONTENEGRO

Im Durmitor-Nationalpark liegt die längste und tiefste Schlucht Europas. Wie die Tara, Montenegros längster Fluss, es geschafft hat, einen so imposanten Graben ins Gestein zu schleifen, wird einem spätestens dann bewusst, wenn man im Raftingboot die Stromschnellen hinabrast. Einen besonders guten Ausblick hat man von der Tara-Brücke aus, die sich in 150 Metern über die Schlucht spannt.

www.visit-montenegro.com

747 VØRINGSFOSSEN, NORWEGEN

Fast 200 Meter stürzt das eiskalte Bergwasser unter lautem Getöse und mit unbändiger Kraft den imposan-

Glasklares Wasser, klaustrophobische Enge: die Tolminer Klammen.

748 TOLMINER KLAMMEN, SLOWENIEN

Der Eingang zu den Tolminer Klammen ist zugleich auch das Tor zum bekannten slowenischen Nationalpark Triglav, einem wunderschönen Wandergebiet. Während in der engen Klamm, deren Wände an manchen Stellen bis auf wenige Meter zusammenrücken, das türkisblaue Wasser der Tolminka rauscht, gedeiht an den steilen Hängen ein außergewöhnlich üppiges und sattes Grün. Als Höhepunkt winkt ein bisschen Wellness bei einer Thermalquelle mit 22 Grad warmem Wasser.

www.soca-valley.com/de

ten Wasserfall hinunter. Wer ihn besichtigen will, muss zuerst das verkarstete Måbødal durchqueren. Und das ist keine Drohung, sondern eine Empfehlung. Hinunter geht es über 1300 Steinstufen und weiter über unbefestigtes Geröll und eine schmale hölzerne Hängebrücke, die den Gebirgsbach überspannt.

de.fjordnorway.com/sehenswuerdigkeiten/voringsfossen

749 SCHLUCHTEN DER ARDÈCHE, FRANKREICH

Am gemütlichsten lassen sich diese spektakulären Canyons in einem Kanu oder einem Kayak erkunden. Startpunkt ist ein imposantes natürliches Brückentor, dann beginnt ein 32 Kilometer langer Parcours durch zahlreiche Schluchten. Man sollte zwei bis drei Tage einplanen und seine Campingausrüstung mitbringen.

en.ardeche-guide.com

750 DUNAJEC, POLEN

Über 300 Meter tief hat der Fluss Dunajec eine Schlucht in den Pieninen-Gebirgszug gefressen, dessen Felswände nahezu senkrecht nach oben ragen. Früher nutzten Flößer den Dunajec, um das begehrte Holz aus der Tatra nach Danzig zu schaffen. Heute sind Floßfahrten eine beliebte Touristenattraktion. Während der erste Streckenabschnitt noch gemächlich verläuft, geht es im Dunajec-Canyon deutlich wilder zur Sache.

www.polen.travel/de-at/natur/

751 TIPOVA-SCHLUCHTEN, MOLDAWIEN

Das Dorf Tipova ist Ausgangspunkt für gleich mehrere spektakuläre Schluchtenwanderungen durch Moldawiens Gebirgsregionen. Es geht vorbei an kleinen Wasserfällen, mit Moos bewachsenen Bachläufen und überhängenden Felsvorsprüngen. Da, wo sich die Täler öffnen, zeigt sich die Natur von ihrer lieblichsten Seite, mit grünen Wiesen, auf denen purpurner und weißer Mohn blüht. In der Nähe von Tipova befindet sich auch Europas größtes Felsenkloster, das bereits im 6. Jh. in den Stein geschlagen worden ist.

moldova.md/en

752 TORRENT DE PAREIS, MALLORCA, SPANIEN

Ganz ohne ist der Abstieg in diese riesige Schlucht, umgeben von den Bergen der Serra de Tramuntana, nicht. Aber die anspruchsvolle Kletterpartie über die teils glitschigen Felsen zahlt sich aus, wenn man am Ende mit weichen Knien am Strand ankommt und durch die riesigen Felsen hinaus auf das Meer blickt. Die Tour ist nur an trockenen Sommertagen zu empfehlen, es sei denn, man scheut sich nicht davor, Sturzbäche und vollgelaufene Wasserlöcher zu durchqueren.

www.torrentdepareis.info

753 GRAVINA DI MATERA, ITALIEN

Man munkelt, Matera zähle zu den ältesten Siedlungen der Welt. Und das ist durchaus möglich, denn die Schlucht Gravina di Matera bietet eine Vielzahl sicherer Höhlen – mit sensationellem Ausblick. Es ist erwiesen, dass sie schon vor 7000 Jahren bewohnt wurden. Heute wölben sich luxuriösere Unterkünfte über den Felsen, aber die alten Höhlen – die Sassi di Matera – sind noch immer der Ort des öffentlichen Geschehens.

www.italia.it/en

754 VIKOS-SCHLUCHT, GRIECHENLAND

Die Vikos-Schlucht im Pindos-Gebirge hat so dramatische Felswände, dass sie es sogar ins Guinness-Buch der Rekorde geschafft hat. Mindestens 600 Meter fällt der Fels hier in die Schlucht ab. Den besten Ausblick genießt man vom Aussichtspunkt Ochia, der bequem mit dem Auto zu erreichen ist. Wer etwas tiefer in die Landschaft eindringen möchte, schlägt vom kleinen, freundlichen Örtchen Monodendri aus einen der vielen Wanderwege ein.

www.griechenland.de/vikos-schlucht/

755 BARRANCO DE MASCA, TENERIFFA, SPANIEN

Links und rechts schroffe Gebirgshänge und mitten auf dem Weg ein gigantischer Steinkoloss – nicht immer ist im Barranco de Masca ersichtlich, wo die Route durch das Felslabyrinth verläuft. Der Wanderweg ist einer der bekanntesten auf Teneriffa, aber man sollte ihn nicht unterschätzen. Also gute Ausrüstung mitnehmen und das Wetter im Blick haben. Immer wieder müssen unaufmerksame Wanderer aus der Schlucht gerettet werden, weshalb sie manchmal sogar gesperrt wird.

www.tenerifenews.com

756 LAMMERKLAMM, ÖSTERREICH

Rund 40 Kilometer südlich von Salzburg haben die Wassermassen abschmelzender Gletscher eine imposante Schlucht in den Fels geschliffen. Noch immer spürt man die unbändige Macht der Natur, wenn man sich auf den Stegen hinab zur Brücke über die tosende Flut begibt. An der Dunklen Klamm sind die Felswände zu beiden Seiten keinen Meter voneinander entfernt. Künstliche Lichtschauspiele sorgen hier für den ultimativen Kick.

www.tennengau.com/de

757 BRASA-SCHLUCHT, GARDASEE, ITALIEN

Fahranfängern ist die halsbrecherische Straße durch die Brasa-Schlucht nur bedingt zu empfehlen. Andererseits ist sie ein Muss für jeden, der sein Auto im Griff hat. Die Fahrt beginnt rund 400 Meter oberhalb des Gardasees. Über zahlreiche Spitzkehren geht es dann hinab durch die imposante Brasa-Schlucht, während man immer wieder die herrliche Aussicht auf den blauen See genießen kann.

www.via-ferrata.de

758 AVAKAS-SCHLUCHT, ZYPERN, GRIECHENLAND

Immer schmaler wird der Weg zwischen den senkrechten Felswänden zu beiden Seiten des Wanderwegs. Wird es am Ende noch ein Durchkommen geben? Zum Glück ist auf diesem Naturwanderpfad der Weg das Ziel, und jeder darf selbst entscheiden, wann ihm die Sache zu eng wird. Auf den letzten 500 Metern kann es schon mal nass werden, sodass man am besten wasserdichtes Schuhwerk trägt oder gleich barfuß geht.

www.zypern.de/sehenswuerdigkeiten/naturerlebnisse/avgas-schlucht

Der Pop-Star unter den Abgründen: Die Fjaðrárgljúfur-Schlucht ist Kulisse für ein Justin-Bieber-Video.

759 PAKLENICA-SCHLUCHT, KROATIEN

„Kleine Hölle" bedeutet der Name dieser imposanten Schlucht in einem Nationalpark an der kroatischen Adriaküste. Statt auf Fegefeuer und Dämonen trifft man hier allerdings auf eine lebhafte Flora und Fauna – und natürlich auf Touristen aus aller Welt. Etwas Höhlenfieber mag dann vielleicht beim Besuch der gewaltigen Manita peć einsetzen, der einzigen Höhle, die Besuchern offen steht. Klettern, Abseilen und Wandern stehen ganz oben auf dem Programm.

np-paklenica.hr/de

760 FJAÐRÁRGLJÚFUR-SCHLUCHT, ISLAND

Mit Grasbüscheln und Moosen bewachsen fallen die Felswände auf beiden Seiten der schmalen Schlucht 100 Meter in die Tiefe. Unten fließt der Fluss Fjaðrá, der von Gletschern und den Wasserfällen genährt wird, die in die Tiefe stürzen. Die Wanderung verläuft am oberen Rand der Schlucht und eröffnet immer wieder tiefe Einblicke in den klaffenden Abgrund. Nachdem Justin Bieber hier 2015 das Musikvideo zu „I'll show you" gedreht hat, sind die Besucherzahlen der Fjaðrárgljúfur-Schlucht deutlich in die Höhe geschnellt.

www.south.is/en/moya/toy/index/place/fjadrargljufur

VERRÜCKT SCHLAFEN

SCHLAFEN? DIESE HOTELS SIND VIEL ZU AUSGEFALLEN, ALS DASS MAN DIE AUGEN SCHLIESSEN WOLLTE.

761 CAPSULEHOTEL, DEN HAAG, NIEDERLANDE

So sicher wie im Capsulehotel hast du noch nie übernachtet, schließlich waren die runden Dinger mit Bullaugen früher Überlebenskapseln einer Ölplattform. Klaustrophobiker bleiben lieber draußen, für alle anderen steht einer ungewöhnlichen Erfahrung nichts im Wege. Die Basic-Version hat eine chemische Toilette, ansonsten ist sie … eben basic. Bei der Luxus-Variante hingegen stand der James-Bond-Streifen „Der Spion, der mich liebte" Pate: 70er-Jahre-Glamour, Disco-Kugel und DVD-Player samt Auswahl an James-Bond-DVDs machen die Nacht zur Zeitreise.

www.capsulehotel.info

762 ÜBERNACHTEN IM WEINFASS, DEUTSCHLAND

Schlafen, wo einst edle Tropfen reiften: Mitten in den Rebhängen und hoch über der Rheinebene warten sie auf Gäste, die 8000 Liter großen Holzweinfässer. Ausgebaut zu Schlaf-, Wohn- und Sanitärfässern, bieten sie auf kleinstem Raum alles, was man für eine romantische Übernachtung zu zweit benötigt. Inklusive einzigartiger Aussicht über das Rheintal bis hin zu den Vogesen. Die Vormieter – Riesling, Spätburgunder & Co. – können in den nahen Gasthöfen verkostet werden.

www.schlafen-im-weinfass.de

763 DRAGSHOLM SLOT, HØRVE, DÄNEMARK

So residieren eigentlich nur Königsfamilien. Aber im 800 Jahre alten Schloss Dragsholm im UNESCO-Geopark Odsherred darf sich auch der Pöbel mal in die majestätischen Federn fallen lassen. Zum Aufenthalt gehören natürlich auch eine Führung durchs Schloss sowie fürstliche Spaziergänge durch den Naturpark. Ach, und nicht zu vergessen einige königliche Mahlzeiten im Sternerestaurant Slotskøkkenet.

de.dragsholm-slot.dk

764 LEUCHTTURM HAARLINGEN, NIEDERLANDE

Es ist sicher nicht verkehrt, nur mit wenig Gepäck anzureisen, denn um in das kleine Gästeappartement ganz oben im Leuchtturm Hotel Vuurtoren in Harlingen zu kommen, heißt es erst einmal Treppensteigen. Aber dann! Die Ausblicke über die alte Hansestadt, über Land und Meer sind einfach umwerfend. Am liebsten würde man für immer oben bleiben, im fein ausgestatteten Zwei-Personen-Hotel, wo Schlafen zum abgehobenen Erlebnis wird. Besonderer Service: Die Leuchtturmwärterin bringt das Frühstück.

www.vuurtoren-harlingen.nl/de/information

Über die Leiter geht's hoch hinauf zum Licht: Schlafen im Leuchtturm ist eine runde Sache.

 Doch, doch, dann kamen die grünen Männchen raus: Sci-Fi-Baumhaus in Schweden

765 ROMANTIC TRULLI, ALBEROBELLO, ITALIEN

Trulli – so heißen in Apulien die Häuser mit den drolligen runden Steindächern. Im 17. Jh. ließ ein Graf sie für die Bauern der Region bauen. Klingt nobel, war aber ein ziemlich unfairer Deal. Die Bauweise der weiß getünchten Trulli-Rundhäuser allerdings ist perfekt auf das heiße Klima Süditaliens abgestimmt, die dicken Natursteinmauern und kleinen Fenster halten die Hitze lange draußen. Und das kommt auch den heutigen Übernachtungsgästen zugute. Denn viele der einst bescheidenen Wohnstätten haben sich in schmucke Perlen verwandelt. Im apulischen Städtchen Alberobello etwa bieten die Häuser des Bed & Breakfast Romantic Trulli Platz für zwei bis sieben Gäste, sind gemütlich und geschmackvoll eingerichtet, und die Ausstattung stammt von regionalen Handwerksbetrieben.

www.romantictrulli.it/en

766 BROCHS, SCHOTTLAND

Gut 2000 Jahre haben die alten schottischen Gemäuer bereits auf dem Buckel. Die sogenannten Brochs oder Black Houses wurden ursprünglich als Türme an abgelegenen Orten errichtet. Viele von ihnen sind heute nur noch Ruinen, aber einige wurden von Architekten aufwendig renoviert und zu modernen Unterkünften mit Fußbodenheizung und offenem Kamin umgebaut – also zeitgenössischer gehobener Wohnkomfort in einer historischen und authentischen schottischen Trockenmauer-Hülle.

www.visitscotland.com/de-de

767 SONNENTOR LAND-LOFTS, SPRÖGNITZ, ÖSTERREICH

Stille, herrlich würzige Luft, Vogelgezwitscher – wie man sich bettet, so schläft man. Auf dem Sonnentor Frei-Hof in Niederösterreich schlafen nervöse Stadtmenschen wie im Kräuterhimmel. Hier im Waldviertel befindet sich ein kleines Naturparadies, mit Kräuterhallen und Permakulturgarten, alles öko und nachhaltig. Und mitten in der Idylle stehen zwei Mini-Landlofts, natürlich aus nachhaltigen regionalen Materialien gebaut. Es sind eigentlich Tiny Houses, in denen bis zu fünf Menschen die Nacht verbringen können. Tagsüber gibt's auf dem Hof Kräuterseminare, Koch- und Handwerkskurse oder horizonterweiternde Vorträge.

www.sonnentor.com

768 LA BALADE DES GNOMES, HEYD-DURBUY, BELGIEN

Eine blühende Fantasie ist bei der Übernachtung in diesem Märchenhotel dringend zu empfehlen. Man hat die Qual der Wahl zwischen elf film-, märchen- oder legendenbezogenen Unterkünften. Wie wär's zum Beispiel mit dem Trollhaus, in dem man unter dicken Wurzelbäumen nächtigt? Oder der Mondkapsel, wo man von den Federn des Lunarmobils aus in die Sterne blickt? Oder einem echten Trojanischen Pferd? Die Balade des Gnomes liegt 10 Kilometer vor Durbuy mit seinem mittelalterlichen Stadtkern, der selbst ganz gut die Fantasie anregen kann.

www.labaladedesgnomes.be/en/Home

769 TREEHOTEL, HARADS, SCHWEDEN

Es braucht etwas Kletterkunst, um zu den Treehotel-Baumhäusern in Lappland hinaufzukommen. Aber wer es geschafft hat, wird mit einer ungewöhnlichen Perspektive belohnt – auf Augenhöhe mit schwedischen Baumkronen. Aber Baumhaus ist nicht gleich Baumhaus: Es gibt das Dragonfly, das Bird's Nest, The Cube oder das UFO, und im Inneren ist schwedisches Design vom Feinsten angesagt: schlicht, modern und schön.

www.treehotel.se/en

770 OSTEL, BERLIN, DEUTSCHLAND

Wir schreiben das Jahr 1978. Die Mauer ist so unverrückbar in Berlin wie Erich Honecker an der Macht. Bunte Blümchentapeten schmücken die Zimmer, die mit Mufuti (= Multifunktionstisch) sowie Telefonen mit Wählscheibe ausgestattet sind. Im Ostel in Friedrichshain schlummern die Gäste in purer Ostalgie. Das Hostel ist eigentlich eher ein Ost-Museum mit viel Liebe zum Detail, von der Blumenvase bis zum originalen DDR-Radio.

www.ostel.eu

771 JUMBO STAY, STOCKHOLM, SCHWEDEN

Völlig losgelöst von der Erde ist es zwar nicht, das Jumbo Stay auf dem Flughafen Stockholm, aber trotzdem irgendwie abgehoben. Ganze 33 Zimmer für eine bis drei Personen finden in der ausgemusterten und zum Hotel umgebauten Boeing 747 Platz, zusätzlich gibt es einen großen Schlafraum. Übernachten kann man aber nicht nur im Inneren des Jumbos. Auch in den beiden Turbinen ist je ein Schlafraum untergebracht, der über eine Treppe erreichbar ist.

www.jumbostay.com

772 VERBEKE FOUNDATION, KEMZEKE, BELGIEN

Zugegeben, wer nicht gerade ein Wurm oder ein völlig schräger Vogel ist, mag sich mit dem Gedanken an eine Übernachtung im CasAnus etwas schwertun. Dabei bietet das Zimmer im Dickdarm alles, was man für eine ruhige Nacht braucht: ein bequemes Bett, fließend Wasser und Heizung. Das CasAnus ist eine von drei äußerst skurrilen Unterkünften im Garten des privaten Kunstmuseums. So gibt es noch ein Ei oder den Camping-Flat, einen mehrstöckigen Zeltplatz.

verbekefoundation.com

773 FINN LOUGH, ENNISKILLEN, NORDIRLAND

Gut behütet und trotzdem unter freiem Himmel: So übernachtet man in den Bubble Domes am nordirischen Lough Erne. Die Außenhaut der runden Kuppeln besteht aus einer durchsichtigen Kunststofffolie, sodass man am Tag die grün bewaldete Natur und in sternenklaren Nächten den Himmel beobachten kann. Ein Teleskop gehört praktischerweise gleich zum eleganten, aber einfachen Interieur dazu.

www.finnlough.com/en/accommodation/bubblehouse

774 PUIG DE MARIA, POLLENÇA, MALLORCA, SPANIEN

Nonnen und Mönche wohnen hier keine mehr. Schlecht für die Kirche, gut für Ruhe und Einsamkeit suchende Menschen, die einmal in einem Kloster übernachten möchten. Im Santuari de la Mare de Deú del Puig auf Mallorcas 330 Meter hohem Berg Pollença gibt es heute nicht nur eine wunderbare Aussicht, sondern auch eine kleine Herberge, in der schlichte Zimmer zu vergleichsweise günstigen Preisen angeboten werden. Man muss sich das einmalige Erlebnis aber zuerst verdienen, denn der letzte Streckenabschnitt führt über einen steilen gepflasterten Weg.

www.pollensa.com/de/platz/besuch/puig-de-maria

775 SAFARI LODGE, FRANKREICH

Huch, war das eben ein lebendiger Grizzly, der da ins Schlafzimmer winkte? Aber sicher, bei diesen Hotelräumen im Zoo de la Flèche gehören hungrige Bären, neugierige Wölfe oder tauchende Eisbären quasi zur Ausstattung – und zwar direkt auf der anderen Seite des Fensters. Je nachdem, für welche der zahlreichen Themen-Lodges man sich entscheidet, schläft man also gleich neben Löwen, Geparden, Lemuren oder Tigern – wenn man denn vor Aufregung überhaupt schlafen kann.

www.safari-lodge.fr

Gib mir deine Pranke, Genosse Eisbär: tierischer Besuch in der Safari Lodge.

776 MANSHAUSEN, LOFOTEN, NORWEGEN

Ein Glück, dass es hier im Sommer kaum dunkel wird. Denn so lässt sich die traumhaft nordische Insel-Szenerie durch die großen Panoramafenster der Ferienhütte noch direkt vor dem Schlafengehen bewundern: Natur zum Greifen nah. Die Insel Manshausen liegt mitten in den Schären des Vestfjords, auf ihr hat der norwegische Abenteurer und Polarforscher Børge Ousland drei architektonische Kleinode gepflanzt, sehr zur Freude von Naturliebhabern und ruhebedürftigen Großstädtern. Im restaurierten Farmhaus nebenan versammeln sich die Gäste zum Essen, und oben drüber kreisen die Seeadler. Sieht so das Paradies aus?

www.manshausen.no/

777 THE LAND OF LEGENDS KINGDOM HOTEL, BELEK, TÜRKEI

Das Gegenmodell von Ruhe und Einsamkeit heißt 41 Wasserrutschen und Wellenbäder, Drachenparade und All-inclusive-Service. Im Hotel Kingdom an der türkischen Südküste sollen sich die Gäste wie Könige fühlen, und dafür legen sich die Hotelprofis ins Zeug. Auch die Hotelzimmer selbst sind nichts für Puristen, hier feiern Farben ein Fest, und selbst der Projektor und die Leinwand für die Playstation 4

Auch das Auge isst mit – eine Binsenweisheit, die in der Grotta Plazzese gleich eine ganz neue Bedeutung bekommt.

778 GROTTA PALAZZESE, POLIGNANO A MARE, ITALIEN

„Grotta" heißt doch Höhle? Wer jetzt an einen abgemagerten, vollbärtigen Tom Hanks denkt, der sich von aufgespießtem Fisch ernährt und mit einem bemalten Volleyball spricht, war wohl noch nie in der Grotta Palazzese. Im viel fotografierten Restaurant mit der grandiosen Aussicht auf das Meer genießt man Käsefondue oder frischen Tintenfisch, übernachtet wird dann aber in den topmodernen (und zugegebenermaßen von außen weniger fotogenen) Zimmern oberhalb der Grotte mit freier Sicht über die Felsen und die Adria. Aber zum Frühstück geht's wieder zurück in die Höhle!

www.grottapalazzese.it

vom Nachwuchs fehlt nicht. Schlafen? Ist hier Nebensache.

www.accorhotels.com/de

779 CAVA MASTINELL, BARCELONA, SPANIEN

Nein, das sind keine gestapelten Rohrpostkapseln! Wir sind im Hotel des Weinguts Mastinell in Katalonien, westlich von Barcelona. Wie im Weinregal liegen die Hotelzimmer übereinander, auf dem gewellten Dach reflektieren Mosaikfliesen à la Gaudí das Sonnenlicht. Hinter den runden Glasfenstern des exklusiven Gästehauses lässt es sich höchst ungewöhnlich logieren und schlafen – wer hat zu Hause schon idyllische Reben direkt vor dem Haus? Und im hauseigenen Weinkeller können Genießer gleich den Cava des Winzers probieren.

www.hotelmastinell.com/de/

780 PLANWAGEN-HOTEL, IRLAND

Sie wollten immer schon mal in einem Hotel übernachten, das mit einem PS durch die Lande zieht? Dann auf zur grünen Insel Irland, hier ziehen geduldige Pferde bunt gestrichene Planwagen durch die Landschaft und verschaffen so ihren Bewohnern auf Zeit einen herrlich erholsamen Urlaub im Schritttempo. Kontakt mit der Bevölkerung ist garantiert, ebenso Lagerfeuerromantik und fantastisch ruhige Nächte mitten in der wunderschönen Natur.

www.irland-reise.net/aktivurlaub-irland/planwagen-in-irland/

ICH BIN DANN MAL (HIN UND) WEG

ES GIBT SO VIELE GRÜNDE, UM AUF PILGERREISE ZU GEHEN. UM SICH SELBST ZU FINDEN, UM GOTT ZU FINDEN, DEN GEIST DES WEINES, DAS ALLERBESTE ESSEN. ODER UM GANZ PERSÖNLICHEN HELDINNEN UND HELDEN NAHE ZU SEIN.

781 BAROLO-WEINGEBIET, PIEMONT, ITALIEN

Das Epizentrum des Hochgenusses in einer malerischen Gegend – wenn das kein Grund ist, in den Nordwesten Italiens zu pilgern! Denn rund um die kleine Gemeinde Barolo wächst der gleichnamige berühmte König der Weine. Hier gedeihen die Trauben nicht nur in sonnenüberfluteten Weinbergen, hier kann der daraus produzierte Wein auch gleich gekostet werden. Der beste Plan für einen Pilgerurlaub ist deshalb: ein paar Tage in der Schönheit des Piemont schwelgen, im Museum des Castello di Barolo einiges über Weinbau erfahren, bei Weindegustationen den Gaumen auf Entdeckungsreise schicken, piemontesische Spezialitäten in einer der kleinen Trattorien probieren und sich dabei der lieblichen Landschaft erfreuen.

www.italia.it/en

782 LENIN-MAUSOLEUM, MOSKAU, RUSSLAND

Noch heute wird er verehrt, Genosse Lenin, der eigentlich Wladimir Iljitsch Uljanow hieß und bei der Oktoberrevolution 1917 die Bolschewiken an die Macht brachte. Keine sieben Jahre später starb er an einer schweren Krankheit. Der Nachwelt sollte er trotzdem erhalten bleiben. Vor dem Lenin-Mausoleum auf dem Roten Platz in Moskau bilden sich deshalb lange Menschenschlangen, um dem einbalsamierten Revolutionsführer die Ehre zu erweisen. Langsam schiebt man sich am Schneewittchensarg vorbei, in dem Lenin nun schon gut 95 Jahre ruht, und ist erstaunt, wie gut er sich gehalten hat.

discover.moscow

 Ein Paradies aus Hügeln, Dörfern und – natürlich – den Reben der Nebbiolotraube für den Barolo: das Piemont.

783 MAUERPARK, BERLIN, DEUTSCHLAND

Keine Mauer ist von Dauer – auch die von Berlin hat zum Glück nicht ewig gehalten. Wo von 1961 bis 1989 Stacheldraht und Todesstreifen eine Schneise zwischen Prenzlauer Berg und Gesundbrunnen schlugen, hat sich inzwischen frisches Grün breitgemacht. Hier können Touristen und Einheimische frische Luft schnappen, die Sonne genießen, feiern, picknicken und an Wochenenden auf dem Flohmarkt stöbern oder sich beim Karaoke schlapp lachen.

www.mauerpark.info

784 ASSISI, ITALIEN

Sanft schmiegt sich die kleine Stadt Assisi in das grüne umbrische Hügelland. Ihre Bekanntheit als Pilgerort hat sie ihrem prominentesten Sohn, dem heiligen Franz von Assisi, zu verdanken. Als Kind reicher Eltern geboren, sagte er sich von allen irdischen Besitztümern los, gründete in Assisi seinen eigenen Orden und widmete sein Tun fortan den Armen (und den Tieren). Nur zwei Jahre nach seinem Tod wurde er heiliggesprochen und in der Basilika San Francesco beigesetzt, wohin bis heute unzählige Verehrer pilgern.

www.umbriatourism.it/de_DE/-/assisi

785 SISI, KAPUZINERGRUFT, WIEN, ÖSTERREICH

Sie war schön, sie war Kaiserin, sie war „Sisi"! Nach ihrem gewaltsamen Tod – ein Anarchist erstach sie mit einer Feile am Genfer See – wurde sie 1898 in der Wiener Kapuzinergruft beigesetzt – obwohl sie eigentlich gerne auf ihrer Lieblingsinsel Korfu begraben worden wäre. Typisch für ihr fremdbestimmtes Leben, das sie immer verabscheute. Der Verehrung zu ihr tat dies keinen Abbruch, und auch die späteren Filme mit Romy Schneider schmälerten den Sisi-Mythos nicht.

www.kapuzinergruft.com

Mit Sack und Pack am Ziel des Jakobswegs: Pilger in der Kathedrale von Santiago de Compostela.

786 LOURDES, FRANKREICH

Wer Lourdes sagt, denkt an Wallfahrt, die Stadt nahe den Pyrenäen ist schließlich weltweit bekannt für ihre katholischen Marienwallfahrtsstätten. Aber keine Wallfahrt ohne ein Wunder, und das geschah der Legende nach 1858, als einem jungen Mädchen bei der Grotte von Massabielle mehrmals die Jungfrau Maria erschien. Das Wasser der Quelle, die in der Grotte sprudelt, soll auf wundersame Weise Kranke geheilt haben, was natürlich kein Geheimnis blieb. Die stille Abgeschiedenheit von damals ist passé, heute werden der „Heilige Bezirk" um die Quelle herum sowie die drei großen Kirchen jedes Jahr von Millionen von Pilgern besucht. Und viele davon hoffen auf ein Wunder.

www.lourdes-france.org/de

787 FALCO, ZENTRALFRIEDHOF, WIEN, ÖSTERREICH

Jung und tragisch zu sterben, das sorgte schon oft für Unsterblichkeit. Der österreichische Superstar Falco, eigentlich Johann Hölzel, reiht sich da in eine illustre Gemeinschaft von Musikstars ein. Mit 40 Jahren setzte ein Autounfall in der Dominikanischen Republik seinem schillernden Leben ein Ende. Doch bis dahin mischte der exzentrische Musiker mit seinem Wiener Schmäh die 80er-Jahre auf. Wer kennt nicht „Rock me Amadeus" oder „Der Kommissar"? Heute besuchen ihn seine Fans auf dem Wiener Zentralfriedhof, doch selbst hier sorgt Falco für Diskussionen: Sein Grab ist höher als eigentlich von der Friedhofsordnung erlaubt. Aber er war nun einmal einfach der Größte.

www.stadt-wien.at/wien/sehenswuerdigkeiten/zentralfriedhof.html

788 JAKOBSWEG, SANTIAGO DE COMPOSTELA, SPANIEN

Schlechthin der Klassiker unter den Pilgerwegen – der Jakobsweg. Seit über 1000 Jahren zieht es Heilsuchende schon zum angeblichen Grab des Apostels Jakobus, dessen Gebeine unter der Kathedrale der spanischen Stadt Santiago de Compostela ruhen sollen. Als Beweis dafür, dass sie die Mühen und Entsagungen des langen Weges erfolgreich gemeistert hatten, kauften die frühen Pilger am Ziel eine Jakobsmuschel, deshalb weist sie bis heute gelb auf blauem Grund am Wegesrand die Richtung. In der Regel versteht man unter dem Jakobsweg die Route durch Nordspanien. Aber es gibt viele Jakobswege in Europa, die alle dasselbe große Ziel haben.

www.jakobsweg.de

789 FATIMA, PORTUGAL

Wenn plötzlich eine weiß gekleidete Frau auf einem freien Feld vor einem steht und nicht nur die fürchterlichen Geschehnisse auf der Welt beklagt – der Erste Weltkrieg war in vollem Gange –, sondern auch noch drei Geschehnisse voraussagt, dann ist das ein Wunder. Dieses erlebten am 13. Mai 1917 drei Hirtenkinder in Fatima, einem kleinen Nest im Westen Portugals. Und bald darauf sahen Tausende das angekündigte Sonnenwunder am Himmel. Seither ist Fatima zu einer der berühmtesten katholischen Pilgerstätten geworden. Hier glaubt man an Wunder, die Gegenwart ist nüchtern genug.

www.visitportugal.com/de/content/die-fatima-wege

790 TAIZÉ, FRANKREICH

Zur Ruhe kommen, in sich gehen, das Gespräch mit anderen oder Gott suchen. In Taizé, einem kleinen Dorf rund 100 Kilometer nördlich von Lyon, lädt die internationale ökumenische Brüdergemeinschaft von Taizé junge Pilger aus allen Teilen der Welt ein, sich gemeinsam bei Jugendtreffen Gedanken über ein christliches Leben zu machen. Aber auch der Blick über den Tellerrand fehlt nicht, etwa bei einem Wochenende islamisch-christlicher Freundschaftspflege.

www.taize.fr/de

791 U2, DUBLIN, IRLAND

Dublin und U2 – die irische Rockband, die sich 1976 in Dublin gründete, ist aus der Stadt nicht wegzudenken. Aber auch U2 wäre ohne Dublin nicht dasselbe. Die Band ist allgegenwärtig: Da gibt es die Windmill Lane Studios, das Clarence Hotel (im Besitz von Sänger Bono und Gitarrist The Edge), das Little Museum of Dublin mit der Ausstellung „U2 Made in Dublin" und und und. Was für ein Rock 'n' Roll-Pilgerziel!

www.ireland.com/de-de/irland-themen/menschen-und-kultur/artikel/utwo-dublin

792 SCHWARZE MADONNA, TSCHENSTOCHAU, POLEN

Für das katholische Polen ist die Schwarze Madonna von Tschenstochau die wichtigste Reliquie des Landes, sozusagen ein Nationalsymbol. Jedes Jahr machen sich Millionen von Gläubigen auf, um einen Blick auf die berühmte Madonnenikone zu werfen. Viele davon auf einem der über 50 verschiedenen Pilgerwege, die aus allen Ecken des Landes nach Tschenstochau führen, die meisten aber wohl im Pilgerbus. Beeindruckend ist auch die Klosteranlage Jasna Góra, in der die Schwarze Madonna aufbewahrt wird. Über 100 Meter ragt der Klosterturm in den Himmel und weist Pilgern bereits von Weitem den Weg.

jasnagora.pl/de

793 SANTUARI DE SANTA MARIA DE LLUC, MALLORCA, SPANIEN

Und noch eine Schwarze Madonna. Der Legende nach soll ein maurischer Hirtenjunge namens Lluc die dunkle Marienstatue im 13. Jh. zwischen Felsen an einem Bach gefunden haben. Sie wurde in die örtliche Kirche gebracht, doch am nächsten Morgen war sie verschwunden und tauchte an ihrem ursprünglichen Fundort wieder auf. Nachdem sich der Vorfall ein weiteres Mal wiederholt hatte, ließ der Pfarrer am Bach die Kapelle Santuari de Santa Maria de Lluc errichten. Heute steht hier eine imposante Klosteranlage, die als spirituelles Herz von Mallorca gilt.

www.lluc.net/de

794 PÈRE LACHAISE, PARIS, FRANKREICH

Manchmal werden Orte auch ohne Wunder zur Wallfahrtsstätte, so zum Beispiel der berühmte Pariser Friedhof Père Lachaise. Denn hier scheint nicht nur die Zeit stehen geblieben zu sein, hierher pilgern auch unzählige Fans und Verehrer von Personen, die schon zu Lebzeiten Legenden waren: Honoré de Balzac, Oscar Wilde, Edith Piaf, Maria Callas, Frédéric Chopin oder Marcel Proust – um nur einige wenige zu nennen. Bei Jim Morrison, dem legendären Sänger von The Doors, war der Wunsch nach Nähe besonders groß, nächtliche Partys haben markante Spuren auf seinem Grab hinterlassen.

pere-lachaise.com

795 BUHNE 16, SYLT, DEUTSCHLAND

Die Buhne 16, das ist der legendärste Strandabschnitt samt Kneipe auf Sylt. Wobei vor allem die illustren Gäste aus den 60er-Jahren, Gunter Sachs, Brigitte Bardot oder Romy Schneider, viel zur Legende beigetragen haben. Versteckt hinter einer Düne, ließ es sich damals herrlich hüllenlos feiern, wilde Partys produzierten noch wildere Gerüchte. Wer wegen der stürmischen alten Zeiten kommt, wird feststellen: Heute geht es weniger exzentrisch-glamourös zu, auch im Strandrestaurant regiert nordische Gelassenheit. Dazu passen die Strandkörbe, in denen ein cooler Drink besonders gut schmeckt. Aber Nacktbaden und fröhlich-freies Strandfeeling, das gibt's immer noch.

www.nordseetourismus.de/buhne-16

796 MEDJUGORJE, BOSNIEN-HERZEGOWINA

Lange Zeit ging es im Städtchen Medjugorje sehr gemächlich zu, dann wurde es auf einen Schlag berühmt. Sechs Jugendliche berichteten 1981, ihnen würde regelmäßig die Mutter Gottes erscheinen. Die himmlischen Botschaften der Maria versiegten seither nicht, und so machten sich viele Menschen auf zur Pilgerfahrt in die rund 25 Kilometer von Mostar entfernte Stadt. Heute sind es bis zu drei Millionen Gläubige aus vielen Ländern, die die Hilfe der Mutter Gottes erbeten. Der Vatikan in Rom reagiert verschnupft, Maria sei doch nicht die „Leiterin eines Telegrafenamts".

www.medjugorje.de

Viele Köche verderben keineswegs den Brei: Das Noma gehört zu den besten Restaurants der Welt.

797 NOMA RESTAURANT, KOPENHAGEN, DÄNEMARK

„Nordisk" und „mad" ergibt zusammen „Noma" – der Sehnsuchtsort für Feinschmecker schlechthin! Es geht nicht nur kulinarisch höchst einzigartig zu im wieder eröffneten Noma, es ist auch nach wie vor gepaart mit skandinavisch schlichtem, edlem Design. Dass das Noma zu den kulinarischen Elysien dieser Welt zählt, zeigt eine Umfrage unter den weltweit 650 besten Köchen: Die Mehrheit benannte das Lokal als ihr Lieblingsrestaurant. Die neue Location liegt in der Freistadt Christiania in Kopenhagen und der Küchenchef René Redzepi samt Team kocht nicht nur, hier wird auch angepflanzt und geerntet. Denn das Credo lautet: regional, saisonal und frisch. Wer hier einen Tisch ergattern will, sollte unbedingt rechtzeitig reservieren.

noma.dk

798 BEATLES, LIVERPOOL, ENGLAND

Auch 50 Jahre nach ihrer Trennung ist die Präsenz der größten Band aller Zeiten in Liverpool an jeder Ecke zu spüren. Zu Tausenden pilgern die Fans in die Stadt ihrer Helden. Und Liverpool gibt sich die größte Mühe, den Heiligenstatus der Fab Four zu zementieren. Hier gibt es die Ausstellung „The Beatles Story", regelmäßige Festivals, Themen-Hotels, die Magical Mystery Tour oder den legendären Cavern Club. Kurz: In Liverpool dreht sich alles um die vier Pilzköpfe, die nicht nur hier geboren wurden, sondern auch von hier aus ihre unglaubliche Weltkarriere starteten.

www.visitliverpool.com/things-to-do/the-beatles

799 BUSFEST, MALVERN, ENGLAND

Früher haben sie als Transporter hart geackert, waren als Krankenwagen unterwegs, als Feuerwehrfarzeug, als Lieferwagen. Oder sind schon damals als Camper um die Welt gefahren. Welche Rolle auch immer der VW Bus, der Bulli, gespielt hat, er war immer wie ein Familienmitglied. Oder Teil des Teams. Und so ist es noch heute: Auf Europas größtem Treffen dieser Art auf dem Three Counties Showground verabreden sich Jahr für Jahr Zehntausende Fans, um Tausende von liebevoll gepflegten Bullis zu bewundern, zu fachsimpeln, gesuchte Ersatzteile zu kaufen oder zu tauschen. Die Bulli-Familie lebt.

www.busfest.org

800 WIMBLEDON, ENGLAND

Erdbeeren mit Sahne? Die gehören ebenso zum Mekka der Tenniswelt wie der „heilige" grüne Rasen und weiße Tenniskleidung, Wimbledon ist einfach ein bisschen anders, eben „very British". Immerhin entwickelte sich die Wimbledon Championships, die 1877 zum ersten Mal stattfanden, zum ruhmreichsten Tennisturnier der Welt, das älteste ist sie sowieso. Im Centre Court mit Platz für 15 000 Fans liefern sich während der zwei Wochen langen Lawn Tennis Championships jeden Sommer die besten Tennisspieler der Welt hitzige Duelle. Hier wurde Tennisgeschichte geschrieben, legendäre Sportler erlebten hier die Höhepunkte ihrer Laufbahn, natürlich auch Stefanie Graf und Boris Becker.

www.wimbledon.com

ICH BIN DANN MAL (HIN UND) WEG

Überlebensgroße Musikhelden – 1,2 Tonnen schwer: die Beatles-Statue an der Liverpooler Waterfront.

FÜR ELTERN VERBOTEN

POPEYE LEBT AUF MALTA, DIE PIRATEN IN DEN NIEDERLANDEN UND PIPPI LANGSTRUMPF – NATÜRLICH – IN SCHWEDEN. EUROPA HAT EIN RICHTIG RICHTIG GROSSES HERZ FÜR KINDER.

801 EUROPAPARK RUST, DEUTSCHLAND

Deutschlands beliebtester Themenpark – und laut der US-Zeitschrift „Amusement Today" der beste Freizeitpark der Welt – ist wie Europa im Taschenformat. Nach einer Schorle im altdeutschen Schloss Balthasar schlendert man durch Italien, Frankreich und die Schweiz bis nach Russland, wo man sich in der Hochgeschwindigkeitsachterbahn Euro-Mir um die Spiegeltürme windet. Wer es dann noch schafft, einigermaßen gerade weiterzulaufen, spaziert weiter über Luxemburg, die Niederlande und Skandinavien bis nach Island, wo zwischen Märchenwäldern und blubbernden Schlammquellen weitere Looping-Rides warten. Europa kann ganz schön berauschend sein.

www.europapark.de

802 PUY DU FOU, LES EPESSES, FRANKREICH

Einmal das Alte Rom hautnah erleben. Oder eine mittelalterliche Stadt mitsamt Ritterturnier.Oder eine historische Schlacht. Römische Gladiatoren, die Horden Attilas oder garstig dreinblickende Wikinger sind ständige Begleiter im Puy du Fou, einem der beliebtesten Freizeitparks Frankreichs. In aufwendigen Vorstellungen mit knalligen Spezialeffekten wird den Kleinen hier die Geschichte nähergebracht. Am Abend findet dann die Hauptshow mit Tausenden von Akteuren, Pferden und einem großen Feuerwerk statt.

www.puydufou.com/de

803 BORNHOLM, DÄNEMARK

Welches Kind hat sich dieses Szenario nicht irgendwann schon mal ausgemalt: als Schiffbrüchiger allein auf einer Insel zu stranden, sich zu behaupten und sich selber zu versorgen. Alles halb so schlimm natürlich, wenn die Insel in der Ostsee liegt, rund 40 Kilometer vor der Südküste Dänemarks. Zufällig gibt es dort nämlich die wohl beste Schokolade, die leckersten Marshmallows und Eiscremes überhaupt. Hoffentlich dauert es also noch ein bisschen, bis die Rettungsboote (oder Mama und Papa) kommen. Die süßen Delikatessen werden auf der hübschen kleinen Ferieninsel in praktisch jedem Ort verkauft. Am besten startet man den Urlaub mit einer Runde Eiscreme von Svaneke Is für die ganze Familie.

bornholm.info/de

Bestehen im Legoland auch die Wellen aus den legendären Bausteinen? Kleine Surferinnen in Billund.

804 LEGOLAND BILLUND, DÄNEMARK

Wem fällt es am Ende des Tages wohl schwerer, diesen wahr gewordenen Kindheitstraum zu verlassen: den Kindern oder den Eltern? Das originale Legoland steht unweit der Legofabrik in Billund und wird alljährlich von fast zwei Millionen großen und kleinen Gästen überrollt. Einen kompletten Tag muss man sich schon Zeit nehmen. Es gibt einige adrenalingeladene Attraktionen wie Achter- oder Wildwasserbahnen, aber das Herz der Anlage schlägt zweifelsfrei im Miniland, wo mit 20 Millionen Legosteinen ganze Städte und bekannte Sehenswürdigkeiten wie die Freiheitsstatue nachgebaut wurden.

www.legoland.dk

805 POPEYE VILLAGE, MELLIEĦA, MALTA

Wollt ihr Spinat aus der Dose, damit ihr schön stark werdet? Neeeein! Wollt ihr mal sehen, wo Popeye zu Hause ist? Jaaaa! 1979 wurde hier die Kulisse für den Film „Popeye – der Seemann mit dem harten Schlag“ errichtet. Die Hauptrolle des robusten Seemanns spielte übrigens Robin Williams. Später wurde das gesamte Filmset zum Freizeitpark Popeye Village Fun Park umfunktioniert. In den Häusern sind zahlreiche Requisiten ausgestellt,

Shows werden gezeigt, und man kann eine Bootsfahrt in der Anchor Bay unternehmen. Ein Kino zeigt Filme über den Bau der Kulissen und den Filmdreh vor rund 40 Jahren.

popeyemalta.com

806 HET ARSENAAL PIRATENPARK, NIEDERLANDE

Joho und ne Buddel voll ... Egal, im Piratenpark Het Aarsenaal wird den kleinen Seeleuten gezeigt, wie das Leben zur Zeit der Piraten ausgesehen hat. Sie dürfen zum Beispiel eine Piratenausbildung durchlaufen oder können eine Seeschlacht an Bord eines Schiffssimulators erleben. Für Stimmung sorgt eine große und bunte Piratenshow. An den Park angeschlossen ist ein Aquarium mit vielen Fischen aus den Tropen und der Nordsee. Einige davon dürfen sogar gestreichelt werden.

arsenaal.com

807 KINDERKUNSTMUSEUM, OSLO, NORWEGEN

Dieses Museum ist jenen Meisterwerken der Kunst gewidmet, denen sonst höchstens ein vorübergehender Platz an der Kühlschranktür zugestanden wird. Nicht weit vom Zentrum Oslos entfernt werden hier Gemälde und Kunsthandwerk von Kindern aus mehr als 180 Ländern ausgestellt. Das Konzept ist weltweit einmalig und sorgt garantiert für Inspiration bei den kreativen Kleinen. Also unbedingt Papier und

808 ESELTREKKING, PYRENÄEN

Liebe Kinder, wie wär's diesen Sommer mit Wanderurlaub in den Bergen? Trekking ist bei den meisten Kids wohl nicht so populär. Mit dem richtigen tierischen Begleiter könnte sich das ändern: zum Beispiel mit gutmütigen Eseln in den französischen und spanischen Pyrenäen. Auf der Zweitagestour stehen auch Bogenschießen, Hüttenbauen und der Besuch bei einem Schäfer mit seiner Herde auf dem Programm. Übernachtet wird in einer gemütlichen Herberge in einem kleinen Bergdorf.

www.hauser-exkursionen.de/reise/familienreise-frankreich-eseltrekking-in-den-pyrenaeen

Mein bester Freund ist ein Esel – und das ist gar nicht böse gemeint: Trekking mit Grautier.

817 ASTRID LINDGRENS WELT, VIMMERBY, SCHWEDEN

Auf Du und Du mit Pippi Langstrumpf, Karlsson vom Dach und Michel aus Lönneberga – das geht nur in Astrid Lindgrens Welt im südschwedischen Vimmerby, Schwedens größtem Freilichttheater. Die beliebten Erzählungen von Astrid Lindgren werden täglich auf verschiedenen Bühnen zum Leben erweckt, und zwischen den Auftritten mischen sich die Darsteller gerne unter die kleinen Zuschauer. Liebevoll wurden die wichtigsten Schauplätze der Lindgren-Geschichten nachgebaut. Wer wollte nicht schon immer mal Michels Tischlerschuppen, die Villa Kunterbunt oder die Mattisburg, auf der Ronja Räubertochter geboren wurde, in echt sehen?

www.astridlindgrensvarld.se/de

santes Ablenkungsmanöver. In den 1840er-Jahren überzeugte ein gewiefter Offizier den dänischen König, ihm ein riesiges Militärgelände zum Bau dieses Freizeitparks zu überlassen. Denn, so propagierte er, wenn Leute sich amüsieren, denken sie nicht über Politik nach. Das Argument ist bei der Fahrt im Kettenkarussell auf 80 Metern Höhe oder beim Hinabrasen in der alten Achterbahn in der Tat schwer zu widerlegen. Im Sommer finden hier übrigens auch Konzerte statt; nicht zu vergessen das traditionelle Feuerwerk jeden Samstagabend.

www.tivoligardens.com

818 POLAR PARK, BARDU, NORWEGEN

Kein Tierpark der Welt gewährt seinen animalischen Einwohnern so viel Raum wie der Polar Park in Norwegen. So weitläufig sind die Gehege, dass man den Zaun, der die Tiere von den Wäldern des Umlands trennt, kaum ausmachen kann. Hier leben Braunbären, Wölfe, Rentiere, Elche und Luchse, alles einheimische Tiere der borealen Vegetationszone, die man in freier Natur nicht allzu oft vor die Kamera bekommen dürfte. Am besten plant man den Besuch so, dass man mindestens eine der Tierfütterungen sehen kann.

polarpark.no/en

819 BURGENWELT EHRENBERG, REUTTE, ÖSTERREICH

Einst kontrollierte die Festungsanlage und Zollstation Ehrenberg eine wichtige Handelsroute über die Alpen und beherbergte Kaiser, Könige und Fürsten. Heute ist die aus vier einzelnen Festungsteilen bestehende Anlage als „Burgenwelt Ehrenberg" bekannt und zieht jährlich Tausende von Besuchern in ihren Bann. Im Sommer ist die Festung Schauplatz der Ritterspiele Ehrenberg, einem der größten historischen Events seiner Art. Wer seinen Mut auf die Probe stellen will, kann das auf der sogenannten Highline tun: Die 400 Meter lange und 1,20 Meter breite Hängebrücke überspannt in schwindelerregender Höhe das gesamte Tal.

www.ehrenberg.at

820 DISNEYLAND PARIS, FRANKREICH

Klar, Eiffelturm und Louvre verstehen es natürlich vorzüglich, Europas Touristen anzulocken. Aber wo bleibt da der Rausch? Den findet man 32 Kilometer östlich des Hauptstadtzentrums in Europas meistbesuchtem Vergnügungspark. Fast 10 Millionen Vergnügungssüchtige kreischen hier alljährlich die Achterbahnen hinunter, gruseln sich durch Geisterbahnen und lassen sich vor dem berühmten Dornröschenschloss mit Zuckerwatte in der Hand fotografieren. Ob kleines oder großes Kind, bei diesem riesigen Spaßfaktor ist das völlig egal.

www.disneylandparis.com

WO EUROPA AM ÄLTESTEN IST

DIE EU IST EIN WIMPERNSCHLAG DER GESCHICHTE. DENN DER KONTINENT HAT JAHRTAUSENDE AUF DEM BUCKEL.

821 HÖHLE VON LASCAUX, FRANKREICH

„Wir haben nichts dazugelernt“, soll Picasso demütig gesagt haben, als er die Höhlenmalereien in Lascaux betrachtete. Und wer die vor Tausenden von Jahren gezeichneten farbenfrohen Kunstwerke sieht, kann ihm kaum widersprechen. Bei deren Alter gehen die Meinungen der Forscher allerdings auseinander: Die einen datieren sie auf 17 000, andere auf unfassbare 39 000 Jahre. Auf den Felswänden entlang der circa 250 Höhlenmeter weiden, springen und kämpfen Rinder, Rentiere, Steinböcke, Bisons und Pferde, mit natürlichen Farbpigmenten und großer künstlerischer Ausdruckskraft gemalt. Um die Steinzeitkunst zu schützen, eröffnete 2016 das Internationale Zentrum der Höhlenmalerei Montignac-Lascaux, wo die Grotte vollständig nachgebaut wurde.

www.lascaux-dordogne.com/en/prehistory

822 FORUM ROMANUM, ROM, ITALIEN

Ohne Toga ging kein Mann auf das Forum Romanum. Von diesem Platz aus wurde über ein Jahrtausend lang die damals bekannte Welt regiert: in der Hochzeit des Römischen Reiches vom Norden Englands bis nach Mesopotamien. Unter Kaisern wie Augustus, Tiberius oder Nero wuchs das Herrschaftsgebiet – und damit auch das Forum Romanum: weiße Travertinböden, Marmortempel und -versammlungshallen und natürlich das Kolosseum, das größte Amphitheater der Welt. Eine faszinierende Ruinenlandschaft, die zeigt: Keine Macht währt ewig.

www.il-colosseo.it/de

823 SONNENOBSERVATORIUM GOSECK, DEUTSCHLAND

1991 überflog ein Luftbildarchäologe eine ringförmige Bodenverfärbung, dann rückten die Forscher an. Das Ergebnis: eine Sensation! Was hier im Boden steckte, war eine 6900 Jahre alte Kreisgrabenanlage, die der Himmelsbeobachtung diente. Dazu passte auch die sensationelle Entdeckung der schönen Himmelsscheibe von Nebra, nur gut 30 Kilometer entfernt. Die etwa 4000 Jahre alte Bronzescheibe mit goldenen Verzierungen von Sonne, Mond und Sternen ist die älteste bekannte Darstellung des Himmels und kann heute im Landesmuseum für Vorgeschichte in Halle (Saale) bestaunt werden.

www.sonnenobservatorium-goseck.info

Schaltzentrale einer einstigen Weltmacht: das antike Forum Romanum in Rom.

824 NEWGRANGE-GRABHÜGEL, DROGHEDA, IRLAND

Es gibt Orte, die sind nicht von dieser Welt. Und doch kann man sie besuchen, was im Fall der 35 königlichen Hügelgräber im irischen Boyne Valley Menschen seit 3150 v. Chr. tun. Newgrange, Knowth und Dowth zählen zu den Hauptgräbern der Anlage, die auf Irisch Brú na Bóinne heißt und beim Städtchen Drogheda liegt. Um die Wintersonnenwende beleuchten durch einen schmalen Spalt über dem Eingang Sonnenstrahlen den Innenraum – falls die Sonne so freundlich ist. Aber auch von außen beeindruckt Newgrange: rund 80 Meter im Durchmesser, mit reich verzierten Steinen eingefasst und weißem Wicklow-Quarzit bedeckt.

www.heritageireland.ie/en/midlands-eastcoast/brunaboinnevisitorcentre

825 EL BARRANCO PERDIDO, ENCISO, SPANIEN

Die Erde muss vor mehr als 120 Millionen Jahren ganz schön gebebt haben, als die Dinosaurier hier spazieren gingen. Und da Kinder zu Dinos eine besonders innige Beziehung haben, können sie im Paleo-Abenteuerpark El Barranco Perdido den Riesen besonders nahe kommen. Hier kann geforscht, geklettert und geplanscht werden, es gibt ein spannendes Museum und einen Klettergarten, einen Hügel mit Fossilien und ein Zeitlaboratorium. Insgesamt 40 Fundstätten von Originalfußabdrücken der Giganten sind auf das gesamte Gebiet verteilt.

www.barrancoperdido.com

Älter als die Pyramiden von Gizeh und Stonehenge: das Ganggrab von Newgrange.

826 KNOSSOS, KRETA, GRIECHENLAND

Prachtvoll, riesengroß, respekteinflößend ist der Palast von Knossos auf Kreta! Ein Zeugnis für die Bedeutung, die die Minoer – die früheste Hochkultur Europas – einst hatten. Der Nachwelt zeigen sich die Vertreter der minoischen Kultur, die von circa 2600 bis 1400 v. Chr. dauerte, vor allem als emsige Baumeister, die zahlreiche herrschaftliche Bauten errichteten. Aber der Palast von Knossos ist zweifellos der Star. Über 300 Jahre dauerte die Bauzeit, während der ältere Bauteile von neueren, noch prunkvolleren überbaut wurden. So entstand auf einer Fläche von rund 21 000 Quadratmetern eine gigantische Palastanlage mit über 3000 Räumen.

wikitravel.org/de/Kreta/Palast_von_Knossos

827 VAL CAMONICA, ITALIEN

Gab es schwebende Astronauten in der Steinzeit? Wer die Felszeichnungen im idyllischen Val Camonica betrachtet, hält plötzlich alles für möglich. Aber auch sonst sind die bisher 350 000 entdeckten Felsritzungen geradezu überirdisch. Bis auf 1400 Meter müssen Neugierige kraxeln, um all die eingeritzten Menschen, Tiere und unterschiedlichsten Symbole zu entdecken. Im Lauf von 10 000 Jahren haben unsere Vorfahren sie dort mit Steinkeilen eingeritzt und so ein Archiv der europäischen Geschichte geschaffen.

www.italia.it/de/reisetipps/unesco-staetten/valcamonica-und-die-felsenkunst.html

828 HÖHLE VON ALTAMIRA, SANTILLANA DEL MAR, SPANIEN

So kann man sich irren: Der französische Prähistoriker Émile Cartailhac hielt die Malereien in der Höhle von Altamira für Schmierereien. Erst 1901, 23 Jahre später, revidierte er seine Meinung. Die etwa 260 mit gekonntem Strich gezeichneten Bisons, Hirsche und Pferde an den Wänden wurden vor rund 14 000 Jahren geschaffen. Für die Farben benutzten die Steinzeitkünstler Kohle und rot pigmentierten Ocker. Pro Woche dürfen nur fünf Besucher hinein, mit Atemmaske und Schutzanzug. Doch im Besucherzentrum ist die Höhle samt Malereien nachgebildet worden.

www.spain.info/de/que-quieres/arte/monumentos/cantabria/cuevas_de_altamira.html

829 MEGALITH-TEMPEL, MALTA & GOZO

Faszinierend sind die zahlreichen Megalith-Tempel von Malta und der kleinen Nachbarinsel Gozo. Rund 3800 v. Chr. fingen die Inselbewohner an, aus tonnenschweren Kalksteinquadern Tempel zu bauen und sie ockerfarben anzumalen. Von der Farbe ist nicht mehr viel übrig, aber bei einem Tempel auf Gozo, dem Ħal-Saflieni-Hypogäum, sind zahlreiche Fresken aus der Stein- und Bronzezeit erhalten geblieben. Ursprünglich wachten auch einige Statuen über die Tempel, etwa die Venus von Malta oder die „Schlafende Göttin", die im Archäologischen Museum in Valletta besucht werden kann.

www.visitmalta.com/de

830 GRUBE MESSEL, DARMSTADT, DEUTSCHLAND

Heute tote Steine – aber vor rund 48 Millionen Jahren waren hier Rieseneichhörnchen, die possierlichen Urpferdchen oder stattliche Krokodile quicklebendig. Über 70 urzeitliche Tiere holten Archäologen aus dem Boden. Das Eozän war eine spannende Zeit, die Saurier waren ausgestorben und die Tier- und Pflanzenwelt erfand sich quasi neu. Bei einem Vulkanausbruch hatte sich hier ein Kratersee gebildet, in dem viele Tiere auf der Flucht ertranken. Danach sanken sie zu Boden und versteinerten gut konserviert im Ölschiefer.

www.grube-messel.de

831 POBITI KAMANI, DEWNJA, BULGARIEN

Gut 300 bis zu 7 Meter hohe Steinsäulen sind hier über eine Fläche von 13 Quadratkilometern verteilt. Aber nicht einfach Steinsäulen – wie ein geheimnisvoller Wald wirken sie, einzelne Steintürme sehen wie Vögel und Tiere aus, andere haben Menschenform. Sind es Überbleibsel eines uralten Meeres, das hier vor 50 Millionen Jahren war? Oder sind es Kamine, durch die Methan vom Meeresboden entwich? Oder ist vielleicht doch alles ganz anders?

visit.varna.bg/de/sights/preview/89.html

832 URGESCHICHTLICHES MUSEUM BLAUBEUREN, DEUTSCHLAND

In den Höhlen am Südrand der Schwäbischen Alb waren besonders produktive Steinzeit-Künstler aktiv – vor rund 40 000 Jahren! Einige der wichtigsten altsteinzeitlichen Funde wurden hier entdeckt, darunter Tier- und Menschenfiguren aus Mammutelfenbein, die ältesten bekannten Kunstwerke der Menschheit. Die Höhlen können besichtigt werden, die kleinen Kunstwerke sind aber umgezogen ins Urgeschichtliche Museum nach Blaubeuren. Hier sind die Schätze, darunter die Venus vom Hohlen Fels oder ein kleiner Löwenmensch, zu bestaunen.

www.urmu.de

833 ÞINGVELLIR-NATIONALPARK, ISLAND

Vor dem inneren Auge sehen wir Reiter, die auf flinken Ponys aus allen Richtungen herangaloppieren. Es ist mal wieder so weit, Althing steht an! Schon seit sich um 930 n. Chr. norwegische Wikinger auf der Insel niederließen, hielten sie in Þingvellir jeden Sommer zwei Wochen lang eine Versammlung ab. Althing war Gericht und Regierung in einem. Erst die Dänen machten 1798 einem der ältesten Parlamente der Welt ein Ende. Aber Þingvellir lebt und wird auch für große Feierlichkeiten genutzt.

adventures.is/de/island/attraktionen/

834 NURAGHEN-STEINBAUTEN, SARDINIEN, ITALIEN

Nuraghen? Nie gehört! Wo das Wort ursprünglich herkommt, ist ungewiss, auch gibt es mehrere Schreibweisen. Auf jeden Fall sind Nuraghen prähistorische Turmbauten, die Mitglieder der Bonnanaro- und gleich anschließend der Nuraghen-Kultur zwischen 2200 bis 400 v. Chr. auf Sardinien errichteten. Waren es Gräber oder Kultstätten? Oder Wohn- und Befestigungsanlagen? Die antiken Vertreter der Nuraghen-Kultur waren Hirten und Bauern. Sie erbauten rund 7000 dieser Steintürme, die das kulturelle Zentrum der Inselbewohner bildeten. In der Stadt Cagliari informiert das Archäologische Nationalmuseum über die geheimnisumwitterten Türme und ihre Bewohner.

www.ciaosardinia.com/deu/sardinien/kunst-archaologie

835 STANDING STONES OF STENNESS, ORKNEY, SCHOTTLAND

Wie scharfkantige Scherben, die im Boden stecken, sehen sie aus, die drei weithin sichtbaren stehenden Steine von Stenness auf der Orkneyinsel Mainland. Stolze sechs Meter ragen sie in den Himmel. Wie lange stehen sie schon da? Wer hat sich die Mühe gemacht, sie in die Erde zu rammen? Und warum? Keiner weiß das genau. Der aus ursprünglich 12 Steinen bestehende Steinkreis könnte einmal zur Sternenbeobachtung gedient haben, so eine Theorie. Nur das Wann kann einigermaßen beantwortet werden: ungefähr 3100 v. Chr. Ach ja, und der Transport? Noch ein Rätsel!

www.orkneyjar.com

836 PEŞTERA CU OASE, BANAT, RUMÄNIEN

Peştera cu Oase heißt übersetzt Knochenhöhle, und das führt schon auf die richtige Fährte. Denn in diesem Höhlensystem wurden die ältesten Überreste der Gattung Homo sapiens in Europa gefunden. Unter anderem der Unterkiefer eines Erwachsenen, der vor rund 40 500 Jahren in dieser Gegend gelebt hat. Einer seiner Vorfahren war wohl das Ergebnis eines Tête-à-Tête zwischen Neandertaler und modernem Mensch, waren doch bis zu 8 Prozent Neandertaler in seinen Genen zu finden. Er könnte zu den frühesten Menschen gehören, die Europa besiedelten. Apropos Neandertaler: Auch wir heutigen Europäer tragen vermutlich zwischen 1 und 4 Prozent von seinen Genen in uns.

romaniatourism.com/

So lieblich die Umgebung, so geheimnisumwittert sind Sardiniens prähistorische Bauten.

WO EUROPA AM ÄLTESTEN IST

837 STONEHENGE, ENGLAND

War der uralte Steinkreis von Stonehenge ein Observatorium für steinzeitliche Himmelsforscher? Oder war es ein Tempel, in dem Druiden zu den Göttern beteten? Die Megalith-Kreise aus der Jungstein- und Bronzezeit bleiben ein Rätsel, egal wie lange Archäologen schon herauszufinden versuchen, wie die bis zu 50 Tonnen schweren Sand- und Blausteine transportiert und aufgerichtet wurden. (Einigermaßen) sicher ist: An Stonehenge wurde in drei Phasen gewerkelt, begonnen hat alles wohl um 3100 v. Chr. Heute sehen wir zwei ineinanderliegende Steinkreise mit rund 110 Metern Durchmesser. Etliche Steine sind umgefallen oder wurden als Baumaterial für Häuser in der Umgebung genutzt. Inzwischen bringen Shuttlebusse Besucher zu den Steinen, Stonehenge ist leider kein Geheimtipp mehr.

www.stonehenge.co.uk

 Besonders bei Vollmond eine mystische Stätte: die mächtigen Steine von Stonehenge.

838 CROMELEQUE DOS ALMENDRES, ÉVORA, PORTUGAL

Noch mehr große alte Steine, die Rätsel aufgeben. Der Steinkreis von Almendres steht hier vermutlich seit dem Übergang von der Jungstein- zur Kupferzeit, das war vor 6000 bis 7000 Jahren. Aber warum? Diente er als spiritueller Ort zur Anbetung der Götter? Die 92 tonnenförmigen Menhire, die in einem doppelten Oval angeordnet sind, schweigen stoisch. Auf der Oberfläche einiger Hinkelsteine sind Augen, Kreise, Krummstäbe oder gezackte Linien zu erkennen, auch Sonne und Mond. Allerdings ist die heutige Anordnung der Steine nicht die originale – als dieser mystische Ort entdeckt wurde, waren etliche Steine umgekippt.

www.visitevora.net/cromeleque-almendres-evora-megalitica

839 ÖTZI-MUSEUM, BOZEN, ITALIEN

Wer kennt ihn nicht, den Ötzi? Den Mann aus dem Eis, der vor langer Zeit in die Ötztaler Alpen stieg und beim 3208 Meter hohen Tisenjoch bis zu seiner Entdeckung 1991 gut 5200 Jahre blieb? Was war passiert? Man fand eine Pfeilspitze in seiner Schulter, und ein Schädel-Hirn-Trauma hatte ihm wohl den Rest gegeben. Im Südtiroler Archäologiemuseum in Bozen liegt Ötzi nun in einer Eiskammer und kann mitsamt seinen (restaurierten) Hinterlassenschaften bewundert werden. Selten zuvor hatten wir derart gut konservierte Kleidung und Gegenstände aus einer so lange vergangenen Zeit, die uns Neues über das Leben der Menschen von damals erzählen können.

www.museen-suedtirol.it/de

840 GOLFE DE MORBIHAN, BRETAGNE, FRANKREICH

Wo heute Touristen bretonischen Cidre schlürfen, waren vor ungefähr 7000 Jahren fleißige Menschen am Werk. Hier befand sich ein kultureller Hotspot. Überall entstanden megalithische Denkmäler wie Menhire, Hügelgräber, Steinkreise oder Dolmen. Allein in Carnac, einem kleinen Städtchen an der Atlantikküste, stehen mehr als 3000 Menhire in Steinreihen gruppiert. Die schlechte Nachricht: Wissenschaftler schätzen, dass vom großen Projekt der Steinzeitmenschen nur noch maximal 20 Prozent erhalten sind. Denn die nachfolgenden Generationen waren ebenfalls fleißig und nutzten die Steine zum Bauen, pflügten sie um oder errichteten Städte darüber.

www.morbihan-tourismus.de

LEGENDÄRE STADIEN

WO WERDEN DENN HEUTE NOCH LEGENDEN GEMACHT? RICHTIG, BEIM FUSSBALL, AUF SKIERN, AUF DEM RAD. VERBUNDEN MIT SOLCHEN MODERNEN MYTHEN SIND IMMER AUCH DIE STÄTTEN, IN DENEN SIE ENTSTANDEN.

841 BERNABÉU, MADRID, SPANIEN

Der ehemalige Vereinspräsident Santiago Bernabéu wollte Real Madrid zur besten Fußballmannschaft der Welt machen. Größtes Stadion = höchste Einnahmen = beste Spieler – so sein Kalkül. Also wurde in Madrid eine Fußballarena eröffnet, die zuerst Platz bot für 75 000 Zuschauer und wenige Jahre später sogar auf unglaubliche 125 000 aufgestockt wurde. Auch aktuell gibt es wieder Umbaupläne. So soll sich die Außenfassade mittels LED-Lampen in eine Mega-Leinwand verwandeln.

www.realmadrid.com/en/santiago-bernabeu-stadium

Gibt es auf der Pferderennbahn noch etwas anderes zu sehen als extravagante Hüte? Stimmt ja! Pferderennen …

842 PFERDERENNBAHN ASCOT, ENGLAND

Es geht weniger darum, welches Pferd zuerst über die Ziellinie läuft, sondern darum, wer den auffälligsten Hut trägt. Wenn der Kopfschmuck mit Kunstblumen gespickt und in die viel zu hohen Stöckelschuhe geschlüpft wird, dann ist es wieder Zeit für die Royal-Ascot-Rennwoche, die seit dem 18. Jh. stattfindet und auch heute noch von der Königin eröffnet wird. Fine Dining steht natürlich ebenfalls auf dem Programm – auf die paar hundert Pfund kommt es nach dem Tag im Rennfieber nicht mehr an.

www.ascot.co.uk

843 PAUL-AUSSERLEITNER-SCHANZE, BISCHOFSHOFEN, ÖSTERREICH

Seit den 1940er-Jahren stürzen sich die Skispringer über die Schanze bei Bischofshofen den Berg hinab. Sie ist nicht nur die größte Schanze der alljährlichen Vierschanzentournee, sondern mit 25 000 Zuschauern auch eine der größten Sportstätten Österreichs. Den Namen verdankt sie dem Skispringer Paul Außerleitner, der hier 1952 so schwer stürzte, dass er kurz darauf starb.

www.skiclub-bischofshofen.at/de/club/schanzenstadion

844 CELTIC PARK, GLASGOW, SCHOTTLAND

Schon der Weg über die grün-weißen Treppen lässt den Puls der Celtic-Fans höher schlagen. Während des Spiels ist der mehr als 100 Jahre alte Celtic Park dann ein wahrer Hexenkessel – vor allem während des „Old Firm" gegen den Stadtrivalen Rangers, eines der emotionalsten Stadtderbys weltweit.

www.celticfc.net/pages/tours

845 ALLIANZ-ARENA, MÜNCHEN, DEUTSCHLAND

Verkleidet mit fast 3000 rautenförmigen Luftkissen, leuchtet die Fassade bei Heimspielen des FC Bayern weithin sichtbar in der sattroten Vereinsfarbe. Aber die rund 300 000 LED-Lampen können bei Bedarf auch Muster oder Lichtwellen auf die Außenhaut der Arena zaubern. Im Innern bietet die Allianz-Arena Platz für 75 000 Zuschauer, und wer gerne einmal selbst auf der Trainerbank sitzen möchte, kann das bei einer Stadionführung ungeniert tun.

allianz-arena.com/de

846 STADE ROLAND GARROS, PARIS, FRANKREICH

Jedes Jahr findet auf diesen roten Aschefeldern das Grand-Slam-Turnier French Open statt. Das Stadion wurde in den 1920er-Jahren errichtet, als vier französische Toptalente – „Les Quatre Mousquetaires" – den Davis Cup gleich sechsmal in Folge abräumten. Roland Garros war übrigens gar kein Tennisspieler, sondern ein Luftfahrtpionier. Noch mehr Geschichten erzählt das dem Stadion angeschlossene Tenniseum.

www.rolandgarros.com

847 GIUSEPPE-MEAZZA-STADION, MAILAND, ITALIEN

Futuristisch schrauben sich die vier Ecktürme in den Mailänder Himmel. Auf ihnen ruht eine Stahlkonstruktion, die das Glasdach von Italiens größtem Fußballtempel trägt, benannt nach einem noch größeren italienischen Fußballspieler. Hier spielen die beiden Stadtklubs AC Milan und Inter, deren Erfolge im hauseigenen Museum bestaunt werden können. Nach fast 100 Jahren könnte es aber bald zu Ende gehen, es gibt Pläne, die alte Legende abzureißen.

www.milano24ore.de

848 ANFIELD, LIVERPOOL, ENGLAND

Für die Fans des FC Liverpool ist das geschichtsträchtige Stadion an der Anfield Road so etwas wie die zweite Kathedrale Liverpools. Und sie gilt als Geburtsstätte des Fangesangs: Als 1967 vor lauter Nebel kaum etwas zu sehen war, skandierte der Fanblock der Reds: „Wer hat das Tor geschossen?" Und die unsichtbare Gegentribüne konterte mit: „Tony Hateley!"

www.liverpoolfc.com/fans/fan-experience/visiting-anfield

849 OLD COURSE, ST. ANDREWS, SCHOTTLAND

Der Golfplatz Old Course in St. Andrews gilt als die Mutter aller Golfplätze, auch wenn sich nicht belegen lässt, dass das Golfen tatsächlich hier erfunden worden ist. Mit der ersten urkundlichen Erwähnung im Jahr 1552 ist er aber definitiv der älteste Golfplatz Schottlands. Und die hier etablierten Golfregeln gelten inzwischen als Standard auf der ganzen Welt.

www.standrews.com/Play/Courses/

850 OLYMPIASTADION, ROM, ITALIEN

Ausladende Stadien, in denen die ganze Bürgerschaft zusammenkommt, hatte Rom ja schon immer ganz gut drauf. Das gewaltige Stadio Olimpico, in dem die beiden Stadtklubs AS Roma und Lazio spielen, bietet Platz für mehr als 72 000 Zuschauer. Der Auslöser für den Bau war aber eher politischer als sportlicher Natur: Rom wollte die Olympischen Sommerspiele 1940 austragen, musste seine Bewerbung aber wieder zurückziehen. 1960 war es dann so weit, und das Stadion wurde endlich olympisch.

www.stadiumguide.com/olimpico

851 CAMP NOU, BARCELONA, SPANIEN

Hier hat der siegreiche FC Barcelona – kurz Barça – seine Heimat, hier singen sich (noch) sagenhafte 99.354 Fans heiser, hier haben auch schon Popgrößen wie Bruce Springsteen oder U2 die Menge mitgerissen. Noch? Das Stadion Camp Nou wird umgebaut, ab 2021/22 soll es über 100 000 Zuschauern Platz bieten. Auf jeden Fall ist es jetzt schon das größte Fußballstadion Europas und das größte Vereinsstadion der Welt!

https://campnou.de/

852 WEMBLEY-STADION, LONDON, ENGLAND

Wembley? Jeder deutsche Fußballfan denkt da vor allem an ein irreguläres Tor 1966. Doch seit 2007 steht hier ein neues Wahrzeichen, von einem spektakulären, 133 Meter hohen Stahlbogen komplett überspannt. Selbst das Riesenrad London Eye würde bequem unter ihm Platz finden. Der Neubau der geschichtsträchtigen Sportstätte hat über 500 Millionen Euro gekostet und das Wembley mit 90 000 Plätzen zum zweitgrößten Stadion Europas gemacht.

www.wembleystadium.com

Wer's bis hierher geschafft hat, darf aufatmen: Im Zieleinlauf hat der Wahnsinn Streif seinen Schrecken verloren.

853 STREIF, KITZBÜHEL, ÖSTERREICH

Man nennt sie nicht umsonst die gefährlichste und gefürchtetste Skirennstrecke der Welt: Die Abfahrt auf der Streif beim alljährlichen Hahnenkammrennen ist der Höhepunkt des Weltcups – wenn nicht der gesamten Skisaison. Schon seit den 1930er-Jahren sorgt sie für angespannte Stimmung bei den Zuschauern im Zielraum. Den ersten Kick gibt's gleich nach dem Startschuss, wo die Skifahrer ein Gefälle von 50 Prozent hinunterstürzen. In der berüchtigten Mausefalle fliegen sie dann bis zu 80 Meter weit. Und wenn die Muskeln schon sauer werden, kommt noch der Zielsprung, auf den sie mit bis zu 150 Stundenkilometern zurasen. Den bisherigen Rekord hält der Österreicher Fritz Strobl, der 1997 die 3312 Meter lange Strecke in 1:51,58 Minuten schaffte.

hahnenkamm.com

854 LETZIGRUND, ZÜRICH, SCHWEIZ

Wer hat's erfunden? Die Schweizer! Damit sich das Stadion Letzigrund optimal in das Wohnviertel drumherum einpasst, wurde es kurzerhand im Boden versenkt. Dank der auffällig designten Scheinwerfer ist das Stadion auch unter dem Namen „Geburtstagstorte" bekannt. Ein weiteres architektonisches Highlight ist das ovale Dach, das den Eindruck erweckt, als würde es über den Rängen schweben. Beliebt ist der Letzigrund bei den Zuschauern des alljährlich stattfindenden Leichtathletik-Meetings Weltklasse Zürich – etwas weniger bei den Fans der Stadtklubs FC Zürich und Grasshoppers, die es sich teilen müssen.

www.stadionletzigrund.ch

Ungewohnt leere Ränge: Wenn Fußball- und Leichtathletikhelden oder Rocklegenden antreten, geht's im Letzigrund hoch her.

855 ESTÁDIO MUNICIPAL DE BRAGA, PORTUGAL

Es ist nicht das älteste, größte oder teuerste Fußballstadion. Aber bestimmt eines der eigentümlichsten. Tribünen gibt es nur an den Längsseiten, die Anzeigetafel hängt in einem Steinbruch hinter dem Tor und die beiden Tribünendächer werden über dem Spielfeld mit Stahlseilen in der Schwebe gehalten.

scbraga.pt/estadio

856 LAUBERHORN, WENGEN, SCHWEIZ

Die Lauberhorn-Abfahrt ist einer der großen Klassiker im alpinen Skirennsport. Bis zu 40 000 Fans pilgern alljährlich nach Wengen ins Berner Oberland. Bereits 1930 stürzten sich Skirennfahrer das erste Mal todesmutig die 4,5 Kilometer lange und stellenweise extrem steile Abfahrt hinunter. Und die gefährlichsten Schlüsselstellen – Hundschopf! Canadian Corner! Ziel-S! – jagen jedem Skisportfan Schauer den Rücken hinunter.

www.lauberhorn.ch/de

857 ANTIKES OLYMPIA, GRIECHENLAND

Am Anfang, um 776 v. Chr., ging es noch überschaubar und spartanisch zu bei den Olympischen Spielen im antiken Olympia, deren Spuren noch heute zu bestaunen sind. Boxen, Pferde- und Wagenrennen sowie Fünfkampf mit Weitsprung, Laufen, Speerwurf, Ringen und Diskuswerfen waren angesagt. Siegen hat sich gelohnt: Ruhm, Ehre und zuweilen sogar Steuerfreiheit winkten den Gewinnern.

www.discovergreece.com/de/mainland/peloponnese/ancient-olympia

858 OLYMPIASTADION MÜNCHEN, DEUTSCHLAND

Nie zuvor kam ein Stadiondach so leicht, transparent und spielerisch daher. Eines war klar: Deutschland wollte bei den Olympischen Spielen 1972 sein fröhliches, offenes und tolerantes Gesicht zeigen. Leider machte eine tragische Geiselnahme die friedliche Stimmung zunichte. Aber auch knapp 50 Jahre später hat das Stadiondach nichts von seiner genialen Leichtigkeit verloren.

www.olympiapark.de

859 FORMEL-1-KURS, GROSSER PREIS VON MONACO, MONACO

Spektakel wäre leicht untertrieben: Wenn in Monacos Serpentinensträßchen knapp 800-PS-Motoren die Umgebung zum Vibrieren bringen, ist es wieder so weit – der große Preis von Monaco steht an. Es ist das wohl schwierigste und sensationellste Autorennen, das der Formel-1-Zirkus zu bieten hat. Und das schillerndste.

www.formel1.de

860 FLANDERN-RUNDFAHRT, BELGIEN

Die Leute in Flandern lieben den Radsport – was heißt hier lieben, sie vergöttern ihn! Und dasselbe gilt natürlich auch für die Flandern-Rundfahrt, die kommt einem Heiligtum gleich. Jedes Frühjahr freuen sich die Flamen auf ein Volksfest der besonderen Art, ihre heißgeliebte „Ronde“, die über gut 270 Kilometer von Antwerpen nach Oudenaarde geht und einiges an Herausforderungen zu bieten hat.

www.visitflanders.com/de/entdecken/veranstaltungen/top/flandernrundfahrt.jsp

DIE KUNST IST FÜR ALLE DA

STREET ART HAT KRAFT. SIE ENTZIEHT SICH DER KONTROLLE IN UNSERER GEREGELTEN WELT.

861 GRAFFITI-GASSE, GENT, BELGIEN

Knallbunte gemalte Utopien, durchbrechende Hauswände, die den Blick auf eine andere Welt freigeben, zweidimensionale Bagger, die an Wänden kratzen, galoppierende Pferde, Dürer-Hasen: Die autofreie Werregarenstraatje ist eine Galerie der anderen Art. Es gibt keine Wand, die sich nicht für eine Sprühaktion eignen würde – und auch wenn das Sprayen hier zwar nicht erlaubt ist, so wird es doch geduldet. Und weil das die Künstler wissen, verändert sich die Gasse ständig. Geh mit offenen Augen durch Gent, denn Street Art ist hier überall präsent.

visit.gent.be/de/street-art-gent

862 PORTO, PORTUGAL

Bunte Fassaden gab es im Ribeira-Viertel, Portos UNESCO-Welterbe-Altstadt, schon immer, dank Farbe und Azulejos, den berühmten portugiesischen Fliesen. Mittlerweile sind viele, viele weitere Farbkleckse dazugekommen – durch die höchst lebendige, kreative Street-Art-Szene der Stadt. Es geht wild durch alle Stile, markant sind die bunten, an arabische Kalligrafie erinnernden Arbeiten von Hazul Luzah, der auch in Porto geboren wurde. Ganz anders sein Kollege Vhils: Mit Meißel und Fräse entfernt er den Putz und schafft so irritierende Motive.

www.visitporto.travel

864 BELFAST, IRLAND

Von fotorealistisch bis surreal – Belfasts Graffiti-Künstler sind eine Klasse für sich. Straßenkunst beziehungsweise Graffiti hat in der nordirischen Hauptstadt allerdings eine politische Tradition, die „Belfast Murals" (Wandbilder) thematisierten Wut und Hoffnung während des blutigen, knapp 30 Jahre dauernden Nordirlandkonflikts. Die fantastischen Graffiti, die heute vor allem im Cathedral Quarter zu sehen sind, stammen aus der friedlichen Zeit danach.

www.belfast-murals.co.uk; visitbelfast.com

865 SHOREDITCH, LONDON, ENGLAND

Expressiv, anarchisch, brillant – so sieht Street Art in Shoreditch im Stadtteil Hackney im Londoner East End aus. Wo es heute reichlich hip zugeht, mit Clubs, Bars,

863 GLASGOW, SCHOTTLAND

Auch in Glasgow, wie in anderen Städten mit Graffiti-Tradition, gibt es einen Mural Trail, der an beeindruckender Straßenkunst vorbeiführt. Etwa an den gigantischen Wandbildern des australischen Graffiti-Künstlers Smug, die durch ihren Fotorealismus faszinieren. Der haushohe Kerl im Parka mit Pudelmütze in der High Street soll Mungo sein, Glasgows Schutzheiliger, der einem kleinen Vogel das Leben gerettet hat. Im Internet findest du eine Karte, anhand derer du Smugs und die Werke von vielen anderen Künstlern entdecken kannst.

www.citycentremuraltrail.co.uk

Und wer nicht aufpasst, wird von der Straße gepickt: das Glasgower Mural „Honey, I Shrunk the Kids".

Galerien und den dazugehörigen Künstlern, Kreativen und Trendsettern, war im 20. Jh. noch Armut angesagt. Eine Gegend, die sich trotz Gentrifizierung ihren gewissen rauen East-End-Charme bewahrt hat – bis jetzt. Street Art? Ist hier integraler Bestandteil. So ist eine Arbeit des sagenumwobenen Banksy in der Rivington Street zu sehen, auch rund um die Brick Lane haben Stars und Sternchen der Straßenkunst ihre Werke hinterlassen, genauso wie in der Shoreditch High Street oder Hackney Road. Am besten: einfach loslaufen und entdecken.

www.visitlondon.com

866 THESSALONIKI, GRIECHENLAND

Man braucht etwas Zeit, um in der Hafenstadt die coolen Street-Art-Stücke zu finden – macht aber nichts, schließlich tobt in Saloniki dank mehr als 80 000 Studenten das (Nacht-)Leben. Genug zu tun also. Ein guter Einstieg ist im Viertel Ladadika, wo in der Tsimiski Street das riesige Mural eines Mädchens mit einem Fantasievogel prangt, das wie viele andere gigantische Wandzeichnungen in der Stadt 2011 entstand, als hier eine Art Biennale der jungen Kunst stattfand. Der beste Weg, um Street Art in Thessaloniki zu entdecken, ist wieder einmal: Augen auf und munter draufloswandern.

thessaloniki.travel/de

Ich schau dir in die Augen: Die überlebensgroßen Porträts des Australiers Guido van Helten finden sich mehrfach in Reykjavik.

867 REYKJAVÍK, ISLAND

Fast scheint es, als müssten die Street-Art-Künstler in der isländischen Hauptstadt dem langen, dunklen Winter etwas Farbe entgegensetzen. Dabei ist „etwas“ deutlich untertrieben: Obwohl die isolierte Insel erst in den 1990ern von der Kunstform erreicht wurde, ist Reykjavík mittlerweile überzogen von Street Art. Auch hier sind Hausbesitzer nicht begeistert von der Idee, dass ihre Mauern mit ungewünschten Tags und Murals bemalt werden. Dennoch bekommt man den Eindruck, als würde man hier aufgeschlossener mit Kunst und Künstlern umgehen als anderswo. Um die schönsten Stücke nicht zu verpassen, solltest du dich einer geführten Tour anschließen.

visitreykjavik.is/street-art-reykjavik-including-map

868 BRISTOL, ENGLAND

Wer Bristol und Street Art sagt, muss Banksy sagen. Der geheimnisvolle Star der Szene, dessen Identität bis heute nicht geklärt ist, war ganz vorne mit dabei, als die Hafenstadt am Fluss Avon in den 1980ern von einer Welle der Straßenkunst erfasst wurde, weshalb auf den Wänden der Stadt viele der frühen Arbeiten des gebürtigen Bristolers zu finden sind. Und wer einmal vor dem Original des Teddybären stand, der drei Bobbys mit einem Molotowcocktail bedroht („The Mild Mild West“) kann sich seiner Faszination nicht mehr entziehen. Zu Banksy und all der anderen Street Art in Bristol (ja, die gibt es!) werden Touren veranstaltet, eine App bietet Routen an.

visitbristol.co.uk/things-to-do/street-art

DIE KUNST IST FÜR ALLE DA

869 PRAGA, WARSCHAU, POLEN

Wo früher viel Grau war, ist es in den letzten Jahren bunter und aufregender geworden – (auch) der Street-Art-Szene Warschaus sei Dank! Und da die Straßenkünstler ein internationales Völkchen sind, stammen die Bilder an Mauern und Hauswänden, etwa am rechten Weichsel-Ufer im Stadtteil Praga, sowohl von lokalen als auch internationalen Sprühdosen-Genies. Und dann sind da aber auch noch die kleinen blauen Engelskulpturen des polnischen Künstlers Marek Sułek, die mit ihrem irritierenden Lächeln gute Laune verbreiten.

warsawtour.pl/de

870 KÖLN, DEUTSCHLAND

Ist von Street Art in Deutschland die Rede, wird meist Berlin als erste Adresse angegeben. Straßenkunst ist aber auch in Köln präsent, einem Mekka urbaner Künstler! Alles ist da, was leere Wände füllt: Fassadenkunstwerke, Stencils, Paste ups, *you name it.* Der Stadtteil Ehrenfeld tut sich da besonders hervor, hier waren und sind die Könner der Street-Art-Szene am Pinseln, Sprühen und Kleben, Leute wie Herakut, M-City oder Rakaposhii hinterlassen Kunstwerke. Wer's kleiner mag, sollte auch mal in der Helios- oder Lichtstraße vorbeischauen. Kölner Street Art: einst Subkultur, heute fast schon integrale Stadtkunst.

www.koeln.de/street_art

871 BRÜSSEL, BELGIEN

„Hunderttausend heulende und jaulende Höllenhunde!" Kapitän Haddock, der Seebär aus den Tim-und-Struppi-Comics, wäre hin und weg, würde er die Comic-Strip-Route in der belgischen Hauptstadt entlanglaufen – und sich selber erblicken, wie er zusammen mit dem furchtlosen Reporter und dessen kleinem weißem Hund eine Treppe hinabflieht. Brüssel wird von einer etwas anderen Art der Straßenkunst dominiert: Die Schlümpfe, Asterix und Obelix, Lucky Luke, Spirou, Fantasio und das Marsupilami – all die Helden aus der Kindheit, die in Belgien das Licht der Welt erblickt haben – sind hier überlebensgroß auf den Hauswänden zu bewundern. Mehr als 50 Szenen kannst du bei einem zwei- bis dreistündigen Spaziergang entdecken. Und danach gleich ins Comicmuseum. Oder einen der unzähligen Comicbuchläden durchstöbern.

visit.brussels/de/profile/comic

872 LINZ, ÖSTERREICH

Straßenkunst in Linz? Aber ja doch, denn Linz hat einen Hafen, dem die Stadtoberen 2012 ein cooleres Image verpassen wollten. Ihre Idee: Sie luden internationale Graffiti-Künstler ein. Bei einer Bootstour auf der Donau hat man den besten Blick auf die inzwischen mehrere hundert Murals und Graffiti von Künstlern aus mehr als 30 Ländern. Und dann finden auch noch jeden Monat Graffiti-Workshops statt – hier wird sozusagen der stadteigene Straßenkunst-Nachwuchs ausgebildet.

www.linztourismus.at

873 ŁÓDŹ, POLEN

Łódź, in der Mitte Polens gelegen, entwickelte sich um 1850 von einem Dörfchen zu einem Zentrum der Textilindustrie – innerhalb weniger Jahre. Fabriken, Schlote, Industrie überall – und die Stadt? Grau, betriebsam, fleißig. Bis in den späten 1980ern alles zusammenbrach. Seit 2009 kommt wieder Farbe ins Geschehen, und zwar jede Menge: Nicht nur, dass die alten (Backstein-)Fabriken neues Leben eingehaucht bekommen, mit einem ersten Festival lockte die Stiftung Urban Forms nationale und internationale Street-Art-Künstler an. Heute sind es mehr als 80 fantastische Murals, die Łódź zu einem Mekka für Fans machen.

lodz.travel/en/tourism/what-to-see

Erkannt? Amateurdetektiv Rick Master bei einem waghalsigen Stunt in der Rue des Bons Secours.

Und gleich kommt Winnetou um die Ecke: ein Hauch winterlicher Wilder Westen mit Wisent.

874 MAILAND, ITALIEN

Manchmal wird Street Art mit Füßen getreten. In Mailands Via Monte Napoleone mit ihren Luxusboutiquen verzierten international bekannte Straßenkünstler 20 Gullideckel mit fantastischen Motiven. Doch das ist nur eine Ausprägung der Straßenkunst in Italiens Fashion-Hauptstadt. In Quartieren wie Bovisa, Isola Porta Romana oder Porta Ticinese finden sich tolle Murals, die Gegend rund um das Centro Sociale Leoncavallo ist ein wahrer Traum für Fans von Graffiti-Kunst aller Art.

www.turismo.milano.it

875 GRANADA, SPANIEN

Einfach loslaufen! Und du findest geniale Straßenkunstwerke mit skurrilem Touch zwischen den mittelalterlichen Mauern der Stadt. Besondere Street-Art-Juwelen sind an den Schulmauern des Colegio de Santo Domingo de Guzmán oder im Stadtteil Albaycín, dem ältesten Granadas, zu finden. Hier hat Raúl Ruiz, genannt „El Niño de las Pinturas“, nicht nur seine Wurzeln, hier sind auch einige seiner Werke zu bestaunen.

en.granadatur.com/

876 BELGRAD, SERBIEN

Belgrad mag einem bei Street Art nicht sofort in den Sinn kommen. Und doch hat sich die serbische Hauptstadt zu einer Art Hotspot entwickelt. In den hippen Stadtvierteln Savamala und Dorcól mit ihren alternativen Kunstzentren, Shops, Bars und Clubs, die auch Teil von Street-Art-Touren sind, findest du eindrucksvolle Murals. Typisch für Belgrad sind Schwarz-Weiß-Porträts von bekannten Persönlichkeiten der Stadt an den Wänden: Sie alle sind Fans des legendären Fußballclubs „Partizan Belgrad“ und wurden von der Künstlergruppe GTR Grobarski Trash Romantizam porträtiert.

streetuptours.com

878 MARSEILLE, FRANKREICH

Straßenkunst, wohin man schaut, mal bunt und durchgeknallt, dann wieder abstrakt oder fotorealistisch, wie ein Comic oder einfach nur schwarz-weiß mit machtvoller Wirkung, als Stencil, gesprayt oder als Mural: In Marseilles Künstlerviertel beim Cours Julien gibt es praktisch keine Hauswand, die noch die Originalfarbe trägt. In einem der hipsten Viertel der südfranzösischen Metropole ist Sprayen an manchen Stellen sogar legal. Du kannst selber auf Entdeckungsreise gehen oder dich einer der vielen Touren anschließen.

www.marseille-tourisme.com/al/

877 ROTTERDAM, NIEDERLANDE

In Rotterdam entsteht an der West-Kruiskade das erste Open Air Street Art Museum der Stadt. Die Straße, die früher ein Drogen-Brennpunkt war, ist heute ein lebendiges Multi-Kulti-Viertel – perfekt also für die Kunstform mit dem anarchischen Image. Natürlich gibt es in der Stadt bereits anderswo fantastische Street Art zu sehen. Aber nun kommt an der West-Kruiskade nicht nur Farbe an die Wände, man kann den internationalen Graffiti-Meistern beim Sprühen und Pinseln auch über die Schulter schauen.

www.rotterdamstreetartmuseum.com

879 ZYPERN, GRIECHENLAND

Ein schnieker Don Johnson als Mr. Miami Vice „Sonny“ Crockett, der aus seiner Wumme Farbe verschießt, ein Astronaut im psychedelisch bunten Weltall, aufgemalte Fenster, in denen Menschen auf die Straße schauen – die Street Art auf Zypern ist kunterbunt wie das Leben, wird aber auch mal politisch. Bei Festivals wie in Larnaca, Limassol und Paphos toben sich die Künstler vor Publikum aus. In den Straßen Saripolou and Athinon etwa sind beim Street-Art-Festival in der Altstadt von Limassol regelmäßig um die 20 000 Zuschauer unterwegs. Eindrucksvoll: die Treppe zum Seiteneingang des Pattichio-Theaters in Larnaca, die von Studenten in eine rasante Schwarz-Weiß-Stiege verwandelt wurde.

www.visitcyprus.com

880 MOSKAU, RUSSLAND

Bis vor zehn Jahren war Street Art in der russischen Hauptstadt verpönt, die Stadtverwaltung machte Jagd auf Sprayer und überpinselte Tags und Murals. Heute gehören Graffiti zum Bemühen Moskaus, „europäischer“ zu werden. Allerdings fehlt den Tausenden von Kunstwerken, die in den letzten Jahren entstanden sind, eine Grundvoraussetzung der Graffiti-Szene: In Moskau dürfen sie nicht anarchisch sein oder eine andere Haltung ausdrücken als die, die von oben verordnet wurde. So zeigen viele Murals in der russischen Hauptstadt sowjetische Kriegshelden des Zweiten Weltkriegs.

discover.moscow

DIE KUNST IST FÜR ALLE DA

DAS TAL RUFT

WO BERGE EINEN KNICKS MACHEN, GEHT ES MEIST LIEBLICH UND VERWUNSCHEN ZU. VON WEINREBEN, MOOSBEWACHSENEN WILDBÄCHEN UND SELTENEN TIEREN UND PFLANZEN. ABER AUCH: VOM „TAL DER TRÄNEN.

881 DONAUTAL, WACHAU, ÖSTERREICH

Was hat dieses Tal nicht schon alles gesehen? Steinzeitjäger, die durch die Donauauen zogen, Römer, die an ihrem Limes bastelten, Missionare, die während der Völkerwanderung den christlichen Glauben verbreiteten, den englischen König Richard Löwenherz, der in der Burg Dürnstein gefangen gehalten wurde, Mönche, die sich mit dem Stift Melk ein prachtvolles Denkmal gesetzt haben. Und heute? Kommen die Touristen in die lieblich-idyllische Region – und die Gourmets, vor allem im goldenen Herbst. Schließlich wachsen hier mit die besten Weine Österreichs. Von den Marillen (Aprikosen) mal ganz abgesehen …

www.donau.com/de/donau-niederoesterreich/

882 SCHNALSTAL, ITALIEN

Von den lieblichen Obstwiesen am Taleingang erstreckt sich das abgeschiedene Tal über 20 Kilometer bis hoch zu den Gletschern am Talende. Hier wurde die Mumie von Ötzi gefunden. Dass sich das Schnalstal seine Ursprünglichkeit bis heute erhalten konnte, liegt sicherlich auch daran, dass es erst Mitte der 70er-Jahre für den Tourismus erschlossen wurde. In den Wintermonaten hat der Skizirkus das Gebiet um den Gletscher fest im Griff. In der warmen Jahreszeit ist das Schnalstal ein Paradies für Bergwanderer. Auf dem Weg zum Gletscher sollte man sich im Bergbauernhof Tisenhof aus dem 14. Jh. eine Jause gönnen.

www.schnalstal.com

 Selbst die Donau lässt sich viel Zeit und bummelt durch ihr Tal in der schönen Wachau.

883 LECHTAL, ÖSTERREICH

Nicht nur in der Skisaison, auch im Sommer ist hier, am Fuße einer beeindruckenden Bergkulisse, einiges los. Das gesamte Tal ist durch Wanderwege und Bergrouten sehr gut erschlossen. Ein Höhepunkt ist die Freiluftbühne in der Bernhardstalschlucht, wo das Theaterstück „Geierwally" aufgeführt wird.

www.lechtal.at

884 LOIRE-TAL, FRANKREICH

Märchenschlösser, wohin man blickt. Mehr als 100 davon können heute noch entlang des längsten Stroms Frankreichs besichtigt werden. Aber man kann hier auch genießen wie Gott in Frankreich: An den Hängen der Loire reifen große französische Weine. Man sollte unbedingt eines der vielen Maisons des Vins besuchen und mit den Winzern ins Gespräch kommen.

www.loiretal-frankreich.de

885 TAL VON SÓLLER, MALLORCA, SPANIEN

Die Hänge dieses halbmondförmigen Tals sind gesäumt von Orangen-, Zitronen- und Olivenbäumen. Wer Zeit hat, darf sich einen Abstecher in die bekannte Ölmühle Can Det nicht entgehen lassen. Seit 1912 pendelt der Rote Blitz – eine historische Schmalspurbahn – zwischen

Palma und Sóller mit seinem malerischen Zentrum.

mallorca.de/das-tal-von-soller

886 LAUTERBRUNNENTAL, SCHWEIZ

Es gibt Tolkien-Fans, die behaupten, dass der Schöpfer der „Herr der Ringe"-Saga bei der Erschaffung von Mittelerde durch seinen Besuch im Lauterbrunnental inspiriert wurde. Und tatsächlich bietet das wunderschöne Tal im Berner Oberland eine fantastische Kulisse: imposante Wasserfälle, moosbewachsene Wildbäche und eine weitgehend unberührte Natur. Besonders schön ist der alte Saumpfad ab Stechelberg. Voll wird es hier Mitte Januar, wenn Zehntausende von Zuschauern das berühmte Lauberhorn-Skirennen verfolgen.

www.myswitzerland.com

887 ROMSDALEN, NORWEGEN

Mit etwas Glück soll man hier Trolle entdecken können. Der Talboden des Romsdalen liegt nur wenige Meter über dem Meeresspiegel, während es von 1800 Meter hohen Bergriesen gesäumt wird. Ein Paradies für Stand-up-Paddler, Angler, Wanderer oder Kletterer. Wer weniger auf Aktivurlaub steht, fährt ab Åndalsnes mit der Raumabahn.

visitromsdal.com

889 VERZASCATAL, SCHWEIZ

Jeder kennt sie, die berühmte geschwungene Steinbrücke bei Lavertezzo. Und so manch einer ist an warmen Sommertagen von hier in die kühle Verzasca gesprungen. Doch das urig wilde Verzascatal hält noch weitere Mutproben bereit. Wer sich traut, kann sich zum Beispiel am Verzasca-Staudamm wie Pierce Brosnan im James-Bond-Film „Goldeneye" an einem Bungeeseil über 200 Meter in die Tiefe stürzen.

www.ticino.ch/de/travel-inspirations/valle-verzasca.html

888 DOURO-TAL, PORTUGAL

Schier endlose Weinterassen säumen die Hänge eines der größten Weinanbaugebiete der Welt. Das malerische Douro-Tal ist die Heimat des Portweins. Vor allem Wein- und Naturliebhaber werden hier ins Schwärmen kommen: sei es bei einer Weinprobe oder gleich bei der Weinlese, bei einer Kreuzfahrt auf dem Fluss oder einem Besuch der wunderschönen Weinorte Barcos, Favaios oder Trevões.

www.visitportugal.com/de

890 VINTGARKLAMM, SLOWENIEN

Tief hat sich der Fluss Radovna im Laufe der Jahrtausende in das Gestein eingegraben und eine Naturkulisse von außergewöhnlicher Schönheit geschaffen. Die Vintgarklamm ist Teil des Triglav-Nationalparks und geprägt durch steile Felswände mit rauschenden Wasserfällen und eine Pflanzenwelt, wie man sie sonst wohl nirgendwo in Slowenien antrifft. Eine von Menschen geschaffene Sehenswürdigkeit ist die Steinbrücke der Bohinjer Eisenbahn aus dem Jahr 1906.

www.bled.si/de

891 CIRQUE DE GAVARNIE, FRANKREICH

Der Felsenkessel Cirque de Gavarnie im Nationalpark Pyrenäen wird zu Recht als „Kolosseum der Natur" bezeichnet. Ein gut 2 Kilometer weites Talrund, das von bis zu 1500 Meter hohen Felswänden eingerahmt wird. Die Gletscher auf den Bergspitzen speisen einen der höchsten Wasserfälle Europas – über 400 Meter stürzen die Wassermassen donnernd in die Tiefe.

www.valleesdegavarnie.com

892 LAUTERTAL, DEUTSCHLAND

Hauptanziehungspunkt des im Odenwald gelegenen Lautertals ist das Felsenmeer mit seinen kunterbunt übereinandergestapelten Kletterfelsen. Der Sage nach

Freibad vor atemberaubender Kulisse: Abkühlung im Verzascatal.

entstand diese Felsenlandschaft, weil zwei Riesen in Streit gerieten und sich deshalb gegenseitig mit Felsbrocken bewarfen. Den unterlegenen Riesen soll man gelegentlich noch unter den Steinen brüllen hören. Kinder werden hier begeistert herumklettern, aber auch Boulderer finden viele Herausforderungen.

www.lautertal.de

893 HIRSCHBERGER TAL, POLEN

Das Hirschberger Tal am Fuß des Riesengebirges war im 19. Jh. vor allem beim preußischen Hochadel beliebt, der hier zahlreiche Schlösser und Burgen errichten ließ. In vielen der renovierten Gemäuer kann man heute geschichtsträchtig und nobel übernachten. Schaurig-schön sind die verfallenen Bauten, die auf eigene Faust besichtigt werden können.

talderschloesser.de

894 UNSTRUTTAL, DEUTSCHLAND

Es gibt Weine aus Thüringen? Aber klar! Doch nicht nur Weinliebhaber kommen im Unstruttal auf ihre Kosten. Hier gibt es auch unzählige mittelalterliche Burgen, historische Städte, eine große Auswahl an Wander- und Radwegen oder Erlebnispfade für Kinder. Wasserratten erkunden das Tal im Kanu auf der Unstrut.

www.saale-unstrut-tourismus.de/unstruttal

895 REYKJADALUR, ISLAND

Reykjadalur heißt übersetzt etwa „Tal des Dampfes". Und der Name ist Programm: In diesem Tal gibt es zahlreiche heiße Quellen, von denen der weiße Dampf blubbernd und brodelnd in Säulen in die Luft aufsteigt. Ein besonderes Erlebnis ist ein Bad in den heißen Pools.

www.south.is/en/moya/toy/index/place/reykjadalur-valley

896 VALNERINA, ITALIEN

Dieses tief eingeschnittene Tal in Umbrien ist etwas für romantische Seelen. Dichte Wälder, herabstürzende Wasserfälle oder auch die zahlreichen mittelalterlichen Abteien, Klöster, Burgen oder die Bergdörfer machen den einzigartigen Charme dieser Region aus. Und wie immer in Italien kommt der Genuss nicht zu kurz. Unbedingt probieren solltest du den Norcia-Schinken, Trüffel oder den Ziegenkäse.

www.bellaumbria.net/de/de/valnerina

897 SERRA DE ÁGUA, MADEIRA, PORTUGAL

Man sollte Madeira nicht verlassen, ohne diese Naturschönheit gesehen zu haben. Wer das Tal nicht auf eigene Faust erkunden will, kann sich einer geführten Wanderung anschließen, auf der erfahrene Wanderführer etwas über die Fauna und Flora erzählen. Da Madeira eine Insel ist, kommen viele Pflanzen und Tiere nur hier vor. Sehr romantisch ist das verträumte Dörfchen Serra de Água, das dem Tal seinen Namen gab.

www.visitmadeira.pt/de-de

898 LES TROIS VALLÉES, FRANKREICH

Nach eigenen Angaben ist das Skigebiet Les Trois Vallées in den französischen Alpen das größte Skige-

Wo James Bond und Harry Potter durch das „Tal der Tränen" wanderten: Glen Coe.

899 GLEN COE, SCHOTTLAND

Die mystische Schönheit des Tales Glen Coe in den schottischen Highlands ist natürlich auch der Filmindustrie nicht verborgen geblieben. So wurden in der kargen Landschaft Filme wie „Highlander", „Braveheart", „Rob Roy", „Skyfall" oder „Harry Potter" gedreht. Tragische Bekanntheit erlangte das Tal 1692, als ein Highland-Clan den anderen verriet und dadurch 78 Menschen gewaltsam den Tod fanden. Seither heißt Glen Coe bei den Schotten auch „Tal der Tränen" und das Ereignis wird heute noch in zahlreichen schottischen Liedern besungen.

discoverglencoe.scot

biet der Welt. Wer während seines Urlaubs keine Piste zweimal fahren will, ist hier also genau richtig. Im Sommer geht es in dem Drei-Täler-Verbund und den Hauptorten Val Thorens und Méribel etwas ruhiger zu. Aber für Aktivurlauber wie Wanderer, Mountainbiker oder Paraglider fahren einige Lifte auch in den warmen Monaten.

www.les3vallees.com/en

900 VERDON-SCHLUCHT, FRANKREICH

Tief unten glitzert der türkisfarbene Fluss Verdon, an seinen Seiten strecken sich Steilwände bis zu 250 Meter in die Höhe. Der „Grand Canyon du Verdon" ist eine der größten und schönsten Schluchten Europas und wurde 1997 zum Nationalpark erklärt. Doch trotz dieses Schutzstatus kann man hier so einiges unternehmen, sei es Wandern, Klettern, eine Fahrt im Wildwasser-Kajak oder Bungee-Jumping. Auch bei Motorradfahrern sind die Straßen sehr beliebt. Ein besonderer Farbtupfer sind die tief violetten Lavendelfelder in der Umgebung, die auf keinem Urlaubsfoto fehlen dürfen.

de.france.fr/de/provence/artikel/die-verdonschlucht

ZEIT-
REISEN

GESCHICHTE, DAS IST DOCH ALLES KALTER KAFFEE! ODER EINE GANZ HEISSE NUMMER – DENN AN VIELEN ORTEN EUROPAS SIND DIE ALTEN ZEITEN NOCH ERFRISCHEND LEBENDIG.

901 PFAHLBAU-MUSEUM, UNTERUHLDINGEN, DEUTSCHLAND

Wenn uns eine Zeitmaschine zurück in die Steinzeit befördern würde, könnten wir überhaupt überleben? Dreizehn Versuchsteilnehmer ließen sich 2007 auf diese Reise ein und verbrachten für eine TV-Dokumentarserie zwei Monate unter steinzeitlichen Bedingungen. Im Pfahlbaumuseum Unteruhldingen am Bodensee darf man selbst mal einen Blick in die Steinzeithütten werfen, die damals als Unterschlupf dienten. Daneben gibt es weitere nachgebaute Pfahlbaudörfer aus der Stein- und Bronzezeit sowie viele archäologische Funde.

www.pfahlbauten.de

Ja, es gab Zeiten, als Küchenmaschinen noch nicht existierten: Ausflug in Beamish in eine Bäckerei des frühen 20. Jhs.

902 FORT BRAVO TEXAS HOLLYWOOD, TABERNAS, SPANIEN

In dieser strukturschwachen Gegend hatte irgendwer einmal eine zündende Idee: Warum nicht aus der Ödnis der andalusischen Tabernas-Wüste ein Western-Hollywood machen? So kam es, dass in der Filmstadt Fort Bravo Texas Hollywood seit den 1960er-Jahren Sergio Leone oder Steven Spielberg vor verblüffend authentischer Kulisse Kultfilme wie „Spiel mir das Lied vom Tod“ oder „Indiana Jones“ drehten, zumindest teilweise. Auch heute heißt es noch ab und zu „Action“. Aber vor allem können hier Filmfans Westernluft schnuppern. Täglich ziehen kernige Cowboys ihre Colts, stürzen „Verwundete“ von Balkonen und schwingen leicht gekleidete Damen im Saloon ihre Beine.

www.fortbravo.org/en

903 SUNNMØRE MUSEUM, ÅLESUND, NORWEGEN

Was muss das für eine Revolution gewesen sein, als vor knapp 10 000 Jahren die ersten Boote die Küste entlangfuhren. Fester Untergrund, das war gestern; jetzt sind wir bereit für die Weite des Ozeans! Fast nirgends hat der Bootsbau eine längere Tradition als in Nordeuropa, und nirgendwo wird sie besser dokumentiert und zugänglich gemacht als in diesem spielerischen Freilichtmuseum in der Nähe von Ålesund. Dazu kommen 55 alte Wohnhäuser, die einen Einblick in das Leben vom Mittelalter bis ins 20. Jh. bieten.

www.sunnmore.museum.no

904 BURGENBAUPROJEKT GUÉDELON, TREIGNY, FRANKREICH

Wie lange dauerte es im Mittelalter, eine stattliche Burg zu bauen? Und waren Herkuleskräfte nötig, um die riesigen Quadersteine nach oben zu hieven? Wer sich auf der Baustelle von Guédelon umschaut, bekommt diese und noch viele weitere Fragen beantwortet. Denn Mittelalter ist jetzt! Seit 1997 sägen, hobeln, klopfen und hämmern Handwerker die meiste Zeit des Jahres an ihrem Lebensprojekt: der Errichtung einer mittelalterlichen Burg aus dem 13. Jh. Akkuschrauber und so weiter sind verboten, nur zeittypisches Handwerkszeug ist erlaubt. Also braucht es Zeit, bis die Steinmetze oder Holzfäller die Rohstoffe so bearbeitet haben, dass sie zu dicken Mauern oder stattlichen Dachstühlen werden können. 2023 soll die Burg fertig sein.

www.guedelon.fr/de

905 VIAGEM MEDIEVAL, SANTA MARIA DA FEIRA, PORTUGAL

Mal wird er „der Grausame“ genannt, mal „der Gerechte“. Die Geschichte Peter I. von Portugal und seiner Geliebten Inês de Castro schafft es bis heute noch mindestens einmal jährlich in die Schlagzeilen. Nämlich jedes Jahr im August, wenn sich Santa Maria da Feira, rund 30 Kilometer südlich von Porto, in ein mittelalterliches Zentrum verwandelt, Ritter mit langen Schwertern und brennende Fackeln durch die Altstadt galoppieren und Musiker, Köche oder Feuerspucker die kleine Stadt verzaubern.

www.viagemmedieval.com

906 BEAMISH THE LIVING MUSEUM OF THE NORTH, ENGLAND

Historische Exponate, alte Bilder, Infotafeln, Audioguide … so funktioniert ein Museum, oder? Nicht im Beamish Museum, wo historische Eisen- und Trambahnen und Dampfwalzen herumfahren, kostümierte Ladenbesitzer Süßigkeiten verkaufen, Bäcker im Holzofen Brot backen oder Farmer ihren Alltag zu Kriegszeiten zeigen. Das Freilichtmuseum bietet Einblicke in das englische Leben des 19. und 20. Jhs. Und das auf so überzeugende Weise, dass das künstliche Dorf 1987 sogar als Europäisches Museum des Jahres ausgezeichnet wurde.

www.beamish.org.uk

907 WALACHISCHES FREILICHT-MUSEUM, TSCHECHIEN

Reisen war seit jeher die größte Leidenschaft von Bohumír und Alois Jaroněk, und Freilichtmuseen hatten es den Gebrüdern besonders angetan. Einen Ort zu schaffen, an dem man nicht nur das Land, sondern auch seine Geschichte betreten kann – das war das Ziel dieses riesigen Freilichtmuseums in Rožnov pod Radhoštěm. Zwischen den hölzernen Kirchen, Rat- und Wohnhäusern schlendert man durch ein originalgetreues walachisches Dorf aus dem 18. Jh. Man sollte im Voraus den Veranstaltungskalender studieren, denn oft stehen Jahrmärkte und spannende Kulturveranstaltungen auf dem Plan.

www.czechtourism.com/de/c/roznov-pod-radhostem-open-air-museum

908 FREILICHT-MUSEUM BALLENBERG, HOFSTETTEN, SCHWEIZ

Bau- oder Supermarkt? Davon konnten die Leute früher nur träumen! Wer durch die jahrhundertealten Bauernhöfe im Freilichtmuseum Ballenberg ganz in der Nähe des Brienzersees wandert, fühlt sich wie auf Besuch in der Vergangenheit. Auf jeden Fall wird schnell klar, wie hart und ungemütlich das Leben der Schweizer Bergbauern einmal war. Aus allen Landesteilen stammen die 109 alten Gebäude, die an ihrem Originalstandort abgetragen und in Ballenberg Stück für Stück wiederaufgebaut wurden, ausgestattet mit Tausenden von originalen Alltagsgegenständen. Zwischen den Häusern grünt und blüht es, Bauernhoftiere grasen und Handwerker demonstrieren beim Schmieden oder Drechseln, wie viel Kraft und Geschick traditionelles Handwerk abverlangte. Fitnessstudios? Brauchte damals kein Mensch.

www.ballenberg.ch

909 MARY KING'S CLOSE, EDINBURGH, SCHOTTLAND

Wie kann eine Gasse (englisch: *close*) einfach verschwinden? Der Mythos hält die spannendsten Erklärungen bereit, aber die Geschichte will es so: Als Edinburgh im Mittelalter in die Höhe schoss, wurden die Gassen immer schmaler und dunkler. Zwischen den Mauern schoben sich Menschenmassen aneinander vorbei, boten Handwerker ihre Dienste an, schlachteten Fleischer ihre Tiere. Zu allen Seiten türmten sich Abfall und Fäkalien. Am Ende der Gasse ließ ein Sumpf Biogase aufsteigen, die im Abendlicht wie Geister erschienen. Als dann noch die Pest ausbrach, wurde die Gasse kurzerhand zugemauert. Erst seit 2003 ist sie wieder geöffnet und bietet den Touristen Einblicke in die dunkelste Ecke der schottischen Hauptstadt.

www.realmarykingsclose.com

910 OSTIA ANTICA, ROM, ITALIEN

Ohne Ostia wären die Tische der alten Römer lange nicht so üppig gedeckt gewesen. Denn die einstige Hafenstadt, die rund 25 Kilometer südwestlich von Rom an der Tibermündung liegt und ihre Blütezeit im 2. Jh. n. Chr. hatte, versorgte die antike Hauptstadt mit Waren und Lebensmitteln aller Art. Die kamen mit großen Schiffen oft auch aus Afrika im Hafen an, von hier wurden sie dann den Tiber hinauf nach Rom gebracht. Bis zu 50 000 Menschen lebten einst in Ostia, mit allem, was dazugehört: Läden, Thermen, Theater, Friedhof und Stadtmauer. Heute ist die Ruinenstadt eine der wichtigsten archäologischen Stätten der Antike. Noch immer sind Straßen und Gebäude zu bewundern, und prächtige Fußbodenmosaiken erzählen von einer glanzvollen Zeit.

www.ia-ostiaantica.org/deutsch

911 WALLENSTEIN-FESTSPIELE, MEMMINGEN, DEUTSCHLAND

Wir schreiben das Jahr 1630. In Europa tobt der Dreißigjährige Krieg, und gerade ist der Oberbefehlshaber der kaiserlichen Armee Albrecht Wenzel Eusebius von Waldstein (genannt Wallenstein) im Memminger Fuggerbau eingezogen. Das historische Ereignis wird in der süddeutschen Kleinstadt alle vier Jahre zelebriert – mit einem imposanten Umzug, Bierzelten, Konzerten, Schauspiel und Kostümen, die die Besucher unweigerlich zurück ins 17. Jh. befördern. Rund 4500 Teilnehmer schmeißen sich dann in die historische Schale, was das Event zum größten Historienfestspiel Europas macht. Die nächsten Festspiele sind für 2020 geplant.

www.wallenstein-mm.de

Und wer ganz genau hinsieht, entdeckt bei manchen Aufführungen im Globe Theatre, wie Shakespeare heimlich zusieht.

912 GLOBE THEATRE, LONDON, ENGLAND

Zu Beginn des 17. Jhs. war das Theater der soziale Treffpunkt schlechthin – *the place to be*. Notausgänge waren zweitrangig, es ging vielmehr um ausladende Kostüme, laute Musik und zum Höhepunkt des Dramas den entsprechenden Knaller, zum Beispiel ein echter Kanonenschuss. Ein solcher setzte das Theater 1613, 14 Jahre nach seiner Eröffnung, in Brand. Aber für die runde Spielstätte, zu deren Eigentümern immerhin William Shakespeare persönlich gehörte, war das allemal ein gelungener PR-Coup, und schon kurz darauf ging das Schauspiel weiter. Das Originalgebäude fiel irgendwann der puritanischen Regierung zum Opfer, aber heute dürfen Besucher die eindrückliche Theatergeschichte in einem originalgetreu nachgebauten Globe Theatre erleben.

www.shakespearesglobe.com

Konservierte Tragödie: Gipsabdrücke der Menschen aus Pompeji, die sich vor dem Vesuv nicht mehr in Sicherheit bringen konnten.

913 POMPEJI, ITALIEN

Wir schreiben das Jahr 79 an der italienischen Mittelmeerküste. Seit Tagen liegt ein rauchiger Geruch in der Luft. Einige der knapp 10 000 Bewohner Pompejis ahnen Schreckliches und haben die Stadt bereits verlassen. Aber der Vesuv ist doch inaktiv, was soll schon passieren? Dann schlägt er zu. So plötzlich und mit einer solchen Wucht, dass die restlichen Einwohner keine Chance haben. Erst 17 Jahrhunderte später legen Archäologen die Stadt frei, die an diesem schicksalhaften Tag für die Ewigkeit erstarrt ist.

neapel-kampanien.de/pompeji

914 ZUIDERZEE-MUSEUM, ENKHUIZEN, NIEDERLANDE

Wie lebten die Menschen zwischen Friesland und Nordholland, als das IJsselmeer noch Zuiderzee hieß, eine Meeresbucht war und das Wasser noch salzig schmeckte? Jede Menge Antworten gibt es im Zuiderzeemuseum in Enkhuizen. Dort ist die Zeit vor 1932, bevor also ein großer Damm die Bucht zum Süßwassersee machte, noch höchst lebendig. Wer durch die engen Gassen streift, in kleine reetgedeckte Backsteinhäuschen eintritt und dort von einer Bewohnerin in Tracht und weißer Haube erfährt, was die Leute so umtreibt, der vergisst beinahe, dass er in einem Freilichtmuseum umherwandert. Auch im nahe gelegenen Binnenmuseum geht es rund um die Zuiderzee auf Zeitreise. Hier ist aber nicht nur die Vergangenheit Thema, es geht auch um das Heute und Morgen dieser Region.

www.zuiderzeemuseum.nl/?lang=de

915 EISGROTTE STUBAI, TIROL, ÖSTERREICH

Wie alt ist ewiges Eis? Das gefrorene Wasser, das sich bis zu 50 Meter hoch am Stubai-Gletscher türmt, ist jedenfalls maximal mehrere hundert Jahre alt, wenn es ganz vorne an der Gletscherzunge angekommen ist. In der Eisgrotte mitten im Stubaier Gletscher auf knapp 3000 Metern Höhe zeigt das Thermometer konstante null Grad, und die Besucher erfahren auf einem 200 Meter langen Rundgang, der sich durchs Eis schlängelt, alles über Gletschermilch, Gletschermoränen, Gletscherspalten oder darüber, wie der Klimawandel den Gletschern zusetzt.

www.stubaier-gletscher.com

916 UNTERIRDISCHER MARKTPLATZ, KRAKAU, POLEN

Bei archäologischen Grabungen unter dem heutigen Krakauer Marktplatz entdeckten Wissenschaftler im wahrsten Sinne des Wortes eine versunkene Welt. Wo im Mittelalter das Marktleben pulsierte, stießen sie auf Tausende von Funden, die die einstigen Marktleute mangels Müllabfuhr einfach zu Boden fallen ließen. Im Laufe der Jahrhunderte wurde über den alten Markt hinweggebaut. In mehreren Metern Tiefe kann man nun auf eine spannende Reise in die Vergangenheit gehen.

www.podziemiarynku.com

917 WIKINGERBURG AGGERSBORG, DÄNEMARK

Harald Blåtand, oder Harald Blauzahn auf Deutsch, war sicher begeistert über die Lage seiner zukünftigen Festung: Sie lag strategisch so hervorragend am Limfjord, dass sich von hier aus der Schiffsverkehr weithin kontrollieren ließ. Und das war um 980 herum, als Blåtand die Aggersborg baute, von entscheidendem militärischem Vorteil. Die kreisrunde Burganlage aus der Wikingerzeit mit einem stattlichen Durchmesser von 240 Metern und einem noch viel größeren Ringwall bot zudem den nötigen Schutz. Innerhalb des Walls fanden bis zu 5000 Menschen Platz, das macht Aggersborg zur größten Wikingerburg Dänemarks. Vor gut 25 Jahren wurde der Ringwall rekonstruiert, und was die archäologischen Grabungen zutage förderten, erfährt man in einem kleinen Infozentrum.

www.visitvesthimmerland.de

918 CASTRO DE BAROÑA, PORTO DO SON, SPANIEN

Schöner wohnen am Meer – die alten Kelten hatten sich für ihre Siedlung ein wirklich traumhaftes Fleckchen Erde ausgesucht. Auch nach rund 2000 Jahren ist die Struktur der Siedlung mit circa 20 Rundhäusern und Schutzmauern noch gut zu erkennen. Archäologen fanden Spuren der Menschen, etwa Metallwerkzeuge, Holz und Stoffreste. Im kleinen Besucherzentrum in Porto do Son gibt es Informationen dazu.

portodoson.gal

919 PULA – TAGE DER ANTIKE, KROATIEN

War da jetzt ein Zeitloch? Oder warum lustwandeln rund um den Augustus-Tempel im kroatischen Pula in wallende Togas gehüllte Männer, daneben verkaufen raffiniert frisierte Damen Tonschüsseln und Schmuck? Lang ist's her, da haben sich die Römer hier niedergelassen, Tempel und ein Amphitheater gebaut und das Leben bis heute geprägt. Auch die Arena ist noch da – zusammen bieten sie während der Tage der Antike die authentische Kulisse für Gladiatorenkämpfe, Theater und Musik. Salve!

www.pulainfo.hr/de

920 MEDINA AZAHARA, CÓRDOBA, SPANIEN

Eine Liebeserklärung auf herrschaftlichem Niveau. Angeblich soll die Palaststadt zu Ehren einer Konkubine errichtet worden sein. Dabei betrieb Kalif Abd ar-Rahman III. nicht nur außereheliche Beziehungen mit höchster Hingabe und großem Erfolg. Sein Reich im heutigen Südspanien soll im 10. Jh. eines der wohlhabendsten des Abendlandes gewesen sein. Die Kalifenstadt ist auf Terrassenstufen angelegt, die oberste belegt natürlich der Königspalast.

www.medinaazahara.org/en

Es braucht nicht viel Fantasie, um sich die Pracht und Herrlichkeit von Medina Azahara vorzustellen.

WO SICH DER HIMMEL SPIEGELT

EUROPAS SEEN: SO UNTERSCHIEDLICH WIE DIE LANDSCHAFTEN, IN DENEN SIE LIEGEN.

921 LOCH NESS, SCHOTTLAND

Was sind die Zutaten zu einem echten Schottland-Rätsel? Bitteschön: ein tiefer, dunkler See und eine Kreatur, die jeder kennt, von der aber keiner weiß, wo sie haust? Na klar: das Ungeheuer von Loch Ness! Der See ist das Loch, liegt mitten in den herrlichen schottischen Highlands und ist immerhin gut 130 Meter tief, genug also, um … Hey, war da nicht gerade ein großer Schatten im Wasser?

www.visitscotland.com/de-de/destinations-maps/loch-ness

923 ✤ PLITVICER SEEN, KROATIEN

Ältere deutschsprachige Semester mögen sich sagen: Moment mal, das kommt mir hier doch irgendwie bekannt vor. Gut möglich, denn im Nationalpark Plitvicer Seen wurden in den 1960er-Jahren Szenen für die Karl-May-Verfilmungen gedreht. Die Schönheit der 16 größeren und etlichen kleineren türkisfarbenen Seen, die stufenförmig angeordnet sind und deren Wasser von einem See zum anderen nach unten fällt, lässt auch die Herzen jüngerer Wanderer höher schlagen. Und erst recht im Winter, wenn sich die Kaskaden in bizarre Eisskulpturen verwandeln.

np-plitvicka-jezera.hr/de

922 MÜRITZ, DEUTSCHLAND

Baden, Angeln, Kanuwandern oder doch lieber einfach die Seele baumeln lassen? Egal, ob der Urlaub im Zeichen des aktiven Wassersports oder der Erholung stehen soll – an der Müritz im Herzen der mecklenburgischen Seenplatte werden alle fündig. Der See ist eingebettet in eine durch Moore, Wiesen und Weiden geprägte Landschaft. Und wenn man schon mal hier ist, sollte man unbedingt einen Ausflug in den angrenzenden Müritz-Nationalpark machen. Dort lassen sich mit ein bisschen Glück viele bedrohte Tierarten wie Fischotter, Seeadler oder Kraniche beobachten.

www.mueritz-nationalpark.de

924 ZIRKNITZER SEE, SLOWENIEN

Bis zu 10 Kilometer breit und fast 5 Kilometer lang ist der Cerkniško jezero, der größte See Sloweniens, in seiner vollen Pracht. Vorausgesetzt natürlich, er ist überhaupt da. Denn das kann man nicht immer von ihm behaupten. Der Zirknitzer ist der größte Sickersee der Welt, ein flüssiger Nomade, der im Sommer seine Sachen packt und prak-

Legendär, seit Winnetour hier Old Shatterhand traf: die kaskadenreichen Plitvicer Seen.

Wer die sieben Rila-Seen erleben möchte, muss die Wanderstiefel schnüren.

tisch gänzlich verschwindet. Den Effekt hat er seinem gelöcherten Karstbecken zu verdanken, das das Wasser ablässt. Im Herbst und Frühling wird das Nass dann wieder von den Bergen in den See hineingespült; manchmal dauert es nur ein paar Tage, bis das Becken voll ist.

www.notranjski-park.si/en/nature/natural-sights/lake-cerknica

925 LAC D'ANNECY, FRANKREICH

Badespaß von Mai bis September inmitten einer beeindruckenden Bergkulisse verspricht der rund 30 Kilometer südlich von Genf gelegene Lac d'Annecy. Sein türkisblaues Wasser ist kristallklar, und in den flacheren Bereichen geht der Blick bis zum Grund. Nachdem die Einleitung von Abwässern vor geraumer Zeit radikal untersagt worden ist, gilt der See heute als einer der saubersten Badeseen Europas und hat beinahe Trinkwasserqualität. Im Uferbereich warten viele Liegewiesen an hübschen Stränden und um den See herum führen sowohl ein gut ausgeschilderter Radweg als auch Wege für Wanderer und Skater.

de.lac-annecy.com

926 IJSSELMEER, NIEDERLANDE

Tief ist er nicht (2 bis 6 Meter), aber dafür groß – der größte See der Niederlande, das IJsselmeer. Auf Holländisch heißt See allerdings Meer. Und es kommt noch besser: 1932 war das Ijsselmeer noch die Zuidersee, also eine Meeresbucht, die dann aber wegen der vielen Sturmfluten eingedeicht und zum IJsselmeer wurde. Verwirrend? Ach wo! Denn eigentlich ist nur eines wichtig: Es ist richtig schön hier. Da es weder Ebbe noch Flut gibt, schaukeln meist weiße Segel auf dem Wasser, manchmal auch die von behäbigen alten Zweimastseglern. Malerische alte Städtchen wie Horn oder Enkhuizen reihen sich am Ufer, dort kann man beispielsweise im bekannten Zuiderseemuseum in die Geschichte der Region eintauchen.

www.ijsselmeer.info

927 LAGO VERDE, LANZAROTE, SPANIEN

Fast neongrün leuchtet die Lagune im Krater des Montaña de Golfo auf Lanzarote. Es sieht aus wie der Kessel eines Magiers, der in dem alten Vulkankrater seinen Zaubertrank zusammenbraut. Höchstwahrscheinlich dürfte die Kostprobe aber weniger für Superkräfte, sondern eher für einen salzigen Geschmack auf der Zunge sorgen. Die Farbe hat der See nämlich einer seltenen Algenart zu verdanken, die auf den hohen Salzgehalt im Wasser angewiesen ist. Schwimmen ist nicht erlaubt, aber allein der Anblick dieses Farbkontrasts zwischen See, schwarzem Lavasand und blauem Atlantik ist den Besuch unbedingt wert.

www.insel-lanzarote.de/lagoverde.htm

928 SIEBEN RILA-SEEN, BULGARIEN

Sind es die Tränen einer sagenhaften Riesin? Oder Überbleibsel aus der Eiszeit? Es bleibt jedem selbst überlassen, welcher Antwort er mehr zugeneigt ist, auf jeden Fall sind die sieben Seen im Rila-Gebirge im Westen Bulgariens ein zauberhafter Ort. Auf zwischen 2095 und 2535 Metern Höhe staffeln sich die sieben glasklaren Seen, die über Bäche miteinander verbunden sind – und die zuweilen zu sprudelnden Wasserfällen werden. Nicht nur die Seen sind schön, auch die Landschaft ringsum ist herrlich ursprünglich wild. Um sie zu schützen, wurde die ganze Gegend zum Nationalpark Rila ernannt.

bulgariatravel.org/de/object/354/Nacionalen_park_Rila

929 ALATSEE, DEUTSCHLAND

Um den so friedlich wirkenden Alatsee bei Füssen ranken sich so manche Mythen. Zwerge und Geister sollen hier ihr Unwesen treiben. Man munkelt, sie hätten bereits den ein oder anderen Schwimmer verschwinden lassen. Naturforscher machen für die Todesfälle, die tatsächlich immer wieder vorkamen, aber eher die dicke Schicht von Schwefelbakterien im See verantwortlich. Oberhalb dieser Schicht ist das Wasser äußerst sauerstoffreich, was die üppige Flora und Fauna ringsherum gedeihen lässt. Am Grund des Alatsees soll sich übrigens auch ein Schatz befinden, den die Deutsche Reichsbank hier im Wasser versenkt haben soll. Die schlechte Nachricht für alle Schatzsucher: Tauchen ist nicht mehr erlaubt.

www.pfronten.de/aktiv/baeder-seen/badeseen/alatsee

931 LAKE DISTRICT, ENGLAND

Schon die „Lake Poets" ließen sich im 19. Jh. von der romantischen Gegend des Lake District im Norden Englands verzaubern. Schätzungsweise 1000 Seen glitzern in der Sonne um die Wette. Sie heißen Windermere oder Ullswater, Buttermere oder Coniston Water – um nur die größten zu nennen. Dazwischen erheben sich die bis zu 1000 Meter hohen Cumbrian Mountains, ein wahres Wandereldorado. Die Seen sind durch das Abschmelzen der Gletscher nach der Eiszeit entstanden, die hier vor rund 10 000 Jahren die Landschaft formten. Die rauen Berge in der Mitte des Lake District wiederum sind Überbleibsel von Vulkanen, um die sich die Seen ringförmig gebildet haben.

www.lakedistrict.gov.uk

930 SILJANSEE, SCHWEDEN

Ohne außerirdisches Zutun würde es ihn wohl nicht geben. Der schwedische Siljansee entstand vor etwa 360 Millionen Jahren als Folge eines Meteoriteneinschlags. Hier kann man ein Schweden wie aus dem Bilderbuch erleben. Den allerschönsten Blick auf den See, die weiten Birken- und Kiefernwälder und die zahlreichen kleinen Inseln hat man, wenn man auf einen der vielen Hügel steigt, die ihn umgeben. Sehenswert sind auch die am Siljansee gelegenen kleinen Orte wie Siljansnäs, Leksand, Rättvik, Tällberg oder Mora, in denen die Uhren noch langsamer ticken als ohnehin schon im gemütlichen Schweden.

visitsweden.de/dalarna/

932 HORNINDALSVATNET, NORWEGEN

Genau so stellt man sich den Norden vor! Kleine Landzungen, die sich ins glitzernde Wasser schieben, ausgedehnte Wälder und gletscherbedeckte Berge, saubere Luft und eine kühle Brise – kurz: eine atemberaubende Szenerie. Der Binnensee Hornindalsvatnet nördlich des Jostedalsbreen-Nationalparks im Westen Norwegens ist mit 514 Metern der tiefste See Europas und hat darüber hinaus auch noch das klarste Wasser. Ein Paradies für Leute, die sich abseits vom Rummel gerne in kühle Fluten stürzen, angeln, rudern oder am See entlangwandern.

www.visitnorway.de/listings/hornindalsvatnet/32354

933 MONDSEE, ÖSTERREICH

Ah, diese Ruhe, diese Idylle! Wer beim Spaziergang um den Mondsee im Salzkammergut glaubt, er habe hier gerade ein lebenswertes Fleckchen Erde entdeckt, der hat zwar zweifelsfrei recht, aber der Erste ist er sicher nicht. Archäologische Funde belegen, dass das grüne Land rund um den See schon vor etwa 5500 Jahren bewohnt war. Der See selbst ist übrigens in Privatbesitz. Aber das soll einen nicht stören, wenn man ins kalte Wasser springt. Zum Mittagessen schlendert man am besten in die hübsche Altstadt des kleinen Dörfchens Mondsee.

mondsee.salzkammergut.at

Very nice, my dear: Der Lake District ist eine der romantichsten Gegenden Englands.

934 LAGO D'ISEO, ITALIEN

Was hat der Iseosee schon zu bieten, was der viel berühmtere Gardasee nicht hat? Da gäbe es schon etwas: Der Lago d'Iseo ist (noch) verschont geblieben von den Massen nicht nur an deutschen Urlaubern, die alljährlich an seine Ufer pilgern. Der viertgrößte See Italiens liegt zwischen Bergamo und Brescia in der Lombardei und wird von malerischen Bergen und mittelalterlichen Kleinstädten umschlossen. Absolutes Highlight ist Monte Isola, ein kleines autofreies Inselchen im See, das sich bis zu 400 Meter hoch aus dem Wasser erhebt. In der kleinen Ortschaft Iseo findet man Hotels, Campingplätze sowie einladende Cafés und Pizzerien.

www.italien.de/seen/lago-diseo

935 INARISEE, FINNLAND

Mehr als 3000 Inseln machen den finnischen Inarisee, den Inarijärvi, zu einem wahren Labyrinth aus verschlungenen Wasserstraßen. Möchte man sie mit dem Kanu durchfahren, muss man allerdings meist bis zum Juni warten, bis Schnee und Eis den in Lappland gelegenen See für kurze Zeit aus ihrer kalten Umklammerung entlassen. Schließlich befinden wir uns hier nördlich des Polarkreises. Abends verwandelt sich der Inarisee in einen magischen Ort: An fast 200 Tagen im Jahr erhellen spektakuläre Polarlichter das Firmament. Besiedelt ist vor allem der Süden des Sees – je weiter man sich Richtung Norden bewegt, desto einsamer wird es. Aber auch im Winter lohnt sich die lange Reise zum Inarisee. Dann kann man beispielsweise auf einer Hundeschlittensafari über die zugefrorene Eisfläche fegen.

visitinari.fi

936 LADOGASEE, RUSSLAND

Ein See wie ein Meer: Der Ladogasee schlägt, was seine Größe mit 17 700 Quadratkilometern angeht, alle europäischen Rekorde. Der Bodensee würde zum Beispiel rund 31 Mal in seinen russischen Kollegen passen. Die St. Petersburger haben es nicht weit, im Sommer fahren sie in Massen die 40 Kilometer bis zu der nordischen Seenidylle mit ihren kleinen Inseln und dem felsigen Ufer, an das riesige Wälder grenzen. Allerdings ist der See derart gewaltig, dass für alle Platz genug ist. Auch der Mensch hat im und um den See herum seine Spuren hinterlassen, etwa mit dem russisch-orthodoxen Kloster Walaam auf der gleichnamigen Insel oder mit der Festung Schlüsselburg, die auf einer Insel an der Mündung der Newa liegt.

www.petersburger.info/tourismus/ziele-ausserhalb/der-ladogasee

937 MÝVATNSEE, ISLAND

Kein Baum, kein Strauch, etwas grünes Gras, dafür viele Mücken *(mývatn!)*, aktive Vulkane und die weite, karge, nordische Landschaft – so sieht es im Norden Islands aus. Und mittendrin der viertgrößte See der Insel mit zahllosen Schären und Inselchen, ein Paradies für Fische und Vögel. Eigentlich würde man denken, dass ein Bad im Mývatnsee bestimmt nichts für Warmduscher ist. Aber in der Nähe des Dorfes Reykjahlíð dampft das Seewasser verdächtig stark, hier lockt das

Neuseeland? Norwegen? Nein, Schweiz! Mit seinen steil aus dem Wasser ragenden Felswänden ist der Vierwaldstättersee eine ernstzunehmende Konkurrenz.

Thermalbad Jarðböð mit einer künstlichen, aber auf natürliche Weise beheizten Lagune und wohligem Thermalwasser. Warm baden knapp unter dem Polarkreis: So etwas gibt es wirklich nur in Island.

www.visitmyvatn.is

938 BLEDER SEE, SLOWENIEN

Rudern, sonnenbaden, wandern oder radeln, Kultur genießen, Schlittschuhlaufen – am Bleder See im Nordwesten Sloweniens gibt es sowohl im Sommer als auch im Winter einfach keinen Platz für Langeweile. Mitten im See ragt eine hübsche kleine – und legendenumrankte – Insel mit der Kirche Mariä Himmelfahrt hervor, zu der man mit einem Holzboot gerudert wird. Auf einem steil aufragenden Felsen thront majestätisch die Burg von Bled. Sogar Tito, dem Präsidenten Jugoslawiens, gefiel es am Bleder See so gut, dass er hier eine Sommerresidenz besaß.

www.bled.si/de/sehenswurdigkeiten/naturliche-sehenswurdigkeiten/bleder-see

939 OHRIDSEE, ALBANIEN & NORDMAZEDONIEN

Ohridsee – nie gehört? Dann wird es höchste Zeit, denn der See, den sich Nordmazedonien und Albanien teilen, ist eine echte Augenweide. Und zudem einer der ältesten Seen der Welt! Er liegt auf knapp 700 Metern Höhe und ist umringt von sanften Hügeln. An seinem Ufer auf der nordmazedonischen Seite liegt das atmosphärische und bei Touristen sehr beliebte Städtchen Ohrid mit seiner malerischen Kirche des Heiligen Johannes von Kanoe. Von hier aus genießt man einen herrlichen Ausblick. Und natürlich hat auch der See selbst einiges zu bieten: Schwimmen, Planschen, Kajaktouren, Schifffahrten oder einfach nur ums Wasser wandern. Und am Abend sollte man die berühmte Ohridforelle probieren.

www.alltheplaces.net/ohridsee

940 VIERWALDSTÄTTERSEE, SCHWEIZ

Auf der Rütliwiese am Vierwaldstättersee wurde die Schweiz gegründet, glaubt man Friedrich Schillers „Wilhelm Tell". Und einen schöneren Ort hätten sich die Eidgenossen anno 1291 nicht aussuchen können. Die weit verzweigten Seitenarme und kleinen verwinkelten Buchten verleihen dem Vierwaldstättersee einen fast schon fjordähnlichen Charakter. Die modernen Schweizer genießen heute die vielen Strandbäder am kühlen See, während die Touristen aus aller Welt im schmucken Luzern shoppen und von seinem Hausberg Pilatus aus das Alpenpanorama bestaunen.

www.lakelucerne.ch

HIER SPIELT DIE MUSIK

OB KLASSISCH ODER OPER, ROCK, POP ODER TECHNO – DIESE FESTIVALS SOLLTE MAN EINMAL IM LEBEN BESUCHEN.

 Willkommen in der kunterbunten Traumwelt: Hauptbühne beim tomorrowland.

941 TOMORROWLAND, BOOM, BELGIEN

Alles Zukunft hier, oder was? Auf jeden Fall eine Welt für sich, das größte Festival der Welt für elektronische Musik auf dem Gelände des Freizeitparks „De Schorre“ im kleinen Städtchen Boom. 400 000 Elektro-Fans haben im gewohnt futuristisch-kunterbunten Comic-Setting 2019 den 15. Festivalgeburtstag gefeiert, bei Techno, Drum & Bass, House, Trance oder Bigroom. Und jedes Jahr zelebrieren die Größen der Elektroszene ihre Kunst auf einer wahrhaftig futuristischen Bühne.

www.tomorrowland.com

Alle Karten sind in der Luft und im Spiel: Bühnenbild auf der Seebühne für „Carmen" (2017 und 2018).

942 BREGENZER FESTSPIELE, BREGENZ, ÖSTERREICH

Selbst wer mit Oper nicht so viel am Hut hat, wird von den spektakulären Bühnenbildern der größten Seebühne der Welt fasziniert sein. Mal sieht sie aus wie eine verrostete Ölraffinerie (2005 und 2006, „Der Troubadour"), dann überagen sie ein riesiges Auge (2007 und 2008, „Tosca") oder drei putzig-gruselige Drachenhunde, die Feuer speien können (2013 und 2014, „Die Zauberflöte"). Und immer als eindrucksvolle Kulisse: das Wasser, die Ufer und der Himmel über dem Bodensee (vor allem, wenn ein Gewitter heraufzieht). Zwar gibt es noch weitere Spielorte für die Festspiele – aber die Seebühne schlägt alle.

bregenzerfestspiele.com

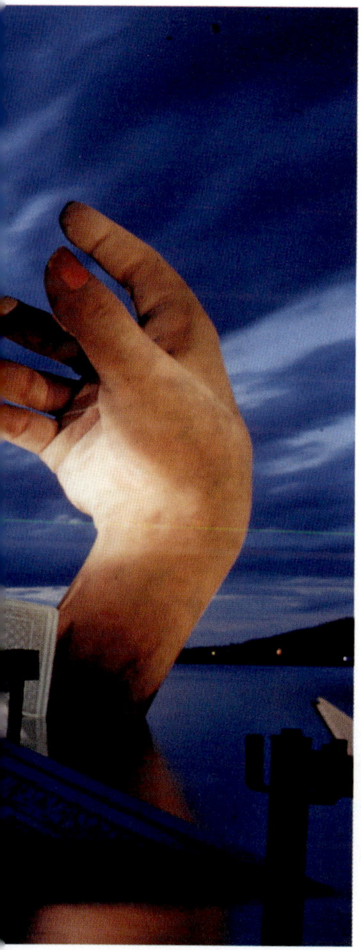

943 G! FESTIVAL, FÄRÖER, DÄNEMARK

Nordfeeling pur wartet auf den Inseln im Nordatlantik, nahe dem Polarkreis. Hier geht's sehr persönlich zu, dennoch bringen die rund 6000 Gäste ganz schön Wirbel ins 400-Seelen-Örtchen Syðrugøta. Die Bühne des Open-Air-Festivals steht direkt am Fjord-Strand, es gibt grandiose Natur, eine Menge Spaß und außergewöhnliche Musik zwischen Folk, Pop und Rock bis zu Elektro und Heavy Metal. Letzteres gerne in Gestalt von Tyr, einer Viking-Metal-Band aus dem färöischen Tórshavn.

gfestival.fo

944 LUCERNE FESTIVAL, LUZERN, SCHWEIZ

Hier spielt die Musik, und zwar vom Feinsten! Virtuose Solisten oder berühmte Sinfonieorchester aus aller Welt begeistern das Publikum seit rund 80 Jahren. Die schöne historische Altstadt direkt am Vierwaldstätter See trägt zum traumhaften Erlebnis bei. Das Festival gehört zu den bedeutendsten seiner Art, dazu kommt der von Jean Nouvel gebaute Konzertsaal mit seiner einzigartigen Akustik.

www.lucernefestival.ch/de

945 SCHLESWIG-HOLSTEIN MUSIK FESTIVAL, DEUTSCHLAND

Im Sommer ist für Klassik-Enthusiasten und Freunde anspruchsvoller Musik seit 1986 Schleswig-Holstein die erste Adresse. An zahlreichen Orten, übers nördlichste Bundesland sowie Hamburg und den Süden Dänemarks verteilt, geben Stars und aufregende Newcomer Einblicke in ihr Können, aber auch Theater, Klezmer, Pop, Jazz oder Lesungen begeistern die Festivalbesucher.

www.shmf.de

946 JAZZALDIA, SAN SEBASTIÁN, SPANIEN

Sechs Tage im Juli zieht der Jazz ein in die nordspanische Stadt. Das Festival lockt das Who is Who der Jazz-Welt an, etwa die Jan Garbarek Group, Diana Krall oder das Ellis Masalis Quartett, aber auch Folk-Legenden wie Joan Baez oder hervorragende Jazzer aus Japan. An unterschiedlichen Orten in der Stadt ist Jazz unterschiedlicher Strömungen zu hören, mal mit Eintrittsgebühr, mal ganz umsonst.

heinekenjazzaldia.eus

947 BRIGITTA FESTIVAL, TALLINN, ESTLAND

Das im August stattfindende Musik-Festival in Estlands Hauptstadt Tallinn entfaltet in der Ruine des gotischen Brigitta-Klosters im Vorort Pirita seinen Zauber. Der künstlerische Bogen ist weit gespannt – Oper, Ballett, Oratorien oder auch Weltmusik bringen seit 15 Jahren die Besucher in Wallung.

www.filharmoonia.ee/birgitta

948 SEA DANCE FESTIVAL, BUDVA, MONTENEGRO

Und wieder Party am Meer! Auch Montenegro hat seit 2014 sein Festival – den kleinen Ableger des größeren serbischen Exit Festival. House, Techno und Pop schallen Ende August über den idyllischen, 2,5 Kilometer langen Buljarica Beach. Der Name ist Programm: Die Bühne

Wo schon die alten Römer vom Theater fasziniert waren: das Amphitheater bei den Opernfestspielen von Verona.

steht direkt am Meer! Das gefällt natürlich auch weltweit bekannten DJs wie Robin Schulz, David Guetta, Sven Väth oder Ofenbach, die hier die Party-Vibes produzieren.

www.seadancefestival.me/en

949 WACKEN OPEN AIR, WACKEN, DEUTSCHLAND

Heavy-, Thrash-, Black-, Speed-, Doom-, Groove-, Gothic-, Glam-, Prog-, Nu-, Folk-, Power-, Pagan-, Sludge-, Symphonic-Metal, Metal-Core, Hardrock – was vergessen? Wahrscheinlich, kaum eine Musikrichtung verzweigt sich in mehr Spielarten als der harte Rock. Sie alle und die vielen Zwischenformen hört der geneigte Metalhead auf einem der größten Festivals harter Musik der Welt im Norden Deutschlands. Wer hin will, muss schnell sein: Meist sind die 75 000 Karten kurz nach dem Vorverkaufsstart weg.

www.wacken.com

950 SALZBURGER FESTSPIELE, SALZBURG, ÖSTERREICH

Jedermann? Sowieso! Der wird wie jedes Jahr seit 1920 auf dem Salzburger Domplatz gegeben, und immer wieder ist die Spannung groß, welcher Schauspieler ihn als Nächster spielen darf. Aber es passiert noch vieles mehr beim weltweit wichtigsten Festival für klassische Musik und Theater. Im Juli und August ist die ganze Altstadt eine Bühne und natürlich steigt in dieser Zeit auch der Glamour- und Promifaktor sprunghaft an.

www.salzburgerfestspiele.at

951 TRÆNA FESTIVAL, NORWEGEN

Bitte warm anziehen, es geht zum nördlichsten Rockfestival der Welt. Træna ist eine Inselgruppe vor Norwegens Küste und liegt auf dem Polarkreis. Aber keine Sorge, die Bands treiben den Puls der nur 3500 Zuhörer schön nach oben. Die kommen für drei Tage Musik vor einzigartiger Kulisse mit dem Boot aus Bodø, Stokkvågen, Nesna oder Sandnessjøen, einen anderen Weg gibt's nicht.

trena.net

952 FESTIVAL BERLIOZ, LA CÔTE-SAINT-ANDRÉ, FRANKREICH

Jeden Sommer im August regiert die Musik im Geburtsort des Komponisten Hector Berlioz. Hier treffen sich renommierte Orchester aus nah und fern zum großen Fest für symphonische und romantische Musik – in einem sehr idyllischen Ambiente. Denn die Konzerte finden meist im Hof des Schlosses von Ludwig XI. statt oder auch im Bauernhof Berlioz.

www.festivalberlioz.com

953 INMUSIC FESTIVAL, ZAGREB, KROATIEN

Der Jarun-See ist die ideale Location für das größte Open-Air-Rock- und Indie-Festival des Landes. Denn ob es im weitläufigen Freizeitpark samt See mitten in Zagreb ein paar Dezibel lauter wird, dürfte niemand stören. The Cure gaben sich schon die Ehre, auch Foals und Garbage waren da. Das ganze Gelände wirkt wie eine einzige Spielwiese, die nachts traumhaft beleuchtet ist.

www.inmusicfestival.com/en

954 OPERNFESTSPIELE, VERONA, ITALIEN

Stein gewordene Emotion, so kann man die Arena von Verona umschreiben. Das antike römische Amphitheater aus dem Jahr 30 n. Chr. bietet die grandiose Kulisse für das ganz, ganz große Opernbesteck: „Aida", „Carmen", „La Traviata" und einige mehr lassen Jahr für Jahr von Juni bis September die Fans nach Norditalien strömen. 22 000 Zuschauer haben im drittgrößten – nach Rom und Capua – erhaltenen Amphitheater Platz. In der Arena ist also alles von riesigen Dimensionen: die Bühne, die Musik und natürlich die Gefühle.

www.arena.it/arena/de

955 SZIGET, UNGARN

Angst vor vielen Menschen? Sollte man beim Sziget-Musikfestival nicht haben – immerhin rechnen die Veranstalter während der Festivalwoche regelmäßig mit rund 400 000 Besuchern. Es ist große Party angesagt auf der Donauinsel in Budapest: Auf mehr als 60 Bühnen geht die Post ab, Töne aus allen Genres stehen auf dem Programm, von Hardrock bis Weltmusik, von Foo Fighters bis Ed Sheeran. Und wer sich vor den Bühnen noch nicht ausgetobt hat, kann auch noch Bungeejumpen. Oder Zirkus und Theater, Artisten und Performance-Künstler bestaunen.

szigetfestival.com/de

956 GLASTONBURY, ENGLAND

Ist es „nur" ein Festival oder schon eine Legende? Auf jeden Fall verwandelt sich das Farmgelände bei Pilton in Somerset im Südwesten Englands seit der bunten Hippie-Zeit jeden Sommer in ein Happening für Lebenskunst und Musik aller Stilrichtungen – Rock, Folk, Weltmusik, Jazz, Hip-Hop und etliche mehr. Daneben wird Theater gespielt, getanzt, zu Comedy gelacht – am besten selber erleben!

www.glastonburyfestivals.co.uk

957 SUMMER JAZZ FESTIVAL, KRAKAU, POLEN

Seit 24 Jahren swingt und groovt Krakau jeden Sommer einen ganzen Monat lang. Und sie waren alle da, die Jazz zu einer aufregenden musikalischen Entdeckungsreise machen: polnische Künstler wie Adam Makowicz und Urszula Dudziak oder internationale Stars wie Bobby McFerrin, Chick Corea, Nils Landgren und viele, viele mehr.

www.cracjazz.com/en

958 SUPER BOCK SUPER ROCK, PORTUGAL

Strände scheinen die ideale Location für Festivals zu sein. Auch am Meco Beach südlich von Lissabon geht im Sommer für ein paar Tage die Post ab, beim größten Rock- und Metal-Festival Portugals. 2019 waren Lana del Rey, Phoenix und Migos die Headliner – Schubladendenken gibt es nicht: Auch Sängerinnen wie Charlotte Gainsbourg gaben sich genauso wie spannende Künstler aus Portugal die Ehre.

www.superbocksuperrock.pt/en

959 LOST & FOUND FESTIVAL, MALTA

Der britische *bank holiday* Anfang Mai ist auf Malta Jahr für Jahr zum Abtanzen da – vier Tage und Nächte lang pulsen die Beats auf acht Bühnen, rund 60 Künstler aus der House-, Techno-, Grime-, Hip-Hop- oder Garage-Szene machen die knapp 100 Stunden des Festivals zu einer einzigen großen, wilden Party. Und der kann sich keiner entziehen, denn sie ist überall:

Shuffeln, twerken, moshen – oder einfach nur Spaß haben: auf dem Sziget-Festival.

in Clubs, auf Booten, am Strand und sogar im Schloss von Malta.

lostandfoundfestival.com

960 PRIMAVERA SOUND FESTIVAL, BARCELONA, SPANIEN

Rund 200 000 Besucher können nicht irren – es ist gigantisch! Jeden Sommer geht auf den Hauptbühnen im Parc del Forum in Barcelona der Bär ab, die Acts gehören zum Stilprägendsten, was Rock, Latin-Trap, Elektro, Pop und Indie hervorgebracht haben: Sonic Youth, Pixies, Lou Reed oder Patti Smith und so weiter. Auf insgesamt 16 Bühnen, darunter auch viele mitten in der Stadt, spielt die Musik, mit dem Meer als ganz spezieller Kulisse.

www.primaverasound.com

SUPER-EUROPA

ÄLTESTE, KLEINSTE, HÖCHSTE – HIER SCHWINGT SICH DER KONTINENT ZU SUPERLATIVEN AUF.

961 GRÖSSTE INSEL, GROSSBRITANNIEN

Inseln stellen wir uns normalerweise mit Sandstrand, Palmen und Sonnenschirmen vor. Auf Europas größter Insel Großbritannien – die neuntgrößte der Erde – herrscht vielleicht nicht das ganze Jahr über Sonnenschein, aber dafür bietet sie eine imperiale Metropole, eine echte Königsfamilie und 60 Millionen Einwohner. Dazu Felsbauten aus der Jungsteinzeit, Seeungeheuer, Klatschzeitungen, Bier, Fußballhistorie und ganz viel Tee.

www.visitbritain.com/de/de

962 SCHMALSTES HAUS, BREGENZ, ÖSTERREICH

So wohnt es sich in XXS: Gerade mal 57 Zentimeter breit ist die Vorderfront des Hauses in der Kirchstraße 29. Die Rückseite dagegen misst verhältnismäßig prahlerische 6 Meter. Eigentlich ist das Haus, das mehr als 200 Jahre alt ist, größer, denn es hängt mit der Nummer 27 zusammen – und damit sind es mehr als 300 Quadratmeter. Ist es wirklich das schmalste Haus Europas? Alle anderen Titelanwärter im Valencia (97 Zentimeter), Bratislava (130), Kiel (80) oder Amsterdam (99) sind jedenfalls breiter.

www.bregenz.travel

963 HÖCHSTER VULKAN, ÄTNA, ITALIEN

Europas explosivstes Highlight steht in Sizilien: Der Ätna ist der höchste Vulkan unseres Kontinents, 3323 Meter hoch, ein brodelnder Kessel, der sein Umfeld seit Jahrtausenden in Aufregung versetzt. Schuld daran – so will es die Mythologie – ist die Eifersucht des Gottes Hephaistos, der angeblich jegliche Untreue seiner Gattin Aphrodite mit einem gehörigen Schmiedefeuer bestrafen lässt. Die vielen Ausbrüche der letzten Jahre lassen vermuten, dass Aphrodite ihren Liebeshunger noch längst nicht gestillt hat.

www.italia.it/de/reisetipps/unesco-staetten/der-aetna.html

964 GRÖSSTER THERMALSEE, HEVIZ, UNGARN

Wer heute ins – je nach Jahreszeit – 23 bis 36 Grad warme Wasser steigt, dümpelt schon drei Tage später in völlig anderem Nass: Der 4,5 Hektar große See tauscht in dieser Zeit einmal komplett seine ganze Füllung aus. Aus einem Krater in 38 Meter Tiefe strömen nämlich pro Sekunde 410 Liter allerfeinstes Thermalwasser, das gegen Rheumatismus, Arthritis und Arthrose hilft, der Dampf über dem See wiederum sorgt für eine staub- und allegiefreie Umgebung. Nur zu lange darf man nicht im See dümpeln – das warme Wasser macht müde.

www.badheviz.de

Massagen und ätherische Öle: In den Badehäusern mitten im Thermalsee von Heviz erwartet die Gäste die volle Wellnessbehandlung.

965 AUF ZWEI KONTINENTEN, ISTANBUL, TÜRKEI

Eine fast 3000 Jahre alte Geschichte, die größte Kirche der Welt, Sultanspaläste, die nur so funkeln: Der 15-Millionen-Stadt Istanbul mangelt es nicht an Superlativen. Zudem ist das frühere Konstantinopel (oder das noch frühere Byzanz) die einzige Stadt Europas – ja sogar der ganzen Welt –, die auf zwei Kontinenten liegt: Drei Brücken über den Bosporus verbinden Europa und Asien miteinander.

howtoistanbul.com

966 MEISTE BRÜCKEN, HAMBURG, DEUTSCHLAND

Was wäre Hamburg ohne Brücken? Nur eine Ansammlung isolierter Halbinselchen. Aber es gibt sie zu Tausenden, die begeh- und befahrbaren Bögen über Elbe, Alster, Bille, über Eisenbahnschienen und Grünanlagen. Zugegeben, viele der fast 2500 Bauwerke sind recht unspektakulär, andere aber gehören zum Stadtbild: etwa die Köhlbrandbrücke, das hansestädtische Pendant zur Golden Gate, oder die Alte Harburger Elbbrücke aus dem 19. Jh.

www.hamburg.de

967 WASSERREICHSTE QUELLE, BAD RAGAZ, SCHWEIZ

Vor 200 Jahren war Ragaz im Kanton St. Gallen nichts als ein be-

Nur etwas für Könner: Bergsteiger auf dem Gipfel des Elbrus.

968 HÖCHSTER BERG, ELBRUS, RUSSLAND

Ist er noch in Europa? Oder schon in Asien? Darüber wird seit Langem gestritten. Zu welchem Kontinent der Elbrus gehört, hängt von der Definition der innereurasischen Grenze ab. Aber nehmen wir einmal an, der 5642 Meter hohe Gipfel im Kaukasus ist Europäer. Dann ist er vor dem Mont Blanc der höchste Berg Europas und Mitglied der „Seven Summits", der höchsten Berge der sieben Kontinente. Seine Besteigung ist allerdings alles andere als ein Spaziergang und nur für erfahrene Alpinisten ratsam. Die anderen dürfen mit der Seilbahn auf 3847 Meter fahren und einen phänomenalen Ausblick genießen.

germany.russia.travel

schauliches Bauerndorf, in dem selten – genauer gesagt nie – Weltbewegendes geschah. Dann stieß man in der nahe gelegenen Schlucht auf eine Thermalquelle, die sich mit 7 bis 10 Millionen Litern pro Tag als die wasserreichste der Welt erweisen sollte. Das Örtchen stieg zum Kurort von Weltrang auf. Heute wird das 36,5 Grad warme Wunderwasser in die Tamina-Therme geleitet, in deren Bädern sich Besucher aus aller Welt jeglicher Verspannungen entledigen.

heidiland.com/de

969 GRÖSSTES SILVESTERFEST, EDINBURGH, SCHOTTLAND

Den Schotten in Edinburgh macht beim Silvesterfeiern so schnell keiner was vor. Sie beginnen schon am 30. Dezember mit einem Fackelumzug, dann begehen sie Hogmanay, wie der Silvesterabend genannt wird, mit einem ausgelassenen Straßenfest, und zum Ausklang schwimmen sie beim Loony Dook am 1. Januar im „kühlen" Fluss Forth. An Hogmanay feierten bis zu 400 000 Silvesterfans, bevor die Besucherzahlen aus Sicherheitsgründen eingeschränkt wurden – aber die Rekordmarke steht bis heute im Guinness-Buch.

edinburgh.org

970 GRÖSSTE HÖHLE, SGONICO, ITALIEN

Sollte man sich irgendwann mitsamt der ganzen Verwandtschaft in einer dunklen Höhle verkriechen müssen, ist in der Grotta Gigante in der Nähe von Triest Platz genug für alle! Ihr größter Hohlraum ist eine gigantische Halle, länger und breiter als ein Fußballfeld und fast 100 Meter hoch. Aber richtig einsam und dunkel ist es – man ahnt es schon – natürlich längst nicht mehr.

www.turismofvg.it/Grotten/Die-Riesengrotte

971 ÄLTESTES RIESENRAD, WIEN, ÖSTERREICH

Was wäre Wien ohne sein Riesenrad im Prater! Zwar war es nicht das erste Riesenrad Europas, aber es ist das älteste noch existierende. Seit 1897 verhilft es seinen Gästen zu bester Aussicht. Das Geschenk zum 50. Thronjubiläum von Kaiser Franz Joseph I. steigt auf knapp 65 Meter. Damals galt die kühne Konstruktion als Meisterwerk der Ingenieurskunst. Kaum war es im Zweiten Weltkrieg zerstört worden, wurde es auch schon wieder aufgebaut. Umso schöner, dass es nach wie vor zu den Wahrzeichen Wiens gehört.

www.wienerriesenrad.com

972 KLEINSTE STADT, HUM, KROATIEN

Wer sagt denn, dass ein Ort mit 30 Einwohnern keine Stadt sein darf? In Kroatien jedenfalls reicht das, und somit ist Hum die kleinste Stadt der Welt! Aber mit ihrem mittelalterlichen Charme, den engen Gässchen und den Natursteinhäusern ist es eben nicht nur klein, sondern auch wunderschön.

croatia.hr/de-DE

 Jetzt kann es sein, dass auch der Puls Geschwindigkeit aufnimmt: Achterbahn im spanischen Portaventura-Vergnügungspark.

973 HÖCHSTE ACHTERBAHN, SALOU, SPANIEN

Vielleicht vorher noch mal vom Arzt durchchecken lassen? Die neueste Attraktion im Freizeitpark Portaventura im spanischen Salou würde nämlich wohl auch den Puls trainierter Astronauten hochtreiben. 180 Kilometer schnell, 112 Meter hoch, 880 Meter lang – das sind die Eckdaten der Katapult-Achterbahn Vertical Accelerator, die seit 2017 die Mägen nach oben schnellen lässt und die schnellste ihrer Art Europas ist. Superlative in Sachen Achterbahn haben allerdings im Freizeitpark Tradition: die höchste, die schnellste, die längste …

www.portaventuraworld.com/de

974 BEVÖLKERUNGSDICHTE, MONACO & ISLAND

Würde man Monaco gerecht unter seiner Bevölkerung aufteilen, so erhielte jeder Einwohner gerade mal 50 Quadratmeter – etwa die Fläche eines übersichtlichen Gartens. Aber der Stadtstaat ist alles andere als das, was er nicht zuletzt seiner bildschönen Lage an der Côte d’Azur, seiner reichen Geschichte als Handelshafen und seiner gut betuchten Einwohnerschaft zu verdanken hat: In keiner anderen Stadt der Welt leben mehr Millionäre. Island liegt in Sachen Bevölkerungsdichte am anderen Ende der Skala: Hier kommen jedem Einwohner fast 300 000 Quadratmeter zu.

www.visitmonaco.com/de; de.visiticeland.com

975 JÜNGSTE HAUPTSTADT, CARDIFF, WALES

Es ist nicht so, dass Cardiff an der Südküste von Wales nicht schon eine Menge erlebt hätte. Aber es ist einfach etwas Zeit ins Land gezogen, bis es 1955 zur walisischen Hauptstadt ernannt wurde. Somit ist die Stadt, die von den Römern gegründet, von den Normannen besiedelt, dann zerstört und später durch die Kohleförderung wohlhabend wurde, das Nesthäkchen unter Europas Hauptstädten.

www.visitcardiff.com

976 KLEINSTE FLÄCHE, VATIKANSTADT

Wahre Größe misst sich eben nicht in Quadratmetern. Denn von diesen hat die kleine Enklave in Rom mit dem Papst als Oberhaupt nicht allzu viele. Genau genommen bringt es Vatikanstadt, der kleinste Staat auf Erden, auf gerade mal 44 Hektar. Unter die 1000 Einwohner mischen sich an jedem Tag noch zigtausend Besucher, die alle mal einen Blick auf den Petersdom und in die Sixtinische Kapelle werfen wollen. Offizielle Amtssprache ist übrigens Latein!

www.vaticanstate.va/en

977 LÄNGSTER STRAND, KURISCHE NEHRUNG, LITAUEN

Sand, Sand, Sand. Und Wellen: Die Kurische Nehrung an der Nordküste des Samlands, einer Halbinsel in der östlichen Ostsee, spannt sich über 98 Kilometer zwischen der russischen Stadt Lesnoi im Süden und dem Memeler Tief in Litauen – der längste Strand Europas. 52 Kilometer davon entfallen auf die „litauische Sahara“, wo sich ein Naturraum von besonderer Schönheit geformt hat, den man am besten mit dem Fahrrad erkundet: haushohe Dünen, endlose Strände, Kiefernwälder und dazwischen unzählige bunt bemalte Holzhäuser.

www.lithuania.travel/de

978 TARA-SCHLUCHT, MONTENEGRO

Da hat der Tara, längster Fluss Montenegros, ganze Arbeit geleistet – die Schlucht, die er geschaffen hat, gehört zu den tiefsten der Welt. Und mit ihren abgründigen 1300 Metern Tiefe scheint der europäische Grand Canyon nahezu bodenlos. Auf knapp 80 Kilometern windet sich das azurblaue Wasser am Fuß des Abgrunds durch dramatische Gebirgslandschaften. Wer den Überblick will, für den ist die Durdevica-Tara-Brücke ein guter Spot.

www.visit-montenegro.com

979 HÖCHSTER FREILUFTAUFZUG, SCHWEIZ

Du fährst gerne mit dem Lift? Wie wär's dann mit dem höchsten Freiluftaufzug Europas? Auf jeden Fall lohnt sich vor der Fahrt ein Blick auf die Wetterkarte, denn wer möchte schon gerne mitten in den Wolken stehen? Wem jedoch der Schweizer Wettergott hold ist, den erwartet nach der knapp 160 Meter hohen Fahrt im verglasten Hammetschwand-Lift ein grandioses Panorama über den Vierwaldstättersee.

www.buergenstock.ch/explore

980 LÄNGSTER STRASSENTUNNEL, NORWEGEN

Wer durch den Lærdalstunnel im Süden Norwegens fahren will, sollte eine gewisse Affinität zu (immerhin fantasievoll ausgeleuchteten) fensterlosen Röhren haben. Dieser Tunnel ist mit 24,51 Kilometern der längste Straßentunnel der Welt, alle 6 Kilometer führt er zur Abwechslung durch eine gletscherartige Halle. Die unterirdische Straße hat einen entscheidenden Vorteil: Sie kann, im Gegensatz zur Gebirgsstraße obendrüber, auch im Winter befahren werden.

www.visitnorway.de

Achtung, Abgrund: Blick in die Tara-Schlucht, die tiefste Europas.

SUPER-EUROPA

DER STILLE LAUSCHEN

WIE KLINGT STILLE EIGENTLICH? IN DIESEN KIRCHEN UND KLÖSTERN KANN MAN IHR BEGEGNEN – UND EIN WENIG ATEM HOLEN.

981 KLOSTER OSTROG, MONTENEGRO

Ein Bauwerk, das 1665 kühn in zwei Höhlen mitten in den Fels gebaut wurde, um uneinnehmbar zu sein. Den Auftrag dazu gab Vasilija Jovanovic, Bischof von Herzegowina, dessen altes Kloster zuvor von den Türken zerstört worden war. Das Felsen-Kloster mit dem Grab des heiligen Vasilija gehört zu den wichtigsten Pilgerstätten Montenegros, faszinierend ist die großartige Architektur samt grandiosem Panorama.

www.montenegro.travel/en/objects/ostrog-monastery

982 WALLFAHRTSKIRCHE MARIÄ HIMMELFAHRT, BLED, SLOWENIEN

Schon vor den Christen war hier auf der kleinen Insel im Bleder See (slowenisch Blejsko jezero) in den Slowenischen Alpen ein heiliger Ort. Nach der Christianisierung musste die Göttin Živa dann weichen und Maria nahm ihren Platz ein. Zu ihr konnten die Gläubigen in einer kleinen Kapelle und einer Kirche beten. Später wurde diese in eine prachtvolle Barockkirche umgewandelt, zudem kam noch eine beeindruckende Treppe mit 99 Stufen dazu, die vom Bootsanleger zur Kirche hinaufführt. Legenden ranken sich um die Insel, etwa die von der versunkenen Glocke, die durch eine neue ersetzt wurde – wer die heute läutet, für den geht ein Wunsch in Erfüllung. Der Andrang ist groß!

www.bled.si/de

983 KLOSTER MONTSERRAT, SPANIEN

Der Berg Montserrat, nicht weit von Barcelona entfernt, war immer schon ein Ort mit besonderer religiöser Anziehung. Die Römer beteten hier zu Venus, später kamen Einsiedlermönche und bauten um 880 n. Chr. ein erstes Kloster – um 1025 wurde dann St. Maria gegründet. Stammt aus dieser Zeit die Schwarze Madonna? Die wurde auf jeden Fall im 12. Jh. gefunden, und weil sie wohl „Wunderdinge" vollbracht hat, pilgern seither Wallfahrer zum 1236 Meter hohen Berg mit grandiosem Rundumblick.

www.montserratvisita.com/de/index.html

984 SAN COLOMBANO, ROVERETO, ITALIEN

Auf häufigen Besuch war die Einsiedelei San Colombano nicht angelegt, so abgeschieden und in den Fels gebaut, wie sie ist. Aber die 1319 erbaute Kirche wird dennoch schon seit Jahrhunderten von Pilgern besucht. Der irische Heilige Columban soll hier nämlich einen

985 STABKIRCHE BORGUND, NORWEGEN

Ist sie von dieser Welt? Stabkirchen haben etwas Mystisches, so auch eine der ältesten, die seit Ende des 12. Jhs. im Lærdal steht. Ein Meisterwerk in Holz, das die Zimmerleute nach der Christianisierung der Wikinger ihren Nachkommen hinterlassen haben, mit geschnitzten Figuren und Runenschriften, denen mitunter etwas Heidnisches anhaftet.

www.visitnorway.de/listings/borgund-stabkirche/38683

Im Mittelalter gab es wahrscheinlich um die 1000 Stabkirchen wie die von Borgund, heute sind es noch 28.

Drachen getötet haben. Jedes Jahr zu Weihnachten bewegt sich ein leuchtender Fackelzug zur Messe durch das Leimtal.

www.visitrovereto.it/de

986 NOWODEVICI-KLOSTER, MOSKAU, RUSSLAND

Wer jetzt denkt „Das kommt mir irgendwie bekannt vor", der hat wohl ein anderes bedeutendes Gebäude in Moskau vor Augen, den Kreml. Genau! Das Nowodevici- oder Neujungfrauenkloster wurde nach dem Vorbild der Zitadelle auf dem Roten Platz errichtet. Das war um 1524, dem Erbauungsjahr der Kathedrale der Gottesmutter von Smolensk, dem ältesten Gebäude des Klosters.

whc.unesco.org/en/list/1097

987 KIRCHE PANAGIA TIS ASINOU, ZYPERN, GRIECHENLAND

Ein paar Bergdörfchen im Troodos-Gebirge auf Zypern beherbergen wahre Kunstschätze: Ihre Kirchen sind mit byzantinischen Fresken geschmückt, die ihresgleichen suchen und zum UNESCO-Kulturerbe zählen. Panagia tis Asinou, 1099 als Klosterkirche erbaut, beeindruckt besonders: Außen unscheinbar, entfaltet sie innen ihre ganze Pracht. Die eindrucksvollen Fresken kamen zwischen dem 12. und 17. Jh. dazu und machten aus den einfachen Kirchengebäuden großartige Kulturgüter.

de.chooseyourcyprus.com

Die goldenen Kuppeln unterstreichen die Bedeutung des Kiewer Höhlenklosters.

989 KIEWER HÖHLENKLOSTER, UKRAINE

Bis Ende des 11. Jhs. lebten die Mönche in Kiew in Höhlen. Dann wurde auch oberirdisch ausgebaut, die Höhlen wurden zum Friedhof. In den vergangenen Jahrhunderten ist das Kloster Petscherska Lawra zu einem beeindruckenden Komplex herangewachsen, voll bedeutender Kirchen, Klöster und Museen – die Höhlen, die an die Anfänge des Klosters erinnern, liegen im unteren Teil.

www.visitkyiv.travel/de

988 KLOSTER NEUSTIFT, SÜDTIROL, ITALIEN

Eingebettet zwischen Weinreben und Bergen liegt das von Bischof Hartmann von Brixen gegründete Kloster Neustift, dessen Stiftskirche wohl um 1140 geweiht wurde. Noch heute zelebrieren die Augustiner Chorherren feierliche Liturgien und leben nach den ältesten überlieferten Klosterregeln des Abendlandes. Und natürlich heißen sie auch Besucher herzlich willkommen.

www.kloster-neustift.it

990 ABTEI LE THORONET, FRANKREICH

Im Roman „Singende Steine“ von Fernand Pouillons beschreibt der fiktive Baumeister Wilhelm Balz den Bau des Zisterzienserklosters Abbaye du Thoronet im 12. Jh. Heute zeigt sich das ehemalige Zisterzienserkloster im Süden Frankreichs wieder in seiner reinen, ursprünglich spätromanischen Gestalt. Eine Zeit, in der Schlichtheit und Klarheit als gestalterische Maxime galten. Ein genialer Ort, um sich an der Architektur zu erfreuen, Stille zu genießen oder einem Konzert zu lauschen.

www.le-thoronet.fr

991 KLOSTER REICHENAU, BODENSEE, DEUTSCHLAND

Die Insel Reichenau ist eine Perle im Bodensee, und dies hat wohl auch der Wanderbischof Pirmin erkannt, als er im Jahr 724 das Inselkloster gründete. Wie es weiterging, davon zeugen die drei romanischen Kirchen-Juwelen, die das Klosterleben auf der Insel prägten. Darunter ist auch die Kirche St. Georg mit ihren berühmten Wandbildern, die 913 fertiggestellt wurde und heute größtenteils der originalen Basilika entspricht.

www.reichenau-tourismus.de

992 LA GRANDE CHARTREUSE, FRANKREICH

Allein die Lage der Großen Kartause, die um 1084 als Einsiedlerorden mitten in die beeindruckende Bergkulisse des Massif de la Chartreuse in den französischen Alpen gesetzt wurde, lohnt die Reise – auch wenn das Kloster nicht besucht werden kann. Der Keller mit dem berühmten Kräuterlikör Chartreuse, der von den Mönchen hergestellt wird, liegt aber im Städtchen Voiron und darf besichtigt werden. Das gilt auch für das Museum der Grande Chartreuse, das Einblicke in das abgeschiedene Leben der Kartäusermönche gibt.

www.chartreux.org/de

993 KLOSTER NYDALA, SCHWEDEN

Französische Baukunst im hohen Norden? Im Jahr 1143 entschied sich das französische Mutterkloster Clairvaux am Rusken-See eines der zwei ersten Klöster in Schweden zu bauen. Natürlich galten auch hier die Richtlinien des Zisterzienserordens: höchste Klarheit und Schlichtheit der Formen. 400 Jahre lang erlangte das Kloster Wohlstand und große Bedeutung. Dann war 1521 die gute Phase vorüber, die Klostergebäude lagen in Ruinen. Aus einer davon wurde 1790 die heutige Kirche gebaut. Nach der Jahrtausendwende bezogen sogar für kurze Zeit wieder Mönche eines der bedeutendsten Kulturdenkmäler Smålands.

www.visitsmaland.se/de

994 TSCHIRPAN-KLOSTER, BULGARIEN

Dieser Ort sollte es sein, befand der heilige Athanasius, als er 344 n. Chr. vorbeikam – hier sollte ein Kloster erbaut werden. Und da steht es noch heute, knapp einen Kilometer vom Dörfchen Zlatna Liwada entfernt. Seine Geschichte war bewegt, einige Male wüteten Brände, es wurde zerstört und wieder aufgebaut. Heute liegt das älteste Kloster Europas in einer idyllischen Landschaft und zieht, wie seit Jahrhunderten, die Menschen an.

www.bulgariatravel.org/de

995 ASSISI, ITALIEN

Der heilige Franz von Assisi – wer hat nicht schon von ihm gehört! Durch ihn wurde das Städtchen in Umbrien weltberühmt, Tausende Menschen besuchen jedes Jahr sein Grab in der Basilika San Francesco. Auch die Heilige Klara ist hier in ihrer Basilika Santa Chiara bestattet. So ist Assisi zu einem der wichtigen Pilgerorte der Christen geworden.

www.visit-assisi.it/en

996 MADONNA DEL SASSO, LAGO MAGGIORE, SCHWEIZ

Was für eine Lage, was für ein Blick! Hier oben über dem See soll dem Franziskanermönch Bartolomeo d'Ivrea um 1480 die Jungfrau Maria erschienen sein. Daraufhin wurde auf dem Felsvorsprung in der kleinen Gemeinde Orselina oberhalb von Locarno die Wallfahrtskirche Madonna del Sasso errichtet. Sie wurde zu einem wichtigen Pilger-Ziel, aber auch wegen ihrer exquisiten Ausstattung erlangte die Kirche Berühmtheit.

www.derlagomaggiore.de

997 BERG ATHOS, GRIECHENLAND

Mönche, allein zu Haus. Und so soll es auch bleiben, wenn es nach der autonomen Mönchsrepublik Berg Athos auf der Halbinsel Chalkidiki im Norden Griechenlands geht. Und da hier der Weltkirchenrat nur die zweite Geige spielt und die Athos-Mönche das Sagen haben, müssen Frauen und selbst

So leicht und filigran, als wäre er nicht von dieser Welt: manuelinischer Kreuzgang im Mosteiro da Batalha.

weibliche Tiere auch 1000 Jahre nach diesem Beschluss draußen bleiben. Die irdische Versuchung ist wohl einfach zu groß. Trotzdem freuen sich die vermutlich mehr als 1000 Mönche (aktuelle Zahlen gibt es nicht) in insgesamt 20 Klöstern auf viele männliche Besucher, die die Schönheit und Ruhe der Insel und das spirituelle Leben der Gottesmänner suchen und schätzen.

mountathosinfos.gr

998 MOSTEIRO DA BATALHA, PORTUGAL

Ein grandioser Klosterbau in einer kleinen Stadt – das Mosteiro da Batalha verdankt seine Existenz dem Sieg Portugals in der Schlacht von Aljubarrota über Kastilien. Sie fand 1385 ganz in der Nähe der Kleinstadt Batalha, rund 100 Kilometer nördlich von Lissabon, statt. Kurz danach wurde mit dem Bau des Dominikanerklosters begonnen, erst im 16. Jh. war es vollendet. Virtuos ist der prachtvolle Stil der Manuelinik, der den mächtigen Bau auszeichnet. So schön wurde zu dieser Zeit nur in Portugal gebaut.

www.visitportugal.com/de/content/mosteiro-da-batalha

DER STILLE LAUSCHEN

Die Kunst nach außen tragen: Moldau-Kloster in der rumänischen Bukowina.

999 MOLDAUKLÖSTER IN DER BUKOWINA, RUMÄNIEN

Herrlich bunt sind sie, die Moldauklöster in der südlichen Bukowina. Farbenfrohe Fresken schmücken die rumänisch-orthodoxen Gotteshäuser, die aus dem 15. und 16. Jh. stammen. Aber nicht nur das Innere ist prächtig gestaltet, auch die Fassaden und umfassenden Mauern sind mit farbigen Malereien und Fresken verziert – so konnte auch das einfache Volk Szenen aus der Bibel verstehen.

romaniatourism.com/painted-monasteries.html

1000 PETERSDOM, ROM, ITALIEN

Er ist gewaltig und bietet Platz für 20 000 Menschen. Der Petersdom ist praktisch die Hauskirche des Vatikanstaats, dessen Territorium gleich nebenan liegt. Seine Geschichte geht weit zurück, das Grab des heiligen Petrus, der um 65 n. Chr. den Märtyrertod gestorben sein soll, bildet den Kern und Ursprung des Gotteshauses. Wer die heiligen Hallen besichtigen will, sollte auf jeden Fall auf sein Outfit achten: Bloße Knie und Schultern haben Hausverbot.

www.vaticanstate.va/en

REGISTER

A

B

C

D

E

F

G

BILDNACHWEIS

Umschlag vorne v.l.n.r.: DuMont Bildarchiv, Ostfildern/ Udo Bernhart; Shutterstock.com, Amsterdam/vichie81; Dumont Bildarchiv, Ostfildern / Tom Schulze; iStock.com, Calgary/ Oleh_Slobodeniuk

akg-images, Berlin: S. 298 (De Agostini Picture Lib./Dagli Orti); AWL Images, Whitchurch: S. 322 (Robert Birkby); DuMont Bildarchiv, Ostfildern: S. 156/157, 87, 248 (Arthur F. Selbach); 138, 202, 214, 301 (Christina & Toni Anzenberger-Fink); 161, 162, 217, 297 (Frank Heuer); 302/303 (Franz Marc Frei); 40, 48, 128 (Gerald Haenel); 75 (Johann Scheibner); 132 (Markus Kirchgessner); 17 (Martin Sasse); 177, 361 (Monica Gumm); 294 (Olaf Meinhardt); 31, 44, 68/69, 142, 251, 311 (Peter Hirth); 54 (R. Gerth); 96 (Rainer Kiedrowsk); 32, 123 (Sabine Lubenow); 2/3, 42 (Thomas Rötting, Sylvia Pollex, Leipzig); 199 (Tom Schulze); 35, 200, 357 (Udo Bernhart); Fotografie Dorus: S. 275; Getty Images, München: S. 324 (Bethany Clarke); 101 (500px Prime); 184 (AFP/Denis Charlet); 108/109 (AFP/Eric Cabanis); 340/341 (AFP/James Arthur Gekiere); 279 (AFP/Jean-Francois Monier); 182 (AFP/Jose Jordan); 29 (AFP/Lluis Gene); 181 (AFP/Mikko Stig); 331 (Alex Lapuerta); 256 (Andrea Pistolesi); 350 (Ascent Xmedia/Milo Zanecchia); 196 (AWL Images Ltd./Matteo Colombo); 165 (Borut Trdina); 238 (Cultura RF); 273 (Cultura RF/Oscar Bjarnason); 39 (Emma Wood); 36 (Francesc Domènech); 222 (Iñigo Fernandez de Pinedo); 355 (GoodLifeStudio); 292 (hemis.fr/Jacques Pierre); 333 (Hemis.fr/Julien Garcia); 352/353 (Joaquim F. P.); 342 (Johannes Simon); 22 (Lonely Planet Images/John Sones Singing Bowl Media); 312/313 (Lonely Planet Images/Matthew Micah Wright); 124/125 (Michael Krutzenbichler); 90/91 (Nature Picture Library); 154 (Neil Brown); 190 (NurPhoto/ Henrique Casinhas); 258 (Pawel Toczynski); 83 (Portishead1); 362/363 (ralucahphotography.ro); 338 (Red Bull/Dean Treml); 62 (Robert Harding World Imagery/Frank Fell); 268/269 (SOPA Images/LightRocket/Henrique Casinhas); 104 (Stuart Black); 226 (Universal Images Group/Eye Ubiquitous); 276 (View Pictures/Universal Images Group/Hufton+Crow); 151 (Westend61); Huber-Images, Garmisch-Partenkirchen: S. 46 (Günter Gräfenhain); S. 57 (Jan Wlodarczyk); 52 (Andrea Armellin); 51, 337 (Ben Pipe); 270 (Christian Bäck); 280 (Franco Cogoli); 103, 247 (Frank Lukasseck); 210 (Mackie Tom); 89/99 (Maurizio Rellini); 318/319 (Rainer Mirau); 71, 88, 145 (Reinhard Schmid); 261 (Riccardo Spila); 344 (Sabine Lubenow); 85 (Stefano Torrione); S. 19 (Roberto Moiola); iStock.com, Calgary (CA): S. 263 (8213erika); 136/137 (AleksandarGeorgiev); 237 (eyewave); 78 (Mlenny); laif, Köln: S. 287 (Agence VU/Laerke Posselt); 26 (Anita Back); 72/73 (Arcaid/Adam Mork); 168 (Aurora/Cody Duncan); 245 (Aurora/Raffi Maghdessian); 95, 315 (Bernd Jonkmanns); 218 (Christian Kerber); 10 (Dagmar Schwelle); 230/231 (Florian Jaenicke); 166/167 (Franck Guiziou); 24, 221 (Frank Heuer); 93 (Georg Knoll); 206 (Gerald Haenel); 304 (Guardian/eyevine/Tom Jenkins); 158/159 (Günter Standl); 106/107 (Hartmut Krinitz); 189 (Heiko Meyer); 12 (hemis.fr/Ludovic Maisant); 290 (hemis/AurÈlien Brusini); 110 (hemis/Cedric Pasquini); 170 (Iris Kuerschner); 307 (Jens Schwarz); 267 (Joerg Glaescher); 308 (Keystone Schweiz); 252/253 (Keystone Schweiz/Peter Klaunzer); 76 (Le Figaro Magazine/Christophe Lepetit); 20 (Le Figaro Magazine/Eric Martin); 208 (Le Figaro Magazine/Eric Sander); 114 (Le Figaro Magazine/Stanislas Fautre); 131 (Le Figaro Magazine/Thomas Goisque); 173 (Loop Images/Jason Wells); 284 (Maria Feck); 60 (Martin Kirchner); 212/213 (Michael Amme); 9 (Miquel Gonzalez); 348 (Peter Rigaud); 178/179 (REA/Romain Gaillard); 117 (Redux/Felipe Rodriguez); 328 (Redux/The New York Tim/Gianni Cipriano); 121 (robertharding/Adam Burton); 234 (robertharding/Christian Kober); 254 (robertharding/Hans-Peter Merten); 113 (robertharding/Matthew Williams-Ellis); 228 (robertharding/Neil Farrin); 316 (SZ Photo/Jose Giribas); 118 (Thomas Ebert); 358 (Tuul & Bruno Morandi); LookPhotos, München: S. 140, 146 (age fotostock); Mauritius Images, Mittenwald: 174 (Alamy/Grant Rooney Premium); 264/265 (Alamy/Ilija Ascic); 334 (Alamy/Tatyana Aleksieva-Sabeva); 15 (Alamy/Vitalli); 65 (Axiom Photographic/Luke White); 282/283 (ClickAlps); 194 (imageBROKER); 240/241 (nature picture library/Juan Carlos Munoz); 192/193 (photononstop Emilie Chaix); 243 (Westend61/Sebastian Kanzler); 321 (Westend61/Werner Dieterich); picture-alliance, Frankfurt a. M.: S. 347 (AP/Zoltan Balogh); 152 (APA/picturedesk.com/Georg Hochmuth); 204 (dpa/Holger Hollemann); Shutterstock.com, Amsterdam (NL): S. 225 (Armensl); 288 (Debu55y); 327 (Gimas); 59 (Gorodisskij); 233 (Juris Kraulis); 186 (Nancy Dressel); 134 (RossHelen); 81 (vichie81); Thomas Roetting, Sylvia Pollex, Leipzig: S. 67, 127, 148

IMPRESSUM

1000 EINMALIGE ERLEBNISSE
IN EUROPA

Verlag

MAIRDUMONT GmbH & Co. KG
Marco-Polo-Straße 1, 73760 Ostfildern
www.mairdumont.com
www.lonelyplanet.de

Projektbetreuung Andrea Wurth, Jens Bey
Redaktion Jens Bey
Cover-Gestaltung Birgit Kohlhaas
Bildredaktion Sylvia Pollex

Printed in Latvia.

ISBN 978-3-8297-2689-4

1. Auflage 2019

Autoren

Nico Krespach
Corinna Melville
Ingrid Schumacher
Jens Bey

FSC
www.fsc.org
MIX
Papier aus verantwortungsvollen Quellen
FSC® C002795

Das Papier in diesem Buch wurde nach den Forest Stewardship Council®-Richtlinien zertifiziert. FSC® fördert die umweltfreundliche, sozialverträgliche und wirtschaftlich tragfähige Bewirtschaftung des weltweiten Waldbestands.